广州市文化广电旅游局
广州市文物博物馆学会 编

广州文博 拾柒

广州考古七十年、南越文王墓发现四十年专辑

文物出版社

图书在版编目（CIP）数据

广州文博. 拾柒/广州市文化广电旅游局，广州市
文物博物馆学编. -- 北京：文物出版社，2024.5
ISBN 978-7-5010-8429-6

Ⅰ.①广… Ⅱ.①广… ②广… Ⅲ.①文物工作 – 广
州 – 文集②博物馆事业 – 广州 – 文集 Ⅳ.
①K872.651.4-53②G269.276.51-53

中国国家版本馆CIP数据核字(2024)第091815号

广州文博·拾柒 （广州考古七十年、南越文王墓发现四十年专辑）

编　　者：广州市文化广电旅游局　广州市文物博物馆学会

责任编辑：卢可可
责任印制：张　丽

出版发行：文物出版社
社　　址：北京市东城区东直门内北小街2号楼
邮　　编：100007
网　　址：http://www.wenwu.com
邮　　箱：wenwu1957@126.com
经　　销：新华书店
印　　刷：广州商华彩印有限公司
开　　本：889mm×1194mm　1/16
印　　张：21.25
版　　次：2024年5月第1版
印　　次：2024年5月第1版印刷
书　　号：ISBN 978-7-5010-8429-6
定　　价：168.00元

目　录

一　考古文物研究

二 历史研究

三 博物馆研究

先秦岭南　别有洞天

卜　工

内容提要：

　　在中华文明的陆路版图上，岭南是南端的重要部分。南岭山脉的有力臂膀拥抱着面向海洋的两广地区。20世纪30年代，近代考古传到香港和粤东地区，撬开岭南考古的大门。新中国成立以后，岭南考古取得全新的长足发展。中国特色社会主义新时代的到来，岭南考古更是一路高歌猛进，不断探索田野发掘的新方法，不断刷新考古发现的新纪录，不断攀登学术研究的新高峰，创造出岭南考古的新局面。

印象一：研究课题前卫

　　先秦岭南考古主要有两个问题：一是人类何时来到岭南；二是人类怎样开发岭南。换言之，先秦岭南的考古从一开始就与人类起源和文明起源世界性大课题相关联，课题前卫，起点很高，大有出道即巅峰之势。

　　岭南人类的起源研究是近年来最荣耀的重大突破。广东郁南磨刀山旧石器时代遗址是岭南首次发现并经科学考古发掘的旧石器时代旷野类型遗址，是目前岭南最早的人类文化遗存，填补了本地区旧石器时代早期文化的空白，将有人类活动的历史由距今13万年的马坝人提前至数十万年前。磨刀山遗址第1地点文化面貌具备中国华南砾石石器工业的一般特征，与广西百色盆地旧石器时代早期文化遗存在器物形态、加工工艺、石器组合等方面较为一致，而与岭北长江流域同时期遗存具有一定差异；其石制品平面分布、古人类活动区域、石器生产操作链及古人类适应行为等方面的信息，反映出北回归线以南地区早期古人类独特的石器生产活动与适应模式，也清楚地显示出华南北部与岭南及东南亚地区早期旧石器文化与古人类行为的联系与区别。研究推测，其年代距今约50万—70万年。由此可证，石器的长过程是先秦岭南的重要特征。

先秦岭南文明进程的研究也屡创佳绩。先秦岭南考古有四个值得称道的经典：一是广东英德青塘遗址对先秦岭南年代上限的认识，已经达到距今2万年。这是中国新石器时代考古的重大突破。距今1.7万年的夹砂陶片、2万余年的穿孔蚌器、13500年蹲踞式墓葬及年轻女性人骨化石和骨针无不刷新对中国考古以往的认识和纪录，件件都有颠覆性，桩桩都是大课题，均称得上是中国考古之最，充分说明岭南不仅是人类的发祥地，也是古代中国最早开发的地区；二是广西桂林甑皮岩洞穴遗址陶器分期尺度，提供距今1.2万年到7000年珠江传统陶器的发展演变序列，珠江的大传统始为世人所知；三是香港大湾、深圳咸头岭的研究，厘清了环珠江口地区白陶、彩陶的年代关系，识别出洪江高庙文化对岭南渗透和影响，揭示出文化重组进入岭南的规律性现象；四是石峡文化的闪亮登场，让学术界看到岭南地区的历史拐点就在于农业革命的发生。此前，岭南地区的遗址多在海边、江边、湖边及洞穴，因此，沙丘、贝丘、蚬壳、螺壳堆积屡见不鲜，很多研究据此推测岭南的经济生活是以渔捞采集为主。石峡文化的发现说明岭南从此进入农业革命的时代。由于石峡文化的盘形鼎和玉琮分别来自江西樊城堆和浙江良渚文化，文化重组的特征才是认识和命名岭南考古学文化的前提。正如湖南沅水的白陶与安化的彩陶，也是重组之后才远道而来。考古学文化的命名显然有规律可循。石峡文化的研究表明，岭南的农业属于输入型，这里发生的文明当具有次生性特点。

印象二：区位优势鲜明

岭南是中国考古学文化区中的一个独特类型。其区位特点要放在南部中国的大环境与大格局中考察才能获得比较全面的认识。先秦岭南是考古学文化区的概念，不是行政区划，与一般意义的岭南、华南等通俗说法也不等同。先秦岭南实际上只包括今日广西和广东的部分地区，而非其全部。因为现有的资料尚不能证明海南岛、南海诸岛、珠江上游和广东莲花山以东的地区在先秦时代属于岭南考古学文化区。在中国的版图上，五岭围拱的地域很有限，珠江的源头和上游已深入云贵高原，不属于岭南显而易见，只有其中游和下游流经的地区属于先秦岭南。早商及其以后这里是闽南九龙江流域和珠江流域两大考古学文化区域的过渡地带，因此不易简单地将其划入岭南地区。粤东地区是两种以上的文化因素犬牙交错，因时消长，从无定形，按什么标准才能将其纳入岭南呢？人们熟知的秦军分五路人马攻打岭南，其中的揭阳岭道恰在粤东的榕江流域，这当然不能解释为秦军是在岭南地区攻打岭南，可见，那时岭南当不包括粤东这个过渡地带。时至今日，这里仍然属于闽南语系的区域。因此，考古学上的岭南只包括珠江中游的广西和下游的北江、东江等支流，以及珠江三角洲和附近的岛屿。

先秦岭南向南面朝大海，一望无际，珠江水网，纵横交错。北东两面分别与湖南、江西、福建山水相连，唇齿相依，长江流域厚重的文化不时地越岭而来，珠江长江的互动，五岭南北的呼应，让岭南地区时刻都能感受到时代主脉的律动。文化势差的客观存在，造成了岭南考古学文化面貌的特殊复杂性。这种同时与长江中游和下游多种考古学文化发生联系和交流的情况，是先秦岭南的重要特征和亮丽风景线。

先秦岭南的开发者大概是距今8000年邕宁顶蛳山文化的阶段才走出山洞。其足迹已经抵达雷州半岛遂溪鲤鱼墩遗址。不久，岭南便迎来新的开拓者。7000年前湖南高庙文化白陶和汤家岗的彩陶出现在深圳咸头岭、香港大湾。这是岭南第一次接待文化重组后的新朋友，它们的文化来源十分清楚，但却不能以高庙文化名之，虽然高庙的因素很醒目很强势，但其精气神已然发生改变，重组后的文化遗存理应按持股比例相同对待，没有一家独大的道理。所以，把这类遗存称为大湾文化或咸头岭文化可以，称为高庙文化咸头岭类型则明显不妥。从西江南下的途中，彩陶在高要蚬壳洲、增城金兰寺、东莞万福庵、珠海后沙湾留下足迹，却不见白陶的影子，而曲江石峡遗址最早的遗存只有白陶而无彩陶。或许可以说明它们进入岭南的路线图有所不同。因为在桂北地区，洪江高庙的白陶就是独来独往

3

的，而没有裹挟彩陶一同西进。距今5000年以后，就是石峡文化的崛起，距今3500年以后是吴城文化对岭南的影响，在粤东地区的浮滨文化与闽南虎林山鸟头伦的青铜器显然有直接的亲缘关系，是闽南商代文化外溢的效应。倘若，以广州为基点向北面观察上述文化与岭南的关系，用军事术语来讲，恰恰是从十一点到三点的方向，从西到东梯次进入岭南。

先秦岭南因文化交流而逐渐分成东西两个部分。距今7000年前后进入岭南的白陶和彩陶集中在珠江下游。其西界极有可能就在珠海淇澳岛后沙湾与高栏岛宝镜湾遗址之间。宝镜湾第一期遗存与甑皮岩5期刻划纹属同一系统，只是年代比甑皮岩5期晚了许多。但是，从文化谱系上看与彩陶关系相对疏远。珠江大传统在距今7000年前后出现的明显变化，这可能与后来两广地区的分野关系密切。这些现象让人们意识到先秦岭南文化源头的多样性，才是其区位优势的得天独厚之处。值得注意的是，所有进入岭南的考古学文化都既能保持自己本身的传统，又能够接受当地的习俗与传统，显然，珠江确实存在一个文化的大传统，其包容性特点非常明显。

印象三：文化底色清晰

所谓珠江的大传统实际上就是岭南文化的底色。珠江传统文化从桂林甑皮岩、邕宁顶狮山开始，其代表性器物是深腹罐、圜底釜、圈足盘碗和陶支脚。在陶器类别中缺乏水器和盛食器的特点反映了饮食结构和传统与中原地区差别很大。陶器的基本要素相近，如器类形态相似，纹饰以绳纹为主，刻划纹发达而且独具特点，陶器的制法无大的差别，这说明物质文化变化的节奏较慢，更新的频率过缓；石器中石斧、石铲、石球、研磨器、石拍较多，加工装饰品比较流行，似乎有独特的石器生产加工系统，这表明岭南地区近万年以来就形成了一个大珠江的文化传统，那里的圜底深腹罐可能是岭南地区后来所有圜底釜的祖型，变化的特点纹饰方面存在由细而粗的线索，最早为口沿外侧施绳纹，到划纹切割绳纹领口，再到素面领口，到早商时期则在领口接合部抹去绳纹，或修出很窄的平面，似乎是微小的肩部。整体形态是由高体向矮体发展，由直腹向垂腹、鼓腹、鼓肩发展；口沿由敞口、卷沿到折沿。几乎所有进入岭南的考古学文化都与当地的传统有适度的融合。所以陶釜是最常见的器物，悠悠数千年传统不变。

岭南地区的考古学文化具有相对独立和超稳发展的特点，但其根基并非建于农业生产之上，因此，缺乏大遗址、大聚落、大文化的支撑，外来文化虽然长驱直入，但基本呈点线式分布，若非强烈刺激就不能有所改变，文明进程因之也不同其他地区。岭南是长江流域的战略纵深，具有文化蓄水池的功能，仅此而言，在中国诸考古学文化区域中也称得上独树一帜。

印象四：历史拐点明确

先秦岭南历史最明确的拐点是在距今5000年以后。石峡文化发现与研究证明这个拐点就是农业革命的发生。石峡遗址在广东韶关马坝镇西南，坐落于狮头岩与狮尾岩两座石灰岩孤峰之间，面积约30000平方米，1972年发现。十余年间，累计发掘面积近4000平方米，发现新石器时代至春秋时期的四个时期的文化堆积。最早的遗存流行圜底器和圈足器陶器。夹砂陶器表从领部到底部均饰绳纹，口沿和肩部绳纹上加刻划纹组成的图案；泥质陶以素面磨光为主，肩部饰刻划纹、刺点纹和圈点纹。白陶镂孔圈足盘最具特色，与洪江高庙文化的亲缘关系不容否定。

该遗址第二期是石峡文化。遗迹有木骨泥墙长方形或方形房址、灰坑与墓葬。墓葬流行二次葬和用火烧烤墓坑的习俗。除随葬成组陶器外，还常见琮、钺、环、镞等加工精细的大型玉、石礼器、装饰品与兵器、稻米、果核等珍贵遗物。石峡是岭南规模最大、等级最高、遗存最为丰富的聚落遗址，是先秦岭南农业革命发生的见证，石峡文化的经典器物三足盘形鼎和良渚玉琮，是追溯文化源头的铁证。事实雄辩地证明，岭南历史的拐点就从石峡的农业开始，或称"石峡时代"，倘若放眼中华文明大格局，无疑是岭南加入中华文明进程的标志性事件，为探索良渚文化的去向提供明确线索。在文明寻根过程中，但凡原生性文明都拥有外溢出圈的能力，红山文明、彩陶文明、古蜀文明都是如此，而石峡文化则记录下良渚文明传播千里开发岭南的历史传奇。

最近十年来，岭南考古加大了对石峡文化追踪的力度，取得显著的成绩。首先是扩大了遗址发现的范围。以前石峡文化局限在粤北山地的认识被彻底刷新，英德岩山寨，广州黄埔的甘草岭、茶岭、陂头岭都有该文化造访的物质遗留。先秦时期的番禺一带早已有人类的生存和发展的事实证明，广州能够成为岭南的核心区域和文化的高地是有其深刻的历史原因的。其次，遗址类型的增加则具有质变的意义。聚落的多形态原本是先秦岭南考古重要特色，然而，岭南唯独缺乏黄埔陂头岭那样与典型农业直接相关联的遗址。从理论上讲，农业革命的发生让岭南更加依赖从长江流域获得先进知识与经验，包括礼仪制度和流动人口，岭南的开发因此迎来更加蓬勃发展新局面。

印象五：礼仪重器惊艳

果然，曾经在珠江下游接受过白陶和彩陶的洗礼，曾经在粤北山地集结过良渚文化和樊城堆文化精英的先秦岭南，在商时期取得了有目共睹的新发展。

环珠江口及其附近岛屿都有这个时期的遗存发现，墓地和村落的数量明显增多，多地发现的小件青铜器的石范说明青铜时代已经到来，而牙璋一类的礼仪重器在珠江下游地区频繁发现，说明新一轮文化的浪潮呼啸而来。据统计，岭南的牙璋已发现30多件，分布在20多处遗址中，研究者开始关注牙璋是哪条路线进入岭南，又是怎样在岭南发展等问题。先秦岭南的商代与江西吴城文化关系最为密切，后者受商文化影响深刻，因此，岭南应该有很多商文化的文化因素才顺理成章。可是，广州增城墨依山的发掘让人们有了更多的思考。

该遗址是广州地区规模最大的商代墓地，其中，M66、M70各出土一件牙璋，共生的器物有大口尊、有领玉环、耳珰、玉管、玉环形器等。牙璋历来被认为是国家礼仪重器，在山东龙山文化、陕西神木石峁古城、河南偃师二里头、四川广汉三星堆、成都金沙、香港大湾、广东东莞村头等多个地点都有发现。墨依山的牙璋完好无损，有陶器相伴，年代明确。其形态与香港大湾所出基本相同，共生陶器也有可比性，可以断言，它们应该是结伴而来。饶有趣味的是，典型商文化没有使用牙璋的先例，河南偃师二里头夏文化才是牙璋的持有者和传播者。近年的考古发现证明，长江流域的商代只有古蜀文明的牙璋熠熠生辉，原因是古蜀长期受夏文化熏陶，接受了夏人的酒器、牙璋等独特的文化和制度，商是夏王朝的死敌，自然与古蜀势不两立。所以，受商文化影响浓郁的江西吴城文化没有牙璋就非常正常了。墨依山和大湾的牙璋只能与夏蜀的牙璋系统发生关系。其传播路线应是二里头文化的牙璋在夏商之际进入四川盆地，殷墟时期再顺长江而下，绕过吴城文化，在闽赣交界附近登陆，通过闽北光泽的马岭遗址向其西南的广东和闽南地区挺进。所以，闽南地区的牙璋年代最晚，估计在晚商或商周之际。几件牙璋的比较，牵扯出夏商和古蜀文明的恩恩怨怨，先秦岭南不仅是考古学文化的蓄水池，也是中华文明的聚宝盆。

印象六：缚娄古国耀眼

中国有浩如烟海的古代文献，考古学何以在历史研究中独领风骚？亲爱的读者，你可曾领略殷墟灿烂的商代文明？你可曾惊叹二里头夏墟宫殿的气势恢宏？你可曾讴歌石峁古城的震古烁今？这些国家遗址公园和世界文化遗产的璀璨明珠，在先秦文献中只不过是寥寥几字。例如，在洋洋洒洒五十二万多字的《史记》中，殷墟这两个字仅仅出现过一次。谁能想到"洹水南殷墟上"还能保存着如此这般体量庞大的王陵与宗庙建筑呢？可是，经过手铲的精雕细琢竟然都是举世无双的灿烂辉煌，这就是中国考古的神奇魅力。

20世纪的最后一年，广东博罗横岭山遗址的考古发掘，迎来了缚娄古国重见天日的高光时刻，中国考古在岭南东江流域再次展现的神奇魅力。《吕氏春秋》记载："坋汉之南，百越之际……缚娄、阳禺、欢兜之国，多无君。"百越之地曾经有古缚娄国显然不容忽视。后人多番考证认为广东博罗县便是"缚娄古国"所在地。"缚娄古国"始于春秋时期，为罗氏所建，公元前337年后消失。地理范围大致为现代的惠州、博罗一带。都城在惠州到博罗之间。管辖地域包括今惠州、博罗、东莞、深圳一带。谭其骧主编的《中国历史地图集》上也详细标明缚娄国在博罗县内，但世人所知的仅仅是个概念而已，其具体内涵、国家规模、所处时代、发达程度、文化特点、生活习俗却被深深埋藏在地下世界的幽幽深处。

横岭山墓地位于惠州市博罗县城东北约2千米的横岭山。横岭山呈南北走向，海拔35.5米。2000年的发掘共清理商周时期墓葬302座。这些长方形竖穴土坑墓，出土陶器、原始瓷器、青铜器与玉石器共902件。其中，陶器520余件，原始瓷器104件，还有尊、钵与杯等。铜器有鼎、甬钟、剑、矛、戈、镞、斧、凿、镦以及刮刀等。玉石器中以玦为大宗，从墓葬形制及随葬品可见当时的社会阶层差异、性别分工以及贫富差距等现象。墓葬发掘出的铜甬钟和鼎，连同其他出土物所反映出的"钟鸣鼎食"之贵族气象，说明这些遗存非缚娄古国莫属。横岭山墓葬以等级地位规范整齐为显著特点，大型墓葬区基本在山腰以上和山脊，出土的大件铜器表明其身份地位较高，而平民墓葬区基本集中在山下，这在一定程度上反映出缚娄古国的社会组织及等级森严的社会制度。考虑到早年在博罗县发掘出"土产"青铜编钟以及广东最大的先秦时期龙窑窑址，文献上神秘的"缚娄古国"正在逐渐浮出水面。

1996年在博罗县龙溪镇银岗村发现先秦时期的陶片，分布面积达10万平方米，是广东地区最大的先秦时期的龙窑窑址。近年在香港、粤东地区出土多件与银岗窑址同一类型的文物，博罗可能是南方瓷器的发源地，这也许可以说明缚娄古国有较高的陶瓷技术。银岗这么大的陶器工场加上其他陶场生产的陶器需有一个庞大的群体消费，这些发现与缚娄古国遥相呼应。

2009年增城浮扶岭的发掘为扩大缚娄古国的线索提供宝贵的资料。数百座墓葬，两千件文物，给人们带来无数的惊奇与赞叹。其中，西周至春秋时期墓葬分布范围最广，几乎遍布整个发掘区，墓葬数量占总数的90%，以随葬夔纹硬陶瓮或罐、原始瓷豆为特点，文化面貌与博罗横岭山相同。那么，它们究竟是同一个古国还是不同的古国呢？

可见，先秦岭南考古在延伸历史轴线和丰富历史内涵等多个方面形成优势。

印象七：文化高地崛起

先秦岭南农业革命的发生，促成了广州成为核心地区和文化高地。农业兴起之后，渔捞、采集、狩猎均逐渐成为副业，聚落不再受食物来源的制约，人类可以远离海边、江边，真正的中心聚落才有条件形成。广州黄埔陂头岭的意义也就在此。

黄埔陂头岭遗址于2020年10月开始考古发掘。在4000平方米的范围，清理石峡文化墓葬5座、窖穴和灰坑362座。显然这是一处以灰坑为主体结构的遗址，而不是一般意义的村落遗址，因为这里缺少房址一类的生活遗迹。当然，最引人入胜的还是窖穴灰坑的特殊现象。陂头岭H50是系统整理过的典型单位，特点一是形状规整。该坑平面大致呈圆形，口径东西2.38、南北2.25米，深3.46—3.56米。特点二是打破关系复杂。与H50有直接或间接打破关系的遗迹有H51、H88、H344、H345、H346、H361等十几个单位。如此密集的分布，只能解释这里经常举行相同性质的活动。特点三是堆积层次多。坑内堆积分为10层，第①至⑩层均发现遗物，其中第①、②、⑥、⑨和⑩层遗物较丰富。特点四是出土器物丰富。H50出釜44件、罐12件、豆10件、钵3件、碗2件、盘2件、圈足10件、鼎足3件、器座2件。磨制石锛2件、杵1件、砺石2件、环1件。

这些考古现象勉强解释成窖穴也可以间接说明农业使这里的生活发生巨大的改变，因为，有剩余的物质可供储存也是社会生活的一大进步，但却会阉割其真实的意义。道理很简单，石峡文化的陶器基本组合怎么这么巧都埋在同一单位之中，就是墓葬也很少有如此精彩的表现。为什么要把储藏窖穴安排在远离住所的山丘上？这绝非偶然之巧合，而是遗迹性质使然，是某种仪式的必然结果。古文字学家于省吾先生曾指出，甲骨文有一种"陷祭"就是挖坑祭祀，文献称为"瘗埋"，此类现象在农业发达的中原地区实属多见，其特点与陂头岭H50的特点基本相同，是祭天祈年仪式的物质遗留。这种活动不是个人的行为，而是经过设计，有制度保障的固定的社会行为，是通过仪式凝聚思想组织力量的手段，所以，但凡是这样的地点在当时一定是区域的核心、文化的高地。距今8000年的湖南洪江高庙、距今7000年的河北武安磁山都是此类遗址，陕西宝鸡凤翔雍山血池祭祀遗址则是秦汉时期国家最高等级的祭祀圣地，那里瘗埋的祭坑数以千计。若然，陂头岭的情况便足以说明中原地区农业革命的生产技术与祭天祈年的仪式活动已经在广州一带生根开花了。

这种与制度建设息息相关的重要发现，说明广州一带已经形成地缘优势，成为区域核心和文化高地。"农业是整个古代世界的决定性的生产部门"，正是农业革命的福利，才有后来的古番禺、南越国、南汉国、历代地方官署、海丝贸易口岸等一系列重要历史事件的不断发生。

印象八：考古亮点频现

自1921年考古学落户中国以来，经历了百年沧桑，跨越了四个阶段，走过不平凡的道路。

1921—1949年，是中国考古1.0阶段，实现了考古学从无到有的根本性变化。中国史学研究因此从一种证据转向两重证据、多重证据。

1950—1985年，是中国考古2.0阶段，从普通学科到融入社会主义事业，制度优势成为中国考古独树一帜的鲜明旗帜。

1986—2020年，是中国考古3.0阶段，改革开放、解放思想，成为中国考古形成特色、迅速崛起的强大驱动力，中国学派的形成是显著标志。

2020年至今，是中国考古的4.0阶段，中华文明深度研究成为民族复兴的文化软实力，成为中国式现代化文化形态的新内容。

岭南考古随时代脉搏跳动，在此大趋势中留下了独具特色的清晰足迹，做出值得大书特书的历史贡献。

从1958年广东韶关曲江狮头峰溶洞内发现马坝人头骨化石，到2014年广东郁南磨刀山旷野性旧石器早期遗址，从1997年广西邕宁顶蛳山的贝丘到2001年桂林甑皮岩洞穴，从1933年南丫岛大湾到2006年深圳咸头岭第五次发掘的认识升华，从1973年石峡的调查试掘，到2016广州黄埔陂头岭的抢救发掘，可以看到几代岭南考古人前仆后继，不断探索，把事业心、好奇心和想象力凝聚成创造力，铸成先秦岭南考古特色。

旧石器遗址能编成串，是先秦岭南考古的功夫。曲江马坝人发现以后，岭南旧石器文化成为研究热点，封开黄岩洞、阳春独石仔、英德牛栏洞、郁南磨刀山、南江旧石器地点群相继被发现、被认识。云浮市南江流域中游盆地旧石器遗址调查，首次在广东发现旷野类型旧石器遗址群；发现的石器地点数量已有100余处，分布于郁南县、罗定市与云安区，主要发现于盆地东北部南江两岸二级至四级阶地，采集到旧石器时代石制品300余件。显然，先秦岭南旧石器考古经过长期的经验积累，总结规律，其收获已经告别了局部地区有零星发现的阶段，初步形成岭南特色的工作和认识体系，成为旧石器考古收获的国内大户。

在螺壳堆积里寻分期，是先秦岭南考古的境界。田野考古发掘的科学性，就在于能够客观揭示古代文化堆积形成的过程。与中原地区不同，先秦岭南的遗址不是螺壳就是贝壳堆积，不是沙丘就是洞穴遗址类型，没有那种一马平川的地貌和发育良好的黄土，加之，螺壳或贝壳长得就一模一样，与人工制品往往随时代变化而有差别的情况完全不同。这为考古发掘平添了许多困扰，就是业内人士也有眼花缭乱之感。只有认真观察，仔细体会，反复琢磨，才能感悟细微的区别。同时，积极引入高新技术手段，不断提高考古信息的感知能力和分辨能力，才能达到科学发掘的要求。桂林甑皮岩洞穴中，螺壳遍布，堆积内涵复杂，发掘者把距今12000—7000年的历史发展过程精彩地释读出来，其年代精度达到了比较科学的境界，在文化遗存断代研究方面具有标杆的意义，在信息考古研究方面也遥遥领先。《桂林甑皮岩》考古发掘报告2003年11月由文物出版社出版，不仅是先秦岭南考古也是中国田野考古的经典之作。

在沙丘里种"试验田"，是先秦岭南考古的创新。以往，沙丘遗址的考古发掘最让人头痛的是探方壁垮塌，正是在发掘的紧要关头，正是在考古现象即将出现的时候，探方壁轰然倒塌，那窘况，真的是叫天天不灵，叫地地不应，平面和剖面的遗迹现象都难以保存，发掘就不能进行下去。怎么样才能让沙丘听话，要平面有平面，要剖面有剖面呢？深圳咸头岭的发掘者开动脑筋，在沙丘遗址中种起"试验田"。他们大胆尝试，不断实践，通过技术创新，最终以斗形探方、铺板、留边、切边、喷水、划线、配胶、喷胶和补洞等成套办法防止探方垮塌，从而确保了划分层位的准确性，遗迹形状的完整性、遗物收集的全面性，取得超乎想象的良好效果。咸头岭是珠江三角洲地区面积大、规格高，最具代表性的典型遗址，倘若没有沙丘遗址发掘的创新技术，就不可能实现考古发掘的科学性要求。这种进取精神和充满活力的创造性多么感人。即便在中国田野考古发展史上也值得大书特书。

石轴承惊天问世，是先秦岭南考古研究的深度。轴承起源于旧石器时代。是人类控制摩擦的科学技术，对古代攻玉、制陶、漆器、木材加工等生产活动影响巨大。轮盘可能是人类制造技术最早的伟大发明之一，其革命性意义如同轴承机械对于近代工业那样。可是木质轮盘很难保留下来，石轴承就成为唯一具有决定意义的证据。然而，千百年来它们沉睡在未知世界的幽深处，即或重见天日，仍然默默等待着揭示真相的光明使者。石轴承之所以重要，还因为中华文明的基因中有着酷爱玉器的传统。而阐释玉石管钻技术进步程度的关键，说明中华玉文化技术精华的正是此物。石轴承器的研究在岭南地区率先取得突破性进展，无疑是中国古代科技史上值得大书特书的事件，填补了中国古代制造技术史的空白，颠覆了以往的认知。尔后，这一研究成果，在辽宁阜新查海、河北易县北福地、甘肃秦安大地湾、安徽含山凌家滩、浙江桐乡罗家角、浙江余杭獐山南庄桥、贵州贞丰沙贝等多个地点甄别出大批石轴承器，揭示出此项技术在中国先秦时代广袤地区已经被广泛应用，不论条件多么艰难困苦，古代先进技术的交流从未间断。由此可见，中国考古的核心价值就在于发现与发明。

树皮布不是传说，乃先秦岭南考古的绝活。20世纪八九十年代，环珠江口地区出土数量众多的石拍，一般多有刻槽，早期研究的推测倾向于它们属于制陶工具。因无人深究，制陶工具说逐渐以讹传讹。岭南考古研究证明，石拍是最早在环珠江口地区出现的制造树皮布的工具，而不是制陶工具，它是见证树皮布文化存在铁证。树皮布素有"服装活化石"之美誉，海南岛黎族树皮布衣距今已有

3000年。先秦岭南考古研究则将树皮布出现的年代推至距今6000—5500年。纵观环太平洋地区，越南北部、中国台湾、菲律宾的树皮布文化都在距今4000年左右，泰国及马来半岛、大洋洲岛屿的树皮布文化在距今3500年之后。中美洲阿兹台克及玛雅文化树皮布文化的年代上限不超过距今2500年。显示出以珠江口为中心向周边呈放射状分布的特点，充分证明中国古代树皮布文化的历史悠久及其强大的影响力。显而易见，岭南考古不仅能出彩，还能出圈，冲出亚洲走向世界。

写到这里，岭南考古界许多前辈师长的音容笑貌，许多专家学者的精诚合作，许多参观学习的鲜活场景一一浮现在眼前。这里只记录了他们创造与贡献的亮点，而没有写出具体人物，那是因为他们的名字早已与成果融为一体。先秦岭南别有洞天，考古创新别开生面，是因为面临海洋的他们，拥有比海洋更宽广博大的胸怀。

（作者单位：广东省文物考古研究院）

珠江三角洲彩陶文化遗存序列再思

陈炳辉

内容提要：

深圳咸头岭遗址发掘报告除了为遗址本身的彩陶文化遗存提供完整的年代序列之外，也为珠江三角洲距今7000至6000年考古学文化序列提供了重要的参考标尺。文章在前人细致丰实的研究基础上，为部分遗址遗存的再定位提供意见。

一、前　言

咸头岭遗址发掘报告为我们提供了距今7000至6000年彩陶文化遗存较为完整的年代序列。由于咸头岭遗址2004和2006年考古发掘揭示出清晰的文化层位，并在不同地层中采集10多个样本（其中9个成功测试），分别送往北京大学和新西兰维卡托大学的实验室做碳十四年代测定，来自两地的年代数据比较接近，因此可信度较高。李海荣、刘均雄等根据地层叠压关系、各层出土陶器（包括彩陶、白陶等）的演变特征，结合测年数据，将该遗址文化遗存分为3期5段，并以此与珠江三角洲考古遗址的彩陶遗存作比较，将距今7000至6000年珠江三角洲遗址再分为3期6段[1]（表一[2]），为珠江三角洲彩陶文化分期提供了参考的重要标尺。笔者基本同意有关观点。在学习过程中，发现部分遗址遗存的排序或有再议的空间（表一内粗黑体字的遗址），因此撰写本文提出若干看法。下文就以再定位的考

---

[1] 李海荣、刘均雄《咸头岭新石器时代遗存与珠江三角洲地区相关遗址的分期和年代》，深圳市文物考古鉴定所《深圳咸头岭2006发掘报告》下篇第一章，北京：文物出版社，2013年，第199—232页。

[2] 本表引自李海荣、刘均雄《咸头岭新石器时代遗存与珠江三角洲地区相关遗址的分期和年代》，深圳市文物考古鉴定所《深圳咸头岭2006发掘报告》下篇第一章，北京：文物出版社，2013年，第225页。

表一 李氏等的珠江三角洲地区距今7000至6000年遗址分期分段

期	段	遗址
1期	1段	咸头岭1段、麒麟山庄果场、龙鼓洲第1组
	2段	咸头岭2段、盐田港东山、龙鼓洲第2组
	3段	咸头岭3段、**万福庵**、**蚬壳洲第1组**、深湾村东谷、龙鼓洲第3组
2期	4段	蚝岗1期、后沙湾、龙穴、白水井、**蚬壳洲第2组**、春磡湾
	5段	咸头岭4段、大黄沙、小梅沙、蚝岗2期、**黑沙**、**长沙栏**、蟹地湾、大湾、丫洲、涌浪、龙鼓洲第4组、深湾F层第1组
3期	6段	咸头岭5段、大梅沙、**蚝岗3期**、**草堂湾**、棠下环、金兰寺

古遗存逐一讨论。

二、澳门黑沙、珠海草堂湾与香港长沙栏遗址

黑沙遗址自1972年发现，历经数次发掘，从过去考古资料显示，遗址至少包括了上、下两个文化层。据笔者之前研究，下文化层以彩陶为特征，年代上限应不早于咸头岭遗址第2期4段、下限不晚于咸头岭第3期5段，参考大黄沙遗址的碳十四测年数据，经校正后为距今6255±260年[1]，故黑沙遗址下文化层的年代可定为距今6200至6000年[2]。

---

[1] 深圳博物馆编《深圳市大黄沙沙丘遗址发掘简报》，《深圳考古发现与研究》，北京：文物出版社，1994年，第17—27页。

[2] 陈炳辉《澳门路环岛黑沙遗址的层位关系及下文化层年代再探讨》，澳门考古学会编《澳门考古学研究论集》（第一辑），澳门：澳门考古学会、文化公所出版，2021年，第2—44页。

　　黑沙遗址上文化层出土的陶器，有夹砂黑褐陶、夹砂红褐陶、半泥质至泥质白陶等三类。纹饰有素面、绳纹、席印纹、麻点纹、条印纹及刻划纹（图一）[1]，未见几何印纹陶。有少量的泥质白陶片上有戳印纹和刻划纹（图二）[2]。部分泥质白陶略呈米黄或浅橙黄色。可辨认的器形有釜、罐、小罐、钵、盘、圈足盘及器座等。黑沙遗址上文化层与珠海草堂遗址1期遗存、香港深湾遗址F层及虎地遗址出土的陶器均有相似之处。

　　草堂湾遗址第1期文化遗存，未见几何印纹陶，陶器分夹砂陶和泥质陶两大系。夹砂陶占大多数，泥质陶占少数；夹砂陶以红褐色最多，灰黑色次之，红色最少；泥质陶有米黄、红、灰色。器表纹饰有绳纹、麻点纹、条纹、刻划纹、编织纹（席印纹）、压印纹、戳印纹和镂孔（据原报告，草堂湾第1期遗存在1000多片出土陶片中只有6片带镂孔）（图三）[3]；器形有釜、圈足盘、罐和器座等。综观草堂湾第1期遗存的陶器组合特征，其陶系、纹饰与器形基本上与黑沙遗址上文化层的陶器组合大致相同，估计年代也相若。遗址发掘者曾指出香港深湾遗址F层出土的釜、圈足盘、器座等陶器，与草堂湾遗址第1期遗存基本相同，前者还出土有夹砂陶钵、泥质陶罐等器物，两者均未发现彩陶[4]。

　　关于深湾遗址F层是否存在彩陶的问题，商志醰曾指出深湾F层出土的橙红色（红褐色）泥质圈足上有彩的痕迹，而其纹饰形状和镂孔风格与大湾所出彩陶盘相似[5]。邓聪亦以10倍放大镜观察深湾遗址F层中带有刻划纹和镂孔的圈足盘碎片，在圈足外壁见有残留赭红彩[6]。不过，吴伟鸿曾整理过香港中文大学中国文

[1] 图片引自Meacham, W., Hac Sa Wan, Macau Phase Ⅲ. *Journal of the Hong Kong Archaeological Society*, Vol. XI, 1986, p.103.

[2] 图片引自Meacham, W., Hac Sa Wan, Macau Phase Ⅲ. *Journal of the Hong Kong Archaeological Society*, Vol. XI, 1986, p.102.

[3] 图片引自梁振兴、李子文《三灶岛草堂湾遗址发掘》，珠海博物馆等编《珠海考古发现与研究》，广州：广东人民出版社，1991年，第24页。

[4] 梁振兴、李子文《三灶岛草堂湾遗址发掘》，珠海博物馆等编《珠海考古发现与研究》，广州：广东人民出版社，1991年，第33页。

[5] 商志醰《香港地区新石器时代文化分期及与珠江三角洲地带的关系》，《香港考古论集》，北京：文物出版社，2000年，第6页。

[6] 邱立诚、邓聪著，汕尾市博物馆编《中国东南沿海沙丘遗址考古先锋：意大利麦兆良粤东考古的研究》，北京：科学出版社，2022年，第17页。

图一　1985年黑沙遗址上文化层出土陶片纹饰拓片
1.麻点纹（织物印纹）　2."浆形"条印纹　3.细绳纹　4.席印纹

图二　1985年黑沙遗址上文化层出土戳印纹和刻划纹泥质白陶片

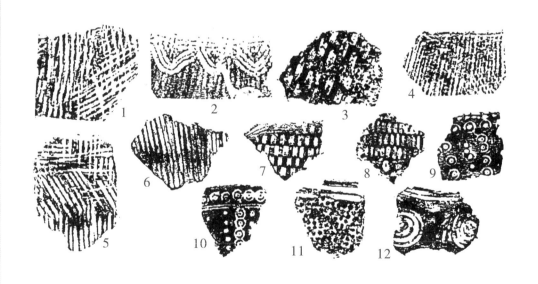

图三　草堂湾遗址第1期文化遗存出土陶片纹饰
1.绳纹　2、12.刻划纹　3、7、8.编织纹　4.细绳纹
5、6.条纹　9、10.戳印纹　11.麻点纹

化研究所的考古藏品，发现1973年深湾遗址第三期挖掘的D1探方于地表下140至260厘米属于新石器时代中期的地层中，在泥质红彩陶片堆积上，有带有刻划纹泥质陶和戳印半截管纹的白陶；而此前的1971至1972年第一期发掘，根据简报加以整理，亦发现其第4层出土刻划纹泥质白陶、刻划纹夹砂陶，而其下的第5层则有泥质彩陶，说明两者地层存在叠压关系，只是在20世纪70年代初发掘者没有注意和重视这个可划分新石器时代中期两个阶段的重要资料[1]。由此看来，深湾遗址F层出土带有赭红色彩的刻划纹镂空圈足盘碎片，年代可能稍早于其他遗存，以及草堂湾遗址第1期遗存。李海荣等将深湾遗址F层的陶器分成两组：第1组，以刻划纹、小镂孔的圈足盘为代表，认为其形制与咸头岭遗址第4段同时；第2组，如部分陶器的腰足部残件上的三角形刻划纹，口沿内部饰有贝划纹的矮折沿陶釜，以及折腹带棱的和圈足外折的盘等特征，均与香港虎地遗址出土遗物的特征比较一致，年代也应大体同时[2]。

黑沙遗址上文化层与深湾遗址F层第2组出土的陶器也有不少相同之处。前者出土的少量戳印纹和刻划纹的泥质白陶（图二），与后者出土的戳印纹和刻划纹白陶（图四）[3]，在陶色、陶质和施纹方式上均十分接近。两者出土的夹砂陶罐、钵形器（图五）[4]及器座等也相似。从器物特征来看，黑沙遗址上文化层和深湾遗址F层第2组遗存的年代应是大致同期的。与深湾遗址F层第2组出土同类遗存的虎地遗址有两个碳十四年代数据[5]，分别为公元前4040—前3640年（约距今5990—5590年）和公元前3990—前3137年（约距今5940—5087年）。据此推测，草堂湾遗址第1期遗存、黑沙遗址上文化层与深湾遗址F层第2组遗存为距今6000年以后的考

---

[1] 商志醰《再论香港新石器时代文化的分期与断代》，《香港考古论集》，2000年，第40—41页。

[2] 李海荣、刘均雄《咸头岭新石器时代遗存与珠江三角洲地区相关遗址的分期和年代》，深圳市文物考古鉴定所《深圳咸头岭2006发掘报告》下篇第一章，北京：文物出版社，2013年，第224—226页。

[3] 图片引自秦维廉编《南丫岛深湾——考古遗址调查报告》，香港考古学会专刊第三本，1978年，第145页。

[4] 本图左边的深湾遗址F层出土陶钵，引自《南丫岛深湾——考古遗址调查报告》，第132页，图八：4中的6和7，由笔者重新绘画而成；右边的黑沙遗址上文化层的钵形器出自95A探方，由笔者绘画。

[5] Meacham, W., "New C14 dates and advances in Establishing a precise chronology for Hong Kong ' s prehistory". *Journal of the Hong Kong Archaeological Society*, Vol. XIII, 1993, p.116.

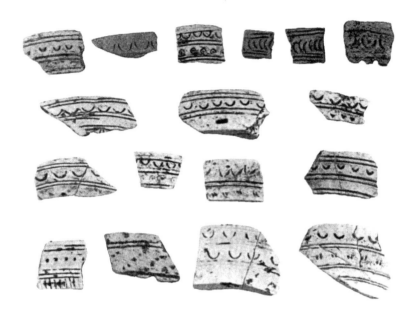

图四　香港深湾遗址F层出土的戳印纹和刻划纹白陶片

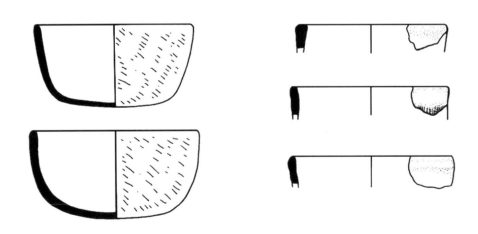

图五　深湾遗址F层出土陶钵（左）与黑沙遗址上文化层出土钵形陶器（右）

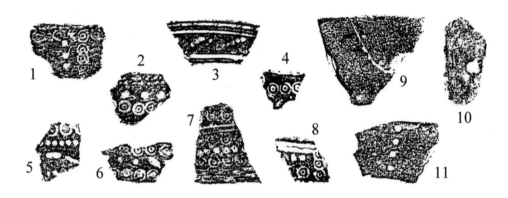

图六　香港长沙栏遗址出土带有镂空和戳印纹的白陶片
1–8.戳印纹（T1L4）；9.刻划纹（T1L4）；10、11.镂孔（T4L4）

古学文化阶段。

　　香港大屿山长沙栏遗址也没有出土彩陶。在遗址探方T1L4和T4L4出土带有戳印纹、镂孔和刻划纹的白陶片（图六），与澳门黑沙遗址上文化层和草堂湾遗址第1期遗存出土的泥质白陶或米黄陶的纹饰十分相似，估计年代也大致相同，故不宜将其纳入距今7000至6000年的年代范围之内。

三、东莞万福庵遗址

　　万福庵遗址经调查试掘和发掘，属于新石器时代的文化层只有一层，出土陶器大部分为灰砂粗陶，还有少量的彩陶和磨光红陶。彩陶器形为圈足盘，彩绘纹饰有粗线、细线、连弧纹、点彩、波形彩，在泥质黄褐陶上施褚红色彩，一般涂有白色陶衣。有些在磨光红陶的表面先着白色陶衣，再上绘以红彩。部分口沿的表里施条带彩[1]。李氏等曾比较万福庵遗址与咸头岭遗址出土陶器，认为两者的陶釜均饰细绳纹，两者的彩陶器均为泥质米黄陶上饰褚红色彩，且纹饰相似，以

---

[1] 李岩、李子文《广东东莞市三处贝丘调查》，《考古》1991年第3期，第195页；莫稚、杨式挺、陈智亮《广东珠江三角洲贝丘遗址》，《南粤文物考古集》，北京：文物出版社，2003年，第205页；广东省文物考古研究所《东莞市万福庵具丘遗址考古调查报告》，《广东文物》2003年第1期。

及两者的圈足器的圈足都外撇等，推测万福庵遗址的年代可能在咸头岭遗址第3段偏晚的阶段[1]。

据笔者观察，万福庵遗址的陶釜（罐）上饰细绳纹也见于较晚期的遗址，如草堂湾第1期遗存[2]、虎地、过路湾上区[3]及黑沙上文化层等；在泥质米黄陶上饰赭红色彩也见于黑沙遗址下文化层；而比起咸头岭遗址第3段要晚的第5段[4]出土的陶器中也见有圈足外撇的彩陶圈足器[5]。因此，万福庵遗址的年代可能较李氏等的判断要晚一些。值得注意的是，咸头岭遗址第3段与第4段的彩陶器在装饰上的重要区别特征之一，是第3段（及之前的时段）不见白陶衣，第4段基本上涂有白陶衣，第5段也有部分彩陶器上涂有白陶衣[6]。万福庵遗址出土的泥质彩陶表面先着白色衣、再上红彩绘此一特征和装饰技法，正是属于咸头岭遗址第4和第5段的陶器特征，其年代也应与之相若。根据李岩等的判断，万福庵遗址出土陶器质地、器形、纹饰与蚬壳洲遗址均极为相似[7]。笔者推测两遗址的彩陶应属于同一时期。

四、肇庆蚬壳洲遗址

蚬壳洲遗址于1986年进行过抢救性试掘，1987至1988年又进行了第二次发掘。李氏等将两次发掘出土遗物分成两组，第一组为1986年发掘的遗物，第二组

[1] 李海荣、刘均雄《咸头岭新石器时代遗存与珠江三角洲地区相关遗址的分期和年代》，深圳市文物考古鉴定所《深圳咸头岭2006发掘报告》下篇第一章，北京：文物出版社，2013年，第209页。

[2] 梁振兴、李子文《三灶岛草堂湾遗址发掘》，珠海博物馆等编《珠海考古发现与研究》，广州：广东人民出版社，1991年，第26页。

[3] Meacham, W., "Archaeological investigations on Chek Lap Kok Island", *Journal monograph*（*Hong Kong Archaeological Society*）: 4, 1994, P.129~154.

[4] 根据《深圳咸头岭2006发掘报告》发掘者的意见，认为咸头岭遗址1985和1989发掘出土的遗物，与2006年发掘的第5段的遗物的时代应属同时；1985和1989年的发掘简报，见彭全文、黄文明等《深圳市大鹏咸头岭沙丘遗址发掘简报》，深圳博物馆编《深圳考古发现与研究》，北京：文物出版社，1994年，第28~41页。

[5] 参看深圳市文物考古鉴定所编著《深圳咸头岭2006发掘报告》，北京：文物出版社，2013年，第33页，图九—14 Ⅱ型圈足盘（T101②：29）。

[6] 李海荣、刘均雄《咸头岭新石器时代遗存与珠江三角洲地区相关遗址的分期和年代》，深圳市文物考古鉴定所《深圳咸头岭2006发掘报告》下篇第一章，北京：文物出版社，2013年，第166、209页。

[7] 李岩、李子文《广东东莞市三处贝丘调查》，《考古》1991年第3期，第196页。

为1987至1988年间发掘的遗物，认为第一组与咸头岭遗址第3段年代大体同时，而第二组的陶器既有咸头岭遗址第3段，也有第4段的特点，其年代在咸头岭遗址的3、4段之间[1]。

从地层堆积来看，1986年发掘探方的地层，第3、4层为新石器时代文化层。第3层为贝壳层，贝壳占80%以上，掺少量灰褐色黏土，厚28—50厘米，出土泥质橙黄、灰陶片，彩陶片，夹砂黄褐、灰黑陶片和石斧等；第4层为黄褐色黏土，厚20厘米，出土少许夹砂黑陶片，此层下为红色生土。发掘者判辨第3、4层遗物无明显差别[2]。1987至1988年间发掘探方的地层，第4、5层为新石器时代文化层。第4层分4A、4B两小层，4A为黄褐色黏土层，厚0至50厘米，4B为黄褐色黏土和贝壳层，贝壳占比较大，厚0—40厘米。出土夹砂、泥质陶片和石锛、骨笛等；第5层为橙黄色黏土，厚18—34厘米，出土少量陶片和红烧土块；此层下为红色生土。对比两次发掘的地层堆积和出土遗物情况，1986年的第3层可对应于1987至1988年的第4层（4A和4B），而前者的第4层又可对应于后者的第5层，两次发掘的文化层是可以对接的。事实上，按原发掘者的判断，认为两次发掘出土遗物无甚差别，陶器制作水平和特征并无二致[3]。故此，两者较可能属同一时期的文化遗存。

以第二次发掘出土陶器为例，夹砂陶占多数，泥质陶略少；夹砂陶有黑灰、红褐色，大部分饰粗与细的绳纹，少数素面；泥质陶有灰黑、橙红色，以素面占大多数，少数饰刻划的连弧纹、拍印的小方格纹及彩色带状纹；彩陶均为赭红色，泥质彩陶一般加白色陶衣；彩陶纹饰有圆点、曲线、条带纹等，并见有刻划纹和镂孔。可辨认的器形有釜、罐、盘等，以圜底、圈足器为多见[4]。蚬壳洲遗址前后两次发掘出土的泥质彩陶多涂有白色陶衣，再饰上赭红色彩，此属咸头岭遗址第4段的彩陶特征之一，估计两者年代相若，约距今6200年。

[1] 李海荣、刘均雄《咸头岭新石器时代遗存与珠江三角洲地区相关遗址的分期和年代》，深圳市文物考古鉴定所《深圳咸头岭2006发掘报告》下篇第一章，北京：文物出版社，2013年，第215、216页。

[2] 李子文、李岩《广东高要县蚬壳洲发现新石器时代贝丘遗址》，《考古》1990年第6期，第565—568页。

[3] 古运泉、李岩《高要县龙一乡蚬壳洲贝丘遗址》，《文物》1991年第11期，第12页。

[4] 李子文、李岩《广东高要县蚬壳洲发现新石器时代贝丘遗址》，《考古》1990年第6期，第565—568页；古运泉、李岩《高要县龙一乡蚬壳洲贝丘遗址》，《文物》1991年第11期，第8—13页。

五、东莞蚝岗遗址

蚝岗遗址于2003年进行考古发掘，新石器时代堆积可分为3期。第1期的陶器主要是泥质白陶圈足盘，均为盘体和圈足残片，器表刻划、压印图案或镂孔，在压印或刻划纹饰的沟槽中尚残留赭红彩，原发掘简报推测其器表原应有彩，只是后来脱落露出白胎成白陶；此外也有数量较少的素面夹砂陶罐和绳纹陶器。第2期的陶器以泥质红陶为主（其中部分为红彩），其次为夹砂黑褐陶，还有少量的夹砂红陶。器形有彩陶圈足盘，白地红彩，盘外绘宽带状彩，有的口沿内还绘一周带状红彩，圈足多镂小圆孔（此亦为咸头岭遗址第4段的特征）。夹砂陶有釜、罐、器座，纹饰有绳纹、刻划纹及其组合，刻划纹中有贝划和篦划纹。第3期的陶器以夹砂陶为主，还有少量的泥质陶和磨光黑陶。器形有宽薄沿釜、侈口鼓腹圆底小罐、圈足盘和器座等，流行折沿器、圆底器，少见卷沿器、不见彩陶；泥质灰陶或黑陶质地坚硬，表面光亮，制作精美；流行细绳纹、刻划纹和贝划纹[1]。

李氏等认为蚝岗1期的陶器，既带有咸头岭遗址第3段的特点，也有第4段的特点，估计其相对年代在咸头岭遗址第3、4段之间；蚝岗遗址2期出土的彩陶圈足盘先在红褐色泥质陶的胎上，涂上一层白陶衣再上红彩，与咸头岭遗址第4段的彩陶圈足盘特征一致，两者应基本同时[2]。此外，李氏等也认为蚝岗3期出土遗物的总体特征与咸头岭遗址第5段的遗址特征相似，其中一件带耳罐（图七，2）与深圳咸头岭第5段所出同类风格近似[3]。不过，蚝岗遗址发掘者曾指出，蚝岗3期与咸头岭第5段的相异点多于相似点，并指出蚝岗3期的部分陶器饰纹作风与较后期的宝镜

[1] 李子文《广东东莞市蚝岗贝丘遗址调查》，《考古》1998年第6期，第80—82页；广东省文物局、东莞市文化广电新闻出版局、东莞蚝岗遗址博物馆编《东莞蚝岗遗址博物馆》，广州：岭南美术出版社，2007年；广东省文物考古研究所等《东莞市南城区蚝岗遗址初步发掘简报》，《华南考古》2，北京：文物出版社，2008年。

[2] 李海荣、刘均雄《咸头岭新石器时代遗存与珠江三角洲地区相关遗址的分期和年代》，深圳市文物考古鉴定所《深圳咸头岭2006发掘报告》下篇第一章，北京：文物出版社，2013年，第208页。

[3] 李子文《广东东莞市蚝岗贝丘遗址调查》，《考古》1998年第6期，第80—82页；珠江三角洲史前调查组《珠江三角洲史前遗址调查》，《考古学研究》（四），北京：科学出版社，2000年，第387—388页。

湾遗址的早期晚段相同[1]。

　　咸头岭遗址第5段的年代约距今6000年，而蚝岗遗址第3期出土的陶器并不见彩陶，因此后者的年代应晚于距今6000年。蚝岗3期的陶器流行折沿器、圆底器及流行细绳纹、刻划纹和贝划纹等总体特征，与草堂湾第1期遗存[2]、深湾F层第2组、虎地[3]、过路湾上区[4]等遗址的陶器特征较为相近。如折沿器、圆（圜）底器可见于草堂湾遗址第1期遗存；细绳纹、刻划纹、篦划纹及和贝压印划纹等纹饰亦可见于深湾、虎地、过路湾上区等遗址，此三遗址流行用多齿器具[5]（有可能为贝壳或多齿梳之类工具）作刻划纹或近似细绳纹的纹饰[6]，部分纹样与蚝岗3期出土者十分相似；蚝岗3期出土陶器其中一个特点，是钵的出现（图七，7）[7]，此并不见于1期和2期，而钵形器也见于深湾遗址F层第2组和黑沙遗址上文化层（图五）。综合以上器物特征，蚝岗遗址第3期遗存的年代宜置于距今6000年以后的阶段。

[1] 广东省文物局、东莞市文化广电新闻出版局、东莞蚝岗遗址博物馆编《东莞蚝岗遗址博物馆》，广州：岭南美术出版社，2007年，第89页。

[2] 梁振兴、李子文《三灶岛草堂湾遗址发掘》，珠海博物馆等编《珠海考古发现与研究》，广州：广东人民出版社，1991年，第26页。

[3] Meacham, W., "Archaeological investigations on Chek Lap Kok Island", *Journal monograph (Hong Kong Archaeological Society)*: 4, 1994, pp.45–92.

[4] Meacham, W., "Archaeological investigations on Chek Lap Kok Island", *Journal monograph (Hong Kong Archaeological Society)*: 4, 1994, pp.129–154.

[5] 秦维廉编《南丫岛深湾考古遗址调查报告》，香港考古学会专刊第三本，1978，第128页；Meacham, W., "Archaeological investigations on Chek Lap Kok Island", *Journal monograph (Hong Kong Archaeological Society)*: 4, 1994, pp.45–92, 129–154.

[6] 商志䨻《香港地区新石器时代文化分期及与珠江三角洲地带的关系》，《香港考古论集》，北京：文物出版社，2000年，第6—7页。

[7] 引自广东省文物局、东莞市文化广电新闻出版局、东莞蚝岗遗址博物馆编《东莞蚝岗遗址博物馆》，广州：岭南美术出版社，2007年，第85、88页。

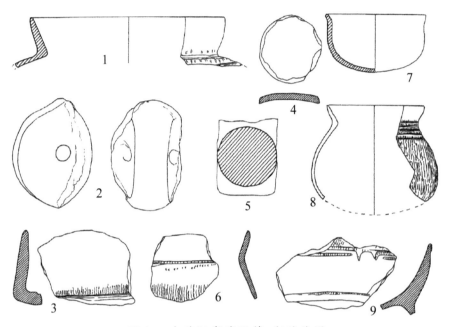

图七　东莞蚝岗遗址第3期的陶器

1、8.釜　2.器耳　3、7.钵　4.陶饼形器　5.支脚　6.罐　9.圈足盘

表二　珠江三角洲地区距今7000—6000年遗址分期分段序列

珠三角地区		咸头岭	遗　址
1期	1段	1期1段	咸头岭1段、麒麟山庄果场、龙鼓洲第1期
	2段	1期2段	咸头岭2段、盐田港东山、龙鼓洲第2组
	3段	1期3段	咸头岭3段、深湾村东谷、龙鼓洲第3组
2期	4段		蚝岗1期、后沙湾、龙穴、白水井、春磡湾
	5段	2期4段	咸头岭4段、大黄沙、小梅沙、蚝岗2期、蟹地湾、大湾、丫洲、涌浪、龙鼓洲第4组、深湾F层第1组、黑沙下文化层、蚬壳洲、万福庵
3期	6段	3期5段	咸头岭5段、大梅沙、棠下环、金兰寺下层
距今6000—5000年			深湾F层第2组、草堂湾、黑沙上文化层、长沙栏、蚝岗3期

六、总 结

  总结以上分析，草堂湾遗址第1期遗存、黑沙遗址上文化层、长沙栏遗址、深湾遗址F层第2组遗存和蚝岗3期具有相似器物特征，年代上可能属于距今6000年以后的考古学文化阶段。万福庵遗址发现的彩陶与蚬壳洲遗址出土者相近，推测两者同期。蚬壳洲遗址的两组遗存实际上可能为同一组，陶器特征与咸头岭第2期4段相近似，估计年代为距今6200年。笔者在李氏等的研究基础上，将上述遗址文化遗存的重新定位，整理成表二。由于遗址遗存的年代判断，有可能影响我们进一步认识和讨论珠江三角洲史前考古文化内涵，故笔者不揣浅陋，尝试就有关排序问题谈谈个人看法，以求教于方家。

（作者单位：澳门考古学会）

论弓形格青铜短剑的年代序列及其相关问题

李海荣

内容提要：

弓形格剑最早于春秋晚期至春战之际前后出现在广西百色一带，最晚的年代为战国晚期前后。弓形格剑的双环（圆饼）首、曲刃、茎端为外凸的圆弧面茎以及一些纹饰等因素直接源自云南青铜文化或受其强烈的影响，就是弓形格也与滇文化的一字格剑不无关系。弓形格剑由西向东的传播，是经由珠江上游西江的呈扇状广布的各个支流；向越南北部的传播，则通过连接桂越的陆路以及岭南沿海的水路都有可能。弓形格剑是骆越族最早创制的，但之后很快也被南越族所接受。弓形格剑有从主要是代表身份、地位、权力象征的礼仪性用器向主要是实战性用器转变的趋势。

一、引 言

所谓"弓形格青铜短剑"（以下简称"弓形格剑"），其最突出的特征是剑格向剑身的方向或多或少都有一些弧弯，且格的两端反向翘起，格似弓故名。其铸造用双面合范，首、茎、格、身一次铸成，可直接持握。目前所见，通长在23厘米和39厘米之间。有一些弓形格剑的剑身近格部有人面纹，因此一些学者称之为"人面弓形格剑"。但是，并非所有的弓形格剑的剑身上都饰有人面纹，故本文统称为弓形格剑。这种剑的形制较独特，地域性也强，目前主要发现于岭南的广西、广东和香港，还少量见于越南北部。弓形格剑的年代一直未有公认的确论，但是研究者一般都认为不出春秋至战国期间。

对弓形格剑最早进行系统研究的，见于邓聪先生的几篇文章[1]；蒋廷瑜先生则主要对广西发现的弓形格剑进行了较为系统的介绍和研究[2]；另外，对弓形格剑的论述还散见于一些文章和著作中[3]。

本文在汲取和借鉴学者们的研究成果的基础上，对弓形格剑的年代序列、文化因素构成、传播路径等等一些问题再进行一些探讨。

二、弓形格剑的形制和纹饰

笔者目前所见已经报道的弓形格剑一共有16件：香港3件、广东3件、广西8件、越南北部2件，其中广西境内发现最多。下面，具体介绍一下这些剑的形制。

（一）香港出土的弓形格剑

1. 大湾剑

[1] 邓聪《香港石壁出土人面弓形格铜剑试释》，《岭南古越族文化论文集》，中国香港：香港市政局出版，1993年；邓聪《人面弓形格铜剑雏议》，《文物》1993年第11期；邓聪《再论人面弓形格铜剑》，《东南亚考古论文集》，中国香港：香港大学美术博物馆，1995年；邓聪《古代香港历史的新发现》，《历史研究》1997年第3期；邓聪《新发现弓形格铜剑的观察》，《中国古代铜鼓研究通讯》1999年第15期；邓聪《华南土著文化圈之考古学重建举要》，《东南考古研究》第二辑，厦门：厦门大学出版社，1999年。

[2] 蒋廷瑜《广西新发现的人面弓形格铜剑》，《中国古代铜鼓研究通讯》1997年第13期；蒋廷瑜《广西所见人面弓形格铜剑》，《广州文物考古集》，北京：文物出版社，1998年；蒋廷瑜《岭南地区的人面弓形格铜剑》，《收藏家》2003年第3期；蒋廷瑜《右江流域青铜文化族属试探》，《广西考古文集》第三辑，北京：文物出版社，2007年；蒋廷瑜《西瓯骆越青铜文化比较研究》，《百越研究》第一辑，南宁：广西科学技术出版社，2007年；蒋廷瑜《夜郎句町比较研究》，《广西博物馆文集》第四辑，南宁：广西人民出版社，2007年；蒋廷瑜《广西考古通论》第五章，南宁：广西科学技术出版社，2012年。

[3] 例如：吕烈丹《岭南战国秦汉剑器刍议》，《广州文博》1985年1、2期合刊；商志䕘《三十年代香港大湾遗址考古报告的再研究——读芬戴礼〈香港南丫岛考古发现〉札记》，《香港考古论集》，北京：文物出版社，2000年；麦英豪等《考古发现与广州古代史》，《广州文物考古集：广州考古五十年文选》，广州：广州出版社，2003年；水涛《岭南青铜文化中的外来文化因素》，《东南考古研究》第三辑，厦门：厦门大学出版社，2003年；覃芳《广西先秦时期的青铜剑》，《广西考古文集》第二辑，北京：科学出版社，2006年；李龙章《谈谈岭南青铜文化中的北方草原文化因素》，《华南考古》2，北京：文物出版社，2008年；李龙章《岭南地区出土青铜器研究》，北京：文物出版社，2006年，第160—161页；彭长林《云贵高原的青铜时代》，南宁：广西科学技术出版社，2008年，第322—323页；戚鑫主编《南山博物馆藏古越族青铜兵器研究》"概述"，文物出版社，2017年。

1933年芬戴礼神父（Finn, Daniel J）在他第二次[1]发掘南丫岛大湾遗址时出土了一件弓形格剑（以下称"大湾剑"），芬神父称之为"（dagger of Indo-China type）"[2]。

大湾剑是岭南地区公布最早的一件弓形格剑，出土时已断为五截。其形制为：无首；茎端近平，茎部分为三段，上、下段明显加粗且横截面为椭圆形，中段稍细而横截面略呈扁棱形；厚弓形格的两端后翘甚；身为宽叶形，有中脊，横截面为扁棱形；弧刃有残缺。素面。茎上有编织物缠绕竹片的痕迹[3]。通长30.4厘米（图一，1）。

2. 石壁剑

1962年在大屿山石壁出土一件弓形格剑（以下称"石壁剑"）[4]。

石壁剑的形制为无首；茎端近平，空茎封闭但留有小孔；茎中部略束收，横截面为椭圆形；弓形格较厚，两端后翘；身为宽叶形，上、中部扁平无中脊，下部则有中脊通锐锋且横截面为扁棱形；弧刃。茎部主要饰粗阳线勾连雷纹，勾连雷纹上又饰有线条纹和卷云纹，茎下部有长方矩形和卷云纹；格上有横线条纹和点状纹；身两面近格处有略呈倒三角形的人面纹；人面两侧有圆圈纹和卷云纹；身中部的一面饰三角形纹，另一面饰卷云纹和三角纹，身两面纹饰的整体布局略呈蕉叶状。通长27.6厘米（图一，2、3）。

---

[1] 芬戴礼神父第一次发掘南丫岛大湾遗址是在1932年。

[2] D. J. Finn, "Archaeological Finds on Lamma Island（舶遼洲）near Hong Kong", *The Hong Kong Naturalist* vol.5.3, 1934；Daniel J. Finn, "Archaeological Finds on Lamma Island near Hong Kong", *University of Hong Kong*, 1958。笔者按："舶辽洲"即南丫岛（区美莲《重拾香港历史——耶稣会芬神父考古事迹》，香港《公教报》2001年2月4日）。

[3] 芬戴礼神父对大湾剑的说明："A battle—hacked（ ）? dagger of Indo—China type: Plate 17, No. 4. Note traces on haft of textile wrapping laid on over a slip of bamboo. Small figure shows guard with section of haft, from above."（D. J. Finn, "Archaeological Finds on Lamma Island（舶遼洲）near Hong Kong", *The Hong Kong Naturalist* vol.5.3, 1934.）笔者译为"一把印度型的用于战斗的劈砍短剑：图版17第4号（译者按：指这把剑在该篇文章中照片图版的编号）。注意剑柄上有编织物缠绕一片竹片的痕迹。小图展示的是从上方所看到的剑柄的护格部分。"

[4] 广东省博物馆等《广东出土先秦文物》，中国香港：香港中文大学文物馆，1984年，第234—235页；邓聪《香港石壁出土人面弓形格铜剑试释》，《岭南古越族文化论文集》，中国香港：香港市政局出版，1993年；邓聪《人面弓形格铜剑雏议》，《文物》1993年第11期；肖治龙主编《珠联璧合——泛珠三角文物精品集》，广州：岭南美术出版社，2005年，第49页；戚鑫主编《南山博物馆藏古越族青铜兵器研究》，北京：文物出版社，2017年，第54页；邓聪《邓聪考古论文选集Ⅰ》，香港中文大学中国考古艺术研究中心，2021年，图版一〇八。

3. 过路湾剑

1990年在香港赤鱲（立）角过路湾遗址下区二号墓（Burial 2)出土一件弓形格剑（编号为KLW148）（以下称"过路湾剑"）[1]。

过路湾剑已残损（图一，4），报告中没有详细描述其形制和尺寸，但是说有一片布料黏附（adhering）在剑的一块残片上[2]。发掘报告中有过路湾剑的复原图（图一，5），剑身和刃的上部被复原为向内凹进的形状。但是，发掘报告复原的依据不足，因为不仅目前所见的弓形格剑未见那样的形制，就是岭南地区非弓形格的剑也不见那样的形制。另外从照片看，剑的两块残片应该对接不上，其间还有缺失的部分。

笔者依据两块残片的形状，并参照同出于香港地区的大湾剑和石壁剑的形制，重新绘制了复原示意图（图一，6）。过路湾剑的弓形格较厚，格的两端后翘

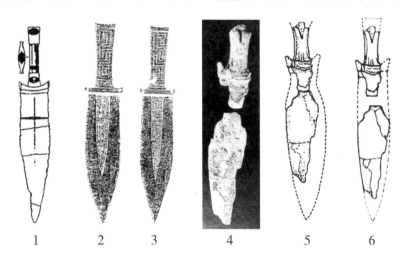

图一　香港出土的弓形格剑

1.大湾剑　2、3.石壁剑（两面）　4.过路湾剑照片
5.过路湾剑（发掘报告复原）　6.过路湾剑（笔者复原）

---

[1] William Meacham, Archaeological Investigations on Chek Lap Kok Island, P155—186, Journal Monograph Ⅳ, Hong Kong Archaeological Society, 1994；邹兴华《论香港及邻近地区出土铸铜石范》，《铜鼓和青铜文化的再探索——中国南方及东南亚地区古代铜鼓和青铜文化第三次国际学术讨论会论文集》，民族艺术杂志社，1997年。

[2] "Unfortunately It was very fragmentary and could not be fully reconstructed. Attached to one of the fragments was a piece of cloth, which suggests that the burial objects and perhaps the corpse as well were laid out on a cloth." （William Meacham., "Archaeological Investigations on Chek Lap Kok Island,", *Journal Monograph Ⅳ, Hong Kong Archaeological Society.* 1994. P176.）

甚，这与大湾剑一样；另外发掘报告没有说残块上有纹饰，那很可能就是素面的。过路湾剑应该与大湾剑的形制、风格和时代最为接近。

过路湾剑的形制大体应该为无首；茎端近平，茎中空，中部略束收，横截面略呈椭圆形；厚弓形格的两端后翘甚；身为宽叶形；弧刃；剑身残片上未见纹饰。尺寸不详。

（二）广东出土的弓形格剑

1.苏元山剑

1965年在广州暹冈遗址第二号地点（小地名为"苏元山"），村民"在山冈上距地表30厘米左右掘出青铜器五件"，其中有一件弓形格剑（以下称"苏元山剑"）[1]。

苏元山剑的形制为：首为一对并列的小圆饼；茎横截面为扁圆形，两侧有扉棱，中段加粗，下部中间有凸起的Λ形小开叉与弓形格连为一体；弓形格较薄，其两端略后翘；身为宽叶形，上、中部扁平无中脊，下部则有中脊通锐锋；弧刃。茎部有纵向的粗条纹等；格上有横线纹和点状纹；身近格处有略呈倒三角形的人面纹；人面两侧及其以下的剑身上、中部饰有卷云纹与长、短线条纹等共同组成的有对称羽枝略呈"¥"形的纹饰。通长29.4厘米（图二，1）。

2.仙坑村剑

1994年（一说1995年）在茂名高州南塘镇仙坑村加油站工地出土了一件弓形格剑（以下称"仙坑村剑"）。据言还同出有另一把仅余柄部的剑，但是未详细介绍其形制[2]。

---

[1] 广州市文物管理处《广州郊区暹冈古遗址调查》，《文物资料丛刊》第1辑，北京：文物出版社，1977年；麦英豪等《考古发现与广州古代史》，《广州文物考古集：广州考古五十年文选》，广州：广州出版社，2003年；广州博物馆《广州历史陈列图册》，北京：文物出版社，2009年，第10页；广东省文物考古研究所《广东出土先秦青铜器》，北京：科学出版社，2020年，第103页。

[2] 茂名市文化广电新闻出版局等《茂名文物集萃》，茂名内部准印，2009年，第34页；杨式挺等《广东先秦考古》，广州：广东人民出版社，2015年，第790页；陈冬青《高州文物调查与考述·馆藏战国人面纹青铜短剑》，广州：广东旅游出版社，2018年，第144—145页；广东省文物考古研究所《广东出土先秦青铜器》，北京：科学出版社，2020年，第128页。

图二　广东出土的弓形格剑
1. 苏元山剑　2. 仙坑村剑　3. 肇庆剑

仙坑村剑的形制为无首；茎端近平，茎中部略束收，横截面为椭圆形；弓形格较厚，其两端略后翘；身扁平；弧刃及锋已残损。茎部有粗阳线勾连雷纹，勾连雷纹上有线条纹和卷云纹；茎上部及格有横线纹和点状纹；身两面近格处有略呈倒三角形的人面纹，人面又被数层短直线和弧线纹所组成的倒梨形纹所环绕。通长29.5厘米（一说25厘米）（图二，2）。

3. 肇庆剑

据说在肇庆西江河段捞出一件弓形格剑（以下称"肇庆剑"），出土时间不明，现藏深圳市南山博物馆[1]。

肇庆剑的形制为无首；空茎茎端近平，封闭但留有小孔；茎中部略束收，横截面为椭圆形；弓形格较薄，两端略后翘；身为宽叶形，上、中部扁平无中脊，下部则有中脊通锐锋；弧刃，前刃收成尖锋。茎部饰有勾连雷纹；格上有纵向的短线纹；身两面近格处有略呈倒三角形的人面纹；人面两侧及其以下的剑身上、

---

[1] 戚鑫主编《南山博物馆藏古越族青铜兵器研究》，北京：文物出版社，2017年，第52—55页。

中部为长、短线条等共同组成的有对称羽枝略呈"¥"形的纹饰；身中下部有一对相背的鱼钩状纹。通长30.3厘米（图二，3）。

（三）广西出土的弓形格剑

1.石塘剑

1980年在灵山县石塘乡石滩发现一件弓形格剑（以下称"石塘剑"）[1]。

石塘剑的形制为首为一对并列的由短辐连接的重圈圆环；茎两侧有"山"字形齿状扉棱等，中段略粗，近首一半的横截面为扁体实心，近格一半的横截面为椭圆形；厚弓形格的两端后翘甚；身宽，上、中部扁平无中脊，下部则有中脊通锋；刃中部呈两侧向外弧突的曲刃状。茎部有卷云纹等；身近格处有人面纹，人面头上有两个"几"字形冠饰，头两侧有锯齿纹，头下部垂一对由短辐连接的重圈圆环（可能表现的是双耳环）；人面纹下有"¥"形和"Y"形纹饰，且两侧歧出卷云纹等。通长39厘米（图三，1）。

2.木罗村剑

1986年柳江县木罗村（一说是"渡村"）村民挖鱼塘时挖出一批青铜器，其中有一件弓形格短剑（以下称"木罗村剑"）[2]。

木罗村剑的形制为"V"形开叉首；茎部横截面为扁圆形，茎中部略束收，下部中间有凸起的"Λ"形大开叉与弓形格连为一体；薄弓形格的两端略后翘；身为宽叶形，有中脊通锋；弧刃。茎部有纹饰，但因锈蚀而不甚清晰；身与格交界处有略呈倒三角形的人面纹；人面两边及其以下的剑身上、中部为长、短线条和卷云纹等共同组成的略呈"Y"形的纹饰，并两侧歧出羽状纹。通长23.2厘米（图三，2）。

---

[1] 黄启善《广西灵山出土青铜短剑》，《考古》1993年第9期；蒋廷瑜《广西所见人面弓形格铜剑》，《广州文物考古集》，北京：文物出版社，1998年；中国国家博物馆等《瓯骆遗粹：广西百越文化文物精品集》，北京：中国社会科学出版社，2006年，第44—46页；广西壮族自治区博物馆编《瓯风骆韵》，南宁：广西教育出版社，2020年，第70—71页。

[2] 刘文等《广西柳江县出土春秋战国青铜器》，《文物》1990年第1期；蒋廷瑜《广西所见人面弓形格铜剑》，《广州文物考古集》，北京：文物出版社，1998年；黄利捷《柳博收藏的人面纹铜剑》，中国古代铜鼓研究会《中国古代铜鼓研究通讯》1999年第15期；刘文《柳州博物馆馆藏几件青铜器的研究》，《广西与东盟青铜文化学术研讨会论文集》，北京：科学出版社，2012年。

3.隆平村剑

1989年田阳县隆平村村民在该村附近的右江捞河沙时打捞出一件弓形格剑（以下称"隆平村剑"）。据言"同时捞出的还有一件一字格铜剑和一件残玉戈等物"，但是未详细介绍其形制[1]。

隆平村剑的形制为扁体双环首，环体两面各有四个长方形回纹；茎为扁体实心，两侧有"山"字形齿状扉棱等，中段加粗；弓形格较厚，其两端略后翘；身宽，上部扁平无中脊，下部则有中脊通锋；弧刃。茎上部有纵向的粗条纹等，下部有被隔开的卷云纹等；格上有纵向的短线纹；身近格处有倒三角形纹（应为简化的人面纹）；倒三角纹的两侧及身上部为长、短线条等共同组成的有对称羽枝略呈"¥"形的纹饰。通长24.2厘米（图三，3）。

4.贵港剑

20世纪80年代贵县供销社收集到一件弓形格剑（以下称"贵港剑"），"因为贵县收购的废杂铜大都出自当地，因此很可能就是在贵县（今贵港市）范围内出土的"[2]。

贵港剑的形制为无首；茎端近平，茎中部略束收，横截面为椭圆形；弓形格较薄，弧弯不很明显，两端略后翘；身为宽叶形，上、中部扁平无中脊，下部则有中脊通锋；弧刃。剑茎、格、身两面的纹饰一致，但因锈蚀重而多不清晰。茎部有粗阳线勾连雷纹；格上有纵向的短线纹；身近格处有略呈倒三角形的人面纹；人面两侧及其以下的剑身上、中部有长、短线条纹等共同组成的略呈蕉叶形的纹饰。通长26.25厘米（图三，4）。

---

[1] 蒋廷瑜《广西新发现的人面弓形格铜剑》，《中国古代铜鼓研究通讯》1997年第13期；蒋廷瑜《广西所见人面弓形格铜剑》，《广州文物考古集》，北京：文物出版社，1998年；中国国家博物馆等《瓯骆遗粹：广西百越文化文物精品集》，北京：中国社会科学出版社，2006年，第47页；蒋廷瑜《右江流域青铜文化族属试探》，《广西考古文集》第三辑，北京：文物出版社，2007年；蒋廷瑜《西瓯骆越青铜文化比较研究》，《百越研究》第一辑，南宁：广西科学技术出版社，2007年；广西壮族自治区博物馆编《瓯风骆韵》，南宁：广西教育出版社，2020年，第72—73页。

[2] 蒋廷瑜《广西新发现的人面弓形格铜剑》，《中国古代铜鼓研究通讯》1997年第13期；蒋廷瑜《广西所见人面弓形格铜剑》，《广州文物考古集》，北京：文物出版社，1998年。

5.百色一号剑

在过去百色发现的青铜剑中，有三件被看作是弓形格剑；其中2件为1999年征集，同为百色一河中捞出，蒋廷瑜先生称之为"百色一号剑"和"百色二号剑"[1]。

百色一号剑的形制为：双环首；茎两侧有"山"字形齿状扉棱等，中段加粗；弓形格较薄，弧弯不很明显，两端略后翘；身为宽叶形；弧刃。环首上有几何纹；茎部有卷云纹、纵向的粗条纹、短线纹等；格上有短线纹；身近格处的两面有略呈倒三角形的人面纹，人面被框以短线纹。通长24.5厘米（图三，5）。

6.百色二号剑

百色二号剑的形制为无首；茎端为外凸的圆弧面，茎上部为椭圆柱形，中部扁平束收，下部又扩宽；厚弓形格的两端后翘甚；身宽，上、中部扁平无中脊，下部则有中脊通锋；刃中部呈两侧向外弧突的曲刃状。茎部纹饰分组，有卷云纹、曲线纹、短线纹等多种纹饰；身近格处有略呈倒三角形的人面纹；人面下饰有长"￥"形和长"Y"形纹饰，并两侧歧出卷云纹等。通长32厘米（图三，6）。

7.七塘剑

1997年百色七塘百色糖厂下游新码头沙场在右江捞沙时获得一把剑（以下称"七塘剑"）[2]。

七塘剑的剑首已残，但是其剑茎两侧有齿状扉棱、中段加粗的风格与苏元山剑（图二，1）、石塘剑（图三，1）、隆平村剑（图三，3）、百色一号剑（图三，5）的剑茎形制一致；依据后四把剑的剑首形制，完全有理由认为七塘剑残失的剑首是双圆饼首或双环首。

---

[1] 黄利捷《柳博收藏的人面纹铜剑》，中国古代铜鼓研究会《中国古代铜鼓研究通讯》1999年第15期；蒋廷瑜《岭南地区的人面弓形格铜剑》，《收藏家》2003年第3期；蒋廷瑜《右江流域青铜文化族属试探》，《广西考古文集》第三辑，北京：文物出版社，2007年；覃国宁《岭南地区有自己本土的青铜文化吗？》，《岭南考古研究》6，中国香港中国评论学术出版社，2007年；覃国宁《从馆藏的青铜器之特色试谈岭南地区青铜文化的特征》，《岭南考古中国香港研究》6，中国评论学术出版社，2007年。

[2] 蒋廷瑜《右江流域青铜文化族属试探》，《广西考古文集》第三辑，北京：文物出版社，2007年；蒋廷瑜《岭南地区的人面弓形格铜剑》，《收藏家》2003年第3期；邓聪《新发现弓形格铜剑的观察》，《中国古代铜鼓研究通讯》1999年第15期。

七塘剑的薄格，其中部的弓形及其两端的后翘均不是很明显，几近一字格。但是，七塘剑的茎部特征与一些弓形格剑的茎部一致。另外，据蒋廷瑜先生介绍，其身的近格处"人面图案仍隐约可见"，这也是弓形格剑上常见的代表性图案。所以，七塘剑一般也归为弓形格剑来讨论。

由此，七塘剑的形制为双圆饼（双环）首；茎两侧有齿状扉棱，中段加粗；薄格，格中部的弓形及其两端的后翘均不是很明显，接近一字格；身为柳叶形；直弧刃。茎部有小方格纹等；身部纹饰不清晰，但是近格处有人面纹。通长30.4厘米（图三，7）。

8.南宁剑

2002年在南宁邕江水下打捞出一件弓形格剑（以下称"南宁剑"）[1]。

南宁剑的形制为无首；茎端略凹弧，茎中部略束收，茎横截面为扁圆形，下部中间有凸起的"Λ"形大开叉与弓形格连为一体；薄弓形格的两端后翘；身为宽叶形，有中脊通锐锋；弧刃。身与格交界处有略呈倒三角形的人面纹；人面两边及其以下的剑身上、中部有长、短线条等共同组成的略呈"Y"形的纹饰，并两侧歧出羽状纹。通长23.6厘米（图三，8）。

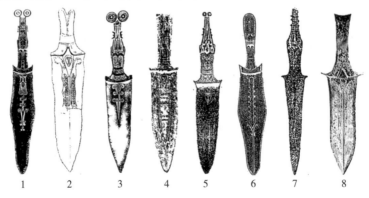

图三　广西出土的弓形格剑

1.石塘剑　2.木罗村剑　3.隆平村剑　4.贵港剑　5.百色一号剑　6.百色二号剑　7.七塘剑　8.南宁剑

---

[1] 蒋廷瑜《西瓯骆越青铜文化比较研究》，《百越研究》第一辑，南宁：广西科学技术出版社，2007年；中国国家博物馆等《瓯骆遗粹：广西百越文化文物精品集》，北京：中国社会科学出版社，2006年，第43页；广西壮族自治区博物馆编《瓯骆遗粹——广西百越文化文物陈列》，南宁：广西教育出版社，2010年，第67页；广西壮族自治区博物馆编《瓯风骆韵》，南宁：广西教育出版社，2020年，第66页。

（四）越南北部出土的弓形格剑

1.东山剑

20世纪20年代在越南清化东山遗址出土一件弓形格剑（以下称"东山剑"），据说与此剑"出土共存尚有戈与矛，可能是同一墓葬的随葬品"[1]。

东山剑可能是被发现最早的一件弓形格剑，刃与身有残缺。其形制为无首；茎端近平，茎中部略束收，横截面为椭圆形；弓形格较厚，两端略后翘；身为宽叶形，无明显中脊；弧刃。茎部有粗阳线勾连雷纹等；格上有横线条纹和连续点状纹；身两面近格处有略呈倒三角形的人面纹；人面两侧及其以下的剑身上、中部为长、短线条等共同组成的有对称羽枝略呈"¥"形的纹饰（图四）。

2.象山剑

"在建安的象山也发现"一件剑，据说与东山剑"类似"（以下称"象山剑"）[2]。笔者未见到象山剑的线图和照片发表，但是研究者一般都把它当作弓形格剑来讨论。

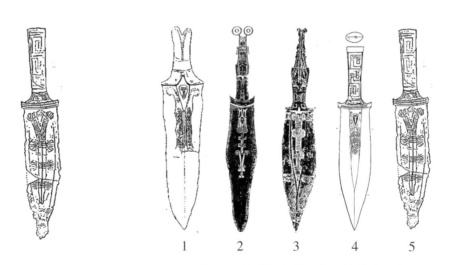

图五　邓聪先生所分弓形格剑的三式

图四　越南东山出土的弓形格剑　　1.Ⅰ式（木罗村剑）　2、3.Ⅱ式（石塘剑、苏元山剑）

4、5.Ⅲ式（石壁剑、东山剑）

[1] ［越］黎文兰等《越南青铜时代的第一批遗迹》，中国古代铜鼓研究会，1982年，第102页；邓聪《人面弓形格铜剑刍议》，《文物》1993年第11期。

[2] ［越］黎文兰等《越南青铜时代的第一批遗迹》，中国古代铜鼓研究会，1982年，第102页。

三、对弓形格剑的类型学分析

（一）之前学者的类型学分析

邓聪先生把"人面弓形格铜剑"分为三式，但是他的观点前后有一些修正。

最初他认为：Ⅰ式以木罗村剑为代表，弓形格不发达（图五，1）；Ⅱ式以石塘乡、苏元山剑为代表，弓形格发达，剑茎首为双环（图五，2、3）；Ⅲ式以石壁、清化东山剑为代表，弓形格发达，剑茎首未见双环（图五，4、5）。这三式的早晚关系顺序为Ⅰ→Ⅱ→Ⅲ，并认为弓形格铜剑的年代大体在春秋至战国[1]。

之后，他又认为："隆平剑于人面纹之不见，可视此剑制已步入简化衰退之阶段……整体而言，是否Ⅱ式剑比Ⅲ式为晚，此今后新发现考古发掘资料可以进一步验证"[2]。木罗村剑"剑首尚隐约可辨有一对的环耳。如此，过去笔者所区分三式弓形格铜剑中，看来Ⅰ式与Ⅱ式之间有更多共通特征之处，具有更密切之关系"[3]。

蒋廷瑜先生同意邓聪把弓形格剑分为三式的观点，但是他认为这三者之间是何种关系尚难说得清楚，难以排出自身序列，"要说这三式剑之间的早晚关系还为时过早"[4]。

李龙章先生在对岭南出土青铜剑的研究中，把之前一般所称的弓形格剑分为两型——E型和F型，又把E型分为二式，EⅠ式包括石塘剑、隆平村剑、苏元山剑（图六，1—3），EⅡ式包括石壁剑、大湾剑、仙坑村剑和贵港剑（图六，4—7）；木罗村剑则为F型（图六，8）。他认为蒋廷瑜先生的说法是慎重的，对弓形格剑的年代还需要继续探索，但是也同时推测EⅠ式的时间可能不早于战国晚期[5]。

---

[1] 邓聪《人面弓形格铜剑刍议》，《文物》1993年第11期；邓聪《再论人面弓形格铜剑》，《东南亚考古论文集》，香港大学美术博物馆，1995年。

[2] 邓聪《新发现弓形格铜剑的观察》，《中国古代铜鼓研究通讯》1999年第15期。

[3] 邓聪《华南土著文化圈之考古学重建举要》，《东南考古研究》第二辑，厦门：厦门大学出版社，1999年。

[4] 蒋廷瑜《广西所见人面弓形格铜剑》，《广州文物考古集》，北京：文物出版社，1998年。

[5] 李龙章《岭南地区出土青铜器研究》，北京：文物出版社，2006年，第149—152、161页。

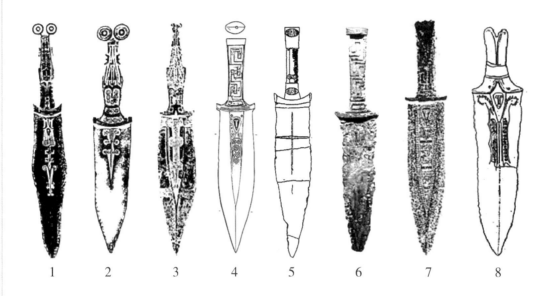

图六　李龙章先生对弓形格剑的分型分式

1—3. EⅠ式（石塘剑、隆平村剑、苏元山剑）

4—7. EⅡ式（石壁剑、大湾剑、仙坑村剑、贵港剑）　8. F型（木罗村剑）

一般对考古类型学的理解："类型学是通过研究考古遗存外在形态的分类、变化的逻辑序列，判断遗存的相对年代早晚……遗存在同时期内不同形制的差别通常标为'型'，随时间变化产生形制的变化通常标为'式'。主要操作方式就是先分型再分式，俗称'排队'。发现、总结遗存形态变化的逻辑序列后，根据遗存的地层关系确定形态变化逻辑序列的首尾，进而总结遗存形态变化阶段性特征和遗存组合特征划分变化阶段，俗称'分期'。"[1]那么，应该可以这样理解，"类"主要是指形制上有明显区别的遗存；"型"主要是表示同类遗存的横向关系，有可能存在时间上的共存；"式"则主要表示同一型遗存纵向的关系，用来区分有时间先后演变关系的同一型的遗存。

邓聪所分的三式，从类型学的角度看，也参考后来新出现的一些弓形格剑来分析，存在几点疑问：其一，他定义的Ⅱ式剑是弓形格发达，双环首。按照这个

[1] 王巍主编《中国考古学大辞典》，上海：上海辞书出版社，2014年，第6页。

标准，相对来讲百色一号剑（图三，5）和七塘剑（图三，7）的弓形格不发达，但剑首是双环，则难以归为Ⅱ式。可见，弓形格"发达"与否未必代表着时间的先后顺序。其二，木罗村剑（图五，1）与苏元山剑（图五，3）的格的形制基本一样，茎下部中间凸起的"Λ"形开叉与弓形格连为一体，格的厚度也差不多，为什么认为前者的格不发达，而后者的格发达呢？南宁剑（图三，8）与木罗村剑和苏元山剑剑格的形制也基本一致，但是后两者有首，而前者无首，则也难以把它们归为同一式。其三，就剑的刃部特点来看明显有两种剑，一种是弧刃，另一种是曲刃，把石塘剑（图五，2）和苏元山剑（图五，3）归为一式也不一定合适。其四，"人面纹有许多惊人的相似之处，人面的面形、面积、眼、眉、口及鼻的饰纹都相同，人面周围都以阳线框成倒三角形"[1]。隆平剑（图三，3）并非无人面纹，只是用倒三角形的简化形象来表示人面，其与其他人面纹的整体风格基本一致，未必体现的是"已步入简化衰退之阶段"。

李龙章先生所分的EⅠ和EⅡ式之间，也不能绝对肯定是因"时间变化产生形制的变化"的关系，除了有可能存在时间早晚的关系之外，也有可能是地域分布不同所造成的形制上的差别。

（二）笔者的类型学分析

目前所见的弓形格剑，绝大多数不是出自科学考古发掘的文化层或遗迹单位中，所以对其年代的判断多是通过间接的证据，很难肯定地说一些不同形制的弓形格剑之间绝对存在时间先后的逻辑演变关系，而很可能若干不同形制的弓形格剑存在时间上的共存关系。故此，笔者在对弓形格剑做类型学分析时，多不采用分式的形式。

笔者把形制明确的15件弓形格剑[1]，依据是否有剑首分为甲、乙两类剑。

甲类：6件，有首。依据首部特征，分为甲A和甲B两型。

甲A型：5件，双环首或双圆柄首。依据剑身刃部特征，分为甲Aa和甲Ab两个亚型。

---

[1] 蒋廷瑜《岭南地区的人面弓形格铜剑》，《收藏家》2003年第3期。

[2] 越南建安象山剑因未见线图及照片，故不参与本文的类型学分析。

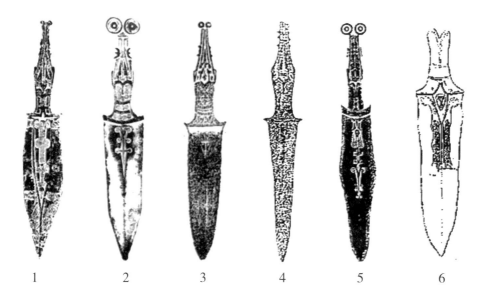

图七　甲类弓形格剑
1—4.甲Aa型（苏元山剑、隆平村剑、百色一号剑、七塘剑）
5.甲Ab型（石塘剑）　6.甲B型（木罗村剑）

甲Aa型：4件，弧刃。有苏元山剑、隆平村剑、百色一号剑、七塘剑（图七，1—4）。

甲Ab型：1件，曲刃。刃中部呈两侧向外略弧突的曲刃状。为石塘剑（图七，5）。

甲B型：1件，"V"形开叉首。为木罗村剑（图七，6）。

乙类：9件，无首剑。依据剑茎茎端的特征，分为乙A和乙B两型。

乙A型：1件，茎端为外凸的圆弧面，刃中部呈两侧向外略弧突的曲刃状。为百色二号剑（图八，1）。

乙B型：8件，茎端为近平面或呈微凹的弧面，弧刃。依据剑茎和剑身有无纹饰分为乙BⅠ式和乙BⅡ式。

乙BⅠ式：6件，茎、身均有纹饰。有石壁剑、仙坑村剑、肇庆剑、贵港剑、南宁剑、东山剑（图八，2—7）。

乙BⅡ式：2件，素面，器型完整的大湾剑的茎部明显分为三段，这也与乙BⅠ式的茎部有明显区别。乙BⅡ式有过路湾剑和大湾剑（图八，8、9）。

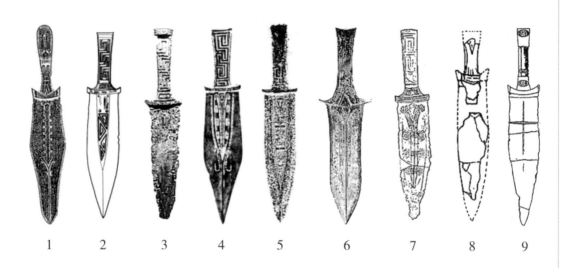

图八　乙类弓形格剑

1.乙A型（百色二号剑）　2—7.乙BⅠ式（石壁剑、仙坑村剑、肇庆剑、贵港剑、
南宁剑、东山剑）　8、9.乙BⅡ式（过路湾剑、大湾剑）

四、弓形格剑的年代序列及其相关问题

目前公布的弓形格剑大都为非科学发掘品，因此对其年代的判断很难十分精确。不过，研究者都是把具体某件弓形格剑的年代判断在东周时期的某一时段，或说春秋，或说战国等。

笔者判断年代的几个原则：

1.可以确定有与弓形格剑共同出自同一单位或同一文化层的其他遗物，则通过年代确定的共出遗物来判断弓形格剑的年代。这种情况有石壁剑、过路湾剑。

2.虽然不能确定与弓形格剑共同出自同一单位或同一文化层，但是能够确定是与其在同一个遗址抑或是同时在一个地点出土的其他遗物，则通过对其他遗物年代的讨论作为参考，来对弓形格剑的年代进行大体判断。这种情况有苏元山剑、木罗村剑、大湾剑、东山剑。

3.没有发现与弓形格剑在同一个地点出土的其他遗物，或是仅共出有年代不明的其他遗物，则通过与大体年代确定的其他弓形格剑的形制和花纹比较来把其纳入序列中。这种情况有仙坑村剑、肇庆剑、石塘剑、隆平村剑、贵港剑、百色一号剑、百色二号剑、七塘剑、南宁剑。

4.在判断某一件弓形格剑的年代时，要综合参考其构成的文化因素的源流及其在其他地区存在的时间，尽量相互印证，例如双圆饼（双环首）首、曲刃、圆弧面茎端、各种纹饰等文化因素。

以下，就逐类、逐型、逐式地讨论弓形格剑的年代及其相关问题。

（一）甲Aa型剑的年代及其相关问题

1.苏元山剑的年代

广州暹冈遗址第二号地点（苏元山）发现青铜器有两次，一次是1965年村民在苏元山山岗上挖出五件青铜器：戈1、弓形格短剑1、小刀（削）1、有銎"鹿角形饰件"2；另一次是1973年文物工作者在苏元山采集到一小块青铜器的口沿残片[1]。

暹冈遗址调查简报的执笔者麦英豪先生先是认为，"这五件青铜器可能是暹冈遗址的土著居民所造，具有明显的地方特色"；"暹冈遗址由于未作过探掘，这五件青铜器到底是遗址中的墓葬遗物，还是与遗址的印纹陶和石器是共存于同一文化层的，因尚未得到地层关系的证据，有关年代问题，目前还不能下结论"；"遗址的年代上限能否早到春秋，目前尚难确断。但下限是可以肯定不会晚到秦汉时期的"[2]。

之后，麦先生的观点有一些修改，他认为"发现的5件青铜器，应为墓中的随葬品，墓的情况已不可知"[3]。

---

[1] 广州市文物管理处《广州郊区暹冈古遗址调查》，《文物资料丛刊》第1辑，北京：文物出版社，1977年；麦英豪等《考古发现与广州古代史》，《广州文物考古集：广州考古五十年文选》，广州：广州出版社，2003年；郭凡主编《萝岗风物》，广州：广东人民出版社，2011年，第12页。

[2] 广州市文物管理处《广州郊区暹冈古遗址调查》，《文物资料丛刊》第1辑，北京：文物出版社，1977年。

[3] 麦英豪等《考古发现与广州古代史》，《广州文物考古集：广州考古五十年文选》，广州：广州出版社，2003年。

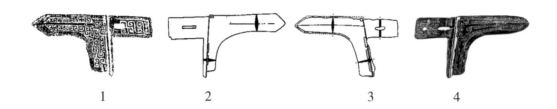

图九 苏元山戈对比图
1. 苏元山 2. 晋侯墓地M93：138 3. 横岭山M080：1 4. 浮扶岭M451：1

与苏元山戈（图九，1）形制相似的戈，在春秋时期常见，例如山西天马—曲村晋侯墓地M93：138（图九，2），M93被认为是春秋初年晋文侯（仇）的墓[1]；广东博罗横岭山墓地M080：1（图九，3），发掘报告把M080归为第四期，年代为春秋[2]；增城浮扶岭墓地M451：1（图九，4），其与苏元山戈一样满饰卷云纹等纹饰，年代被定为春秋时期[3]。

黄展岳先生认为苏元山戈的年代为春秋，可能是本地铸造[4]；李龙章先生则认为年代在春秋晚期至战国早期[5]。苏元山戈很有特色，满饰勾连雷纹和云纹，胡部也较宽，应该是在岭南本地所铸；如果谨慎一点，把苏元山戈的年代定在春秋晚期至春战之际前后是有理由的。

苏元山出土的小刀（削）（图十，1），仅看其形制则难以确定年代，但是在广东出土的东周青铜器上并不少见与苏元山刀身所饰勾连云雷纹相似的纹饰。例如，清远马头岗两座墓葬中出土的一些青铜器上饰有勾连云雷纹（图十，

[1] 北京大学考古学系等《天马—曲村遗址北赵晋侯墓地第五次发掘》，《文物》1995年第7期。

[2] 广东省文物考古研究所《博罗横岭山》，北京：科学出版社，2005年。

[3] 广东省文物考古研究所《广东出土先秦青铜器》，北京：科学出版社，2020年，第69页。增城浮扶岭墓地的发掘报告还未发表，据张强禄先生告知：浮扶岭M451随葬品除了这件戈之外，还有春秋时期的釉陶豆；M451：1的前锋为三角形，复原的前锋形制过圆了。

[4] 黄展岳《论两广出土的先秦青铜器》，《考古学报》1986年第4期。

[5] 李龙章《岭南地区出土青铜器研究》，北京：文物出版社，2006年，第129页。

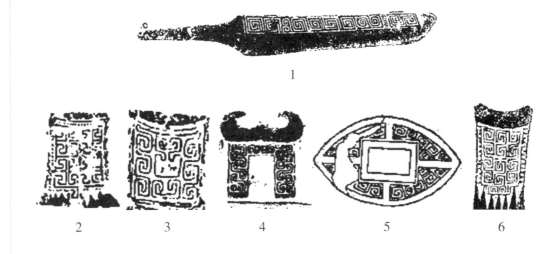

图十　苏元山小刀纹饰对比图
1.苏元山刀　2.马头岗M2：008铜钺　3.马头岗M2：007铜斧　4.马头岗M1：001铜鼎
5.鸟旦山M1：5铜铎　6.背夫山M1：23铜斧

2—4），对墓葬年代的看法不出春秋至战国早期[1]；肇庆四会鸟旦山M1出土的铜铎的舞部（图十，5）、铜斧上有勾连云雷纹，简报定M1的年代为战国早期[2]，也有研究者认为是春秋晚期[3]；云浮罗定背夫山M1出土的铜斧等铜器上也有勾连云雷纹（图十，6），简报定墓葬的年代为战国早期[4]。

　　苏元山小刀刀身所饰的勾连云雷纹，不仅与上述马头岗、鸟旦山、背夫山等出土铜器上的纹饰很接近，也与苏元山戈（图九，1）所饰的纹饰很相似，它们的年代应该差不多。综合考虑，把苏元山刀的年代定在春秋晚期至春秋战国之际是

[1] 广东省文物管理委员会《广东清远发现周代青铜器》，《考古》1963年第2期；广东省文物管理委员会《广东清远的东周墓葬》，《考古》1964年第3期；莫稚《对清远新发现周代青铜器的初步分析》，《南粤文物考古集》，北京：文物出版社，2003年；夏鼐《我国近五年来的考古新收获》，《考古》1964年第10期；徐恒彬《试论楚文化对广东历史发展的作用》，《中国考古学会第二次年会论文集》，北京：文物出版社，1982年；蒋廷瑜《先秦越人的青铜钺》，《广西民族研究》1985年第1期；杨建军《岭南地区商周时期墓葬研究》，北京：科学出版社，2019年，第205页。

[2] 广东省博物馆《广东四会鸟旦山战国墓》，《考古》1975年第2期。

[3] 何纪生《广东发现的几座东周墓葬》，《考古》1985年第4期。

[4] 广东省博物馆等《广东罗定背夫山战国墓》，《考古》1986年第3期。

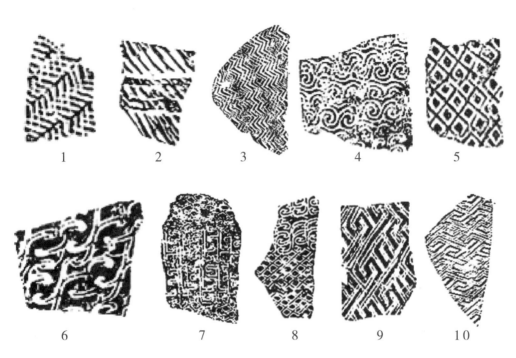

图十一　暹岗遗址的陶器纹饰
1—5.夏至早商前后的纹饰　6—10.西周晚期至春秋前后的纹饰

有依据的。

暹冈遗址的调查简报说，1973年在暹冈遗址相距很近的三个地点采集到"大量印纹陶片"，其中"以第二号地点（苏元山）的陶片最多"，但三个地点陶片的"陶质、纹饰风格是完全一致"的，"除偶有晋、南朝的青釉陶片和近代砖瓦发现外，汉陶完全未见"。陶片都比较碎，"没有一件可以复原成器"，陶片的纹饰有绳纹、编织纹、弦纹、篦纹方格纹，另外"几何图形的纹样有夔纹、羽状纹、窃曲纹、甪纹、云纹、雷纹、涡纹、三角形纹、曲折纹等"[1]。麦英豪先生说"器形以瓮、罐类为多，纹饰丰富多样，有大量夔纹陶，未见米字纹陶"，并认为"暹冈古文化遗存的年代可推定在春秋晚期至战国初年"[2]。

[1] 广州市文物管理处《广州郊区暹冈古遗址调查》，《文物资料丛刊》第1辑，北京：文物出版社，1977年。

[2] 麦英豪等《考古发现与广州古代史》，《广州文物考古集：广州考古五十年文选》，广州：广州出版社，2003年。

笔者查看已发表的暹冈遗址出土陶片的纹饰，认为其年代并不单纯，一些陶片的纹饰起码要早到夏至早商前后，例如叶脉纹、条带与附加堆纹的组合纹饰、曲折纹、卷云纹、不太规则的菱格凸块纹等（图十一，1—5）。但是，确实没有发现很典型的战国时期的纹饰，比如米字纹、复线菱格对角线纹、复线波浪和弦纹的组合纹饰、篦点和弦纹的组合纹饰等；而主要是夔纹陶时期的纹饰，也即主要是西周晚期至春秋前后的纹饰（图十一，6—10）。暹岗遗址（包括苏元山地点）先秦时期的陶器应该不晚于战国初期。

弓形格剑的年代，研究者都认为是东周时期的。如果从遗址出土陶片年代的角度来对铜器的判年做参考，那么苏元山剑的年代应该不会晚于战国初期。

邱立诚先生认为，苏元山剑"以暹冈苏元山遗存的器物群分析，年代当在东周前期"[1]；邓聪先生认为，苏元山铜戈的年代上限"最多亦置于稍晚于春秋晚期的阶段"，苏元山剑的年代"大体亦相当"[2]。笔者认为，参考苏元山出土铜戈、铜刀以及陶片的年代，把苏元山剑的年代判断为春秋晚期至春战之际前后，应该是有比较充分的依据的。

2.岭南地区双环（双圆饼）首剑的直接来源

对苏元山剑等五件甲Aa型和甲Ab型剑（图七，1—5）年代的理解，必然涉及一个相关问题，就是双环（双圆饼）首文化因素的来源和年代。

今长城沿线先秦时期的北方系青铜器中，双环首（也称"触角式"）风格的青铜器在商代就已经出现，例如在山西柳林高红出土有商代晚期的双环首青铜削刀（图十二，1）[3]；而且双环首一直延续到东周时期，例如内蒙古凉城县毛庆沟M60（图十二，2）[4]、河北丰宁（图十二，3）和河北隆化骆驼梁M2（图十二，4）出土的春秋前后的双环首剑[5]、内蒙古鄂尔多斯所见的战国早期的双环首剑（图十二，5）[6]等。

[1]杨式挺等《广东先秦考古》，广州：广东人民出版社，2015年，第790页。

[2]邓聪《香港石壁出土人面弓形格铜剑试释》，《岭南古越族文化论文集》，中国香港：香港市政局出版，1993年。

[3]杨绍舜《山西柳林县高红发现商代铜器》，《文物》1981年第8期。

[4]内蒙古文物工作队《毛庆沟墓地》，《鄂尔多斯式青铜器》，北京：文物出版社，1986年。

[5]郑绍宗《中国北方青铜短剑的分期及形制研究》，《文物》1984年第2期。

[6]内蒙古自治区文物工作队田广金、郭素新编著《鄂尔多斯式青铜器》，北京：文物出版社，1986年，第8、14页。

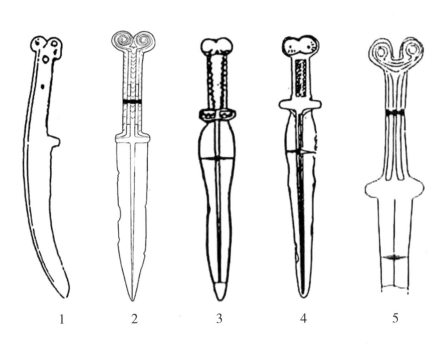

图十二 北方地区出土的双环首青铜器
1. 柳林高红　2. 毛庆沟M60：6　3. 丰宁　4. 骆驼梁M2　5. 鄂尔多斯E3

考古学家童恩正先生最早论证过，"东起大兴安岭南段、北以长城为界、西抵河湟地区，再折向南方，沿青藏高原东部直达云南北部"，即从东北经内蒙古、宁夏、甘青交界一带、川西至云南存在一条边地半月形文化传播带。这条文化带屏障着古代中国的腹心地区——黄河中下游和长江中下游的平原和盆地；在古代中国，文化上这一地带自有渊源、特色显著，是华夏文明的边缘地带，又是与中亚、西亚、欧洲文化交流的前沿[1]。牛津大学考古学家杰西卡·罗森（Jessica Rawson）在童先生"半月形"文化传播带的基础上，提出了以夏季风的北缘为线，在东南的"中原"与西北的"草原"之间有一个"中国弧"（China'sarc）的区域。"中国弧"北起东北三省和赤峰地区，经内蒙古河套、陇东、青海东部、川西，连接西藏东部与云南。在"中国弧"的西侧，古代文化发展的步伐与欧亚大陆中心地区趋同；在其东侧，古代中国以独特的面貌示人，踏着不同于欧亚

---

[1] 童恩正《试论我国从东北至西南的边地半月形文化传播带》，《文物与考古论集》，北京：文物出版社，1987年。

"草原"的发展步伐。"中国弧"也是东西方交流的纽带[1]。民族学家费孝通先生认为，在西北地区和云贵高原之间存在着一条重要的古代民族走廊——"藏彝走廊"[2]。李星星先生则对费先生的观点进行了阐发，认为"藏彝走廊"位于青藏高原东缘中国地势第一级阶梯向第二级阶梯过渡的地带上，北起甘青交界的西倾山南侧阿尼玛卿山至岷山一线，南抵滇西高黎贡山、怒山及云岭南端以及金沙江南侧至乌蒙山西侧一线，其西界沿巴颜喀拉山西侧，南抵横断山系西北伯舒拉岭、他念他翁山、宁静山之北端，其东界由北而南自岷山东侧沿龙门山、邛崃山、大凉山外侧，直抵乌蒙山以西。古藏缅语民族或族群从青藏高原借道"藏彝走廊"东进南下，主要有五条通道，分别是羌语支、彝语支、缅语支等族群由北向南迁徙的路线[3]。

可以这么说，先秦时期活动于甘青一带的氐羌等一些部族，他们沿着青藏高原东部边缘横断山脉的河谷地带南下，通过川西到达云南，同时把北方系青铜文化的一些因素——以三叉格（山字格）短剑、双环（双圆饼）首短剑、动物牌饰等为代表，也带到了西南地区，这已是学者们的共识[4]。

[1] 刘歆益《沟通东西方的"中国弧"》，《人民日报》2017年6月13日24版。

[2] 费孝通《关于我国民族的识别问题》，《中国社会科学》1980年第1期；费孝通《民族社会学调查的尝试》，《从事社会学五十年》，天津：天津人民出版社，1983年；费孝通《谈深入开展民族调查问题》，《中南民族学院学报》（哲学社会科学版）1982年第3期。

[3] 李星星《论"民族走廊"及"二纵三横"的格局》，《中华文化论坛》2005年第3期。

[4] 童恩正《我国西南地区青铜剑的研究》，《考古学报》1977年第2期；汪宁生《试论石寨山文化》，《中国考古学会第一次年会论文集》，北京：文物出版社，1979年；张增祺《云南青铜时代的"动物纹"牌饰及北方草原文化遗物》，云南省博物馆《云南省博物馆建馆三十五年论文集》，1986年；童恩正《试论我国从东北至西南的边地半月形文化传播带》，《文物与考古论集》，北京：文物出版社，1987年；张增祺《云南青铜时代的"动物纹"牌饰及北方草原文化遗物》，《考古》1987年第9期；张增祺《云南滇池区域青铜文化内涵分析》，《南方民族考古》第一辑，成都：四川大学出版社，1987年；张增祺《再论云南青铜时代的"斯基泰文化"影响及其传播者》，《云南文物》1989年第26期；范勇《我国西南地区青铜斧钺》，《考古学报》1989年第4期；王大道《洱海区域南诏以前的考古文化》，《南诏文化论》，昆明：云南人民出版社，1991年；林沄《关于中国的对匈奴族源的考古学研究》，《内蒙古文物考古》1993年第1、2期；宋治民《三叉格铜柄铁剑及相关问题的探讨》，《考古》1997年第12期；肖明华《青铜时代滇人的青铜扣饰》，《考古学报》1999年第4期；水涛《岭南青铜文化中的外来文化因素》，《东南考古研究》第三辑，厦门：厦门大学出版社，2003年；霍巍等《战国秦汉时期中国西南的对外文化交流》，成都：巴蜀书社，2007年；杨建华《三叉式护手剑与中国西部文化交流的过程》，《考古》2010年第4期；翟国强《北方草原文化南渐研究——以滇文化为中心》，《思想战线》2014年第3期；李映福等《云贵高原出土战国秦汉时期铁器研究》，《江汉考古》2014年第6期。

　　在西南地区的川西、云南甚至西藏也发现有双圆饼（双环）首的青铜短剑和铜刀，笔者与绝大多数研究者的观点一致，认为这是北方系青铜文化因素南下的结果[1]。

　　双圆饼首或双环首的风格不见于中原和两湖地区，也不见于吴越地区，所以研究者一般都认为岭南地区弓形格剑的双圆饼（双环）首的风格也要追溯到北方系青铜文化[2]；但是，其是直接受到了云贵高原的云南青铜文化的影响。

　　云贵高原早就与岭南地区有交往，其新石器时代以来的有肩石锛、有段石锛、印纹陶等就与岭南等东南沿海区域有密切的关系[3]。而在先秦时期，云贵高原活动的古代民族主要是百越、氐羌、百濮三大族系的部落群体[4]，就是说百越部族的分布已经到了云南东部的一些区域。有学者则从考古学的角度认为，云南的"新石器时代末至青铜时代早期，洱海区域和滇池区域各自形成一种独立的文化"，"洱海文化主要是由'昆明'人创造的；滇池文化的主体民族是古越人，他们和广西西部及越南北部的'百越'民族有密切关系"[5]。

　　显而易见，对岭南地区双环首或双圆饼首弓形格剑年代的判断，则直接涉及云南所见双圆饼首剑的年代，前者的年代应该不能早于后者的年代。所以，需要具体看一下西南地区（特别是云南）所见双圆饼首剑的年代。

　　先秦时期云南境内一直存在着多个小的文化区域，最为突出的则是以滇池为中心的滇东文化区和以洱海为中心的滇西文化区。云南的先秦考古，因为缺乏早

[1] 李海荣《北方地区出土夏商周时期青铜器研究》第四章第四节，北京：文物出版社，2003年。

[2] 邓聪《香港石壁出土人面弓形格铜剑试释》，《岭南古越族文化论文集》，中国香港：香港市政局出版，1993年；水涛《岭南青铜文化中的外来文化因素》，《东南考古研究》第三辑，厦门：厦门大学出版社，2003年；李龙章《谈谈岭南青铜文化中的北方草原文化因素》，《华南考古》2，北京：文物出版社，2008年；彭长林《云贵高原的青铜时代》，南宁：广西科学技术出版社，2008年，第322—323页。

[3] 汪宁生《试论石寨山文化》，《中国考古学会第一次年会论文集》，北京：文物出版社，1979年；李昆声等《试论云南新石器时代文化》，《文物集刊》2，北京：文物出版社，1980年；阚勇《试论云南新石器文化》，云南省博物馆《云南省博物馆建馆三十周年纪念文集》，1981年；王大道《再论云南新石器时代文化的类型》，《云南考古文集》，昆明：云南民族出版社，1998年；王国付《试论楚雄地区的新石器文化》，《云南考古》2002年第1期；张增祺《云贵高原的西南夷文化》，武汉：湖北教育出版社，2004年，第110—113页。

[4] 尤中《中国西南的古代民族》，昆明：云南人民出版社，1980年。

[5] 张增祺《洱海文化和滇池文化的渊源关系》，《南诏文化论》，昆明：云南人民出版社，1991年。

期文献记载的依托，又远离中原等年代谱系已经比较细致建立的区域，所以对一些遗存年代的意见往往不一。对滇文化和滇西青铜文化年代的判断多是依据碳十四测定数据来推断，而推定的年代是否符合实际，不同研究者的理解则有不同。笔者的看法是，如果没有确凿的证据，碳十四测年还不能轻易否定，当然对测年数据的理解，最好能够提供一些旁证来证实或证伪，例如器物类型学比对的证据。

在云南的滇西和滇东都发现有双圆饼首短剑，而以滇西的发现为多。滇西双圆饼首剑的形制和花纹多为双圆饼首，扁茎，茎部两侧基本等宽，无格，弧肩，柳叶形身，有中脊；首、茎及身近茎处饰有圆圈纹、菱形纹、三角形纹、斜线纹等（图十三，1—4）。

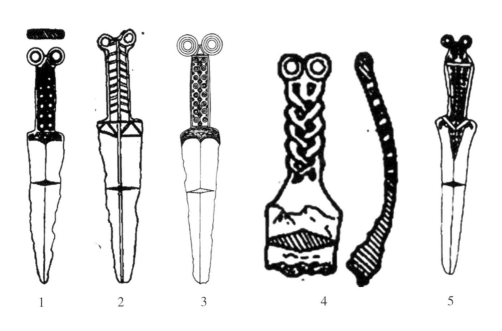

图十三　云南所见的双圆饼首短剑
1. 鳌凤山M76：1　2. 纳古采：2　3. 龙潭采　4. 大兴采：01　5. 师古湾

大理剑川鳌凤山墓地土坑墓M76出土一件双圆饼首短剑（图十三，1）。发掘简报把土坑墓分为早、中、晚三期，M76为早期墓葬，而早期墓葬的年代"约当春秋中期至战国初期"[1]。鳌凤山墓地的正式发掘报告则又把217座土坑墓分为A、B两类，M76为A类，并将整个墓地的时代推断为战国末至西汉初期[2]。但是，在鳌凤山简报所分的早期墓葬也即发掘报告所分的A类土坑墓中，M50出土样品的碳十四测年数据为距今2420±80年（公元前470年）和2350±80年（公元前400年）[3]，这个数据是在春秋末期至战国早期，接近于鳌凤山墓地发掘简报的判年。

王涵将鳌凤山墓地的所有墓葬——土坑墓、火葬墓和瓮棺墓分为4期，把第一期的年代断在西周至春秋早期，第二期的年代断在春秋中期至战国中期，M76被归为第二期[4]。万娇则把鳌凤山土坑墓墓群分为早、中、晚三期，认为"目前确定的早期单位中没有铜剑，但不排除早期墓葬随葬铜剑的可能性，所以暂将采集到的铜剑归入早期器物中"；早期年代在公元前600至前500年；中期大约为公元前500至前400年；晚期考虑到有铁器，为公元前400至前200年；并认为在"中期存在一定的北方文化因素"[5]。李昆声先生把鳌凤山M76定在"云南青铜时代中期"，年代在春秋早中期至战国早期。但是，他在讨论鳌凤山等地出土的双圆饼首剑时，认为"是在春秋晚期以前向西南地区传播的，但其延续时间较长……单从双圆圈首剑来看，只能确定其年代晚于春秋中期而无法确定其下限"[6]。

学者们对鳌凤山M76的年代判断有差别，但是参考M50人骨的碳十四测年数据以及综合多数研究者的意见，笔者认为把M76所出双圆饼首剑的年代起码可以定在春秋晚期。

---

[1] 云南省博物馆文物工作队《云南剑川鳌凤山墓地发掘简报》，《文物》1986年第7期。

[2] 云南省文物考古研究所《剑川鳌凤山古墓发掘报告》，《考古学报》1990年第2期。

[3] 中国社会科学院考古研究所实验室《放射性碳素年代测定报告（一一）》，《考古》1984年第7期。"距今计年均以1950年为起点。以5730年和5570年两种C-14半衰期换算的年代数据同时列出"（中国社会科学院考古研究所实验室《放射性碳素年代测定报告（四）》，《考古》1977年第3期）。

[4] 王涵《鳌凤山墓地的分期与断代》，《云南文物》2003年第3期。

[5] 万娇《剑川鳌凤山竖穴土坑墓的分期与年代》，《四川文物》2013年第1期。

[6] 李昆声主编《云南考古学通论》，昆明：云南大学出版社，2019年，第218—223页。

迪庆州德钦县纳古石棺墓地采集到一件双圆饼首剑（图十三，2）。简报认为纳古墓地"青铜器与滇文化出土者有相似之处，如铜矛、铜镯和绿松石珠与江川李家山早期墓所出的 II 型矛、铜镯等相同，铜圆饰牌与楚雄万家坝所出相似。根据李家山和万家坝两地古墓群的年代推断和碳十四测定，纳古石棺墓的年代可能与二者相当，约为春秋早中期，或可早到西周晚期"[1]。

纳古墓地简报通过与李家山早期墓和万家坝墓地的铜矛、铜镯等的对比而对石棺墓的年代所做的判断，可能偏早，要具体看一下李家山早期墓和万家坝墓地的年代。

玉溪江川李家山最早的第一类墓葬的年代，报告原定在战国末期至西汉武帝之前[2]。但是，之后一些学者依据第一类墓 M21 碳十四测年数据——距今 2575 ± 105（公元前625年）和 2500 ± 105（公元前550年），把第一类墓葬的年代上限改为春秋晚期至战国初[3]。

对李家山 M21 的测年数据有争议，一些研究者说碳十四测年所采的样品不足量，"年代偏早"，"不足为凭"，并认为滇文化和滇西青铜文化的"兴起年代皆在西汉早期"[4]。笔者认为这种观点说服力不强。即使样品不足量，难道就不会造成测年数据偏晚的结果吗？为什么一定是偏早呢？另外，这些年来云南考古的发现，应该不断地证明了滇文化与滇西青铜文化的兴起年代要远早于西汉早期，这无须再赘述。所以，在没有确凿证据之前，李家山 M21 的测年数据还不能随意否定。也就是说，把李家山第一类墓葬的年代判定为春秋晚期至战国初是有依据的。

楚雄万家坝墓葬群的发掘简报和发掘报告都把墓葬分为 I、II 两类墓葬，但是对一些墓葬的归类不同，对每一类墓葬的年代判断也不同。

---

[1] 云南省博物馆文物工作队《云南德钦县纳古石棺墓》，《考古》1983年第3期。

[2] 云南省博物馆《云南江川李家山古墓群发掘报告》，《考古学报》1975年第2期。

[3] 中国社会科学院考古研究所实验室《放射性碳素年代测定报告（四）》，《考古》1977年第3期；云南省博物馆文物工作队《云南呈贡龙街石碑村古墓群发掘简报》注释2，《文物资料丛刊》3，北京：文物出版社，1980年；张增祺《云南开始用铁器的时代及其来源问题》，《云南社会科学》1982年第6期；张增祺《云南铜柄铁剑及其有关问题的初步探讨》，《考古》1982年第1期。

[4] 徐学书《关于滇文化和滇西青铜文化年代的再探讨》，《考古》1999年第5期。

发掘简报定Ⅰ类墓葬的年代为春秋中晚期，Ⅱ类墓葬的年代为战国前期[1]；发掘报告定Ⅰ类墓葬的年代为西周至春秋早期，又依据"M1棺木年代为2375±80年和2350±85年，M23棺木年代为2405±80年和2640±90年、2635±80年"，推断Ⅱ类墓葬的年代为春秋晚期至战国时期[2]。发掘简报把M1归为Ⅰ类墓葬、M23归为Ⅱ类墓葬。发掘报告则把M1与M23都归为Ⅱ类墓葬，并依据M1和M23的测年数据推断了Ⅱ类墓葬的年代，但其所推断的Ⅰ类墓葬年代没有给出充足依据。

看M1与M23的测年数据，主要落在春秋中晚期至战国早中期之间[3]。王大道先生把万家坝墓群分为三期，认为"第一期墓应在春秋初期"，第二期为春秋中期，第三期为春秋晚期[4]。彭长林则依据万家坝发掘报告的归类，认为前段墓葬的年代为春秋晚期[5]。

另外，德钦纳古M2所出人骨也做过碳十四测年，数据为距今2900±100年（公元前950年）和2815±100年（公元前860年）[6]。这个测年数据的年代已经进入到西周了。人骨的测年数据相对来说更加准确，但是纳古的那一件双圆饼首剑是采集的，其年代未必与M2的测年数据一致，所以研究者一般也认为这把剑不会早于

---

[1] 云南省博物馆文物工作队等《云南省楚雄县万家坝古墓群发掘简报》，《文物》1978年第10期。

[2] 云南省文物工作队《楚雄万家坝古墓群发掘报告》，《考古学报》1983年第3期。

[3] 对万家坝M1和M23的测年数据，徐学书先生提出过质疑，他认为"滇西青铜文化各墓地、遗址的碳十四测定年代则皆明显偏早……楚雄万家坝M23木棺的碳十四测年数据共4个：2450±80年、2340±80年、2640±85年、2635±80年，最早和最晚数据相差达300年。又据发掘报告，万家坝M1与M23为同期墓，然而M1棺木的碳十四测年数据为2375±80年、2310±80年和2350±85年，其中前二个数据与M23的前二个数据接近，但M1与M23的最后一个数据虽是同一次在同一个实验室测得，但两者相差近300年"。还认为"关于滇文化的年代，晋宁石寨山和江川李家山墓葬的发掘报告将墓葬的年代上限定为战国末至西汉初，这基本接近实际年代"（徐学书《关于滇文化和滇西青铜文化年代的再探讨》，《考古》1999年第5期）。徐先生对判读测年数据应该有一些误解，"距今计年均以1950年为起点。以5730年和5570年两种碳十四半衰期换算的年代数据同时列出"（中国社会科学院考古研究所实验室《放射性碳素年代测定报告（四）》，《考古》1977年第3期）。所以，一个样品的测年会有不一致的数据。

[4] 王大道《楚雄万家坝古墓群时代及分期的再探索》，云南省博物馆《云南省博物馆建馆三十周年纪念文集》，1981年。

[5] 彭长林《云贵高原的青铜时代》，南宁：广西科学技术出版社，2008年，第71、83、85页。

[6] 中国社会科学院考古研究所实验室《放射性碳素年代测定报告（八）》，《考古》1981年第4期。

春秋。

阚勇把滇西的青铜文化分为了三期，纳古墓地属于第一期，认为"盛于春秋中期"[1]。陈苇认为纳古的这把双圆饼首剑为"东周时期遗存"，当为北方草原文化南下所致[2]。

纳古采集的双圆饼首剑（图十三，2），与剑川鳌凤山M76出土的春秋晚期的双圆饼首剑（图十三，1）的形制和花纹也比较接近，年代应该不会相距很远。所以综合来看，纳古双环首剑大体可以断在春秋晚期或可再略早的阶段。

丽江永胜金官龙潭墓地出土了一批器物，其中采集到一件双圆饼首剑（图十三，3），简报认为这批器物年代的上限在春秋或更早一些时候，下限在西汉中期，主要在春秋晚期至西汉初期[3]。

有研究者把云南的青铜时代分为早、中、晚三期，把永胜金官龙潭墓地的遗物归为晚期，晚期的时代相当于战国中期至西汉中期[4]；也有把金官龙潭墓地的年代定为战国晚期[5]。

但是，龙潭采集的这把双圆饼首剑与剑川鳌凤山M76出土的双圆饼首剑（图十三，1）的形制及花纹非常接近，年代应该大体同时，或可定在春秋晚期前后。

丽江宁蒗县大兴镇古墓群在"M5近棺顶处的填土中掘出"一件双圆饼首的铜柄铁剑（图十三，4），"双圆饼形首，柄作镂空扭辫状，无格。铁刃大部朽蚀，中起脊"。简报定墓群的年代"上限不早于春秋晚期，下限晚不到西汉……约为战国中期"[6]。大兴镇墓地M9棺木的碳十四测年数据为距今2460±80年（公元前510）和2390±80年（公元前440）[7]。

有学者把云南的青铜时代分为早、中、晚三期，把大兴古墓群归为中期，中

[1] 阚勇《滇西青铜文化浅谈》，《云南青铜文化论集》，昆明：云南人民出版社，1991年。

[2] 陈苇《先秦时期的青藏高原东麓》，北京：科学出版社，2012年，第290—292页。

[3] 云南省博物馆保管部《云南永胜金官龙潭出土青铜器》，《云南文物》1986年第19期。

[4] 李昆声主编《云南考古学通论》，昆明：云南大学出版社，2019年，第225页。

[5] 彭长林《云贵高原的青铜时代》，南宁：广西科学技术出版社，2008年，第95、96、98页。

[6] 云南省博物馆文物工作队《云南宁蒗县大兴镇古墓葬》，《考古》1983年第3期。

[7] 中国社会科学院考古研究所实验室《放射性碳素年代测定报告（九）》，《考古》1982年第6期。

期的时代相当于春秋早中期至战国中期；不过，认为"双圆圈首柄铁剑显然与鳌凤山的双圆圈首铜剑一样来自北方地区，但时代相对要晚"[1]。阚勇把滇西的青铜文化分为三期，大兴古墓地属于第二期，认为"约当春秋晚期至战国初期"[2]。彭长林则把大兴镇墓群的年代定为西汉早期[3]。

宁蒗大兴的这件双圆饼首剑，与剑川鳌凤山M76、德钦纳古、永胜龙潭的双圆饼首剑均出自滇西地区，但是因其是铜柄铁身，应该晚于后三者，其年代定为战国时期应该问题不大。

在滇东也发现过双圆饼首剑。曲靖陆良县城南门外师古湾在清理新盘江河道时挖出一件双圆饼首剑（图十三，5），据描述"剑无格，剑身起脊，后部两面均饰有三角形、同心圆、斜线纹等纹饰，剑身与茎连接处作弧形。茎作实心扁圆形，两端宽，中部收缩，饰同心圆形三排；茎首蛇头形，顶端作双圆。剑制作精细，通体鎏金"。报道者定剑的时代为战国早期[4]。

滇东师古湾剑与滇西剑川鳌凤山M76、德钦纳古、永胜龙潭的双圆饼首剑相比，茎部形制有明显区别，其茎的中部偏上加粗，而后三者的茎部两侧基本等宽；但是，它们剑身的形制都一样，师古湾剑所饰的三角形、同心圆、斜线纹等也见于后三者所饰的纹饰。师古湾剑茎中部偏上加粗、身上部纹饰呈长倒三角形布局的风格，则与广西南宁武鸣元龙坡墓地被定为西周晚期的M311和春秋时期的M349所出铜匕首的风格接近（图十六，2—4）[5]。师古湾剑的年代，应该不会晚于春秋。

滇西双圆饼首剑的茎部为扁茎，茎的两侧基本等宽；而滇东陆良师古湾的双圆饼首剑的茎截面为扁圆（椭圆）形，茎的中部偏上加粗。可见，岭南的双圆饼（双环）首剑（甲Aa型和甲Ab型）的剑茎更接近于滇东的双圆饼首剑。陆良县地

[1] 李昆声主编《云南考古学通论》，昆明：云南大学出版社，2019年，第223页。

[2] 阚勇《滇西青铜文化浅谈》，《云南青铜文化论集》，昆明：云南人民出版社，1991年。

[3] 彭长林《云贵高原的青铜时代》，南宁：广西科学技术出版社，2008年，第92、96、98页。

[4] 李保伦《云南曲靖青铜文化初探》，《中国南方及东南亚地区古代铜鼓和青铜文化第四次国际学术讨论会论文集——铜鼓和青铜文化研究》，贵阳：贵州人民出版社，2001年。

[5] 广西壮族自治区文物工作队等《广西武鸣马头元龙坡墓葬发掘简报》，《文物》1988年第12期；广西文物保护与考古研究所等《武鸣马头先秦墓》，北京：文物出版社，2020年，第100、149页。

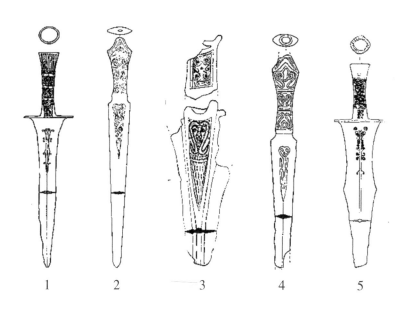

图十四　滇文化青铜器上的纹饰
1. 李家山M10：8　2. 羊甫头M19：215　3. 羊甫头M101：28
4. 羊甫头M147：46　5. 薛官堡M80：2

处南盘江上游，隶属曲靖市，而曲靖市又东与广西百色为邻，这从地理地缘的角度来讲也是合情合理的。

3. 弓形格剑的纹饰与滇文化纹饰的关系

岭南弓形格剑的一些纹饰风格，与云南滇文化青铜器纹饰的关系非常密切。

岭南弓形格剑的茎、身上的花纹（特别是剑身花纹）——人面纹以及"¥"形、"Y"形和略呈倒长三角形（蕉叶形）布局的纹饰风格，与滇文化的关系密切；相似的纹饰在东周时期的滇文化中常见（图十四，1—5），其最早出现的时间起码可以追溯到春秋晚期。略举几例。

玉溪江川李家山M10（图十四，1）为墓地的第一类墓葬，第一类墓葬的年代报告原定在战国末期至西汉武帝之前[1]，之后有学者据第一类墓M21碳十四测年数据——距今2575±105（公元前625年）和2500±105（公元前550年），把第一类

---

[1] 云南省博物馆《云南江川李家山古墓群发掘报告》，《考古学报》1975年第2期。

墓葬的年代上限改为春秋晚期至战国初期[1]。

昆明羊甫头M19（图十四，2）、M101（图十四，3）的年代，发掘报告定为战国中期前后[2]。但是，M19椁木碳十四测年数据经树轮校正为公元前756至前400年，其年代上限或可早于战国中期甚至进入春秋时期。羊甫头M147（图十四，4）的年代，发掘报告定为战国后期至秦汉之际。

滇东曲靖陆良薛官堡M80（图十四，5）是报告所分的第一期墓葬，年代被定为战国中晚期至西汉早期[3]。

4.川西和西藏所见双圆饼首剑的年代

对川西和西藏地区圆饼首剑的年代也值得略加讨论，因为这涉及对云南以及岭南地区双圆饼首剑年代的总体把握和理解。

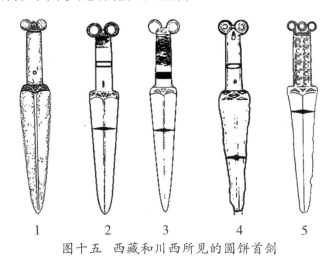

图十五　西藏和川西所见的圆饼首剑
1.格林塘PGM6：4　2.盐源C512　3.盐源C46　4.盐源XC：20　5.盐源C：1019

[1] 中国社会科学院考古研究所实验室《放射性碳素年代测定报告（四）》，《考古》1977年第3期；云南省博物馆文物工作队《云南呈贡龙街石碑村古墓群发掘简报》注释2，《文物资料丛刊》3，北京：文物出版社，1980年；张增祺《云南开始用铁器的时代及其来源问题》，《云南社会科学》1982年第6期；张增祺《云南铜柄铁剑及其有关问题的初步探讨》，《考古》1982年第1期。也有学者对测年数据有疑问，把李家山墓地的年代上限放在战国时期（汪宁生《云南考古》，云南人民出版社，1992年，第67页；彭长林《云贵高原的青铜时代》，南宁：广西科学技术出版社，2008年，第30、56、63页；李昆声《云南考古学通论》，昆明：云南大学出版社，2019年，第206、300页。

[2] 云南省文物考古研究所等《昆明羊甫头墓地》，北京：科学出版社，2005年，第995页。

[3] 中国社会科学院考古研究所等《陆良薛官堡墓地》，北京：文物出版社，2017年。

在西藏最西端的阿里札达县的皮央格林塘M6出土了一件双圆饼首的青铜剑（图十五，1）[1]。发掘报告认为这把剑与剑川鳌凤山墓葬出土的"Ⅰ型剑（13∶1）"（笔者按：应为Ⅰ式剑M76∶1）等发现的剑的形制相似，这个观点是没有问题的。但是，报告依据格林塘M6出土木片的碳十四测年数据把墓葬定为秦汉时期，这则是需要讨论的。

格林塘M6出土木片的碳十四测年数据为距今2725—2170年，年代上限已到了春秋早期。吕红亮认为，格林塘M6的测年数据校正后的年代要早于公元前200年，他把皮央·东嘎早期墓地归为西喜马拉雅区域考古遗存的第二期，年代在公元前500—前100年[2]。吕红亮对格林塘M6的年代判断，显然要更符合器物类型学对比以及测年数据所显示出的年代范围。也就是说，格林塘M6所出双圆饼首剑的年代上限是有可能早到春秋晚期或春战之际前后的。

格林塘M6双圆饼首剑是怎么流入西藏西部的，发掘报告认为墓主可能与古代羌人之间存在一定关系，而青铜短剑具有北方草原青铜文化的风格，吕红亮认为应该是自横断山区传入，"当与长距离贸易相关"。也就是说，很可能就是从川西以及滇西的横断山区传入西藏的。

从以上对云南、西藏、岭南苏元山等双圆饼（双环）首剑年代讨论的总体情况来看，来自北方系青铜文化的这种因素，起码在春秋晚期至春战之际前后已经进入了上述地区。据此，川西横断山区双圆饼剑出现的年代不会晚于云南、西藏、岭南的发现，因为北方系青铜文化因素向云贵高原等地的南传，川西的横断山区应该是必经之地。

川西横断山区的圆柄首剑（也见双圆饼首弧背铜削刀）主要见于凉山州盐源县（图十五，2—5），但为采集品和征集品[3]。研究者对其年代的判断差别较

---

[1] 四川大学中国藏学研究所等《西藏札达县皮央·东嘎遗址古墓群试掘简报》，《考古》2001年第6期；霍巍《试论西藏及西南地区出土的双圆饼形剑首青铜短剑》，《庆祝张忠培先生七十岁论文集》，北京：科学出版社，2004年；教育部人文社会科学重点研究基地四川大学中国藏学研究所等《皮央·东嘎遗址考古报告》，成都：四川出版集团、四川人民出版社，2008年。

[2] 吕红亮《西喜马拉雅地区早期墓葬研究》，《考古学报》2015年第1期。

[3] 凉山州博物馆等《盐源近年出土的战国西汉文物》，《四川文物》1999年第4期；凉山彝族自治州博物馆等《老龙头墓地与盐源青铜器》，北京：文物出版社，2009年；成都文物考古研究所等《盐源地区近年新出土青铜器及相关遗物报告》，《成都考古发现（2009）》，北京：科学出版社，2011年。

大，或说在战国晚期至西汉中晚期[1]，或推测年代上限在战国时期[2]，或言"可能是战国至西汉末年，当然个别器物的时代似乎还要早一些"[3]，或认为"与冀北山地春秋至战国早期流行的双圆饼首短剑最为接近"，"年代很可能在战国中晚期或之前"[4]。

盐源县地处青藏高原东南缘、雅砻江下游西岸，其往西南则与滇西北的丽江宁蒗县接壤。有研究者认为盐源的青铜文化"与川西和滇西地区同时期的青铜文化面貌较为接近，它很可能就是滇西地区以石棺葬为代表的青铜文化的一个分支"，"极有可能是滇西青铜文化的一种地方变异形式"[5]。盐源征集和采集的圆柄首剑中，有的在剑身基部饰有山字形纹饰带以及圆圈纹、点纹、三角形等纹饰，这与鳌凤山M76∶1、纳古采∶2、龙潭采、格林塘PGM6∶4双圆柄首剑的风格非常接近，年代不会相距甚远。川西横断山区的圆饼首短剑，其中有一些的年代起码要到春秋晚期前后。

5.岭南地区双环（双圆饼）首风格的另一个源头

笔者目前所看到的北方地区以及西南地区发现的双环（双圆饼）首的青铜短剑和削刀，其首的尺寸都比较大，无一例外。而岭南地区发现的双环（双圆饼）首剑则有两种，一种剑首的尺寸比较大——隆平剑（图七，2）和石塘剑（图七，5），另一种剑首的尺寸很小——苏元山剑（图七，1）和百色一号剑（图七，3），后一种则不见于北方地区和西南地区，应该为岭南的地域特色。

在广西南宁武鸣元龙坡墓地M35、M311、M349出土了四件被发掘报告称为铜"匕首"的器物（图十六，1—4），报告依据测年数据认为墓地的年代"上限为西周，下限在春秋时期"。M35、M311为一期墓葬，年代为西周或西周晚期；M349为二期墓葬，年代为春秋[6]。

[1] 成都文物考古研究所等《盐源地区近年新出土青铜器及相关遗物报告》，《成都考古发现（2009）》，北京：科学出版社，2011年。

[2] 凉山彝族自治州博物馆等《老龙头墓地与盐源青铜器》，北京：文物出版社，2009年，第185页。

[3] 凉山州博物馆等《盐源近年出土的战国西汉文物》，《四川文物》1999年第4期。

[4] 郝晓晓《横断山区出土"双圆饼首"与"T形茎首"青铜短剑研究》，《考古》2021年第10期。

[5] 凉山彝族自治州博物馆等《老龙头墓地与盐源青铜器》，北京：文物出版社，2009年，第185页。

[6] 广西壮族自治区文物工作队等《广西武鸣马头元龙坡墓葬发掘简报》，《文物》1988年第12期；广西文物保护与考古研究所等《武鸣马头先秦墓》，北京：文物出版社，2020年，第100、149页。

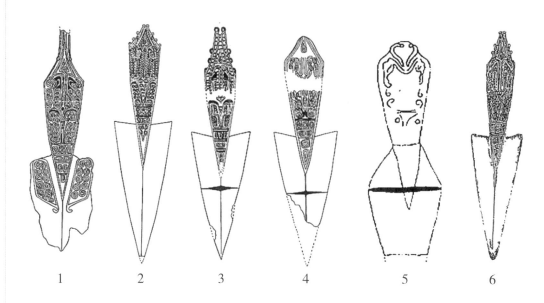

1   2   3   4   5   6

图十六 广西所见的一种匕首（短剑）

1.元龙坡M35：1   2.元龙坡M311：2   3.元龙坡M349：6

4.元龙坡M349：7   5.古旺山岩洞墓   6.南宁

　　形制风格相似的器物，在来宾古旺山一处岩洞葬发现一件（图十六，5），简报定墓葬年代为西周至春秋时期[1]。南宁邕江水下也捞出过一件（图十六，6）[2]。

　　这种器物的形制很独特，目前只见于广西境内上述的几处。蒋廷瑜先生认为其是属于骆越文化的青铜器[3]。覃芳女士则认为这种器物是剑，属于骆越集团制造和使用；而弓形格剑的一些纹饰装饰图案和装饰风格与之有诸多近似之处，例如其茎端有两个很小的、对称突出的圆圈，岭南弓形格剑的剑首"突出的双环圈"则对其有传承[4]。

---

[1] 来宾县文物管理所杨向东《广西来宾古旺山岩洞葬调查简报》，《广西文物》1991年第2期。

[2] 陈小波《邕江捞获青铜兵器》，《中国古代铜鼓研究通讯》1998年第14期；广西壮族自治区博物馆编《瓯风骆韵》，南宁：广西教育出版社，2020年，第68页；中国国家博物馆等《瓯骆遗粹：广西百越文化文物精品集》，北京：中国社会科学出版社，2006年，第49页。

[3] 蒋廷瑜《西瓯骆越青铜文化比较研究》，《百越研究》第一辑，南宁：广西科学技术出版社，2007年；蒋廷瑜《广西考古通论》，南宁：广西科学技术出版社，2012年，第190页。

[4] 覃芳《广西先秦时期的青铜剑》，《广西考古文集》第二辑，北京：科学出版社，2006年。

覃芳的说法有道理。元龙坡墓地一期（西周晚期）的M311：2（图十六，2）和二期（春秋时期）的M349：6（图十六，3），以及南宁邕江捞出的匕首（短剑）（图十六，6），其镂空扁平的茎上部略呈三角形且两侧有对称的三对或四对小环耳；如果它们的茎端的一对小环耳尺寸再大一些，那就成双环首或双圆饼首了。

所以，有理由认为，岭南地区剑首尺寸很小的双圆饼首剑，其在受到北方系青铜文化因素影响的同时，也还受到了广西所见茎上部两侧有对称小环耳匕首（短剑）风格的影响。

6. 甲Aa型剑的年代小结

通过上述的讨论，应该可以把同属于甲Aa型的苏元山剑（图七，1）、隆平村剑（图七，2）、百色一号剑（图七，3）、七塘剑（图七，4）的年代判断为春秋晚期至战国初期前后。

（二）甲Ab型剑的年代

甲Ab型的石塘剑（图七，5），除了曲刃与甲Aa型不同之外，其茎部特征与甲Aa型一样，剑首和剑格与隆平村剑相似，剑身所饰的人面纹以及人面纹下的"¥"形和"Y"形纹饰则与苏元山剑和隆平村剑纹饰的风格接近。甲Ab型的年代与甲Aa型应该一致，为春秋晚期至战国初期前后。

通过对云南境内发现的双圆饼首剑年代的讨论，可知云南地区在春秋晚期或更早的阶段就已经出现了双圆饼首剑。之前也已言，岭南地区弓形格剑上的双圆饼（双环）首直接受到云南青铜文化的影响，其年代不能早于后者的年代，这与笔者对云南以及岭南地区双圆饼首（双环首）剑（甲A型）年代讨论的结果是吻合的，在逻辑上是说得通的。

（三）甲B型剑的年代及其相关问题

1. 木罗村剑的年代

甲B型剑（即木罗村剑）是1986年村民挖鱼塘时发现的一批铜器之一。那批铜器最初只公布了一件甬钟、一件喇叭形器（简报称"无名器"）、一件残器，一件弓形格剑[1]，之后又公布了2010年收购的据说是与上述所出铜器同时出土的一

---

[1] 刘文等《广西柳江县出土春秋战国青铜器》，《文物》1990年第1期。

件甬钟[1]。

简报推测出铜器之地"可能是一处窖藏",并依据甬钟定那批铜器的年代为"春秋战国时期"[2]。也有研究者推测铜器可能出于一座墓葬[3]。因为是非科学发掘品,不能绝对肯定几件铜器是出自一个单位;但是,是同地、同时出土的,所以依据甬钟、喇叭形器的年代可以参考来对木罗村剑断年。

木罗村的两件甬钟,一件的舞部和钲两侧的上部有扉棱(以下简称"甲钟"),另一件则无扉棱(以下简称"乙钟")。

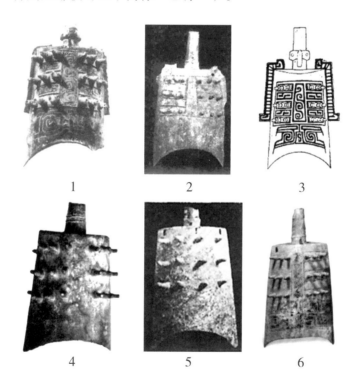

图十七　木罗村甬钟对比图
1.木罗村甲钟　2.马头岗M1：008：1　3.鸭儿洲
4.木罗村乙钟　5.马头岗M1：007：2　6.古树窝山

---

[1] 刘文《柳州博物馆馆藏几件青铜器的研究》,《广西与东盟青铜文化学术研讨会论文集》,北京:科学出版社,2012年。

[2] 刘文等《广西柳江县出土春秋战国青铜器》,《文物》1990年第1期。

[3] 覃芳《广西先秦时期的青铜剑》,《广西考古文集》第二辑,北京:科学出版社,2006年。

木罗村甲钟最有特色之处，是钲的两侧连同舞部中央有基本等宽的条状扉棱（图十七，1），这种形制的甬钟少见。与其形制接近的甬钟在广东清远马头岗M1出有一件（M1∶008∶1）（图十七，2），两者的年代应该大体同时。马头岗M1的年代，简报定为春秋[1]，莫稚先生说"最迟也不会晚于春秋中、晚期"[2]，夏鼐先生认为时代大约属于春秋至战国早期[3]，徐恒彬先生认为在春秋晚期或者稍早[4]，蒋廷瑜先生认为是春秋晚期[5]。总体来讲，马头岗M1的年代可定在春秋晚期至战国初期前后。湖北黄冈市广济县（今武穴市）航运公司在鸭儿洲挖沙疏航时，挖出青铜甬钟和句鑃25件，其中三件甬钟钲的两侧和舞部有大致等宽的扉棱（图十七，3），这批铜器的年代被定在春秋[6]。依据马头岗M1的年代，并参考鸭儿洲的甬钟年代等，应该可以把木罗村甲钟定在春秋晚期至战国初期前后。

与木罗村乙钟（图十七，4）相似的钟，在清远马头岗M1也出有一件（M1∶007∶2）（图十七，5），在广东兴宁古树窝山也采集到年代被定为春秋晚期至战国早期的形制近似的钟（图十七∶6）[7]。木罗村乙钟的年代，大体也可定在春秋晚期至战国初期。

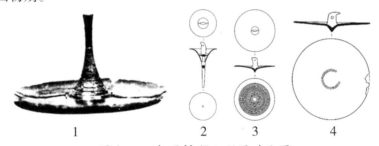

图十八　木罗村喇叭形器对比图

1.木罗村喇叭形器　2.元龙坡M311∶1　3.元龙坡M244∶8　4.元龙坡M91∶1

[1] 广东省文物管理委员会《广东清远发现周代青铜器》，《考古》1963年第2期；广东省文物管理委员会《广东清远的东周墓葬》，《考古》1964年第3期。

[2] 莫稚《对清远新发现周代青铜器的初步分析》，《南粤文物考古集》，北京：文物出版社，2003年。

[3] 夏鼐《我国近五年来的考古新收获》，《考古》1964年第10期。

[4] 徐恒彬《试论楚文化对广东历史发展的作用》，《中国考古学会第二次年会论文集》，北京：文物出版社，1982年。

[5] 蒋廷瑜《先秦越人的青铜钺》，《广西民族研究》1985年第1期；蒋廷瑜《略论岭南青铜甬钟》，《江西文物》1989年第1期。

[6] 湖北省博物馆等《湖北广济发现一批周代甬钟》，《江汉考古》1984年第4期。

[7] 广东省文物考古研究所《广东出土先秦青铜器》，北京：科学出版社，2020年，第50页。

木罗村喇叭形器有残损，底较平，长柄部饰有弦纹、短线纹、云雷纹等，底径16、通高8.8厘米（图十八，1）。

广西南宁武鸣元龙坡墓地出土有与木罗村喇叭形器形制相类似的器物。元龙坡M311随葬一件被发掘报告称为"Ⅱ式铜圆形器"的器物，底径11、通高18厘米（图十八，2）。发掘报告依据测年数据等定墓地的年代"上限为西周，下限在春秋时期"；而M311为报告所分的第一期墓葬，年代被定为西周或西周晚期[1]。元龙坡M311的"Ⅱ式铜圆形器"，与木罗村喇叭形器的形制均为喇叭形、有长柄，尺寸也相差不是很大；但其为素面、喇叭底口内有扁鹰嘴状的钩舌，这与木罗村喇叭形器有别（笔者按：已经有残损的木罗村喇叭形器的喇叭底口内，不知原来是否有钩舌）。

元龙坡墓地除了第一期M311所出的一件Ⅱ式铜圆形器之外，被发掘报告归为第一期的M244和第二期（年代被定为春秋时期）的M91、M94这三座墓葬也各出了一件称为"Ⅰ式铜圆形器"的器物。这三座墓葬出土的圆形器的形制大体为圆平底；底部中间内凹，内凹处有扁状钩舌；面部的中部尖外凸而无长柄。M244的铜圆形器表面饰有带状弦纹、短线纹（栉纹）、云雷纹等（图十八，3）；M91的铜圆形器表面饰有一周短线纹等（图十八，4）；M94的铜圆形器表面饰有带状弦纹、短线纹、勾连雷纹、三角纹等。元龙坡墓地"Ⅰ式铜圆形器"与木罗村喇叭形器的形制差别较大，但是纹饰却很接近。

木罗村喇叭形器与元龙坡墓地的"Ⅰ式铜圆形器"和"Ⅱ式铜圆形器"的形制与花纹，既有很接近之处也有明显的区别，这或许表明其用途有可能一致（笔者按：所谓的铜喇叭形器或铜圆形器是很有地域特色的器物，但其用途目前还不清楚），年代则很可能有一定的差别。木罗村喇叭形器没有确凿的能早到元龙坡墓地第一期的证据，其年代上限应该最早也就是进入到春秋时期。

---

[1] 广西壮族自治区文物工作队等《广西武鸣马头元龙坡墓葬发掘简报》，《文物》1988年第12期；蒋廷瑜《右江流域青铜文化族属试探》，《广西考古文集》第三辑，北京：文物出版社，2007年；韦江等《武鸣元龙坡先秦墓》，《中国文化遗产》2008年第5期；广西文物保护与考古研究所等《武鸣马头先秦墓》，北京：文物出版社，2020年，第100、149页。

李龙章先生曾对元龙坡墓地的年代做过分析，他认为一些墓葬的"年代似应断在战国早期"[1]。

综合参考上述对木罗村同时出土的两件甬钟、一件喇叭形器年代的讨论，把甲B型剑（木罗村剑）的年代判断为春秋晚期至战国早期，或可说是有旁证依据的。

2.对木罗村剑"V"形开叉首的理解

木罗村剑的剑首形制为"V"形开叉，这在弓形格剑中仅此一件。

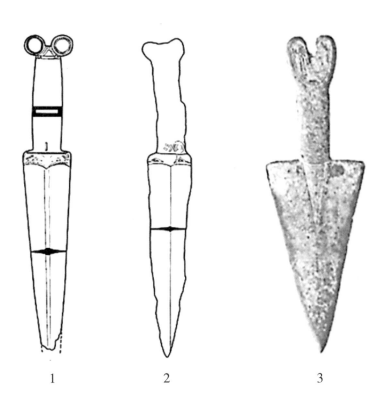

图十九　圆饼首和"V"形开叉首对比图
1.盐源C：345　2.盐源C：110　3.土黄村

[1] 李龙章《湖南两广青铜时代越墓研究》，《考古学报》1995年第3期。

在广西百色西林土黄村收购的一件年代被定为战国的匕首，首也是"V"形开叉（图十九，3）[1]。其首与木罗村剑的剑首形制很相似；其身为倒三角形，则与南宁元龙坡等地出土的匕首（短剑）的身形相似（图十六，2—4、6）；其年代也有可能早于战国。

笔者认为"V"形开叉首很可能是双圆饼（双环）首的简化形式。做标准的双圆饼（双环）首，工艺上要复杂一些，难度较大，并不能保证每次都能做成功。而"V"形开叉首，则相对在工艺上简单。也就是说，双圆饼（双环）首与"V"形开叉首并不一定是年代不同而造成的形制差别。

在川西凉山州盐源征集和采集的圆饼首剑，其中绝大多数都是标准的双圆饼首（图十九，1），但是也有极个别的剑首略呈"V"形开叉的剑（图十九，2）[2]，其纹饰和其他部位的形制与当地所见标准的双圆饼首剑无异，其剑首应该明显是双圆饼首的简化形式。

3.甲B型剑的年代小结

"V"形开叉首的风格，并不代表其与标准的双圆饼首剑的年代一定有别，起码有年代上的交叉。这还可以举出一些证据，木罗村剑的茎下部中间有凸起的Λ形开叉与弓形格连为一体，这与苏元山剑的风格一样；木罗村剑的身与格交界处有略呈倒三角形的人面纹，人面纹两侧及其以下的剑身上、中部为长、短线条等共同组成的略呈"Y"形的纹饰，风格与苏元山剑身所饰的纹饰也有相近之处。总体看，木罗村剑与苏元山剑的年代不会相距很远，大体可以断在春秋晚期至战国早期。

（四）乙A型剑的年代及其相关问题

1.百色二号剑的年代

乙A型剑（即百色二号剑）的格是厚格且两端后翘甚，刃部为曲刃，这都与石塘剑（图七，5）完全一样；其茎部的纹饰与石塘剑茎部的纹饰相似；其身人面纹

[1] 蒋廷瑜《右江流域青铜文化族属试探》，《广西考古文集》第三辑，北京：文物出版社，2007年；蒋廷瑜《广西考古通论》，南宁：广西科学技术出版社，2012年，第179页。

[2] 成都文物考古研究所等《老龙头墓地与盐源青铜器》，北京：文物出版社，2009年，第185页。

之下的上"￥"形下"Y"形纹饰布局的风格，也与石塘剑剑身的纹饰很接近。所以，百色二号剑的年代应该与石塘剑的年代不会差别很大。不过，百色二号剑无首，茎端为外凸的圆弧面，这又与石塘剑有区别。

把百色二号剑的年代判断为春战之际至战国早期前后，应该大体不误。

2.百色二号剑茎端为外凸的圆弧面风格的来源

岭南地区类似百色二号剑茎端形制的器物很少见，另见广西百色西林土产废品收购站拣选出的一件茎上部有人面纹的匕首（图二十，1），其年代被定为战国时期[1]。

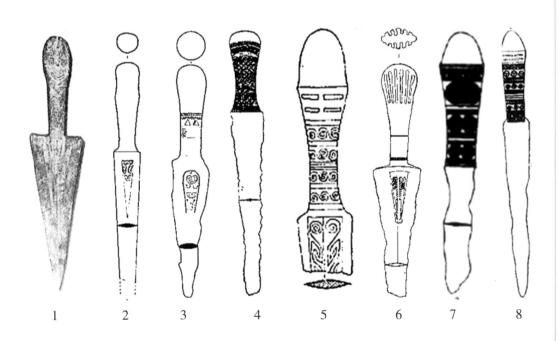

图二十　茎端为外凸的圆弧面的短剑
1.西林　2.羊甫头M19：212　3.羊甫头M30：24　4.天子庙M41：17
5.团山采：17　6.薛官堡M6：1　7.太极山M2：3　8.石寨山甲区墓葬

[1] 蒋廷瑜《右江流域青铜文化族属试探》，《广西考古文集》第三辑，北京：文物出版社，2007年；蒋廷瑜《广西考古通论》，南宁：广西科学技术出版社，2012年，第179页。

但是，类似百色二号剑茎端形制的短剑，在战国前后的滇文化中很常见（图二十，2—8），下面举几例加以说明。

昆明羊甫头M19（图二十，2）为墓地分期的第一期第1段，M30（图二十，3）为第一期第2段，发掘报告定第一期的年代在战国中期前后[1]；不过，M19椁木碳十四测年数据经树轮校正为公元前756—前400年，其年代上限或可早于战国中期甚至进入春秋时期。昆明呈贡天子庙M41（图二十，4），报告定年代为战国中期[2]。玉溪江川团山古墓葬（图二十，5），简报定墓群年代为战国中期至西汉初[3]。滇东曲靖陆良薛官堡第一期墓葬M6（图二十，6），报告定年代为战国中晚期至西汉早期[4]。昆明安宁太极山墓葬（图二十，7）[5]，汪宁生先生把"滇人"文化遗存分为早晚两期，早期从战国时期到西汉初年，"而太极山的墓葬应均属早期"[6]；李昆声先生认为太极山墓地属于云南青铜文化的晚期，年代在战国中期至西汉中期之间[7]。昆明晋宁石寨山墓葬（图二十，8），报告定年代为战国末至西汉[8]，李昆声先生认为石寨山墓地的年代为战国中期至西汉中期[9]。

百色二号剑茎端的形制，很可能是受到了滇文化因素影响的结果。

3. 弓形格剑曲刃风格的来源

目前所见的弓形格剑中，有两件是曲刃剑——石塘剑（图七，5）和百色二号剑（图八，1），其刃中部两侧呈向外略弧突的曲刃状。

剑、矛等刃部两侧向外有一处弧突的曲刃青铜兵器最早见于北方地区，在关中西部特别是长城沿线以及东北地区有比较广泛的分布，起码不晚于西周时期就已经出现。下面仅举几例说明。

[1] 云南省文物考古研究所等《昆明羊甫头墓地》，北京：科学出版社，2005年，第995页。

[2] 昆明市文物管理委员会《呈贡天子庙滇墓》，《考古学报》1985年第4期。

[3] 云南省博物馆文物工作队《云南江川团山古墓葬发掘简报》，《文物资料丛刊》8，北京：文物出版社，1983年。

[4] 中国社会科学院考古研究所等《陆良薛官堡墓地》，北京：文物出版社，2017年。

[5] 云南省文物工作队《云南安宁太极山古墓葬清理报告》，《考古》1965年第9期。

[6] 汪宁生《云南考古》，昆明：云南人民出版社，1992年，第67页。

[7] 李昆声主编《云南考古学通论》，昆明：云南大学出版社，2019年，第291页。

[8] 云南省博物馆考古发掘工作组《云南晋宁石寨山古遗址及墓葬》，《考古学报》1956年第1期。

[9] 李昆声主编《云南考古学通论》，昆明：云南大学出版社，2019年，第291页。

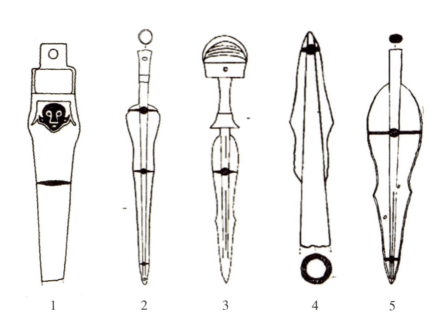

图二一　北方地区的曲刃青铜兵器

1.扶风齐镇　2.小黑石沟M8061：铜器208　3.小黑石沟石椁墓　4、5.李家卜石棺墓

陕西扶风齐镇一座西周墓出土一件曲刃剑（图二一，1）[1]，墓葬的年代被定为西周昭王时期[2]。1980年发现的内蒙古宁城小黑石沟M8061出土一件曲刃剑（图二一，2），年代被定为西周晚期前后[3]。1985年发现的内蒙古宁城小黑石沟石椁墓出土两件曲刃剑（图二一，3），简报定年代为西周中后期至春秋[4]。辽宁清原李家卜石棺墓出土了一件曲刃矛（图二一，4）[5]，笔者曾依据与其同出曲刃剑（图二一，5）年代的判断，认为这件曲刃矛"应该能到西周晚期或更早"[6]。

---

[1] 周文《新出土的几件西周铜器》，《文物》1972年第7期。

[2] 吴镇锋《陕西西周青铜器断代与分期研究》，《中国考古学研究论集》，西安：三秦出版社，1987年；卢连成等《陕西地区西周墓葬和窖藏出土的青铜礼器》，《宝鸡强国墓地》附录一，北京：文物出版社，1988年。

[3] 宁城县文化馆等《宁城县新发现的夏家店上层文化墓葬及其相关遗物的研究》，《文物资料丛刊》9，北京：文物出版社，1985年。

[4] 项春松等《宁城小黑石沟石椁墓调查清理简报》，《文物》1995年第5期。

[5] 清原县博物馆《辽宁清原县近年发现一批石棺墓》，《考古》1982年第2期。

[6] 李海荣《北方地区出土夏商周时期青铜器研究》，北京：文物出版社，2003年，第45页。

71

　　有学者认为，云贵高原的曲刃剑和曲刃矛"应是东北地区青铜文化向西南广泛传播的结果"[1]。笔者认为，或可说是北方系青铜文化因素向南传播的结果应该更为准确，因为即使云贵高原受到东北地区青铜文化的影响，也得先通过甘青交界一带和川西的横断山区，才能传至云贵高原。

　　在川西的横断山区也发现有曲刃的青铜兵器，例如雅砻江流域的甘孜州炉霍县卡莎湖墓地就出土有两件管銎曲刃戈（图二二，1、2）[2]。该墓地有275座墓葬，但是没有随葬陶器，只能依据铜器等形制比较对两件戈的年代进行推测，所以研究者对墓葬以及戈的年代的看法很不一致，从商末到东周的观点均有[3]。

　　卡莎湖墓地的两件曲刃戈，管銎风格无疑是北方草原地带青铜文化的典型因素。正如陈苇所分析的，"卡莎湖墓地所出管銎戈，銎上下端都超出援身，商式銎内戈銎短于援身，二者区别较大，但与北方地区的管銎啄戈却有着近缘关系"；"卡莎湖墓地地缘上接近青海东南部，随葬器物及葬式葬俗等表现出与青海卡约文化较为密切的联系。同时，也受到了北方草原青铜文化和辛店文化的一定影响。结合当时自然、人文环境，我们推测卡莎湖人可能是由北往南迁徙的一支游牧人群"；"卡莎湖墓地年代上限可到商末周初，下限应不晚于春秋中期"[4]。

[1] 彭长林《云贵高原的青铜时代》，南宁：广西科学技术出版社，2008年，第304页。

[2] 陈显双《炉霍县发现"石棺葬"墓群》，《四川文物》1984年第4期；四川文物考古研究所等《四川炉霍卡莎湖石棺墓》，《考古学报》1991年第2期。

[3] 或说春秋至战国中期（陈显双《炉霍县发现"石棺葬"墓群》，《四川文物》1984年第4期；四川文物考古研究所等《四川炉霍卡莎湖石棺墓》，《考古学报》1991年第2期）；或说墓地的年代是商末至西周中、晚期（罗开玉《川滇西部及藏东石棺墓研究》，《考古学报》1992年第4期）；或说带有地方色彩的鱼尾形銎内戈，很可能属西周初期的铜器（陈明芳《炉霍石棺葬族属刍议——兼论炉霍石棺葬与草原细石器的关系》，《南方文物》1996年第1期）；或说出管銎曲刃戈的两座墓葬年代大体在春秋中期至战国早期（罗二虎《试论卡莎湖文化》，《华夏考古》2008年第4期）；或说墓地年代上限可到商末周初，下限应不晚于春秋中期"（陈苇《卡莎湖墓地探析》，《四川文物》2011年第1期）；或说卡莎湖墓地的年代上限在西周中晚期，下限在春秋早中期（陈卫东等《雅砻江流域中上游地区石棺葬文化初论》，《西南地区北方谱系青铜器及石棺墓文化研究》，北京：科学出版社，2013年）。

[4] 陈苇《卡莎湖墓地探析》，《四川文物》2011年第1期。后来陈苇对其年代的判断有修正，认为"卡莎湖下层石棺墓的年代上限可到商末周初，下限不会晚于春秋早期"，且倾向于绝大部分年代在西周早中期（陈苇《先秦时期的青藏高原东麓》，北京：科学出版社，2012年，第222页）。

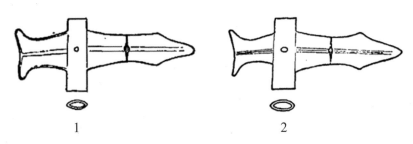

图二二　川西卡莎湖墓地出土的管銎曲刃戈
1. 卡莎湖M31:1　2. 卡莎湖M215:2

　　卡莎湖墓地所在的甘孜州，属于横断山系北段川西的高山高原区，其北与青海的玉树和果洛相邻。在青海湟中下西河[1]、都兰诺木洪[2]、化隆上半主洼[3]、化隆下半主洼[4]、大通良教[5]、互助高寨东山[6]、大通上孙家寨[7]、同仁扎毛[8]等地所出的銎上下端都超出器身的管銎戈、管銎钺和管銎斧，年代大体均在商代晚期至西周早期前后[9]。如果参照青海所见管銎兵器的年代，卡莎湖墓地的两件管銎曲刃戈应该不会晚于西周[10]。

　　"川西高原在地理意义上既是四川盆地的西缘，又是青藏高原的东沿。川西高原的北部与甘、青地区的河湟谷地相连，它的南部深深地嵌入青藏高原与云贵高原之间大褶皱的夹缝中。"[11]川西，当然也是北方地区青铜文化中曲刃等等一些文化因素向云贵高原传播的通道。

[1] 青海省文物考古研究所《青海湟中下西河潘家梁卡约文化墓地》，《考古学集刊》8，北京：科学出版社，1994年；青海省文物处等《青海文物》，北京：文物出版社，1994年。

[2] 青海省文物管理委员会等《青海都兰县诺木洪搭里他里哈遗址调查与试掘》，《考古学报》1963年第1期。

[3] 青海省文物考古研究所《青海化隆县上半主洼卡约文化墓地第二次发掘》，《考古》1998年第1期。

[4] 刘宝山《青海的青铜斧和青铜钺》，《文物世界》1997年第3期。

[5] 刘小强等《大通县出土的三件青铜器》，《青海文物》1990年第5期。

[6] 青海省文物考古研究所《青海平安、互助县考古调查简报》，《考古》1990年第9期；刘宝山《青海的青铜斧和青铜钺》，《文物世界》1997年第3期。

[7] 刘宝山《青海的青铜斧和青铜钺》，《文物世界》1997年第3期。

[8] 高东陆《同仁扎毛崇安寺出土的几件文物》，《青海考古学会会刊》第7期。

[9] 李海荣《北方地区出土夏商周时期青铜器研究》第四章第三节，北京：文物出版社，2003年。

[10] 也有研究者认为卡莎湖墓地出土的这两件戈"流行年代在西周时期，下限不晚于春秋早期"（郭富《川滇石棺葬所见青铜戈》，《夏商周古国文明国际学术研讨会论文集》，北京：科学出版社，2015年）。

[11] 李孝聪《中国区域历史地理》，北京：北京大学出版社，2004年，第89页。

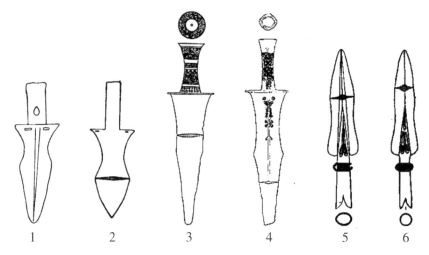

图二三　云南所见的曲刃青铜兵器
1.永胜采青铜戈　2.万家坝M50：1青铜戈　3.李家山M24：83青铜剑
4.薛官堡M80：2青铜剑　5.大波那M1青铜矛　6.大波那M2：18青铜矛

　　曲刃青铜兵器，在云南青铜文化中的戈、一字格短剑、矛中都比较常见，起码在春秋时期已经出现，而且这种风格一直还可能延续到了汉代。

　　童恩正先生曾对西南地区的青铜戈做过系统的研究，他介绍过一件丽江永胜境内调查所得的曲刃戈（图二三，1），被他归为C类戈。他认为C类戈"最早见于楚雄万家坝一类墓，其时代约在春秋后期"[1]。

　　楚雄万家坝墓葬群M50出土一件曲刃戈（图二三，2），发掘简报和发掘报告都把墓葬分为两类，也都把M50归为Ⅰ类墓葬。简报定Ⅰ类墓葬的年代为春秋中晚期[2]，发掘报告则定Ⅰ类墓葬的年代为"西周至春秋早期"[3]。多数研究者认为万家坝M50的年代为春秋前后[4]。

[1] 童恩正《我国西南地区青铜戈的研究》，《考古学报》1979年第4期。
[2] 云南省博物馆文物工作队等《云南省楚雄县万家坝古墓群发掘简报》，《文物》1978年第10期。
[3] 云南省文物工作队《楚雄万家坝古墓群发掘报告》，《考古学报》1983年第3期。
[4] 王大道先生把万家坝墓群分为三期，M50归于第二期，认为第二期为春秋中期（王大道《楚雄万家坝古墓群时代及分期的再探索》，云南省博物馆《云南省博物馆建馆三十周年纪念文集》，1981年；汪宁生先生认为万家坝墓葬群"约当中原地区春秋中晚期"（汪宁生《云南考古》，昆明：云南人民出版社，1992年，第39页）；李昆声先生把万家坝墓地归为云南青铜文化的中期，年代在春秋早期至战国中期之间（李昆声主编《云南考古学通论》，昆明：云南大学出版社，2019年，第336页）。彭长林则定万家坝Ⅰ类墓葬的年代为春秋晚期（彭长林《云贵高原的青铜时代》，南宁：广西科学技术出版社，2008年，第71、83、85页）。也有少数研究者认为年代晚于春秋，或说是战国早期（霍巍等《试论无胡蜀式戈的几个问题》，《考古》1989年第3期），或认为墓地分期研究条件不充分，看不出有明显的早晚关系，整个墓地的年代大致在战国晚期至西汉（杨勇《战国秦汉时期云贵高原考古学文化研究》，北京：科学出版社，2011年，第208页）。

　　玉溪江川李家山M24属于墓地的第一类墓葬，随葬有一字格曲刃青铜短剑（图二三，3）。发掘报告原定年代在战国末期至西汉武帝之前[1]，但是之后有学者据第一类墓M21碳十四的测年数据把第一类墓葬的年代上限改为春秋晚期至战国初期[2]。

　　此外，云南发现的战国前后或至西汉的曲刃兵器还有很多，例如曲靖陆良薛官堡第一期墓葬M80出土一件一字格曲刃短剑（图二三，4）[3]；昆明羊甫头墓地M108、M113出土有一字格曲刃短剑[4]；文山州麻栗坡八布乡坝肢村采集到一件空首圆茎的一字格曲刃剑[5]；丽江永胜金官龙潭墓地采集到59件曲刃戈[6]；楚雄牟定琅井采集到一件曲刃戈[7]；大理鹤庆黄坪土坑墓地出土有四件曲刃戈[8]；大理宾川红土坡村石棺墓地采集了1件曲刃戈[9]；大理祥云大波那木椁铜棺墓（M1）出

---

[1] 云南省博物馆《云南江川李家山古墓群发掘报告》，《考古学报》1975年第2期。

[2] 中国社会科学院考古研究所实验室《放射性碳素年代测定报告（四）》，《考古》1977年第3期；云南省博物馆文物工作队《云南呈贡龙街石碑村古墓群发掘简报》注释2，《文物资料丛刊》3，北京：文物出版社，1980年；张增祺《云南开始用铁器的时代及其来源问题》，《云南社会科学》1982年第6期；张增祺《云南铜柄铁剑及其有关问题的初步探讨》，《考古》1982年第1期。也有学者对测年数据有疑问，把李家山墓地的年代上限放在战国时期（汪宁生《云南考古》，昆明：云南人民出版社，1992年，第67页；彭长林《云贵高原的青铜时代》，南宁：广西科学技术出版社，2008年，第30、56、63页；李昆声主编《云南考古学通论》，昆明：云南大学出版社，2019年第206、300页）。

[3] 报告定第一期墓葬的年代为战国中晚期至西汉早期（中国社会科学院考古研究所等：《陆良薛官堡墓地》，北京：文物出版社，2017年）。

[4] 报告定M108属于第二期3段，M113属于第三期5段，第二期的年代为战国后期至秦汉之际，第三期的年代为西汉初至公元前109年（云南省文物考古研究所等《昆明羊甫头墓地》，北京：科学出版社，2005年，第995页）。

[5] 云南省文物考古研究所等《云南边境地区（文山州和红河州）考古调查报告》，昆明：云南科技出版社，2008年，第52页。有研究者认为，滇东南青铜文化的年代以战国晚期至西汉为主（杨勇《战国秦汉时期云贵高原考古学文化研究》，北京：科学出版社，2011年，第309页）。

[6] 简报认为这批器物年代的上限在春秋或更早一些时候，下限在西汉中期，主要在春秋晚期至西汉初期（云南省博物馆保管部《云南永胜金官龙潭出土青铜器》，《云南文物》1986年第19期）。也有研究者把云南的青铜时代分为早、中、晚三期，把永胜金官龙潭墓地的遗物（均为采集品）归为晚期，晚期的时代相当于战国中期至西汉中期（李昆声主编《云南考古学通论》，昆明：云南大学出版社，2019年，第225页）。

[7] 简报推测认为年代为战国（省文物工作队《牟定琅井发现的青铜器》，《云南文物》1983年第14期）。也有研究者认为年代为战国晚期至西汉（杨勇《战国秦汉时期云贵高原考古学文化研究》，北京：科学出版社，2011年，第214页）。

[8] 简报定年代为春秋晚期至西汉初（云南大理州文物管理所《黄坪土坑墓调查、清理简报》，《云南文物》1993年第36期）。

[9] 简报认为年代与剑川鳌凤山早期墓葬相当，为春秋中期至战国初期（宾川县文管所《宾川县石棺墓土坑墓调查简报》，《云南文物》1992年第31期）。

有两件曲刃矛（图二三，5）[1]；祥云大波那木椁墓（M2）出有三件曲刃矛（图二三，6）[2]；大理祥云红土坡M14中出土了90件曲刃矛[3]；大理宾川古底石棺墓地M8出土1件曲刃矛[4]；大理州巍山母古鲁村发现1件曲刃矛[5]等等。另外，在大理州弥渡县合家山还出土有一些铸造曲刃戈的石范，年代被定为不晚于战国中期[6]。

在与滇东曲靖和桂西百色相邻的贵州黔西南州，也出土有一些一字格曲刃剑，例如普安铜鼓山采集到一把（图二四，1）[7]，在兴义、普安、安龙（图二四，2）等地也有发现[8]。另外，在贵阳清镇琊珑坝M18出土一件（图二四，3）[9]。

[1] 发掘报告定墓葬的年代为西汉中期（云南省文物工作队《云南祥云大波那木椁铜棺墓清理报告》，《考古》1964年第12期）。但是，之后对墓椁残片的测年数据为2415±75（公元前465年）和2350±75（公元前400年）（中国科学院考古研究所实验室《放射性碳素测定年代报告（四）》，《考古》1977年第3期）。所以，大波那M1代上限应该进入了战国时期。

[2] 发掘报告定墓葬的年代为战国时期，并认为M2出土的铜器绝大部分与1964年清理的木椁铜棺墓（M1）中的一致，因此两座墓葬的时代相近（大理州文管所等《云南祥云大波那木椁墓》，《文物》1986年第7期）。李昆声先生则依据测年数据和器物比对，认为这两座墓葬的年代"为战国中期"（李昆声主编《云南考古学通论》，昆明：云南大学出版社，2019年，第234—235页）。彭长林认为年代为战国晚期至西汉初期（彭长林《云贵高原的青铜时代》，南宁：广西科学技术出版社，2008年，第75、83、85页）。陈苇则通过陶器和铜器的对比，认为年代为春秋晚期至战国晚期（陈苇《先秦时期的青藏高原东麓》，北京：科学出版社，2012年，第269页）。

[3] 简报定墓葬的年代为战国至西汉早期（大理白族自治州博物馆《云南祥云红土坡14号墓清理简报》，《文物》2011年第1期）。

[4] 简报定年代为战国至西汉（大理州文管所《宾川古底石棺墓发掘简报》，《云南文物》1995年第41期）。

[5] 简报定年代不晚于战国中期（刘喜树等《巍山发现一批古代青铜器》，《云南文物》2007年第1期）。

[6] 张昭《云南弥渡合家山出土古代石、陶范和青铜器》，《文物》2000年第11期。

[7] 对铜鼓山遗址的年代判断有不同意见，1979年的试掘简报认为遗址的年代在战国至西汉文帝时期（程学忠《普安铜鼓山遗址首次试掘》，《贵州文物》1985年第2期），1980年的首次发掘，该遗址被分为了两期，年代被判定为春秋至西汉中期（刘恩元等《普安铜鼓山遗址发掘报告》，《贵州田野考古四十年》，贵阳：贵州民族出版社，1993年），2002年的第二次发掘，则判断遗址年代的上限在战国或稍早，下限在西汉晚期（国家文物局主编《2002中国重要考古发现》，北京：文物出版社，2003年，第49页）。有学者通过与滇池地区一些墓葬的比较，认为普安县铜鼓山遗址与滇文化关系密切，时代上限"可早到战国晚期或西汉早期"（宋世坤《贵州青铜戈、剑的分类和断代》，《中国考古学会第四次年会论文集》，北京：文物出版社，1985年）。还有学者认为铜鼓山遗址的年代为"战国中期至西汉末"（张增祺《云贵高原的西南夷文化》，武汉：湖北教育出版社，2004年，第371页）。也有把这把剑的年代定在战国至西汉（贵州省文化厅等《贵州文物精华》，贵阳：贵州人民出版社，2006年，第40页）。也有认为"铜鼓山遗址早期地层的年代不至于早到春秋，估计应在战国中晚期至西汉早期这一阶段"（杨勇《战国秦汉时期云贵高原考古学文化研究》，北京：科学出版社，2011年，第53页）。

[8] 年代被判定为战国至西汉（李飞《贵州安龙新出铜器——兼论贵州西南地区的青铜文化》，《四川文物》2009年第3期；张合荣《夜郎青铜文明探微——贵州战国秦汉时期青铜器研究》，上海：上海古籍出版社，2018年，第113页）。

[9] 发掘报告判断墓葬的年代为汉代（贵州省博物馆《贵州清镇平壩汉墓发掘报告》，《考古学报》1959年第1期）。有学者通过与滇池地区一些墓葬的比较，认为时代上限"可早到战国晚期或西汉早期"（宋世坤《贵州青铜戈、剑的分类和断代》，《中国考古学会第四次年会论文集》，北京：文物出版社，1985年）。

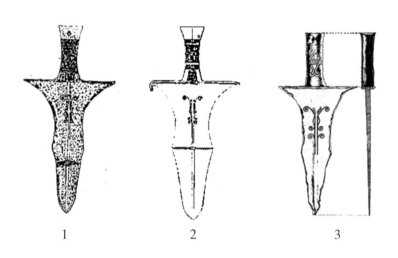

图二四　贵州出土的一字格曲刃短剑
1.铜鼓山　2.安龙　3.琊珑坝M18

在贵州发现的一字格曲刃剑，年代一般认为在战国至西汉，要晚于云南最早的一字格曲刃剑，其应该是受到云南青铜文化影响的结果。童恩正先生认为："'西南夷'系统青铜剑出土的地点，包括云南滇池地区、洱海地区，贵州地区、川西高原地区；在这广大的范围以内，所出青铜剑器形变化极为复杂，但相互之间却存在着某种内部联系，这种有区别而又有关联的情况，与古史记载中民族聚居与迁移的情况大致符合。"[1] 还有研究者认为，黔西南地区与相邻的桂西北、滇东南地区的铜器文化联系密切，可能存在一个文化圈，可以暂称之为普安铜鼓山类遗存；这类遗存的特点，反映在青铜器上，以使用并铸造V形銎铜钺、一字格曲刃剑、曲刃铜矛、舞蹈纹铜戈等为特点，同时流行羊角钮钟、铜钲、铜鼓等。这个文化圈以南北盘江流域的贵州西南为中心，在滇、越文化的过渡地带上，受到了西面滇文化和东南面百越文化的影响，但同时也有一些风格独特的器物而有别于其他遗存[2]。

---

[1] 童恩正《我国西南地区青铜剑的研究》，《考古学报》1977年第2期。

[2] 李飞《贵州安龙新出铜器——兼论贵州西南地区的青铜文化》，《四川文物》2009年第3期。

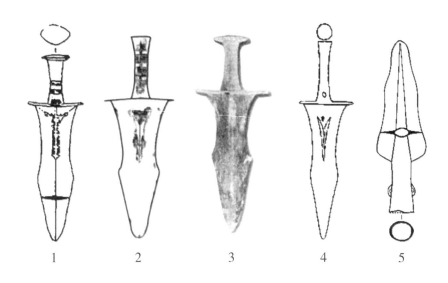

图二五　广西出土的曲刃青铜兵器
1.锅盖岭M1　2.田东林逢　3.七联东邦　4.隆平排楼屯　5.元龙坡M196：2

　　在岭南发现的一字格曲刃剑，比较集中地出土于与滇东和黔西南接壤的广西百色市境内，例如田东锅盖岭M1（图二五，1）[1]在岭南发现的一字格曲刃剑，比较集中地出土于与滇东和黔西南接壤的广西百色市境内，例如田东锅盖岭M1（图二五，1）[2]、田阳七联东邦（图二五，2）[3]、田阳百育沙场[4]、田阳隆平排楼屯（图二五，4）[5]、田阳内江[6]等地都出土过。

[1] 童恩正《我国西南地区青铜剑的研究》，《考古学报》1977年第2期。

[2] 李飞《贵州安龙新出铜器——兼论贵州西南地区的青铜文化》，《四川文物》2009年第3期。

[3] 广西壮族自治区文物工作队《广西田东发现战国墓葬》，《考古》1979年第6期；蒋廷瑜《右江流域青铜文化族属试探》，《广西考古文集》第三辑，北京：文物出版社，2007年；广西壮族自治区博物馆编《瓯骆遗萃——广西百越文化文物陈列》，南宁：广西教育出版社，2010年，第65页；广西壮族自治区文化厅等《左江右江流域考古》，南宁：广西科学技术出版社，2015年，第226页。

[4] 蒋廷瑜：《右江流域青铜文化族属试探》，《广西考古文集》第三辑，北京:文物出版社，2007年；蒋廷瑜《西瓯骆越青铜文化比较研究》，《百越研究》第一辑，南宁:广西科学技术出版社，2007年；黄秋燕《田东古代青铜文化研究》，《广西博物馆文集》第六辑，南宁:广西人民出版社，2009年；广西壮族自治区文化厅等《左江右江流域考古》，南宁：广西科学技术出版社，2015年，第226页。

[5] 蒋廷瑜《右江流域青铜文化族属试探》，《广西考古文集》第三辑，北京：文物出版社，2007年；黄明标等《田阳县出土一字格青铜短剑》，中国古代铜鼓研究会《中国古代铜鼓研究通讯》1997年第13期。

[6] 蒋廷瑜《右江流域青铜文化族属试探》，《广西考古文集》第三辑，北京：文物出版社，2007年；黄明标等《田阳右江河道发现战国青铜剑》，中国古代铜鼓研究会《中国古代铜鼓研究通讯》2002年第18期。

广西发现的一字格曲刃剑的年代，一般都认为在战国时期[1]。但是，在南宁武鸣元龙坡墓地M196出土有一件曲刃矛（图二五，5），M196是墓地的第二期墓葬，年代被定为春秋[2]。这说明曲刃风格对岭南的影响不会晚于春秋时期，这也与本文经讨论后把甲Ab型剑（石塘剑）的年代定为春秋晚期至战国初期前后和把乙A型剑（百色二号剑）的年代定为春战之际至战国早期前后，是可以相互印证的。

在岭南地区发现的曲刃剑和曲刃矛，无疑是直接受到云贵高原青铜文化影响的结果，特别是直接受到了云南青铜文化的影响。黄展岳先生认为百色田东锅盖岭两座墓葬出土的器物，除了戈、矛属于中原文化，其他的属于滇文化系统[3]。彭长林则说："一字格剑是滇文化中最具特色的兵器之一，在桂西田东锅盖岭发现的一件一字格曲刃剑显然是滇文化中所传播来的"[4]。我国贵州、广西以及越南等地所见的一字格曲刃剑，学者们都认为是受到了云南滇文化影响的结果[5]，他们的观点无疑是确论。

4.滇文化一字格剑对岭南弓形格剑和一字格剑的影响

滇文化的一字格剑对岭南的影响较大，除了上面讨论过的一字格曲刃短剑之外，岭南的弓形格剑以及一字格直弧刃剑，也都应该受到了滇文化一字格剑的影响。

邓聪先生说："一字格剑与弓形格之形态亦相当近似。"[6]就笔者来看，岭

---

[1] 广西壮族自治区文物工作队《广西田东发现战国墓葬》，《考古》1979年第6期；蒋廷瑜《右江流域青铜文化族属试探》，《广西考古文集》第三辑，北京：文物出版社，2007年；蒋廷瑜《广西考古通论》，南宁：广西科学技术出版社，2012年；广西壮族自治区文化厅等《左江右江流域考古》，南宁：广西科学技术出版社，2015年。

[2] 广西壮族自治区文物工作队等《广西武鸣马头元龙坡墓葬发掘简报》，《文物》1988年第12期；广西文物保护与考古研究所等《武鸣马头先秦墓》，北京：文物出版社，2020年，第149页。

[3] 黄展岳《论两广出土的先秦青铜器》，《考古学报》1986年第4期。

[4] 彭长林《云贵高原的青铜时代》，南宁：广西科学技术出版社，2008年，第319页。

[5] 王大道《云南青铜文化及其与越南东山文化、泰国班清文化的关系》，《考古》1990年第6期；李龙章《广西右江流域战国秦汉墓研究》，《考古学报》2004年第3期；蒋廷瑜等《广西古代越文化遗物要览》，《瓯骆遗粹：广西百越文化文物精品集》，北京：中国社会科学出版社，2006年，第56页；覃芳《广西先秦时期的青铜剑》，《广西考古文集》第二辑，北京：科学出版社，2006年；蒋廷瑜《广西考古通论》，南宁：广西科学技术出版社，2012年，第177页；彭长林《越南早期考古学文化研究》，南宁：广西科学技术出版社，2018年，第316、386—389页；杨勇《论古代中国西南与东南亚的联系——以考古发现的青铜器为中心》，《考古学报》2020年第3期。

[6] 邓聪《香港石壁出土人面弓形格铜剑试释》，《岭南古越族文化论文集》，中国香港：香港市政局出版，1993年；邓聪《人面弓形格铜剑刍议》，《文物》1993年第11期。

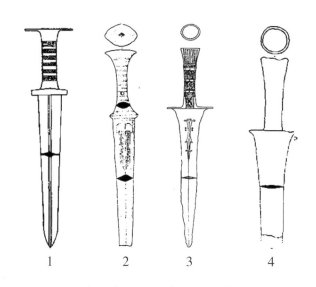

图二六　岭南一字格剑与滇文化一字格剑比较图
1. 安等秧M41：3　2. 钦州青塘　3. 李家山M10：8　4. 羊甫头M102：32

南地区的弓形格剑是突然出现的一类剑种，其实其剑格就是在改造滇文化一字格剑剑格的基础上发展出来的，在一些年代较早的弓形格剑的剑格上还可以看到承继一字格的影子，例如百色一号剑（图七，3）和七塘剑（图七，4）剑格的弓形就不太明显，几近一字格。

　　岭南所见的近直弧刃的一字格剑，例如在广西南宁武鸣安等秧墓地出土了三件（图二六，1），年代被定为战国。报告作者认为"一字宽格铜剑，阔叶、椭圆形首，首径大于格径，呈喇叭状，与云南江川李家山出土的茎部装饰相似，具有滇文化风格"[1]。

　　1959年在广东湛江钦县（现隶属广西钦州市）青塘也挖出了一件近直弧刃的一字格剑（图二六，2），简报介绍其形制，"剑腊薄且窄，剑首作椭圆形，茎上凸起有十二列横棱。两面有脊，脊两旁有直行云纹"，并认为年代为"春秋末至战国年间"[2]。也有研究者认为其年代为战国早中期[3]。

---

[1] 广西壮族自治区文物工作队等《广西武鸣马头安等秧山战国墓群发掘简报》，《文物》1988年第12期；广西文物保护与考古研究所等《武鸣马头先秦墓》，北京：文物出版社，2020年，第148页。

[2] 杨豪《介绍广东近年发现的几件青铜器》，《考古》1961年第11期。

[3] 贺刚《先秦百越地区出土铜剑初论》，《考古》1991年第3期。

钦州青塘剑无疑也具有滇文化剑的风格，与其形制近似的剑常见于滇文化中，例如昆明江川李家山第一类墓葬M10：8（图二六，3）[1]、昆明羊甫头墓地M102：32（图二六，4）[2] 等等。不过，青塘剑与滇文化的剑也有一些区别：一是与滇文化同类剑相比，其茎端更粗，一字格出阑较短，身上部窄，弧刃更直；二是身上部所饰为云雷纹，这与滇文化剑常饰的纹饰不同，而与广州遥冈苏元山出土的刀身所饰的纹饰很相似（图十，1）[3]。

所以，青塘剑以及安等秧墓葬出土的一字格剑虽然受到了滇文化的影响，但应该是岭南当地所铸造，其形制与典型的滇文化一字格剑也略有区别，是对滇文化一字格剑加以改造的结果。

（五）乙B I 式剑的年代

1.石壁剑的年代

石壁剑（图八，2）的发现细节并不十分清楚。据邓聪先生介绍，"石壁人面弓形格铜剑出土的准确日期现今已难查考。1960年初香港计划开发大屿山南部石壁为大型淡水库。1962年3月，石壁工地工人曾发现一些宋瓷及钱币，引起了当时南区政务官J. W. Hayes的注意。嗣后，Hayes与屈志仁曾报道在1962年大屿山石壁发现宋瓷、钱币的经过，但并未提及青铜剑等的发现。根据香港博物馆的记录，此剑是1962年发现的。现存有关此剑最早的文献资料，是F. S. Drake于1964年2月12日致J. W. Hayes信件。信中有两点值得注意：第一，最迟在1964年初，Hayes已将由

---

[1] 发掘报告原定年代在战国末期至西汉武帝之前（云南省博物馆《云南江川李家山古墓群发掘报告》，《考古学报》1975年第2期）。但是，之后研究者又据第一类墓M21碳十四的测年数据——距今2575±105年（公元前625年）和2500±105年（公元前550年），把第一类墓葬的年代上限改为春秋晚期至战国初（中国社会科学院考古研究所实验室《放射性碳素年代测定报告（四）》，《考古》1977年第3期；云南省博物馆文物工作队《云南呈贡龙街石碑村古墓群发掘简报》注释2，《文物资料丛刊》3，北京：文物出版社，1980年；张增祺《云南开始用铁器的时代及其来源问题》，《云南社会科学》1982年第6期；张增祺《云南铜柄铁剑及其有关问题的初步探讨》，《考古》1982年第1期）。也有学者对测年数据有疑问，把李家山墓地的年代上限放在战国时期（汪宁生《云南考古》，昆明：云南人民出版社，1992年，第67页；彭长林《云贵高原的青铜时代》，南宁：广西科学技术出版社，2008年，第30、56、63页；李昆声主编《云南考古学通论》，昆明：云南大学出版社，2019年，第206、300页）。

[2] 发掘报告定把M102归于第二期4段，第二期的年代为战国后期至秦汉之际（云南省文物考古研究所等《昆明羊甫头墓地》，北京：科学出版社，2005年，第995页）。

[3] 广州市文物管理处《广州郊区遥冈古遗址调查》，《文物资料丛刊》第1辑，北京：文物出版社，1977年。

石壁所发现铜剑及矛移交香港大学博物馆；第二，铜剑与矛是在石壁同时被发现的，出土时两者是被绳捆扎在一起的。根据1962年Hayes在石壁发现宋瓷、钱币过程的报道推测，石壁出土的铜剑与矛很可能乃是由工地工人发现后，再转送Hayes保管。有关此剑与矛准确的出土地点，目前是较难确定的。然而，铜剑与矛表面保存的状况极为良好，估计出土的地点有可能是一处墓葬。"[1]

石壁剑和矛是非科学发掘品，据介绍"出土时两者是被绳捆扎在一起"的，那是说器物上有被绳子捆扎的痕迹，还是真有绳子把两件器物捆扎在一起呢？在珠江口以酸性土质为主的环境里，先秦时期遗址中的有机物较难存留下来；但是，考虑到香港赤立角过路湾所出弓形格剑的残片上有布料黏附[2]，石壁剑和矛出土时是被绳子捆扎在一起也是有可能的。所以，依据同出矛的年代来判断石壁剑的年代，应该是可以的。

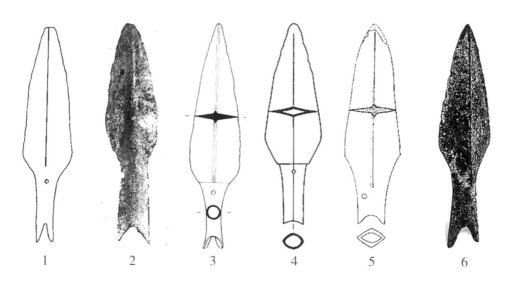

图二七　石壁矛对比图
1.石壁矛　2.万家坝M23：57　3.横岭山M034：1　4.元龙坡M76：1　5.大梅沙M3：1　6.鲇门澳

[1] 邓聪《香港石壁出土人面弓形格铜剑试释》，《岭南古越族文化论文集》，中国香港：香港市政局出版，1993年。

[2] "Attached to one of the fragments was a piece of cloth , which suggests that the burial objects and perhaps the corpse as well were laid out on a cloth." （William Meacham, "Archaeological Investigations on Chek Lap Kok Island", Journal Monograph Ⅳ, *Hong Kong Archaeological Society* , 1994, P176.）

石壁矛的形制为尖锋（已残）、宽翼、弧刃、有脊、凹口骹、无系纽（图二七，1）。

与石壁矛形制相似的矛不少，略举几例：云南楚雄万家坝M23：57（图二七，2），发掘报告定M23的年代为"春秋晚期至战国时期"[1]；广东惠州博罗横岭山第四期第七段M034：1（图二七，3），发掘报告定第四期的年代为春秋[2]；广西南宁武鸣元龙坡墓地第二期墓葬M76：1（图二七，4），发掘报告定第二期墓葬的年代为春秋[3]；广东深圳大梅沙Ⅱ区M3：1（图二七，5），发掘简报定年代为"春秋晚期或战国早期"[4]；广东海丰鲖门澳一座被破坏的古墓中出土一件铜矛（图二七，6），简报推测矛的年代为东周时期[5]，也有研究者认为这件矛的年代为战国[6]。因为与鲖门澳铜矛同出的短剑（简报称为"匕首"），其形制与被定为"春秋晚期或战国早期"深圳大梅沙M6所出短剑（M6：1）的形制很相似[7]，所以鲖门澳墓葬的年代应该在春秋晚期至战国早期前后。

综合以上比较，把石壁矛的年代判断为春战之际到战国早期前后应该大体不误。参考石壁矛的年代，也可大体把石壁剑的年代放在春战之际到战国早期前后。

2. 南宁剑的年代

南宁剑（图八，6）其茎下部中间有凸起的"Λ"形大开叉与弓形格连为一体，这与甲B型木罗村剑（图七，6）是完全一样的；南宁剑身上的纹饰，略呈倒三角形的人面两边及其以下的剑身上、中部有长、短线条纹等共同组成的略呈"Y"形的纹饰，并两侧歧出羽状纹，这与木罗村剑身所饰的纹饰也接近。

---

[1] 云南省文物工作队《楚雄万家坝古墓群发掘报告》，《考古学报》1983年第3期。

[2] 广东省文物考古研究所《博罗横岭山——商周时期墓地2000年发掘报告》，北京：科学出版社，2005年，第244页。

[3] 广西壮族自治区文物工作队等《广西武鸣马头元龙坡墓葬发掘简报》，《文物》1988年第12期；广西文物保护与考古研究所等《武鸣马头先秦墓》，北京：文物出版社，2020年。李龙章先生对武鸣元龙坡墓地的年代做过分析，他认为"年代似应断在战国早期"（李龙章《湖南两广青铜时代越墓研究》，《考古学报》1995年第3期）。

[4] 深圳市博物馆《广东深圳大梅沙遗址发掘简报》，《文物》1993年第11期。

[5] 杨少祥等《广东海丰县发现玉琮和青铜兵器》，《考古》1990年第8期。

[6] 深圳博物馆等《东江遗珍：深圳东莞惠州汕尾河源出土文物联展图录》，北京：文物出版社，2015年，第71页；广东省文物考古研究所《广东出土先秦青铜器》，北京：科学出版社，2020年，第99页。

[7] 深圳市博物馆《广东深圳大梅沙遗址发掘简报》，《文物》1993年第11期。

南宁剑应该与木罗村剑的年代不会相距很远，或可把其年代定为春战之际至战国早期。

3. 东山剑的年代

东山剑（图八，7）出土于越南北部东山文化的东山遗址中，越南学者称为"一字形护手匕首"[1]。

邓聪先生认为："考虑越南东山时期的短剑，目前东山遗址出土的人面弓形格铜剑是最特别的，其余大多是富有地方特色的卷格剑和云南特色的一字格剑。很可能人面弓形格剑在东山文化中是代表一种外来的文化因素。东山的人面弓形格铜剑的年代，目前可能是代表了此类剑系下限的年代。"[2]李昆声先生认为东山剑"当为岭南青铜剑的仿制品"[3]。彭长林则针对东山文化的这把剑，说是"形制和纹饰特殊的人面弓形格剑，在岭南发现数件类似的铜剑，是中国北方草原文化因素传至岭南后与本土文化因素结合而出现的一种特殊兵器，显然该剑属于岭南铜剑系统"[4]。

可见，比较一致的观点是，东山剑应该是由岭南地区传入的。也就是说，东山剑的年代不会早于岭南地区最早的弓形格剑的年代。

越南学者对东山文化年代和分期的看法繁多，观点差异很大，在邓聪先生的文章中有较为详细的介绍，此不细述；但是，比较有代表性的一种观点认为，东山文化是"骆越文化"，而骆越人的"铜器文化发展的时间必在公元前3世纪和四4纪时"[5]。

中国学者则通过云贵高原的考古学文化与越南东山文化的比较研究，来推断东山文化的年代，例如王大道先生认为，"越南东山文化是公元前5世纪至公元1世纪，分布于越南义静省以北至中越边境这一广大地域内的一种青铜文化"；东山文化与越南北部相邻的云南红河流域青铜文化有较多相似之处，而滇池区域青铜

[1] [越]黎文兰等《越南青铜时代的第一批遗迹》，中国古代铜鼓研究会，1982年，第102页。

[2] 邓聪《人面弓形格铜剑刍议》，《文物》1993年第11期；邓聪《香港石壁出土人面弓形格铜剑试释》，《岭南古越族文化论文集》，中国香港：香港市政局出版，1993年。

[3] 李昆声等《中国云南与越南的青铜文明》，北京：社会科学文献出版社，2013年，第482页。

[4] 彭长林《越南早期考古学文化研究》，南宁：广西科学技术出版社，2018年，第393页。

[5] [越]陶维英《越南古代史》下册，北京：商务印书馆，1976年，第323—340页。

文化的发展水平高于东山文化，东山文化更多地接受了滇文化的影响；但另一方面东山文化的基本典型器"铜缸（筈）"也在滇文化中出现[1]。彭长林认为，东山文化"是越南青铜文化发展的顶峰，也是铁器时代开始出现的时期。其分布范围：北面和东面大致与现代中国、越南两国的边界线重合，西面与越南、老挝分界线相当，南面约在河静、广平一带"；东山文化早期的"红河和马江类型始于公元前500年左右"，"总体来看，东山文化在公元前300年末至公元前200年达到鼎盛，并一直维持到西汉中期"[2]。

东山剑的形制与石壁剑（图八，2）是一样的，其茎部的雷纹以及身上部略呈倒三角形的人面纹也很接近，这说明东山剑与大湾剑的年代不会相距非常远。

参考以上对东山文化以及其铜器盛行期年代的说法，并考虑到东山剑与石壁剑形制的相似，笔者认为把东山剑的年代判断在战国早中期应该大体不误。

4. 乙B I 式剑的年代小结

在乙B I 式剑中，排除南宁剑（图八，6）之外，其他的石壁剑（图八，2）、仙坑村剑（图八，3）、肇庆剑（图八，4）、贵港剑（图八，5）、东山剑（图八，7）都有一个共同的特征——茎部饰有基本完全一样的勾连雷纹，另外这五件剑的剑身上部略呈倒三角形的人面纹也非常相似，这都应该说明它们的年代不会相差很远。

综上所述，乙B I 式剑的年代大体可以断在春战之际至战国早中期。

（六）乙B II 式剑的年代

1. 过路湾剑的年代

据发掘报告所言，过路湾遗址下区发现了一层青铜时代的文化层（第4层），厚15—30厘米；文化层内还发现了9座墓葬，人骨已腐，葬式和葬具不明，是根据出土的随葬品来推测各墓的位置的。弓形格剑是在近沙堤边位于探方KC（图二八）南部的二号墓（Burial 2）（图二九）中出土[3]。

---

[1] 王大道《云南青铜文化及其与越南东山文化、泰国班清文化的关系》，《考古》1990年第6期。

[2] 彭长林《越南早期考古学文化研究》，南宁：广西科学技术出版社，2018年，第316、386—389页。

[3] William Meacham, "Archaeological Investigations on Chek Lap Kok Island", *Journal Monograph IV, Hong Kong Archaeological Society*, PP.155—186.

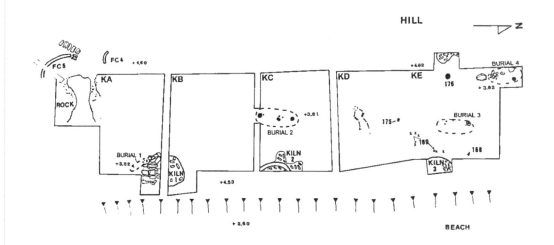

图二八　过路湾遗址下区探方分布图

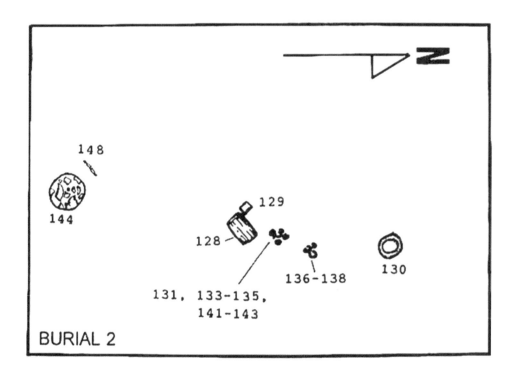

图二九　二号墓（Burial 2）平面图（图中148即过路湾剑）

　　发掘报告还依据"青铜时代文化层"中炭样本的碳十四测年数据，推测过路湾遗址下区青铜时代遗存的年代范围在公元前1300—前1000年，"亦相当于北方的商至西周早期之间"，并认为，虽然炭样不是采集于九座墓葬中，但是从遗址堆积的状况来看，采集木炭样品的层位和墓葬很可能是同时期的[1]。邹兴华先生则依据在过路湾遗址下区"青铜文化层"采集的三个炭样本的测年数据，认为"遗址的年代应介乎公元前1500—前1000年，亦即青铜时代早期"[2]。

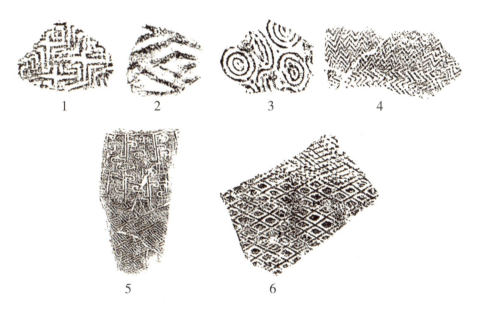

图三十　过路湾遗址下区的陶片纹饰
1—4.商时期前后的陶片纹饰　5、6.东周时期的陶片纹饰

---

[1] "These results are internally consistent, and indicate an occupation of the site around 1300–1000 B.C. While the charcoal was found in small concentrations not related to the burials, it seems likely from the nature of the deposit that activity layer in which the charcoal occurs and the burials are contemporaneous."（William Meacham，"Archaeological Investigations on Chek Lap Kok Island"，*Journal Monograph Ⅳ, Hong Kong Archaeological Society*，P184 and P304.）

[2] 邹兴华《论香港及邻近地区出土铸铜石范》，《铜鼓和青铜文化的再探索——中国南方及东南亚地区古代铜鼓和青铜文化第三次国际学术讨论会论文集》，南京：民族艺术杂志社，1997年。

但是，笔者查看发掘报告发表的过路湾遗址下区墓葬和青铜时代地层出土器物的形态和花纹，认为遗存的年代并不单纯，起码可以明显地分为两个时期，早的可到商时期前后，晚的到了东周时期。商时期前后泥质软陶器上的纹饰有云雷纹、菱格纹、圈点纹、曲折纹等（图三十，1—4），东周时期泥质硬陶器上的纹饰有夔纹、规则的菱格凸块纹等（图三十，5、6）。

或许，发掘报告所划分的那一层"青铜文化层"（第4层）还可以再细分层。另外，九座墓葬的年代也不全都是同一时期的，例如六号墓（Burial 6）随葬两件陶器，一件所谓"未经烧制的陶罐"（"unfired clay pot"）KLW1028的年代不很明确，但是另一件釉陶豆KLW1020（报告称为"glazed stem cup"）则为典型的源自浮滨文化的器物，六号墓的年代可据浮滨文化的年代定为晚商至周初前后；九号墓（Burial 9）随葬一件双F纹陶罐（"double—f pot"）KLW169和一件石矛头（"projectile point"），其年代大体可定在春秋前后。

发掘报告把墓葬都归到了文化层中，这是完全错误的，是因为在发掘中没有搞清楚文化层和每一座墓葬的地层关系。墓与文化层的地层关系只可能有两种情况，或者是墓葬打破文化层，或者是墓葬被文化层所叠压；文化层中炭样本的测年数据，不一定与墓葬的年代一致。所以，对二号墓（Burial 2）年代的判断，不仅要重新审视地层关系，还得具体看这座墓的随葬品。

查看探方KC南壁的地层剖面图（图三一），据发掘报告的说明，"CTX—25是二号墓中几何印纹硬陶罐（瓿）（KLW144）的陶片堆"[1]。从图中可以看出，KLW144陶片堆在第4层层位线的上线和下线的中间部位。墓葬不可能开口于地层中，从KLW144的位置看，二号墓（Burial 2）也不可能开口于探方KC的第4层下，只能理解为二号墓打破了第4层[2]；也就是说，二号墓绝不可能早于探方KC第4层的年代。

---

[1] "CTX—25 was the cluster of sherds comprising the hard geometric pot（KLW144）in burial 2." （William Meacham, "Archaeological Investigations on Chek Lap Kok Island", *Journal Monograph Ⅳ, Hong Kong Archaeological Society*, P169.）

[2] 这个剖面图画得有瑕疵，不太符合考古绘图的规范。但是，可以看出是二号墓打破探方KC的第4层；绝不能理解为"墓葬在第4层文化层内"（"CTX—25 was a burial within layer 4."）。

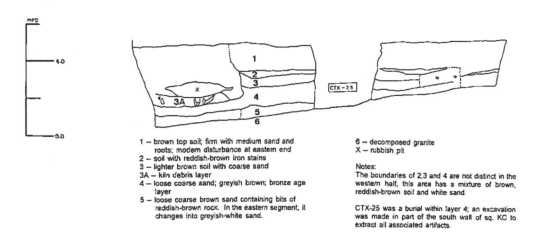

1 – brown top soil; firm with medium sand and roots; modern disturbance at eastern end
2 – soil with reddish-brown iron stains
3 – lighter brown soil with coarse sand
3A – kiln debris layer
4 – loose coarse sand; greyish brown; bronze age layer
5 – loose coarse brown sand containing bits of reddish-brown rock. In the eastern segment, it changes into greyish-white sand.

6 – decomposed granite
X – rubbish pit

Notes:
The boundaries of 2,3 and 4 are not distinct in the western half; this area has a mixture of brown, reddish-brown soil and white sand.

CTX-25 was a burial within layer 4; an excavation was made in part of the south wall of sq. KC to extract all associated artifacts.

图三一　探方KC南壁地层剖面图

发掘报告只划分出了一层青铜时代的文化层（第4层）；而笔者通过分析墓葬与文化层的层位关系，知道二号墓打破了第4层，但是这也只能判断二号墓不早于第4层；要确定二号墓的准确年代，对其随葬品的分析则至关重要，特别是对随葬陶器年代的判断。

据发掘报告介绍，二号墓（Burial 2）随葬了15件遗物，分别为：KLW148青铜剑（即本文所称的"过路湾剑"）（图八，8）；KLW130双系方格纹泥质软陶罐；KLW144篦点弦线方格纹带耳泥质硬陶罐（瓿）；KLW128石斧范一对；KLW129石钺范一对；KLW131、133—138、141—143，共10件大小不一的石块。

石范和石块的年代难以精确，笔者仅讨论发掘报告所言二号墓（Burial 2)的两件陶器的年代。

二号墓（Burial 2）出土的两件陶器，一件为双系方格纹泥质陶罐（KLW130），是几何印纹软陶（"soft geometric pot"）；另一件为篦点弦线方格纹带耳泥质陶罐（瓿）（KLW144），是几何印纹硬陶（"hard geometric pot"）。不过，这两件陶器的年代很明显不一致。

二号墓双系方格纹泥质软陶罐（KLW130）的形制：尖圆唇，卷沿，斜溜肩近折，腹与肩部交界处有对称的两个系耳，深腹斜收，平底，矮圈足上有一对穿

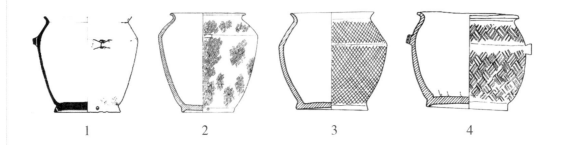

图三二　过路湾下区二号墓KLW130陶罐比较图
1.过路湾二号墓KLW130　2.横岭山M119：3　3.横岭山M299：3　4.横岭山M299：4

孔。器外表饰方格纹。高12.8、口径12、肩部最大径14.6厘米（图三二，1）[1]。与KLW130形制相似的陶罐在博罗横岭山墓地第一期的墓葬中有出土（图三二，2—4），横岭山墓地发掘报告定一期的年代为商周之际，并认为墓地出土的上述那些罐子与浮滨文化的一些陶罐有相似之处[2]。KLW130也确实与浮滨文化的一些折肩圈足陶罐或釉陶罐形制接近，例如揭东落水金狮JD7：4（圈足罐）[3]、揭东梅林山JD33：7（釉陶圈足罐）[4]等。

浮滨文化的年代一般认为在晚商至西周早期，也参照横岭山墓地第一期的年代，二号墓双系方格纹泥质软陶罐（KLW130）的年代应该在晚商至周初前后。

二号墓硬陶瓿（KLW144）的形制：尖圆唇，卷折沿，丰溜肩；鼓腹最大径在中部靠上，下腹斜收，平底；肩部和下腹部有耳。肩与腹上部饰数周篦点纹和弦纹的组合纹饰，腹中、下部饰方格纹。高9.5、口径14、腹最大径21、底径10厘米（图三三，1）。与二号墓KLW144形制相似也同样饰有数周篦点纹和弦纹的组合纹饰的陶瓿，在岭南及其邻近地区较常见，仅举几例：广东惠州博罗银岗遗址第

---

[1] 发掘报告中，此罐的线图方格纹画得不清晰。

[2] 广东省文物考古研究所《博罗横岭山——商周时期墓地2000年发掘报告》，北京：科学出版社，2005年，第47页。横岭山墓地一期的年代，也有研究者认为是商代晚期（李岩《广东印纹陶及原始瓷发展脉络》，《中国南方先秦考古学术研讨会论文集》，北京：文物出版社，2019年；杨建军《岭南地区商周时期墓葬研究》，北京：科学出版社，2019年，第80页）。

[3] 魏峻《揭东县先秦两汉遗址调查报告》，《揭阳考古（2003—2005）》，北京：科学出版社，2005年。

[4] 魏峻《揭东县先秦两汉遗址调查报告》，《揭阳考古（2003—2005）》，北京：科学出版社，2005年。

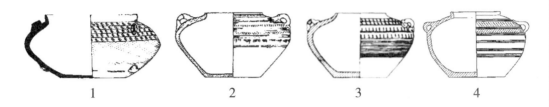

图三三　过路湾下区二号墓KLW144陶瓿比较图
1.过路湾二号墓KLW144　2.银岗H12：2　3.对面山M82：1　4.龙头山M60：4

二期H12：2（图三三，2），简报定第二期年代为"战国时期"，且"二期延续的时间可至战国晚期，其文化面貌与广东地区西汉早期遗存之间没有大的缺环"[1]；广东韶关乐昌对面山墓地一期后段M82：1（图三三，3），简报定其年代为战国晚期[2]；福建南平浦城龙头山M60：4（图三三，4），简报认为"应为闽越国前期，其年代上限或达秦代乃至战国末期"[3]。

通过比较，把二号墓陶瓿（KLW144）的年代定在战国晚期前后，应该大体不误。

发掘者是根据出土遗物的分布状况来推测墓葬的位置的，所以墓圹并不一定非常准确。二号墓软陶罐（KLW130）的年代为晚商至周初前后，硬陶瓿（KLW144）的年代在战国晚期前后，两件器物是否肯定出自一座墓葬中呢？笔者也不能武断地加以否定，因为在考古实践中，晚期墓葬中出有早期的器物并不鲜见。

但是，无论软陶罐（KLW130）和硬陶瓿（KLW144）是否出自一墓，都不能依据软陶罐的年代来判断过路湾剑的年代。一是研究者一般都公认弓形格剑的年代在东周时期的某一时段，不会早到晚商至周初前后；二是查看报告中二号墓器物的分布图（图二九），软陶罐（KLW130）与过路湾剑（KLW148）不在一处，

[1] 广东省文物考古研究所《广东博罗银岗遗址发掘简报》，《文物》1998年第7期；广东省文物考古研究所《广东博罗银岗遗址第二次发掘》，《文物》2000年第6期。

[2] 广东省文物考古研究所等《广东乐昌市对面山东周秦汉墓》，《考古》2000年第6期。

[3] 厦门大学历史与文化遗产学院等《福建蒲城龙头山遗址秦汉时期墓葬》，《考古》2022年第9期。

且相距较远，而硬陶瓿（KLW144）则是与过路湾剑（KLW148）紧挨着放置在一起的，所以应该可以确定硬陶瓿与过路湾剑是出自一个单位的。

那么依据硬陶瓿的年代，把路湾剑的年代判断为战国晚期前后是有比较充分的依据的。

2.大湾剑的年代

大湾剑（图八，9）是芬戴礼神父第二次发掘大湾遗址时出土的[1]，但是大湾剑的具体出土位置，芬神父的说法并不一致，一说出自探方X4，一说出自探方E。虽然第二次发掘中布置了探方，"但不是自上而下的发掘，而是采取沿着沙丘剖面向内掏挖，所有出土物做了出土位置的定点和深度的记录，但是沙丘地面起伏不平，所以根据其记录，就会在相近的深度发现不同时期的遗物，因而造成划分文化层的误区"，"使人们在阅读这些材料时仍然有一头雾水的感觉，甚至摸不着边际"，"其结论总是显得似是而非"[2]。

商志𩤴先生在讨论大湾剑时，采取的是"今姑依出自X4方"的处理办法，并认为其出于墓葬。他认为弓形格剑是从中国"香港到广州，再进入广西的柳江、贵县、横县、灵山、田阳，再到越南东山，其路线呈高弧形，而东西横跨千里，却以广西境内发现最多"[3]。

即使大湾剑是出自X4方，也即使大湾剑是墓葬的随葬品，但毕竟芬神父的发掘是非科学发掘，是"沿着沙丘剖面向内掏挖"的，所以无法肯定地判断有哪些遗物跟大湾剑是出自同一单位的。

笔者查看20世纪30年代芬神父发掘大湾遗址所发表的先秦时期遗物，最早的有距今6200年前后的彩陶器，此不赘言[4]。夏商周时期的遗物，大体有夏商前后的以几何印纹软陶和夹砂陶上饰叶脉纹、曲折纹、梯格纹、复线菱格纹、云雷纹、圈点纹等纹饰为特征的陶器（图三四，1—4）；有西周晚期至春秋前后的以

[1] D. J. Finn, "Archaeological Finds on Lamma Island（舶辽洲）near Hong Kong", *The Hong Kong Naturalist* vol.5.3, 1934; Daniel J. Finn, "Archaeological Finds on Lamma Island near Hong Kong", University of Hong Kong, 1958.

[2] 商志𩤴《三十年代香港大湾遗址考古报告的再研究》，《香港考古论集》，北京：文物出版社，2000年。

[3] 商志𩤴《三十年代香港大湾遗址考古报告的再研究》，《香港考古论集》，北京：文物出版社，2000年。

[4] 深圳市文物考古鉴定所《深圳咸头岭——2006年发掘报告》，北京：文物出版社，2013年，第220—221页。

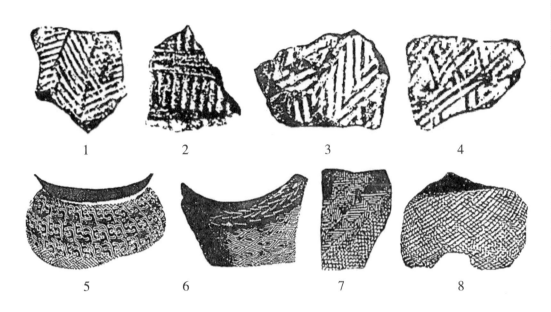

图三四　20世纪30年代芬神父发掘大湾遗址出土的先秦时期陶器纹饰
1—4.夏商前后的陶片纹饰　5、6.西周晚期至春秋前后的陶片纹饰
7、8.战国前后的陶片纹饰

硬陶上饰夔纹、规则的菱格凸块纹等纹饰为代表的陶器（图三四，5、6）；还有战国前后的以硬陶上饰对角菱形十字纹、小方格纹等纹饰为代表的陶器（图三四，7、8）。

20世纪20年代大湾遗址发现后，除了芬神父的发掘之外，还进行过几次发掘[1]，出土的遗存从新石器时代到夏商周时期，再到汉代等，都有较为丰富的发现。从研究者认可的弓形格剑的年代范围来看，如果参考该遗址出土的陶器，只能粗略判断大湾剑的年代在春秋至战国时期，无法精确。

所以，对大湾剑的断年还得参考与其形制基本一样的其他弓形格剑的年代。

---

[1] 陈公哲《香港考古发掘》，《考古学报》1957年第4期；Heather A. Peters, "Tai Wan", *Journal of The Hong Kong Archaeological Society*, Vol. IX, 1982；李果等《南丫岛发掘散记》，《文物天地》1991年第4期；区家发等《香港南丫岛大湾遗址发掘简报》，《南中国及邻近地区古文化研究》，中国香港：香港中文大学出版社，1994年；商志𩐈《三十年代香港大湾遗址考古报告的再研究》，《香港考古论集》，北京：文物出版社，2000年；商志𩐈等《香港考古学叙研》第七章第八节，北京：文物出版社，2010年。

在目前所发表的弓形格剑中，与大湾剑形制最接近的就是过路湾剑，二者应该均无首，茎中部略细，厚弓形格的两端后翘甚，身为宽叶形，特别是都没有发现饰有纹饰。大湾剑与过路湾剑的年代大体一致，也即战国晚期前后。

综上，乙BⅡ式剑的年代在战国晚期前后，其应该是弓形格剑最后的孑遗。

（七）弓形格剑年代的总体归纳

通过以上的讨论，可以把不同类、型、式弓形格剑的年代总体归纳如下：

甲A型剑（包括属于甲Aa型的苏元山剑、隆平村剑、百色一号剑、七塘剑和属于甲Ab型的石塘剑）：为春秋晚期至战国初期前后；

甲B型剑（木罗村剑）：为春秋晚期至战国早期；

乙A型剑（百色二号剑）：为春战之际至战国早期前后；

乙BⅠ式剑（南宁剑、石壁剑、仙坑村剑、肇庆剑、贵港剑、东山剑）：为春战之际至战国早中期；

乙BⅡ式剑（过路湾剑、大湾剑）：为战国晚期前后。

五、余 论

（一）不同形制的弓形格剑分布的大致特点

蒋廷瑜先生在谈到邓聪先生所分的三式弓形格剑时，他认为："从分布地区来看，这三式剑也有交叉现象，Ⅰ式剑只有木罗村一件，姑且不谈；Ⅲ式剑，从香港石壁，到广西贵港，再到越南东山；Ⅱ式剑，从广州苏元山，到广西灵山，再到广西田阳。东西横跨近千公里。Ⅲ式靠南，Ⅱ式靠北，但Ⅲ式的贵港剑又在Ⅱ式剑东西横贯线以北。贸然划出它们各自的分布范围也不太合适。因此，诸多问题还有待新的材料发现和进一步研究才能解决"[1]。

就笔者目前所看到的已发表的弓形格剑来说，确如蒋先生所言，不同形制剑的分布区域不是截然有别，而是有所交叉。但是，也可以粗略地归纳出以下两点规律。

---

[1] 蒋廷瑜《广西所见人面弓形格铜剑》，《广州文物考古集》，北京：文物出版社，1998年。

其一，如果以苏元山剑所出地（广州市黄埔区萝岗镇暹岗）的纬度（大体为北纬23°）为界，把岭南地区分为南北两大块，甲类剑除了石塘剑地处在南，苏元山剑、隆平村剑、百色一号剑、七塘剑、木罗村剑均在北；乙类剑则除了形制较特殊的乙A型的百色二号剑在北，贵港剑、南宁剑、肇庆剑、仙坑村剑、石壁剑、过路湾剑、大湾剑、东山剑等乙B型剑应该均在南。就是说，大体来看，年代偏早的剑一般地处偏北，年代偏晚的剑一般地处偏南。

其二，如果从西往东看，弓形格剑中年代较早的甲类剑，除了苏元山剑地处广州，隆平村剑、百色一号剑、七塘剑、石塘剑、木罗村剑均在广西，而且较为集中地出土于与云南接壤的桂西百色市境内；乙类剑除了乙A型的百色二号剑出于百色市，乙B型剑则是向百色以南和东南方向的区域分布，而且越往东南，剑的年代就越晚——香港大湾剑和过路湾剑代表着最晚的弓形格剑。就是说，弓形格剑中最早的剑，应该就是出现在与云南相邻的百色境内，然后才向百色以南和东南方向的其他区域传播扩散，这也与本文之前讨论过的弓形格剑的不少文化因素直接源自云南青铜文化或受到其强烈的影响是吻合的。

（二）弓形格剑由西向东传播的路径

弓形格剑的双环（圆饼）首、曲刃、茎端为外凸的圆弧面茎以及一些纹饰等直接源自云南青铜文化或受到其强烈的影响，甚至弓形格也与滇文化的一字格剑不无关系。那么，从地理地缘的角度看，上述文化因素向岭南地区的广西和广东的传播，只能是自西向东扩散。

弓形格剑自西向东的传播，应该主要是沿着河道及其邻近的两岸区域来进行的，可以确定是从河里捞出的弓形格剑起码就有百色一号剑、百色二号剑、七塘剑、隆平村剑、南宁剑、肇庆剑。

位于桂西的百色与滇东的曲靖市和滇东南的文山州相邻，而位于云、黔、桂三省交界处的曲靖则地处珠江水系西江最西部的源头之地，曲靖沾益乌蒙山余脉马雄山东麓的南盘江是珠江流域干流西江的干流河段，其被确定为"珠江源"。南盘江流至黔西南兴义市望谟县蔗香与北盘江汇合后改称红水河；红水河流至广西象州县石龙与柳江汇合后称黔江，黔江在广西桂平市与郁江汇合后称为浔江，浔江至梧州汇合桂江后称西江，西江至广东三水思贤溪与北江相汇而进入珠江三

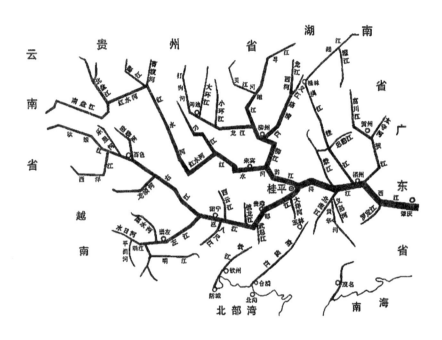

图三五　广西水路交通示意图

角洲网河区。而起于百色市区澄碧河口的右江是西江支流郁江的中上游河段，发源于越南与我国广西交界枯隆山的左江在南宁宋村汇入右江，邕江则是郁江自西向东流经南宁市河段的别称（图三五）[1]。

　　上述提到的河流全部都属于珠江水系。其实，广西境内有300多条大小河流，由于受到盆地地形的影响，除了钦江、南流江、北仑河单独流入北部湾，灌江、海洋河组成湘江的上源而汇入长江水系之外，其他的干支流共同组成以梧州为出口的叶脉状西江水系而流入广东境内[2]。

　　就是说，广西境内绝大多数的河流都可以看作是珠江的上源，西江及其呈扇状广布的各支上源，提供了广西与广东和西南各省交流的便利条件。在百色市境内最早出现的弓形格剑，其自西向东的传播没有不可逾越的地理障碍，顺流而下

---

[1] 广西壮族自治区地方志编纂委员会《广西通志·自然地理志》第一章"水系与河流"，南宁广西人民出版社，1994年；朱道清《中国水系图典》（修订版），青岛：青岛出版社，2010年，第77页。

[2] 李孝聪《中国区域历史地理》，北京：北京大学出版社，2004年，第360页。

即可。

（三）弓形格剑往越南北部传播的路线

邓聪先生认为："越南东山出土的人面弓形格剑无疑是东山文化的外来因素。石壁与东山两者铜剑的相似，甚至可能为同一时期同一工匠集团所铸造。此事实反映约在战国前后，越南清化沿海至粤东的范围，在文化上存在某种的交流"；"学者对南中国海沿岸至中南半岛的海上丝绸之路研究，证明在战国至西汉阶段，曾经存在相当频繁的交往。"[1]水涛先生认为："人面弓形格铜剑这类发现代表着一种山地游牧或畜牧文化的传统，而不是当地的善于从事水上活动的百越民族的传统……如果我们能够确认此时越南北部的东山文化分布区与我国岭南的两广地区存在着交往，那么，可能的交往也应该是在陆上完成的，而不是水上。"[2]

笔者则认为，越南北部东山文化中所见的弓形格剑，其传入路线通过桂越连接的陆路以及岭南沿海的水路都是有可能的。

学者们都认为，起码从新石器时代开始，岭南及其左近区域就与越南北部有了文化交流，此后一直未曾中断过，例如张光直先生在探讨南岛语族起源时，就认为中国东南沿海区域与越南有着密切的联系，可以追溯到新石器时代[3]；蒋廷瑜先生依据百色那坡感驮岩遗址第二期后段出土的一件骨制牙璋[4]，以及在与那坡邻近的越南北方冯原文化中发现的牙璋等资料，认为："早在商代右江地区已与中原内地沟通，并由此而进入越南北部"[5]。

费孝通先生讲三大民族走廊，其中的南岭走廊就是连接岭南和云贵高原及其左近区域的[6]。李星星先生则说中国的民族走廊有二纵三横，其中三横中的"壮

---

[1] 邓聪《香港石壁出土人面弓形格铜剑试释》，《岭南古越族文化论文集》，中国香港：香港市政局出版，1993年；邓聪《人面弓形格铜剑雏议》，《文物》1993年第11期。

[2] 水涛《岭南青铜文化中的外来文化因素》，《东南考古研究》第三辑，厦门：厦门大学出版社，2003年。

[3] 张光直《中国东南海岸考古与南岛语族起源问题》，《南方民族考古》第1辑，成都：四川大学出版社，1987年。

[4] 广西壮族自治区文物工作队等《广西那坡县感驮岩遗址发掘简报》，《考古》2003年第10期。

[5] 蒋廷瑜《"百越古道"中的铜鼓路》，《广西博物馆文集》第十二辑，南宁：广西人民出版社，2015年。

[6] 费孝通《谈深入开展民族调查问题》，《中南民族学院学报》1982年第3期。

侗走廊"大体就是费孝通先生所说的"南岭走廊";这条走廊位于珠江、闽江和长江流域的分水岭地区,东起闽南武夷山,西至珠江上游的北盘江、南盘江上游一带,即滇、黔、桂交界的区域。沿着这条"壮侗走廊"西进有两条大体东西向的通道:一是由珠江上溯,沿珠江支流红水河北侧向西,再经苗岭南侧进入黔南、黔西和滇东地区;二是沿珠江支流红水河南侧及郁江向西,再经左、右江流域而进入越南及我国云南[1]。

我国广西西南部与越南北部山水相连,现今的广西百色、崇左和防城港三市与越南的陆地边境线长达1020公里,百色市有365公里的中越边境线。弓形格剑最早出现在我国广西百色一带,所以其向越南北部的传播,通过陆路到达是没有问题的。

但是,无法否认弓形格剑向越南北部的传播也可以通过岭南沿海的水路。越南北部的沿海一带通过北部湾以及琼州海峡则可以与中国广西、海南、广东相连,所以其与岭南的沟通,不仅有陆上通道,也有海路可行。其实岭南的近海区域,在没有便利的陆上交通工具的年代,翻山越岭走陆路可能比乘竹木筏和船只沿着水道和海岸线走要艰难得多。李孝聪先生在总结东南沿海古代交通时,就说是"以水路为主,水陆兼程";他还认为,长沙马王堆汉墓出土的汉初军用地图突出水系和坡塘,而山脉不显著,"正是表明古代交通对水路的重视"[2]。

赵善德先生曾依据考古、文献及民族志的资料,认为:"广东早在距今6000年前后,已有独木舟;稍晚则使用'双架艇'航行于南中国海沿岸;战国时应利用'双身船'航至南太平洋岛屿。"[3]这说明,华南沿海区域的先民,由于在所处环境中生活和生产的需要,早就善于舟楫。一些史籍中对南方的越人非常擅长水上活动,也有很生动的描述。《汉书·严助传》记载淮南王刘安说越人"处溪谷之间,篁竹之中,习于水斗,便于用舟,地深昧而多水险,中国之人不知其势阻而入其地,虽百不当其一"。《越绝书》卷八则记载勾践说越人"水行而山处,以船为车,以楫为马,往若飘风,去则难从,锐兵任死,越之常性也"。

[1] 李星星《论"民族走廊"及"二纵三横"的格局》,《中华文化论坛》2005年第3期。
[2] 李孝聪《中国区域历史地理》,北京:北京大学出版社,2004年,第323页。
[3] 赵善德《论广东先秦秦汉的航运》,《华南考古》1,北京:文物出版社,2004年。

越南北部"东山文化中常见的铜剑主要有人形雕像茎首剑、镂空壶形茎剑和'T'形茎剑等，剑格两端多下卷"[1]。彭长林认为，东山文化所见的"T"形首剑（图三六，1—3）是"北方地区常见兵器，虽然云南未见此类兵器，但是东山文化这种形制的剑或许吸收了北方地区的因素"[2]。彭长林的说法不无道理，因为在川西横断山区的茂县营盘山[3]、别立、勒石[4]、牟托[5]等地就发现有"T"形首短剑，说明北方地区"T"形首剑的因素毫无疑问是有向西南地区传播的。不过，川西所见的T形首短剑为一次性合范铸造，形制上也要草率，被认为可能是北方剑传播到西南地区后"出现的一种亚型"[6]。

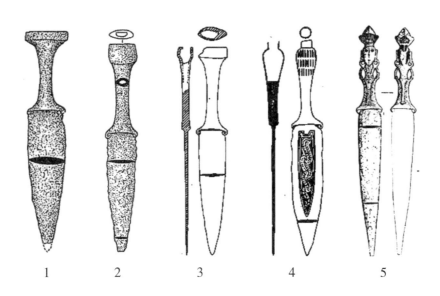

图三六　越南所见的卷格剑
1.东山　2.鼎村　3.绍阳　4.山西　5.那山

[1] 杨勇《论古代中国西南与东南亚的联系——以考古发现的青铜器为中心》，《考古学报》2020年第3期。

[2] 彭长林《越南早期考古学文化研究》，南宁：广西科学技术出版社，2018年，第392页。

[3] 茂汶羌族自治县文化馆《四川茂汶营盘山的石棺墓》，《考古》1981年第5期。

[4] 茂汶羌族自治县文化馆《四川茂县别立、勒石村的石棺墓》，《文物资料丛刊》9，北京：文物出版社，1985年。

[5] 茂县羌族博物馆等《四川茂县牟托一号石棺墓葬及陪葬器物清理简报》，《文物》1994年第3期。

[6] 凉山彝族自治州博物馆等《一个考古学文化交汇区的发现：凉山考古四十年》第四篇《东亚大陆"X"形文化传播带与凉山考古学文化圈》，北京：科学出版社，2015年，第547—548页；郝晓晓《横断山区出土"双圆饼首"与"T形茎首"青铜短剑研究》，《考古》2021年第10期。

另外，笔者还认为，研究者都认为的东山文化的典型青铜器卷格剑（图三六，1—5）[1]的卷格风格也是受到了北方系青铜文化影响的结果，不过东山文化卷格剑的剑格细而剑身多较宽，这说明其在受到北方系因素的影响下也有自身变化的特色。

在北方系的青铜器中，早在商代晚期前后就有卷格的兵器出现，例如山西石楼后兰家沟出土的商代晚期的铜匕（短剑）（图三七，1）[2]；而且一直延续到东周时期，例如宁夏中卫狼窝子坑M2出土的不晚于春秋的铜短剑（图三七，2）[3]、甘肃礼县大堡子山Ⅲ M1出土的春秋晚期的铜柄铁剑（图三七，3）等[4]。

在《南山博物馆藏古越族青铜兵器研究》一书中著录有一件卷格剑（图三七，4）[5]，广东省博物馆近年也征集到两件卷格剑（图三七，5、6）[6]，均应是源自东山文化的剑。很可惜上述剑的出土地不详，不能确定是否出自岭南地区。

2021年12月12日开始，汕尾市文化广电旅游体育局、中山大学社会学与人类学学院联合在汕尾市博物馆举办了为期一年的"海陬遗珍——汕尾沿海地带考古工作成果展"[7]。笔者在参观该展览时，看到一件据说是出自汕尾的首、茎、身合范一次性铸造的"T"形首卷格剑，其形制与越南东山、鼎村、绍阳（图三六，1—3）等处所出的"T"形首卷格剑一致，毫无疑问源自越南东山文化。汕尾出土的这把"T"形首卷格剑，是目前较为明确所知的出土于我国岭南的源自越南东山文化的剑。

---

[1] ［越］黎文兰等《越南青铜时代的第一批遗迹》P100图ⅩⅣ、P105图ⅩⅥ，中国古代铜鼓研究会，1982年；彭长林《越南早期考古学文化研究》，南宁：广西科学技术出版社，2018年，第353页，图4—4。

[2] 郭勇《石楼后兰家沟发现商代青铜器简报》，《文物》1962年第4、5期；马昇等主编《中国出土青铜全集3·山西上》，北京：科学出版社、龙门书局，2018年，第42页。

[3] 周兴华《宁夏中卫县狼窝子坑的青铜短剑墓群》，《考古》1989年第11期。

[4] 早期秦文化联合考古队《2006年甘肃礼县大堡子山东周墓葬发掘简报》，《文物》2008年第11期。

[5] 戚鑫主编《南山博物馆藏古越族青铜兵器研究》，北京：文物出版社，2017年，第56—57页。

[6] 焦大明《瓯骆之风——广东省博物馆新藏之青铜器举例》，《文物天地》2022年第2期。

[7] 广东省文化和旅游厅《汕尾推出沿海考古工作成果展》，2021年12月13日（http://whly.gd.gov.cn/gkmlpt/content/3/3718/post_3718262.html#2628）；汕尾市博物馆《海陬遗珍——汕尾沿海考古工作成果展》，2021年12月13日（http://www.shanwei.gov.cn/shanwei/swzdly/whjg/whjg03/content/post_783980.html）。

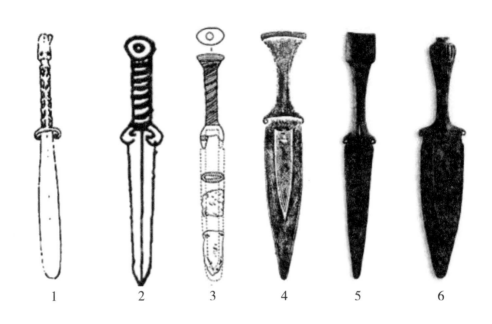

图三七　中国所见的卷格剑
1.石楼后兰家沟　2.狼窝子坑M2：10　3.大堡子山Ⅲ M1：17
4.深圳南山博物馆藏品　5、6.广东省博物馆藏

　　汕尾地处粤东的南海之滨，海上交通便利，在其地所出的"T"形首卷格剑从越南北部的传入，走海路的可能性更大。在没有现代交通工具的古代，水路往往是最便捷和成本最低的交通方式。由此可以推测，弓形格剑向越南北部的传播，也完全可以通过我国岭南沿海的水路来进行。

　　（四）弓形格剑的使用者

　　有越南学者认为，出土有东山剑的东山文化是"骆越文化"[1]。蒋廷瑜先生说弓形格剑"以广西右江——郁江水系的百色、田阳、南宁、贵港一线发现最多，还见于柳江、灵山"，且"广西贵港剑、南宁邕江剑与越北东山剑、海防象山剑属同一个类型"[2]。弓形格剑"分布的范围有限"，构成了一个文化圈，"战国

[1] ［越］陶维英《越南古代史》下册，北京：商务印书馆，1976年，第323—340页。

[2] 蒋廷瑜《广西考古通论》，南宁：广西科学技术出版社，2012年，第191页。

时期，生活在这个地域内最活跃的民族是越人中的骆越，他们已有发达的青铜铸造业"；弓形格剑是属于骆越文化的青铜器[1]。覃芳女士认为，广西红水河南北两地有较为明显的区域文化差异，红水河以南的匕首型剑、人面弓形格剑为骆越族制造，而以北多见的扁茎无格剑为西瓯铸造，北鼎南鼓也是西瓯、骆越文化差异。南盘江、红水河应该就是西瓯、骆越的南北文化分界，在北者为西瓯，在南者为骆越[2]。从弓形格剑的"分布地域看，它正好是秦汉以前骆越族的分布区域，此类剑应当是骆越民族制造和使用的铜剑"[3]。

对骆越、西瓯的认识及其分布，多认为西瓯与骆越是百越庞大的族群中不同的分支，西瓯主要在今广西东部，故地属秦之桂林郡；西瓯西南部则为骆越，故地属于秦之象郡，主要分布于今广西西南部和越南北部。从河流流域来看，骆越主要分布于邕江、左右江流域和红河三角洲，西瓯主要分布于桂东的湘漓流域和桂江流域[4]。

蒋廷瑜先生说："这种剑已不是一般常人所能佩戴，是代表一定身份的权力之器。"[5]覃芳女士则说："此类剑应是骆越首领或是高级宗教人士所持有，它不但有普通兵器防身作用，更主要的是具有身份、地位、权力的象征。"[6]笔者大体赞同他们两位的说法。

弓形格剑多制作比较精良，也多有精美的纹饰，应该是具有一定地位和特殊

---

[1] 蒋廷瑜《西瓯骆越青铜文化比较研究》，《百越研究》第一辑，南宁：广西科学技术出版社，2007年；蒋廷瑜《岭南地区的人面弓形格铜剑》，《收藏家》2003年第3期。

[2] 覃芳《西瓯、骆越文化南北分界的考古学分析》，《东南考古研究》第四辑，厦门：厦门大学出版社，2010年。

[3] 覃芳《广西先秦时期的青铜剑》，《广西考古文集》第二辑，北京：科学出版社，2006年。

[4] 张一民《西瓯骆越考》，《百越民族史论丛》，南宁：广西人民出版社，1985年；蒋廷瑜《西瓯骆越青铜文化比较研究》，《百越研究》第一辑，南宁：广西科技出版社，2007年；谢崇安《关于骆越族的考辨》，《广西民族师范学院学报》2011年第2期；蒋廷瑜《广西考古通论》，南宁：广西科学技术出版社，2012年，第184—192页；范宏贵《西瓯、骆越的出现、分布、存在时间及其它》，《广西民族研究》2016年第3期；高崇文《试论广西地区先秦至汉代考古学文化变迁——兼论汉代合浦的历史地位》，《四川文物》2017年第1期；广西文物保护与考古研究所等《武鸣马头先秦墓》，北京：文物出版社，2020年，第150—151页。

[5] 蒋廷瑜《右江流域青铜文化族属试探》，《广西考古文集》第三辑，北京：文物出版社，2007年；蒋廷瑜《广西考古通论》，南宁：广西科学技术出版社，2012年，第175页。

[6] 覃芳《广西先秦时期的青铜剑》，《广西考古文集》第二辑，北京：科学出版社，2006年。

身份的人的用器；尤其是年代相对较早的甲A型剑（图七，1—5），剑茎中部加粗，茎部饰有凸起的繁缛花纹且两侧有"山"字形等齿状扉棱，这种形制的剑未必利于握持，所以不一定用于实战，更可能是身份、地位、权力象征的礼仪性用器。但是，弓形格剑茎部的形制也在变化，年代相对较晚的乙B型剑（图八，2—9），其茎部的横截面为椭圆形，且中部略束收，这就很易于持握而更适合实战的需要；特别是年代最晚的乙BⅡ式的过路湾剑和大湾剑的制造已经比较粗糙，或可说弓形格剑有主要是礼仪性用器向主要是实战性用器转变的趋势。

（作者单位：深圳市文化遗产保护中心）

考古视野下秦汉之前向海都会番禺历史轨迹梗概

——李岩先生访谈录

李 岩　潘 洁

一

潘洁（以下简称为潘）：李老师，您好！我是南越王博物院的潘洁。早些时候，您和广州市文物考古研究院张强禄副院长一同撰写文章，为我们概述了岭南文明化的物质文化史；最近，您又谈到秦汉向海都会番禺，是中国文明进程和岭南中国化进程的历史性硕果，我理解，这应当是前一篇文章的序篇和延续吧？今年，是广州考古70周年、南越文王墓发掘40周年，所以，我今天想就秦汉向海都会番禺这一历史性硕果的有关话题，请您给读者，特别是我们这些文博后辈们介绍一下您的思考及看法。

李岩（以下简称为李）：好的。

潘：请问李岩老师，问题的缘起又是怎样的？秦汉番禺向海都会的特征是什么？请您介绍一下。

李：早在20世纪80年代晚些时候，严文明先生在我来到广东做考古工作前，曾经与我聊起赴粤后的工作设想；严先生说：你去广东开展（考古）工作，有一项特别重要的使命和责任，就是要从考古学角度探索与研究南越国立国基础。我个人理解，所谓考古学角度考察研究南越国立国的物质文化基础，除带有南越国文化因素的广泛空间，还有其核心——番禺。而今天我们要聊的就是从考古学角度观察，番禺形成的大体过程。问题的缘起应当是对南越国及其物质文化核心部分的追溯。

按照《淮南子》的记载，秦平岭南之前就有番禺，我们省所的徐恒彬老所长就这个问题也专门发表过文章；应该说《淮南子》所述：一军处番禺之都的番禺就是先秦番禺；任嚣、赵佗平岭南之后，又新建了一座任嚣城，任嚣城就是我们今天脚下的广州，或者说秦汉番禺城。

司马迁在《史记·货殖列传》里说的"番禺亦其一都会也"，秦汉番禺，不仅是秦汉南越国之都，还是代表中国与西南沿海国家进行贸易的大都市；地位和位置应当是极其重要的。

《史记·货殖列传》里谈到当时中国有九大都会，邯郸（今河北邯郸）、燕（今北京）、临淄（今山东临淄）、陶（今山东定陶）、睢阳（今河南商丘）、吴（今江苏苏州）、寿春（今安徽寿县）、番禺（今广东广州）、宛（今河南南阳），唯有番禺，是又有海港，又有大量的人员集散的都会。很重要的特点，面向大海，向海而生，很早就与海外有联系。《史记·南越尉佗列传》索引、《史记·秦始皇本纪》："秦始皇三十三年（前214年），发诸尝逋亡人、赘婿、贾人略取陆梁地，为桂林、象郡、南海，以谪遣戍。"《淮南子·人间训》里对秦平岭南这件事有过相对详细的记载："为五军：一军塞镡城之岭，一军守九疑之塞，一军处番禺之都，一军守南野之界，一军结余干之水，三年不解甲弛弩。""一军处番禺之都"我们可以理解为其中一支大军兵锋直接指向番禺，换言之，在任嚣、赵佗之前，"番禺"城应当就已经存在了。但是我们现在无论文献还是考古资料所说，我们都是从任嚣城开始算的，而按《淮南子》的说法，"番禺"城不在任嚣城的位置，《淮南子》的番禺不等同于任嚣城，这就是一个很有意思的议题，广东省文物考古研究所老所长徐恒彬的观点（《华南考古论集》）。

根据文献记载和前辈学者的研究，先秦番禺与秦汉番禺显然不是一回事情，从历史发展的逻辑而言，秦汉番禺虽然是新建之城，但是，其物质文化基础应当是先秦番禺，从目前来看，两者所处地理空间应有所不同；今天我们所说的秦汉之番禺，是中国文明进程和岭南中国化进程的历史性硕果；以一个比较直接的比喻概括之，而先秦番禺则是这一硕果从结果、成长到接近成熟时的时期。

苏秉琦先生高度概括了中国从史前到秦汉帝国的历史进程和关键时间节点：超百万年的文化根系，上万年的文明起步，五千年的古国，两千年的中华一统实体。严文明先生描绘了中华文明起源过程之"重瓣花朵"格局，岭南应当是最外圈的花瓣了，这里已经将岭南的文化空间概念告诉了我们。赵辉老师最近谈道：古国是中国文明探源和中国考古学的一大特色。赵辉老师近十年也一直在关注岭南考古发现和文明探源之间的关系，赵老师概括为"岭南中国化进程"。刚才说她和北方地区在不同的历史时段上，一直有着或疏或密的文化交流，总体而言，受北方文化影响越来越强烈；到了秦汉，则是与来自更北的黄河流域的中央王朝直接发生关系了。总之我个人把这个过程、现象，称之为岭南地区文化的中国化进程。三位学者的论述，为我们认识岭南史前至秦汉时期的历史发展，包括认识和理解秦汉番禺大都会，指明了方向。对秦汉番禺大都会的特征，我理解，有如下内容。

首先，秦汉番禺大都会当然也不是一朝一夕成长起来的，从历史的角度来看，正如我前面所谈到的，先秦番禺从开始结果、成长直至秦统一后形成的秦汉番禺，贯穿了中国文明化进程和岭南中国化进程两个阶段；从某种意义上说，也是史前先秦中国人通过海洋认识世界的结果，在很大程度上扩展了中国人（秦汉时期）对天下的认知。

其次，秦汉时期的番禺，是当时中国唯一向海的大都会，以海陆方式，代表中国与世界展开了交流；这是岭南地区在两个进程中，有别于其他省区，乃至有别于东南沿海各省，独一无二的存在。

这种交流，今天也称其为海上丝绸之路，那时，从广州出发或者以广州为目的地的往来，都是在和平之中进行的，也可以说，秦汉番禺作为向海的大都会也是古代海上丝绸之路和平互鉴的象征与标志，这一和平的传统一直延续到西方殖民者大航海之前。

番禺大都会，延续秦汉以后，虽然经历朝代更替，但一直是中国与世界进行海上交流的代表与窗口，2000多年以来延绵不断，具有重要的、不可取代的历史地位和深远的历史影响。

潘：通过李老师您这么一介绍，确实能够感到秦汉时期番禺的重要的无可取代的历史地位；您的谈话当中也涉及比较多关于古国和文明起源等内容，可否请您先就文明起源、古国等相关理论或观点结合广东考古的实际，特别是结合如何认识秦汉都会番禺的形成的那个过程，谈一谈您的看法。

李：好的。

确实我们也很有必要将目前国内考古学在文明起源研究方面的重要观点看法与岭南考古的实践相结合相比照，以利于我们能够比较清楚地看到自己所处的研究地位以及遗存的历史地位。

苏秉琦先生讲到中国国家的发展过程，大体经历了古国、方国、帝国三个阶段，也是三种国家形态。比照国内及广东的相关考古发现，简化的说法是：良渚文化就是处于古国阶段的代表，以史前农业为社会物质基础，而上层建筑和意识形态则更多地呈现在用玉制度方面；在我们广东有石峡文化；夏商时期，我个人理解，应当还是处于方国时期或方国阶段，属于夏纪年的二里头文化中，除大型建筑外，我们已经可以见到一些较小的青铜容器了，青铜制作技术较龙山时期有了显著的进步；商时期，特别是晚商甲骨文当中，殷墟的商人自称国都为大邑商；而称呼其他地方的政权为方国，例如距离我们广东不太远的江西等地有虎方等；广东地区我们目前来看，相对比较发达的有浮滨文化所代表的方国，而广州地区的墨依山、石滩等遗存大体与浮滨文化处于同一时间和发展阶段；我们也应注意到一些差异化的东西，例如，当时广东的先进生产力、先进技术代表并不在青铜器方面，而是在于原始瓷的创造发明，这是三代时期岭南地区对中华文明的重要贡献之一，关于这方面，咱们就先不展开讲了。回到方国的话题上来，这一阶段与古国的变化在于：方国是一些城邦（或邑）的联合体；商人的城邑也明显都有了等级不同（有郑州商城、偃师商城等），可能也有功能的区别。进入到西周时期，就已经是帝国状态了。社会基本"制度"是宗法制与分封制。分封制也就明确了帝国的中心与边疆，普天之下莫非王，率土之滨，莫非王臣；与商时期的方国，有了本质的区别，这个区别就在于周围的这些远、近不同的封国，有了共主；物质文化面貌则是延续了晚商高度的发达的青铜文化；商、周礼器类别组合虽有不同，青铜器仍是礼制的载体及最先进的青铜武备；还有承袭甲骨文的金文。秦至汉武帝是皇权、郡县和铁器的帝国，乃中华一统实体，个人看法秦汉帝国，是西周国家形态的继承和发展。

那么从物质文化的角度来说，中国文明化的进程有两个阶段。我们也可以说是有两个浪潮，第一个浪潮是开始于万年前，发展到距今五千多年，良渚文化为是这个浪潮的高峰，是以用玉为代表的社会意识形态和稻作为主的史前农业为基础的社会，发生地是长江中、下游；其次，是从龙山阶段开始的青铜文明的浪潮，从龙山时期的小件铜制品起步，到二里头的容器，逐步出现了高峰时期，即晚商至西周，农业继续成为社会的物质基础，除了青铜器之外还出现了最具中国特色的文字，以黄河及黄、淮地区为主，王朝社会出现并不断自我完善。这是我们从物质文化史和考古的角度来看到的历史进程。

反观岭南，不仅有文明化进程，还有另外一个进程，就是岭南中国化的进程，这两个进程也是有几个波次的：第一个波次是咸头岭文化接受岭北偏西方向的影响，出现彩陶，在史前时期，这个来自西北的浪潮虽然没有一直延续下去，但其打通湘粤桂走廊的历史地位不可低估，在后续的先秦时期至秦汉阶段，这条走廊对岭南中国化进程都产生了深远的影响；第二个波次应当就是和长江中下游地区的意识形态方面的高度吻合用玉制度，稻加粟的史前农业也传了进来，并且进一步向南传播至东南亚大陆北部地区。与古国及用玉代表的时期基本同时或稍迟；第三个波次大体相当于夏商时期至秦统一之前吧，也许还可以继续细分不同的阶段，中原高度青铜文明向岭南传播并且得到了接受，几何印纹陶和原始瓷、海贝等则向北流传，客观上让长江流域乃至中原地区的人，特别是中原统治者阶层和上层人士认识到了岭南的存在和价值，同时也是在用玉表达的社会文化和社会意识形态认同之基础上，转变发展为对中原青铜礼器所代表的文化及意识的认同；第四个波次应当是秦统一至汉武帝平岭南。本地区从政治、经济、文化、军事各个角度彻底完成了岭南中国化的进程。这些是我们观察秦汉海丝大都会番禺出现的历史学和考古学基本背景。

目前，黄河及长江流域探索中华文明起源，更多的是着眼于类似良渚、陶寺这类遗址，这些遗存在不同时间段，在长江、黄河流域形成了一些中心，经过发展和演化，成就了中原中心的形成。然而，对于一个文明或者说国家，有中心，就有边缘或边疆地区，这样才构成了较为完整的一个文明空间分布和发展体系。而岭南文明探源及中国化进程的研究，肩负着如此重要的使命，对于秦汉南疆的形成具有极其重要的历史地位，岭南的中心番禺是秦汉南疆的中心、核心与代表，这就是岭南早期探源及其核心番禺形成过程的价值与意义之所在。未来，岭南文明探源、岭南中国化以及岭南文化中心的考古学与历史学研究，就南中国而言，可使得中华文明探源、秦汉帝国形成过程、秦汉海丝的历史图景变得更为完整和清晰。我理解，这也应当是文明探源以及统一的多民族国家形成历史过程研究的深化。今天我们所谈的主要内容就是从考古的角度，观察岭南文化中心、都会番禺的形成脉络。

二

潘：您的这些观点，确实让我感觉到了是将岭南放在整个中国，乃是与世界交往的时空中了，应当是对严文明先生"重瓣花朵"结构的具体化和岭南化。下面请您给我们描绘一下每个阶段的具体历史图景吧。

李：谈秦汉番禺形成过程，这个果子从结果到成为硕果之前，让咱们先看看广州所处的地理环境，这是岭南先民创造历史的舞台，让我们先了解一下岭南舞台与其他地区历史舞台有哪些不同？又如何利于番禺的形成？

潘：好的。

李：番禺，所以能成就为秦汉向海大都会，其地理环境不仅要利于人民生存繁衍，更要利于交通；是岭南地区政治、文化中心；也是四方商贾辐辏之地。

广州，位于祖国海岸线珠江三角洲中心区域。现在广州的范围，不仅濒临珠江口，而且北及东北部有增江、东江，西部、北部有西江和北江，汇流成珠江后，沿江南行，可出伶仃洋并及南海。

地貌种类丰富，从北向南：有山区丘陵、河谷地带，也有较大面积的三角洲平原；北回归线的穿过，地处亚热带，温度适宜、降水丰沛，利于农耕社会的发展。我们把视线向南望，地理大发现之前，从北回归线向赤道的方向走，种田的人越来越少，从事狩猎采集的人比较多，很好的地域差异性，有利于稻作农业向南传播，巴布亚新几内亚的人民没有选择文明社会，也没有选择种大米这些事，活法更天然，作为自然之子在热带雨林里自由自在生活，向北望去，过了亚欧草原地带继续向北，靠近北极圈，这些地方的人民，同样没有选择走复杂社会或者等级社会这条道路，广州海丝是一个世界性议题，有些地方的人民选择了或者跟随选择了等级社会，有些地方没选择，非常有意思的历史现象。

由于其所在的地理位置，信风或者称为季风，无论是东北还是西南季风都可以顺畅地扫过广州，河口地带也有不少水深的湾澳，这些又构成了大港口的必备条件；如果我们将中国南方沿海各个河流入海口设定为港口的话，在季风、濒临大海等条件都一样的条件下，我们会发现，长三角与珠三角有些类似条件：两者都有内陆水道将入海口，或者说海港将更为广泛的区域联系起来；长三角有以长江、钱塘江为主的众多河流组成的水网；不计入大运河，其能够联系的区域已经相当广泛；珠三角则通过东、西、北三江，将云贵、湖南、江西、福建可通航，将它们联系在了一起，涉及范围也相当广泛。这是除长三角之外其他省区不具备的得天独厚的、利于交通的地理条件。

广州的自然地理条件如此，那么我们再来看看其文化地理方面有哪些成就其成为大都会的优越条件。

从陆地角度而言，包括广州在内的广东，向北翻越南岭或通过连平、和平的陆地孔道可快速进入中国长江中、下游史前先秦文化发达的地区；向西，不仅与广西为近邻，且有西江、湘粤桂—贺江走廊及绵长的西江；近可抵湖南，远及云、贵；西南地区及广西西部地区从新石器时代晚期至先秦阶段，各自走出了独立的文化发展轨迹，特别是先秦阶段，云南、贵州风格的青铜器沿西江广东境内都可见到，有些进入了珠三角，例如靴形钺；而湖南至少在晚商阶段，青铜器呈异军突起势，及至春秋晚期至春战之交，这些青铜器通过湘粤桂—贺江走廊、西江进入珠江三角洲，影响着广州，例如勾连云雷纹本在广东、广州的流行，即应当是从湖南进入的。

这些不同历史文化区的文化因素，除通过陆地、河流进入珠三角及广州之外，还有一条更为有前景的交流方式，即广州通过珠江口与海上的联系与交流，使得先秦时期番禺成为沟通、联系中南半岛的枢纽。这与中南半岛，特别是越南等地相当于中国龙山阶段及三代时期的考古学文化较为发达有关，这些地方的人们在创造自己文化的过程中，学习其他地区先进文化、技术的需求明显，同时，比邻之地的广州具有明显的地域优势，在不同的历史时期，汇集了来自长江，甚至黄河流域的先进技术与文化，依托海上航线传播、交流、互动不仅有条件，更有了需求。例如牙璋通过我国广州珠江口向红河三角洲的传播，并进入了越南等。如果将《汉书·地理志》那一段记载作为史前先秦之后的海上丝绸之路续篇的话，我理解中南半岛沿海地区在史前先秦时期即与广州有了日渐增多的海上往来，《汉书·地理志》所言秦汉番禺的交流范围又延续到现在的马六甲及波斯湾、印度沿岸国家；《周航记》所言则是印度以西至地中海东岸的航线。

我们从自然地理与交通条件的得天独厚、不同时期长江中下游文化发展的优势、中南半岛的同期文化发展对史前先秦时期先进技术与文化学习的需求等角度简要介绍了番禺成为大都会的一些条件和背景。

下面，我就从新石器时代晚期的广州说起吧，看看考古资料为我们展示了怎样的都会成长的历史图景。

三

潘：从秦汉番禺向前追溯，根据现在的考古学资料，广州地区我们并没有发现先秦时期的城址，那么，请问李老师；您是如何看待的呢？

李：这个问题非常好！你说得不错，目前广州地区我们确实没有先秦时期的城址，但是，让我们先看看广州西汉南越国时期的发现，宫署、千年古道、水关等秦及汉初的遗迹，从这些遗迹中，可见当时城市的一斑。同时，我们还不要忘记另一类非常重要的遗存，就是墓葬。以西汉南越国时期的墓葬来说，有南越王墓，还有东山人字顶大墓，以及其他分布在广州东北部的同时期墓葬。那么，我们可以说，这些墓葬的主人，生前都居住在番禺城内，从聚落考古的角度说，墓葬区是城的有机组成部分，是不同的功能分区和空间，从南越国时期的情况来看，王级别和人字顶大墓等高等级者，距离城市近些，而其他墓葬则稍远些。于是，即使在没有发现城的情况下，我们也可以肯定地说：一定有一个城与这些墓葬相匹配。

111

潘：确实如此！也就是说，当我们看到具有一定数量和规模的墓葬存在时，基本可以确定不太远的空间内会有生活居址或城。

李：是的。

潘：明确了观察考古学资料的视角之后，李老师，咱们可以从新石器晚期广州的遗存开始说起了吧？

李：好的。

现在广州行政辖区内最早的人类活动的遗存是增城金兰寺贝丘遗址，距今7000至6000年，出了一些彩陶，也就是我们前面谈到的咸头岭文化阶段，在中国文明进程及岭南中国化进程中，本地的第一波次的内容。从目前的发现来看，广州地区还没有十分突出的表现，同时期的遗存在肇庆、深圳、珠海、东莞、中山、香港、惠州、海丰等地都有发现，相对而言，可以说，分布范围比珠三角的范围稍大些。

距今6000至5000年前后，特别是在距今5000年前后，发现与从化横岭的以三足鼎、镂孔豆、扁腹釜罐及少量双肩石器为特征的横岭类型在广州北部出现，其墓葬已经有了一定的数量，同期的还有狮象遗址等。横岭类型的重要性在于其出现了广东最早的几何印纹陶，而且有些烧成温度也相当高。从文化因素的谱系方面观察，横岭类型的双肩石器应当是来自其前的古椰文化，而三足鼎则是来自岭北的因素，几何印纹陶及陶器较高温度之技术则为本地所创。

历史来到了距今4000多年，广州黄埔区茶岭、甘草岭遗址的出现，令人眼前一亮。茶岭、甘草岭发掘现场，我去过不止一次两次，从现场观察，茶岭和甘草岭两地实际上是连成一片的，根据张强禄副院长介绍，墓葬应当有300多座，从分布面积及数量而言，墓地规模为同时期广东省之最。从考古学文化角度初步考察之，茶、甘两遗址（茶岭、甘草岭简称，以下同）所见墓葬，二次葬比例不少，随葬陶器中，有矮圈足罐和鼎、棱座豆，石器有锛等，不见石峡文化那么丰富的玉器，文化因素显然是受到了横岭类型和石峡文化的影响。

不少媒体曾经公开报道了茶、甘两遗址的稻谷和小米共存之史前农业之状态，并有距今4600年左右的测年结果。根据我在现场考察，与稻谷加小米的遗存单位是一座灰坑，其中共存的陶片我也曾经进行过观摩，陶片特征显示，有明显的几何印纹陶特征，与佛山南海鱿鱼岗贝丘遗址第一期陶器纹饰有接近之处，年代上可能略晚于茶、甘两遗址的墓葬，文化属性还有待进一步研究确定。虽然如此，所发现的人工栽培稻谷加小米的作物组合之重要性仍然是不言而喻的。这是因为石峡文化阶段，广东地区的栽培稻发现已经相当广泛，除石峡文化的墓葬之外，在广东和平、英德等北部地区的石峡文化遗存中，都有所发现；但从分布的地域来看，在茶、甘两遗址的发现宣布之前，最南的分布也没有进入珠三角，而茶、甘两遗址的发现空间上位于广州黄埔区，时间上稍晚于两遗址墓葬（也不完全排除与两遗址墓葬最晚者同时的可能性，须待资料整理工作完成后方有定论吧）。而进入广州黄埔区也就意味着此种史前农业技术通过海陆继续南传的可能性就非常大了。

关于稻作农业在中国的起源以及稻加小米的作物组合，不是本文讨论的内容，我要谈的是稻作农业在中国起源并得到一定发展之后，向南继续传播，以及其与广州的关系。

那么，中国南方的稻作业与东南亚、南亚稻作业的发展是什么样的一种关系呢？彼得·贝尔伍德在研究了中国、印度、泰国、越南、印度尼西亚等地史前水稻后，认为新石器时代中国南部沿海地区稻作文化的大量出现，已经暗示着他们与浙江省河姆渡遗址之间存在着一定的联系，提出了水稻向南传播的假说。他认为水稻起源于中国长江中下游地区后，大约在公元前6000年至前3000年扩展到中国南方和台湾地区，以及越南北部，在前2500年之后远播至印度北部和泰国中部，以及赤道以北的东南亚岛屿。很显然，在公元前5000年至前3000年之间，甚至是更早的时期，整个中国南部沿海地区都居住着使用陶器和耕作稻谷的居民，开始了农业发展。中国长江以南与东南亚新石器时代后期的自然地理环境有利于双方居民之间的直接或间接的交往。因此，栽培稻在中国长江中下游地区起源以后，先传播到中国的两广（广东、广西）、台湾岛和云南等地区，又通过这些地区向中南半岛和东南亚海岛地区传播开来。"我们确知水稻栽种的传播遍及东南亚，可以证明是与中国南方农耕者相联系的。"美国学者BM·费根在综合诺多研究成果后得出的这一结论，完全符合水稻栽种从中国南方传播到东南亚的历史事实。

也就是说，中国—东南亚的稻米之路，可能始于中国长江中下游—中国东南沿海或者湖南—两广地区—越南红河流域进入泰国东北部。经海路始于中国东南沿海到中南半岛沿海地区和东南亚海岛地区，陆路则很可能是经中国湖南、江西—两广一线首先进入中南半岛北部。

从珠江口去到红河三角洲可能性极大，特别是走水路，原因是我们在红河三角洲以北广西地区目前为止没有发现4000多年前的史前农业，所以，目前我认为，虽然具体年代与国外的学者们看法略有出入，根据目前的年代学数据，稻作农业在4000多年前通过广州北部进入珠三角，并沿海路传入中南半岛的可能性最大。而广州北部地区则北接石峡文化南下，南传进水路，为稻作农业向东南亚半岛传播的枢纽。

小结一下，茶岭、甘草岭就是4000多年前的时候广东全省所见到的中心性聚落之一，而且经济形态是三角洲农业。增城金兰寺还是大量的贝壳呢，在这就发生了很大的改变。同时，它还意味着一个重大转变，就是石峡时期的种大米加小米的经济形态，从河谷地区南下进入了三角洲地区，种植面积更大了，三角洲可提供的可耕种区域以及可以交通外联的区域更加广泛了，史前农业的先进性也提高了，而同时例如广西还有很多狩猎采集形态，正是由于差异性、先进性，才会产生传播、流动，就好比现在的时尚潮流，要由先进的地区流向其他地区，高低压。稻作农业是继石峡文化之后，在广东最南的分布，为海上的文化交流奠定基础。而这些历史性的成就——较大的农业聚落，对于东南亚等地的先进技术的优势，都是在良渚文化为核心的东南地区中国文明起源过程中发生的。

所以，我个人认为：先秦番禺的苗头阶段的遗存，茶岭、甘草岭遗址应位列其中。当然，我们也要说明一点，这里梳理的先秦番禺并不是具体指向某个遗址，而是一些重点的区域；并以此谋划未来在什么范围寻找、解决先秦番禺的问题。

四

潘：新石器时代晚期的茶岭、甘草岭遗址在李老师看来，有如此重要的地位，那么其后的夏商时期呢？

李：进入先秦商周时期，是岭南中国化进程的重要时期。文化意识形态的认同，技术方面交流为特征的，应当是秦以军事力量、政治力量平岭南、岭南地区加入中国前的意识形态、文化的准备阶段，在这一时期，在广州的东北部与探寻先前番禺相关的重要考古发现又有哪些？我们应当如何认识它们？

这个阶段，按照广东地区考古学遗存编年的特征，大致有三个时期：夏商之际至早中商时期、夔纹陶时期、米字纹陶时期。

夏商之际至早中商时期的代表是增城墨依山遗址，时间大体在夏纪年至商时期，墓地规模不小；其附近的石滩遗址发现了原始瓷碎片，原始瓷在广东发现比较早的是粤东地区浮滨文化，时间从中商延续到晚商。我曾经到访过墨依山遗址发掘现场，其中一个方形坑遗迹引起我的注意，这里发现的墓葬基本是长方形的，方形土坑非常独特，坑内填满陶器，明显与一般墓葬有所区别。而且其所在位置在近山顶的部位，疑似为专门的祭祀遗迹坑，显示其聚落的特殊地位。墨依山遗址的应当不是发掘范围所显示的那些内容，其空间分布范围应更为广泛，内容也更为丰富。

此外，墨依山遗址已经发掘的墓葬中，还发现了非常珍贵的牙璋。牙璋传入广东，大体在早中商阶段，在广东各地分布也十分广泛。墨依山的牙璋，因有同期大型聚落加持，意义更加重要。十分有意思的现象是在珠江口，有三处发现牙璋的同时期遗存，分别是广州番禺南沙鹿颈村遗址、东莞村头遗址、香港大湾遗址。鹿颈村遗址与村头遗址的牙璋显示本地化程度甚高，而且其所在的考古学文化也都是属于村头文化的。香港大湾遗址的牙璋见于一座沙丘遗址的墓葬中，从共存遗物分析，浮滨文化的因素更为浓厚些。向西，牙璋来到了广西那坡县感驮岩遗址，以及越南北部地区的一些遗址。我个人观点，我国广西和越南的牙璋应当来自广州，并通过珠江口西传进入广西及越南。

以聚落规模和文化因素融合汇集的标准来看，墨依山遗址应当是当时的中心聚落，规模大，且地位特殊；与新石器时代比较，那时，通过珠江口南传的是稻作农业，重点是技术，而此时则是关乎意识形态或者说信仰的载体，显然输出交流的层级提升了。而广东乃至广州的牙璋并非本地所固有，而是来自中原北方。换句话来说，是来自北方王朝，这与新石器时代稻作农业、玉器来自大的区域性文化中心，有了本质的区别。来自良渚文化或稍晚的玉琮，最南到达茶、甘两处遗址就止住了脚步，而牙璋来源虽更远，传播得也更为遥远。牙璋是典型的中国文化因素，此时，即从广州东北向西南传播，直至进入了越南。此阶段广州所起的作用更为突出，将来自中原王朝的意识形态载体向更远方传播了出去，也正是岭南中国化进程的具体体现，同时，对于我们理解秦汉时期在越南设置郡县是有很大帮助的。

进入西周至春秋阶段，广东有一个形容本地遗存特征的概念，即夔纹陶文化，我也继续使用这个概念。从广东省境内来看，夔纹陶阶段的考古学文化面貌发生了重大的改变，这个改变的特征就是统一性。夔纹陶文化的分布几近广东全境。这是广东历史上的第一次。这个阶段，广东与岭北的关系，及与周王朝的关系非常密切，以横岭山墓地为代表的遗存中，青铜容器进入岭南，已经不鲜见，青铜钟、鼎的发现也较为普及，这就意味着广东地区当时的贵族除了坚持自己的文化特色之外，在礼制方面则同化于周统治者了。

夔纹陶时期的墓葬在广东有不少发现，有些规模不小，例如博罗县横岭山、曾屋岭（墓群）、深圳叠石山等有少许遗址类型的遗存发现。广州地区的情况如何呢？我曾经到现场学习观摩过的有大公山、榄园岭、浮扶岭等墓地。增城浮扶岭墓地以延续的时间长、规模大而著称。与横岭山等西周至春秋时期的墓地相比，浮扶岭墓地还延续到了南越国早期。从时间和聚落规模两个方面来看，墓地的使用时间与相对应的人类聚落使用的时间应当是基本同步的，浮扶岭墓地延续的时间比较长，则与其对应的聚落也应当延续了比较长的时间。在春秋中期之前，如果说横岭山相对应的聚落人口规模比较大的话，显然，与浮扶岭对应的聚落规模可能会更大些。

正是由于夔纹陶阶段文化面貌的统一占据了主导地位，在此基础上，形成一些更具规模的中心聚落是合乎逻辑的。

除浮扶岭之外，可以延续到战国中期及西汉南越国早期的考古发现，以黄埔陂头岭为最新，是战国晚期墓葬为代表，进入到广东所说的米字纹陶阶段。陂头岭的发掘工作很扎实，清理出封土堆及其下的器物坑，墓葬规模也很客观。我们邻省的广西，近几年也有新的米字纹陶阶段遗存发现，而且，与珠江口航线有密切关系，相关简报、城址的考古报告也均已刊出。

战国中期至南越国早期阶段，珠江三角洲在聚落类型布局方面也发生了较为显著的变化，这个变化主要体现在手工业遗存方面。米字纹陶的窑址博罗银岗有，还有一个就在增城。想象一下那个场景，战国时期，我们在增城不仅有比较庞大的墓葬区，还有一定规模的手工业作坊的存在，这个时期我们可以拿东汉广州城来做个比较，东汉广州城东北部，沙河顶这个地方，有不少墓葬，还有海幅寺窑址，这个布局不就是如出一辙。

广西合浦土墩墓、大浪古城，战国中期，有越式鼎、米字纹陶罐，还有来自浙江的原始青瓷，以及土墩的墓葬形式，这些都是从哪里来的，是海路，珠江口和广州是绕不过去的。广西的米字纹陶器中，有部分应当是由广州过去，甚至可能是通过水路过去的，这就是我所说的与珠江口航线有关的内容。

从聚落规模、墓葬等级、文化因素汇集、交通等情况及线索来看，未来寻找战国阶段的番禺城的区域重点中，黄埔至增城当为重中之重。

简短的结束语

在广州考古70周年、南越文王墓发掘40周年之际，通过文明起源及岭南中国化两个阶段遗存的梳理，先秦番禺的历史性问题在此又被提及。广州地区，从新石器时代晚期开始的聚落不断扩张，各类文化因素的汇集与交流，直至黄埔—增城之先秦时期的重要发现，令我们明确感受到，当中隐藏着秦汉番禺这一历史性硕果成长的历史。在文明起源及岭南中国化两个大背景下观察之，则令我们能够对番禺的历史地位及独特性有更为清晰的认识。利用碎片式的遗存材料，以聚落考古的方式、结合科技考古之陶瓷器产地研究等，拼合、重建与再现，则是未来研究、解读广州重要考古发现的重点，而先秦番禺的形成过程，恰好是将这些碎片拼成先秦番禺形成过程之历史图景的重要线索。

（作者单位：李岩，广东省文物考古研究院；潘洁，南越王博物院）

科学和考古学视野下的匈奴和鲜卑玻璃珠贸易研究

[日]中村大介　李光辉 译

内容提要：

公元前1世纪至公元1世纪期间，东亚和北亚地区分布着大量的玻璃珠。尽管在《三辅黄图》中已有关于汉武帝制作紫色琉璃帐的记载，汉王朝的中心区域发现了少量的玻璃珠饰。

一、引言

公元前1世纪至公元1世纪期间，东亚和北亚地区分布着大量的玻璃珠。尽管在《三辅黄图》（长崎2017：134）中已有关于汉武帝制作紫色琉璃帐的记载，汉王朝的中心区域发现了少量的玻璃珠饰。

当时在东亚，这种直径小于6毫米的珠子大多被叫作拉制印度—太平洋珠（IPB，以下简称"印太珠"）。一般认为，印太珠起源于南印度地区，在印度各地都发现了它的产地。此外，类似的印太珠也大量分布在东南亚和中国东南沿海的岭南地区，尽管它们的颜色不同。

西部地区如地中海和中东，南部地区如印度到东南亚一带，东部地区如东亚，生产了几种不同化学成分的玻璃。在西部地区，人们生产一种苏打玻璃，由叫作泡碱的蒸发盐或草木灰制成，作为苏打的原料(Sayre和Smith 1974)，其区别在于氧化钾（K_2O）和氧化镁（MgO）的含量。含有这两种成分少于1.5%的称为泡碱玻璃，而含有更多的称为植物灰分玻璃。前者估计来自地中海地区，后者则来自西亚至中亚。相比之下，南亚和东南亚生产钾盐玻璃和高铝型苏打玻璃，而东亚生产铅玻璃和铅钡玻璃。

此外，制作技术和化学成分之间有一定的相关性(Oga和Tamura 2013)。泡碱玻璃和植物灰玻璃的连接技术具有独特的特点，如分割法和折叠法。同时，大多数典型印太珠的钾玻璃和高铝型苏打玻璃采用拉丝法制成。铅钡玻璃微珠的形状多样，有逗号形微珠、圆柱形微珠、圆盘形微珠，而小微珠几乎只有缠绕法。其中一位作者对日本出土的这些小玻璃珠进行了分析，并将其分类如表一所示。

表一 日本出土的玻璃珠 (Oga and Tamura 2013)

化学成分的分类		珠子制造技术	着色剂	预计生产面积
铅玻璃组（L组）	I类A型	弯曲	铜	中国东北部
	I类B型	扭转拉拔	铜+汉蓝	华南地区
	I类C型	折叠	铜	中国
	II类A型	弯曲	铜	中国
	II类B型	弯曲	铜/铁	韩国（百济）到日本
钾玻璃组（P组）	I类	绘制/折叠/热渗透	钴/铜+锰/铁	南亚
	II类	绘制	铜	越南北部到中国南方
	II类?	绘制	铜+锡酸铅	越南北部到中国南方?
	P组	绘制	锰	不明
钠钙玻璃组（S组）	I型A型	折叠/分段	钴	地中海
	I类Ba型	弯曲	钴	地中海
	I类Bb型	折叠	钴	地中海
	I类Bc型	折叠/分段	钴	地中海
	II类A型	绘制	钴	南亚、东南亚
	II类B型	折叠/分段	铜/铜+锰/铜+锡酸铅/锡酸铅/铁/锰/钴/铜/氧化亚铜	南亚、东南亚
	III类A型	弯曲	铁	中亚、西亚
	III类B型	折叠/分段	钴/铁	中亚、西亚
	III类C型	折叠/分段	钴/铜/锰/锡酸铅/铜+锡酸铅	中亚、西亚
	IV类	绘制	钴	南亚、东南亚
	V类A型	绘制	钴+锡酸铅/铜	南亚、东南亚
	V类B型	分段	铜	不明
	V类C型	热渗透	铜	不明

119

在蒙古高原的匈奴(Eregzen 2011)和鲜卑墓葬中发现了各种类型的玻璃珠，不过这些玻璃珠与东亚沿海地区的玻璃珠具有不同的特征。在这项研究中，我们将检测从匈奴和鲜卑墓葬中出土的玻璃珠的制珠技术和化学成分（表一），以重建公元前1世纪至公元2世纪玻璃珠的贸易路线。

二、匈奴和鲜卑墓葬中出土珠饰的分析结果

以下描述各匈奴墓地出土的玻璃珠（图一），重点介绍其制作工艺和化学成分，并根据分析数据（图二）对匈奴和鲜卑遗址出土的玻璃珠进行讨论。

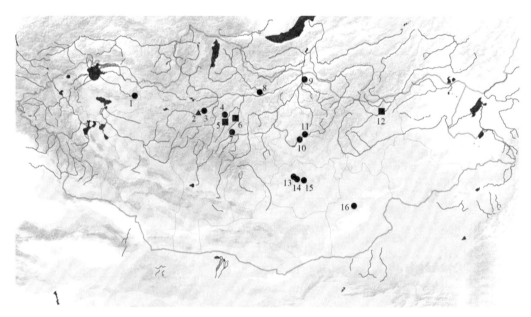

图一　出土玻璃珠的匈奴、鲜卑墓地

●匈奴环形墓　■匈奴天葬墓　▲鲜卑墓葬

1.扎门-图图格墓地　2. Airagiin Gozgor遗址　3. Nukhtiin Am墓地　4.那伊玛-托勒盖墓地
5.高勒毛都2号墓地　6.高勒毛都1号墓地　7.Solbi Uul遗址　8.布可汗-托勒盖遗址
9.萨勒黑特墓地　10.莫林-托勒盖墓地　11.巴鲁恩-海尔汗墓地　12.都日格墓地
13.阿拉格-托勒盖墓地　14.Ikheriin Am遗址　15.曼达尔遗址　16.Chandmani khar Uul遗址

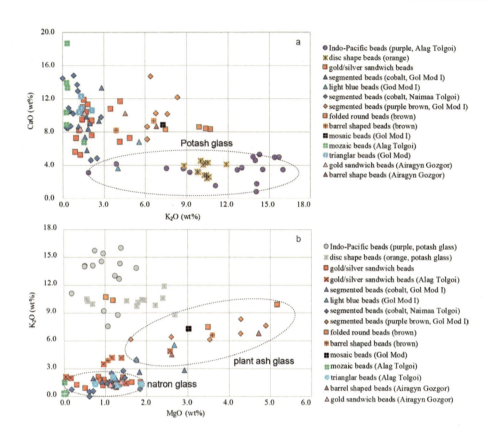

图二 玻璃珠成分分析

（一）Nukhtiin Am墓地（库苏古尔省，图一，3）

3号墓中出土了3个大夹心玻璃珠（图三）。夹在玻璃之间的金属箔通常是金或银。这类珠子由于金属箔没有外露，所以无法直接确定箔的材料，但从颜色和状态来看，它们是"金"夹心珠。

成分分析表明，这是西部地区典型的低氧化铝（Al_2O_3）、高氧化钙（CaO）的纯碱玻璃。此外，低浓度的氧化镁（MgO）和氧化钾（K_2O）表明地中海地区生产过泡碱玻璃。大量的氧化锰（MnO，1%—2%）同样值得注意。在西方世界，锰被用作泡碱玻璃和植物灰玻璃的脱色剂。Nukhtiin Am墓地出土的玻璃中的锰也被认为是作为脱色剂添加的。

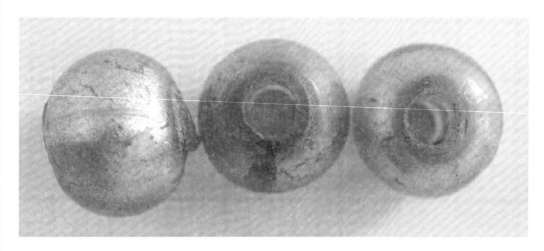

图三　Nukhtiin Am墓地3号墓出土金夹心玻璃珠

（二）那伊玛–托勒盖墓地（后杭爱省，图一，4）

这个遗址出土的珠子都是用分割法制作的。1—5号出土于20号墓，其中，2颗是小夹心玻璃珠（图四，1、2），这些是"银色"夹心珠，银箔因变质而变黑。26颗钴蓝色算盘形珠（图四，3）包括1颗单珠和1颗双至三节珠，其余为较大的圆形珠（图四，4、5）。6、7号出土于11号墓，这是2颗不透明钴蓝色的多角星形（图四，6、7）。这些多角星形珠是使用分割法，由圆珠制成，再经过加热，形成有7或8个凹槽的多边星形。

虽然受风化作用影响，成分分析结果不太理想，但每颗珠子都呈现出CaO含量高、MgO和K_2O含量低的走向，因此，假定它们是泡碱玻璃。银夹心珠（图四，1、2）中含有大量的MnO（超过2%），与Nukhtiin Am墓地的夹心珠一样，锰是脱色剂。此外，还含有少量的锑（Sb_2O_5），也发挥脱色作用，其含量为0.1%—0.3%。钴蓝色算盘形珠（图四，3）中含有少量的钴（CoO）、铜（Cu）和铅（Pb），其中，钴离子是主要的着色因子，铜与铅的成分可能与钴原料有关。此外，这类珠子含有大量的MnO和超过1%的Sb_2O_5，这两种物质都被认为是脱色剂。然而，这些珠子被钴染成鲜艳的颜色，且并不清楚为什么要添加脱色剂。钴材料可能是作为着色剂在脱色后被添加到无色玻璃中去的。由于风化，大圆珠（图四，4、5）的原始颜色未知，它们含有大量的Fe_2O_3和MnO，未检测到锑

图四　那伊玛-托勒盖墓地出土玻璃珠

（Sb），可能是深棕色的。多角星形珠（图四，6、7）与算盘形珠一样，由钴着色，MnO和Sb_2O_5的含量都很高，然而，通过对风化相对较少的部分进行测试，发现CaO含量略低。

（三）高勒毛都1号墓地（后杭爱省，图一，6）

在高勒毛都1号墓地中发现了各种玻璃珠，在高勒毛都2号墓地中发现了几件罗马玻璃器皿（Eregzen, 2011;Erdenebaatar et al., 2016）。下面仅介绍高勒毛都1号墓地出土的玻璃珠。

出土玻璃珠情况如下：3颗大的夹心玻璃珠（图五，1—3），8颗大的钴色半透明玻璃珠（单节珠，图五，4—6），6颗小的紫褐色透明玻璃珠（单或双节珠，图五，7—9）和小的浅蓝色不透明玻璃珠（单至三节珠，图五，10）。在浅蓝色的不

123

透明玻璃珠中，有一根铁丝留在了孔里。有可能是由于铁丝生锈，用拉丝法制成的3颗珠子形成了分节的珠子。因此，还不确定这些分节珠子的制作方法。另一种被作者称为"折叠法"的制作玻璃珠的方法，则已经被确定。这种折叠法的特点是两端孔的形状不同：一边是扭曲的，显示出两个或更多的沟槽状凹陷，而另一边是相对整齐和圆形的开口。这颗大的黄褐色圆珠（图五，11）被认为是典型的折叠法玻璃珠，而马赛克珠（图五，13）和棕色方桶形珠（图五，12）也被认为是类似方法的产物。

通过X射线荧光分析，确定所有的夹心玻璃珠（图五，1—3）均为银夹心泡碱玻璃，含有大量的锰（mnobb0.1％），可能是作为脱色剂，但未检测到锑（Sb）。虽然其中一部分的K_2O和MgO浓度稍高，但考虑到风化作用的影响，8颗钴蓝半透明的分节玻璃珠（图五，4—6）也被认为是泡碱玻璃。它含有百分之几的MnO和Sb_2O_5作为脱色剂，具有与上述那伊玛–托勒盖钴蓝玻璃珠相同的特性。由MgO和K_2O的高值推测紫褐色分节珠（图五，7—9）为植物灰玻璃。与MgO（2％—5％）相比，它的K_2O（6％—8％）含量更高。MgO>K_2O的植物灰玻璃是美索不达米亚地区的特征，而MgO<K_2O的植物灰玻璃则被认为是中亚地区的特征；高勒毛都1号墓地中的7—9号玻璃具有中亚植物灰玻璃的特点。参与着色的成分包括百分之几的MnO和Fe_2O_3，锰和铁离子估计是造成紫褐色的原因。浅蓝色的不透明玻璃珠（图五，10）也被认为是植物灰玻璃。另一个值得注意的点是，它含有超过1％的锑（Sb_2O_5）。此外，一颗黄褐色的大圆珠（图五，11）和一颗棕色的方桶形珠（图五，12）也被确定为植物灰玻璃。MgO<K_2O的趋势也很明显，具有中亚型植物灰玻璃的特征。这种珠子含有6％—9％的Fe_2O_3，推测铁离子是主要的显色因子，锰含量低（MnO: 0.09％—0.13％）。对于蜻蜓眼式玻璃珠（图五，13）蓝/白色螺旋纹部分和深蓝/白色螺旋纹部分的测量显示K_2O含量较高，为6％—7％。蓝/白色螺旋纹的MgO含量约为3％，为典型的植物灰玻璃。但由于深蓝/白色螺旋纹中MgO含量小于1％，不能判定为植物灰玻璃。虽然风化作用的影响是不可否认的，但每个蜻蜓眼的组成类型可能是不同的。这两部分都含有百分之几的锑（Sb_2O_5）。

图五　高勒毛都1号墓地出土玻璃珠

（四）阿拉格–托勒盖墓地（巴嘎Gazriin宾楚鲁，东戈壁省，图一，13）

该地点发现了各种类型的玻璃珠（图六，Amartuvshin和Khatanbaatar 2010）。其中，7颗小夹心玻璃珠形状多样，有圆形的，也有圆柱形的（图六，1、2、5、9、14、56、61）。由于风化作用的影响，它们的保存情况不佳。其余分别是4粒使用折叠法制成的蜻蜓眼式玻璃珠（图六，7、11—13），3粒典型的三角形玻璃珠（图六，48、64、111）及不少于26颗的使典型印太珠，这些印太珠使用拉丝法制成，呈深紫色（图六，52）。

X射线荧光分析结果如下：虽然受风化作用的影响，夹心玻璃珠的结果不太理想，但是7颗珠子中，有3颗被确定为泡碱玻璃，另有一颗明显MgO和K_2O含量高，可能是植物灰玻璃（图六，56）。其余3颗表现出介于泡碱玻璃和植物灰玻璃之间的成分，但因风化作用的影响不容忽视，我们无法确定这三颗玻璃珠的成分类型。在使用脱色剂方面，只有56号（判断为植物灰玻璃）含有0.6%的MnO和微量的Sb_2O_5，而其他脱色剂中几乎不含这两种成分。大多数金属箔是由银或不明金属制成的，仅在疑似植物灰玻璃的56号珠中检测到金。

虽然不可否认，蜻蜓眼式玻璃珠明显受到风化作用的影响，但因MgO和K_2O含量明显较低，它们仍被确定为泡碱玻璃，均含有几个百分比的Sb_2O_5，但13号珠（图六，13）的含量略低。除了13号珠，其余都含有大量的PbO（8%—16%）。13号珠的颜色是微透明的，其他的都是不透明的，在蜻蜓眼部分有微黄的色调。这些色调的差异可能与化学成分的差异相对应。一种人工黄色的不透明颜料锑酸铅（$Pb_2Sb_2O_7$）可能被添加在除了13号珠以外的其他珠饰中，这些珠子均含有0.47%—0.68%的MnO。

三角形玻璃珠也是泡碱玻璃。通过对保存完好的111号珠的分析可知，棕色部分含有少量的MnO和Sb_2O_5。而在深蓝色和白色图案的部分中，这两种成分都有明显的显示，有图案的部分含有较多的PbO，深蓝色为钴色。

典型的印太珠是用锰着色的钾玻璃（图六，52）。大部分钾玻璃分布在东亚沿海地区，如日本列岛和朝鲜半岛。印太珠多为透明的钴蓝色或铜蓝色，其他颜色极为罕见。因此，我们将阿拉格–托勒盖墓地的深紫色透明印太珠与日本列岛的铜钴蓝钾玻璃的化学成分进行了比较，结果表明，阿拉格–托勒盖墓地的CaO含量高于日本列岛的印太珠，它们可能与表一所示的现有成分玻璃群不对应。此外，在萨勒黑特遗址发现了类似的深紫色印太珠，但化学成分与阿拉格–托勒盖墓地不同。

（五）布可汗–托勒盖遗址（额吉河流域，库苏古尔省，图一，8）

此处遗址发现了一种独特的圆盘状橙色玻璃珠（图七，1），这些珠看起来像印太珠，但不是用绘图法制作，因为两端孔的大小不同。分析表明，它们都是钾玻璃。与来自日本群岛的钾玻璃相比，这些玻璃珠的Al_2O_3和CaO的含量更丰富，可能不对应于任何现有的玻璃成分群，而与阿拉格–托勒盖墓地的深紫色印太珠含量相似，但SrO含量更高。此外，铜含量非常丰富（CuO > 18%），其特有的橙色调表明它是由铜粒子（Cu_2O）着色的。

（六）Solbi Uul遗址（后杭爱省，图一，7）

该遗址出土了一种橙色的小玻璃珠，其外观和化学成分与布可汗–托勒盖遗址的玻璃珠相同（图七，2、3）。

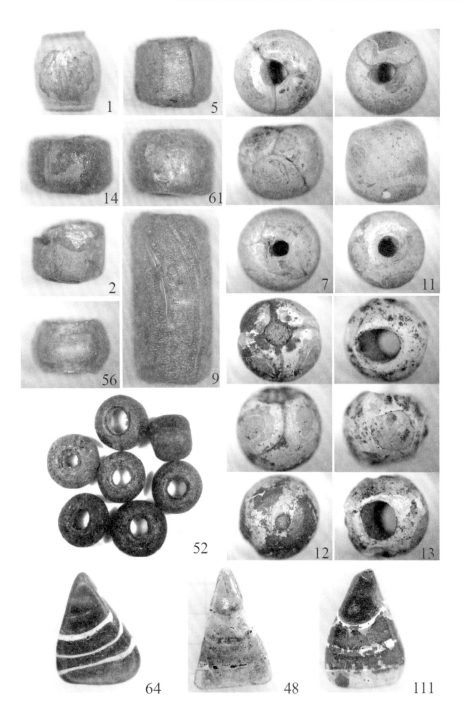

图六　阿拉格-托勒盖墓地出土玻璃珠

（1、2、5、9、7、11-13.9号墓　14.5号墓　48、56、61、64、111.2号墓　52.8号墓）

图七　橙色玻璃珠

1.布可汗–托勒盖遗址　2、3.Solbi Uul遗址）

（七）莫林–托勒盖墓地（中央省，图一，10）

该遗址出土了一颗黄色透明长方形珠（图八，1）。X射线荧光分析结果显示它是铅钡玻璃。还有一颗浅蓝色蜻蜓眼式玻璃珠（图八，2）和一颗棕色方桶形珠（图八，3），后者与高勒毛都1号墓地12号相近（图五，12）。虽然由于风化的原因，二组的分析结果都不理想，但推测前者是泡碱玻璃，后者是植物灰玻璃。

这颗独特的蜻蜓眼式玻璃珠使用分割法制成，在浅蓝色不透明芯珠上装饰两个黄色（外）和灰蓝色（内）的同心圆。其MgO含量低，但K_2O含量高，可能对应原始的高氧化铝型钠钙玻璃（SV组，Oga和Tamura，2013）。然而，由于MgO的含量可能因风化作用而减少，也不能排除其为植物灰玻璃的可能性。玻璃珠核心部分由铜着色，含有极低的锡和铅。在装饰的黄色玻璃部分检测到大量的锡和铅，可能是由人造黄色颜料锡酸铅（如$PbSnO_3$）着色。

128

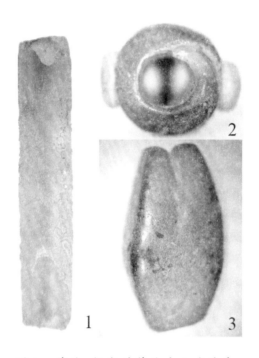

图八　莫林-托勒盖墓地出土玻璃珠

（八）Chandmani khar Uul遗址（东戈壁省，图一，16）

该遗址7号墓中出土了一颗中国战国时期常见的蜻蜓眼式玻璃珠（图九），白色透明玻璃和蓝色半透明玻璃层层叠叠地镶嵌在铜蓝色器身上，形成眼状图案，属铅钡玻璃。

图九　Chandmani khar Uul遗址出土玻璃珠

（九）巴鲁恩-海尔汗墓地（中央省，图一，11）

该遗址出土了一颗金夹心玻璃珠（图十），它是由锰作脱色剂的泡碱玻璃，不含锑（Sb）。对其破损端进行检测时发现金，其大小和化学成分与Nukhtiin Am墓地出土的夹心玻璃珠相似（图三）。

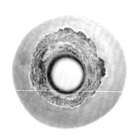

图十　巴鲁恩-海尔汗墓地出土金夹心玻璃珠

（十）萨勒黑特墓地（达尔汗，肯特省，图一，9）

该遗址出土的一颗由锰着色的紫色印太珠，与阿拉格-托勒盖墓地出土的玻璃珠相同，均属钾玻璃。萨勒黑特墓地出土的一颗玻璃珠成分接近来自日本群岛的中Al2O3和高CaO型钾玻璃（Group PI，Oga和Tamura，2013；m-K-Ca，Lankton和Dussubieux，2013）。目前普遍认为这种类型的钾玻璃在南印度的Arikamedu遗址比在东南亚更集中（Francis，1988—1989；2004；Dussubieux and Gratuze，2013）。

（十一）曼达尔遗址（后杭爱省，图一，15）

该遗址出土了一颗使用折叠法制作而成的褐色透明玻璃珠（图十一，1），属植物灰玻璃，保存状况较好。它使用铁着色，与高勒毛都1号墓出土的玻璃珠（图五，11）相似。

（十二）Ikheriin Am遗址（巴嘎Gazriin宾楚鲁，东戈壁省，图一，14）

1号墓中发现了2颗浅棕色的透明玻璃珠（图十一，2、3），与高勒毛都1号墓和曼达尔遗址出土的珠子相近。虽然MgO含量略低，但考虑到风化作用，它们很可能是植物灰玻璃。其与曼达尔遗址出土的玻璃珠均受风化作用的影响较小。

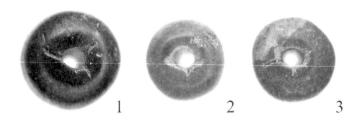

图十一　折叠法褐色玻璃珠
1.为曼达尔遗址出土，2、3.Ikheriin Am遗址出土

（十三）都日格墓地（肯特省，图一，12）

在1号天葬墓中发现了4颗带状夹心珠、9颗浅蓝白条纹桶形珠和2颗紫褐色珠。此外，在环形墓中还发现了2颗圆形和4颗带状夹心珠。W5（Eregzen and Aldarmunkh，2015）对8颗夹心玻璃珠进行了测量，分别为由分割法制成的2颗圆形珠（图十二，1、2）、6颗带状玻璃珠（图十二，4），由折叠法制成的2颗紫褐色玻璃珠（图十二，3）。从其中一颗夹心珠的破损端检测到金（Au），由其相同的外观推测，其余也应为金夹心玻璃珠。所有这些蜻蜓眼式玻璃珠均由泡碱玻璃制成，使用Mn脱色，但不含Sb。它们的成分特征与Nukhtiin Am墓地和布可汗–托勒盖遗址相同。2颗紫褐色玻璃珠由植物灰玻璃制成，含有大约0.5%的MnO，这表明锰是紫色色调的着色成分。虽然制作工艺不同，但其化学成分的特点与高勒毛都1号墓出土的7–9号珠相同（图五）。

（十四）Airagiin Gozgor遗址（鄂尔浑，布尔干省，图一，2）

图十二　都日格墓地出土玻璃珠

鲜卑墓。墓中出土2颗金夹心珠，2颗棕色桶形珠（图十三）。化学分析结果表明，夹心玻璃珠为泡碱玻璃。它们用Mn脱色，不含Sb。在其中一颗的破损端检测到金（Au），其大小和化学成分与Nukhtiin Am墓地（图三）和巴鲁恩–海尔汗墓地（图十）出土的玻璃珠相似；另外，棕色桶形珠由植物灰玻璃制成，在制作工艺和化学成分上与高勒毛都1号墓（图五，12）和莫林–托勒盖墓地（图八，3）出土的玻璃珠相似。

图十三　Airagiin Gozgor遗址出土玻璃珠

（十五）扎门-图图格墓地（乌布苏省，图一，1）

在匈奴墓葬中，扎门-图图格3-1号墓出土的玻璃珠最多，其时代为公元前43—公元53年（95.4%）。目前，这是唯一一处在同一墓葬中随葬超过1000颗玻璃珠的案例。由于扎门-图图格墓地的玻璃珠已经在另一篇论文中有介绍（Tamura et al. 2021），本文仅简要介绍此次检测的分析结果，本文的附录中将列出其化学成分和分类。

墓中出土玻璃珠有单色玻璃珠、夹心珠、蜻蜓眼式玻璃珠等多种类型。研究发现，玻璃珠中含有大量印太珠。一些印太珠是钾玻璃，呈紫色，化学成分与阿拉格-托勒盖墓地几乎相同。其他印太珠几乎均为植物灰玻璃，也有一些锑含量较高的样本，这表明它们并不产于印度和东南亚的沿海地区。至于夹心玻璃珠，夹金和银的玻璃珠多为植物灰玻璃，这与其他匈奴墓葬几乎都是泡碱夹心玻璃有很大的不同。扎门-图图格墓地的蜻蜓眼式玻璃珠也是植物灰玻璃，因其$MgO<K_2O$，可知其产自中亚而非西亚。

三、贸易路线探析

我们在前述分析的基础上，探讨了匈奴墓中出土玻璃珠的贸易路线。可以看到，由泡碱玻璃和钾玻璃制成的印太珠，尤其是由泡碱玻璃制成的浅蓝色和黄绿色印太珠，其组成成分与那些在日本半岛和朝鲜半岛出土的印太珠不同，它们含有锑（Sb）。锑做着色剂或脱色剂技术通常见于西亚和地中海地区生产的植物灰和泡碱玻璃中，但在印度沿海地区和东南亚发现的印太珠中并不常见。换言之，从制珠技术和化学成分的角度推测，这类珠子是在具有印太珠制造技术传统的地区，用中亚地区生产的植物灰玻璃加工而成。此外，从匈奴墓中出土的印太珠中含有紫色钾玻璃，这在东南亚和东亚沿海地区并不常见，表明其可能是在内陆生产，远离当时的海上贸易路线。

很多地点出土的夹心玻璃珠以泡碱玻璃为主，少量植物灰玻璃为辅。然而，在扎门-图图格墓地，尽管出土了近千颗玻璃珠，但绝大多数属植物灰玻璃（或高铝钠钙玻璃SV组）。夹心玻璃珠中，即使是金银夹层的玻璃珠，也多属植物灰玻璃。与此相对的是，那伊玛-托勒盖墓地、Nukhtiin Am遗址和高勒毛都出土的夹心玻璃珠多属泡碱玻璃。值得注意的是，在鲜卑墓葬中也发现了类似的金夹层玻璃珠。扎门-图图格墓地出土的玻璃珠最大直径为6.2毫米，而Airagyn Gozgor遗址最大的珠子约9.1毫米，Nukhtiin Am遗址约为12毫米，可见用泡碱玻璃制作的夹心玻璃珠通常较大。

在匈奴墓葬那个中发现的大部分植物灰玻璃，包括蜻蜓眼式玻璃珠，与西亚生产的典型植物灰玻璃的成分特征略有不同。高勒毛都1号墓地的样品中，$MgO<K_2O$，表明其产自中亚地区。同样，扎门-图图格墓地植物灰夹心玻璃珠，估计也源于中亚。

此外，巴基斯坦白沙瓦附近的Bara遗址（Honeychurch 2015: 283）有一个与此相关的有趣案例：该遗址出土了大量未完成的夹心玻璃珠，推测是一处玻璃珠作坊遗址。在Bara遗址发现的所有夹心玻璃珠都是植物灰玻璃，但是与西亚地区常见的植物灰玻璃相比，它们的Al_2O_3含量较高，推测其产于印度-巴基斯坦地区生产的（Dussubieux和Gratuze 2003）。简言之，匈奴墓葬中出土的植物灰玻璃很有可能是在离南亚更近的地区甚至是中亚地区生产的。

至于蜻蜓眼式玻璃珠，在上述Bara遗址和新疆和田地区的比孜里墓地发现了与扎门-图图格墓地相似的植物灰蜻蜓眼式玻璃珠。另外，在戈壁沙漠附近的

133

Chandmani Har Uur出土了一颗铅钡蜻蜓眼式玻璃珠,表明其是从汉朝带来的。然而,此次分析中仅发现了一种其他类型的铅钡玻璃。汉制玻璃珠在匈奴墓葬出土的玻璃珠中所占的比例非常低。

此次研究中分析的玻璃珠中绝大多数是泡碱玻璃,其中,在阿拉格–托勒盖墓地发现的三角形玻璃珠外观独特(图六,111)。因这些玻璃珠属于泡碱玻璃,推测它们是在地中海地区生产且在那里被销往各地(Honeychurch 2015: 282–283)。这类三角形玻璃珠来到黑海沿岸和南乌拉尔,在萨尔马提亚的几个墓葬中也有发现(图十四,1—6,Alekseeva,1978)。在里海以南地区、丝绸之路东端的伊朗北部也发现了大量的三角形玻璃珠(Fukai and Takahashi 1986)。此外,三角形玻璃珠也分布在邻近蒙古高原的萨彦–阿尔泰地区(图十四,7、8),在图瓦Terezin墓地(2B.C.—1B.C.)和米努斯克的Znamenka窖藏(1B.C.)中均有发现。这也表明这类三角形玻璃珠的分布相当广泛。

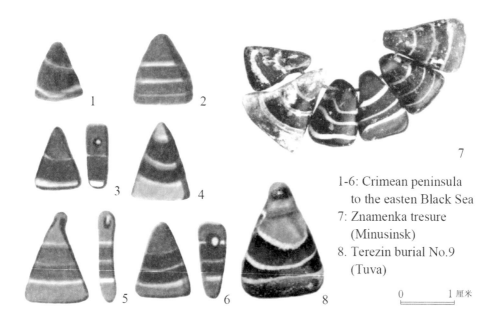

1-6: Crimean peninsula
to the easten Black Sea
7: Znamenka tresure
(Minusinsk)
8. Terezin burial No.9
(Tuva)

0   1厘米

图十四 欧亚草原出土的条纹玻璃珠

(Alekseeva 1978, Pankova et al. 2013, Leus 2011)

134

综上所述，在匈奴墓葬中出土的印太珠和植物灰夹心玻璃珠产自南亚北部和中亚南部地区，泡碱玻璃产于地中海地区。由于匈奴墓葬多位于戈壁沙漠以北，包括三角形玻璃珠在内的大量玻璃珠出现在阿尔泰-萨扬地区北部。因此，玻璃珠的主要贸易路线之一，应是从南亚北部经中亚的阿尔泰-萨彦岭山脉到达蒙古高原北部。推测从南亚到中亚要经过丝绸之路，从那里向北沿着阿尔泰山传播。由于汉武帝时期（221B.C.）匈奴很难通过新疆的南天山路进行贸易，因此从北天山路通过阿尔泰山脉向北移动更为可行。

至于泡碱玻璃，有可能是从地中海地区经过丝绸之路进入西亚，但就目前的材料来看，并没有在匈奴墓葬中发现产自西亚的植物灰玻璃。它既可以经由中亚和阿尔泰-萨彦岭山脉从黑海-南乌拉尔地区到蒙古高原北部进行贸易，也可以通过草原之路直接运到蒙古高原。还发现有一些来自西方的随葬品，如在iheriin am的1号墓葬中发现的贝斯人臂形装饰品和臂章（图十五，1、2），源于埃及或西亚（Amartuvshin 2009），在黑海-南乌拉尔地区的萨尔马提亚墓葬中也有发现（Symonenko 2013）。此外，在中亚地区常见的臂形饰品和神的护身符，也在Rabot墓地被发现，此处被认为是大月氏的墓地（Institute of Archaeological Research of the Academy of Sciences of Uzbekistan et al. 2019）。因此，虽然我们不能确定精确的贸易路线，但至少可以肯定，黑海—乌拉尔、中亚和蒙古高原三个地区与玻璃珠贸易密切相关。

1　　　　　　2

图十五　iheriin am匈奴墓贝斯人臂形装饰品和臂章（Eregzen 2011）

135

四、总结

通过对都日格墓地出土的4颗玻璃珠（Yung et al. 2014）的研究发现钠钙玻璃被带到匈奴。此次研究，我们通过大量分析，更详细地揭示了玻璃的种类和化学成分。

此外，在匈奴墓中也发现了来自南亚的印太珠。尽管匈奴从汉朝获取了许多铜镜和车马饰品，但汉制的玻璃珠却极为罕见。换言之，匈奴墓葬中的玻璃珠是与西方贸易的产物。然而，仍有少量罗马玻璃进入汉朝（Otani 2017），且在高勒毛都1号墓（Nakamura）中出土了可能是汉制的罗马玻璃。因此，尽管数量稀少，但是西方的玻璃制品似乎是经由汉帝国被带到匈奴的。无论如何，匈奴的统治阶层偏爱西方玻璃制品是毋庸置疑的。此外，各个墓地中出土的玻璃成分差异以及在某些墓葬中只有大量的植物灰玻璃的事实或表明，匈奴不同地区的统治阶层均有其贸易网。

另外，由泡碱玻璃制成的金夹层玻璃珠在匈奴墓和蒙古中部的鲜卑墓中均有发现。这类玻璃珠在满洲里蘑菇山墓地的鲜卑墓葬中也有发现（Chen et al. 2014），这表明鲜卑人继承了匈奴的贸易网络。此外，在朝鲜半岛平壤正白洞37号洞也发现了公元前1世纪的金夹层玻璃珠（ECIBRRK 1989），因此这一贸易网络很有可能是由欧亚草原延伸至东北亚地区。然而，它们并未到达日本群岛。未来我们期待有更多相关数据，并再次探讨其原因。

致谢：本研究得到日本学术振兴会（JSPS）科研资助项目（项目号18H00736和21H00600）的支持。感谢为这项研究提供合作和帮助的研究人员和机构：Amartuvshin C., L., Batbold N., Angaragsuren O., Bayarsaikhan J., 蒙古国科学院考古研究所，蒙古国家历史博物馆。

参考文献

Abdi 1999 – Abdi K. Bes in the Achaemenid Empire. Ars Orientalis. 29: 111-140.

Abe, Y., Harimoto, R., Kikugawa, T., Yazawa, K., Nishisaka, A. Kawai, N. Yoshimura, S., Nakai, I. 2012. Transition in the use of cobalt-blue colorant in the new kingdom of Egypt. Journal of Archaeological Science. 39: 1793–1808.

Amartuvshin 2009 – Амартувшин Ч. Хунну булшнаас илэрсэн "харь гаралтай" олдворууд, 《鄂尔多斯青铜器国际学术检讨会论文集》，北京：科学出版社，第612—643页。

Amartuvshin and Khatanbaatar 2010 – Амартүвшин Ч., Хатанбаатар П., Хүннү булшны судалгаа, Дундговь аймгийн нутаг хийсэн археологийн судалгаа: Бага газрын чулуу. Тал 202-296.

Alekseeva 1978 – Алексеева Е. М., Античные бусы Северного Причерноморья. Наука, Москва.

Editing committee of the illustrated book of ruins and relics of Korea (ECIBRRK) 1989 – 朝鲜遗迹遗物图鉴编纂委员会，朝鲜遗迹遗物图鉴，平壤。

Erdenebaatar et al. 2016 – Эрдэнэбаатар Д, Идэрхангай Т, Мижиддорж Э, Оргилбаяр С, Батболд Н, Галбадрах Б, Маратхан А., Балгасын тал дахь Гол мод-2-ын Хүннүгийн язгууртны булшны судалгаа. Улаанбаатар.

Eregzen 2011 – Эрэгзэн Г., Хүннүгийн өв. Улаанбаатар.

Eregzen and Aldarmunkh 2015 – Эрэгзэн Г., Алдармөнх П., Дуурлиг нарсны Хүннү булш-Ⅱ. Улаанбаатар.

Dussubieux et al. 2013 – Dussubieux L., Gratuze B. Glass in South Asia. in Janssens K. (ed), Modern Methods for Analysing Archaeological and Historical Glass. 399-413.

Honeychurch 2015 – William Honeychurch. Inner Asia and the spatial politics of empire. Springer, New York.

Institute of Archaeological Research of the Academy of Sciences of Uzbekistan et al., 2019. O'zbekiston Fanlar Akademiyasi Arxeologik tadqiqotlar instituti, O'zbekiston Tarixi Davlat Muzeyi, Xitoy Shimoli-g'arbiy universiteti, O'zbekiston va Xitoy hamkorgidagi arxeologik tadqiqot natijalarining ko'rgazmasi: Yueji va qang'larning arxeologik aniqianishi,

Fletcher 1976 – Fletcher W. An international comparison of the X-ray fluorescence and wet chemical analysis of two soda-lime-magnesia-silica glasses, Glass Technology. 17(6).

Francis 1988 – Francis P. Glass Beads in Asia, Part I: Introduction. Asian Perspectives. 28(1): 1-21.

Francis 1990 – Francis P. Glass Beads in Asia, Part Ⅱ: Indo-Pacific Beads. Asian Perspectives. 29(1): 1-23.

Francis 2004 – Francis P. Beads and Selected Small Finds from the 1989-92 Excavations. in Begley V. et al. eds., The Ancient Port of Arikamedu: New Excavations and Researches 1989-1992.

Vol.2: 447-604.

Fukai and Takahashi 1986 – 深井晋司, 高橋敏. ペルシアの瑠璃玉. 淡交社, 東京.

Kato et al. 2009 – Kato, N., Nakai, I., Shindo, Y. Change in chemical composition of early Islamic glass excavated in Raya, Sinai Peninsula, Egypt: on-site analyses using a portable X-ray fluorescence spectrometer. Journal of Archaeological Science. 36: 1698–1707.

Lankton et al. 2013 – Lankton J. W. and Dussubieux L. Early Glass in Southeast Asia. in Janssens K. ed, Modern Methods for Analysing Archaeological and Historical Glass. 414-443.

Leus 2011 – Leus P. G. New Finds from the Xiongnu Period in Central Tuva. Preliminary Communication, Xiongnu Archaeology, 515-535. Vor- und Frühgeschichtliche Archäologie Rheinische Friedrich- Wilhelms-Universität Bonn, Bonn.

Nakamura 2021 – Nakamura D., Tamura T. Warashina T. & Erdenebaatar D. Scientific Analysis on the glass and stone artifacts in Ulaanbaatar State University. Saitama University Review (Faculty of Liberal Arts). 56(2): 105- 116.

Oga 2013 – Oga K. and Tamura T. Ancient Japan and the Indian Ocean Interaction Sphere: Chemical Compositions, Chronologies, Provenances and Trade Routes of Imported Glass Beads in Yayoi-Kofun Period (3rd Century BCE-7th Century CE). Journal of Indian Ocean Archaeology. 9: 35-65.

Otani 2017 – 大谷育恵 モンゴルならびに中国の遺跡で出土した漢代並行期のガラス容器 (資料集成). 金大考古. 76: 65-73.

Pankova et al. 2013. Панкова С. В. и др., Мир кочевников: Из археологических коллекций Государственного Эрмитажа. Санкт-Петербург.

Sayre 1974 – Sayre E. V. and Smith R. W. Analytical Studies of Ancient Egyptian Glass. in Bishay A. ed, Recent Advances in Science and Technology of Materials. Vol.3: 47-70.

Symonenko 2013 – Symonenko O. Trade and trophy: Near East imports in the Sarmatian culture, Mousaios, No. 18, 305-312.

Tamura et al. 2021 – Tamura T., Nakamura D., Bayarsaikhan J., Houle J. & Tumurbaatar T. 2021. Scientific Analysis on the glass beads from the Xiongnu burial of Zamiin Utug. Nomadic Heritage Studies Museum Nationale Mongoli. Tomus XX Fasciculus XX.

Yun E.et al. 2014 – 윤은영, 강형태, 권혜영, 몽골 도르릭 나르스 유적 출토 옥 및 유리구슬 의 과학 분석. 몽골 도르릭 나르스 흉노무덤 II. 363-372. 국립중앙박물관, 서울.

Chen et al. 2014 – 陈凤山、王瑞昌、哈达《满洲里市蘑菇山墓地发掘报告》,《草原文物》2014年第2期。

说南越木简"得鼠""不得鼠","不当笞""当笞"

王子今

内容提要:

南越王宫署遗址出土木简有"得鼠""不得鼠"及"不当笞""当笞"文字,关于"得鼠"又有"中员"记录。简文体现当时南越国中心地区鼠患严重,侵扰正常生活,以致形成捕鼠、灭鼠的相关制度。按照规定,"不得鼠"或者"得鼠"不"中员"即未达到指标要求,要受到"笞"的责罚。相关内容,反映了人与"鼠"的关系,可以看到当时生态形势以及人们对于动物危害的态度和相应的防范方式。

南越王宫署遗址出土木简的内容包含了当时南越地方社会生活与行政管理方面的重要信息。其中有"得鼠""不得鼠"及"不当笞""当笞"文字,体现当时南越国政治中心鼠患严重,侵扰正常社会生活,以致形成捕鼠、灭鼠的相关制度。可以看作人与自然关系史的重要史料。"得鼠"又有"中员""不当笞"记录。亦有"得鼠""当笞"者,应是不"中员"。可知按照规定,"不得鼠"或者"得鼠"不"中员"即未达到指标要求,要受到"笞"刑责罚。"笞"的数额,可以与其他相关信息比较。简文有关"得鼠""不得鼠"及"不当笞""当笞"的内容,反映了人与"鼠"的关系,可以看到当时生态环境条件以及人们对于"鼠"类动物危害的态度和相应的防范方式。

一、"得鼠""不得鼠"及"不当笞""当笞"简文

据《南越木简》,广州南越王宫署遗址出土木简有"得鼠""不得鼠""不当笞""当笞"简文:

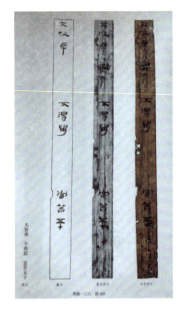 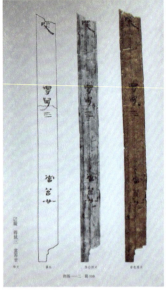 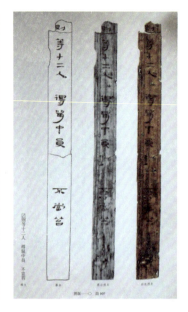

图一 《南越木简》简105　　图二 《南越木简》简107　　图三 《南越木简》简110

（1）大奴呼 不得鼠 当笞五十（简103）（图一）[1]

（2）☑则等十二人 得鼠中员 不当笞（简107）（图二）[2]

（3）☑陵 得鼠三 当笞廿（简110）（图三）[3]

这是与宫廷捕鼠、灭鼠行为相关的文书。简（1）"不得鼠"，"当笞五十"。简（2）"得鼠中员"，"不当笞"。而简（3）"得鼠三"则言"当笞廿"，则虽"得鼠"，然而不"中员"。

整理者解释了"中员"文义，以为即达到"得鼠"定额："中员，符合规定之数。中，正好。《广韵·送韵》：'中，当也。'《左传·定公元年》：'未

---

[1] 广州市文物考古研究院、中国社会科学院考古研究所、南越王博物院编著《南越木简》，北京：文物出版社，2022年，第77页，图版一〇八。

[2] 广州市文物考古研究院、中国社会科学院考古研究所、南越王博物院编著《南越木简》，北京：文物出版社，2022年，第78页，图版一一〇。

[3] 广州市文物考古研究院、中国社会科学院考古研究所、南越王博物院编著《南越木简》，北京：文物出版社，2022年，第79页，图版一一二。

尝不中吾志也。'《战国策·西周策》：'去柳叶者百步而射之，百发百中。'员，物数。《说文·员部》：'员，物数也。'段玉裁注：'数木曰枚……数物曰员。'《汉书·尹翁归传》：'责以员程，不得取代。'颜师古注：'员，数也。'"[1]

今按：《南越木简》执笔者引录《汉书·尹翁归传》"责以员程，不得取代"，上下文有更多内容。《汉书》卷七六《尹翁归传》："豪强有论罪，输掌畜官，使斫莝，责以员程，不得取代。不中程，辄笞督，极者至以铁自刭而死。京师畏其威严，扶风大治，盗贼课常为三辅最。"关于"员程"，颜师古注："员，数也。计其人及日数为功程。"[2]

《说文·员部》："员，物数也。"段玉裁注："本为物数，引申为人数。俗称官员。《汉百官公卿表》曰'吏员自佐史至丞相，十二万二百八十五人'是也。数木曰枚，曰梃。数竹曰个。数丝曰绠，曰總。数物曰员。《小雅》'员于尔辐'，毛曰：'员，益也。'此引申之义也。"[3]颜师古《汉书》卷七六《尹翁归传》注"员，数也"，符合南越木简"中员"语义。"员，数也"，即数额指标。而"员程"，则是效率要求，即单位时间需要完成的"数"。

二、"中员"与"中程"

《淮南子·说山》："有誉人之力俭者，春至旦，不中员呈，犹谪之。察之，乃其母也。"高诱注："谪，责怒也。称誉人力俭，呈作不中科员而责怒也。君子视之，乃自呈作其母，以为力。挟以此誉人，孰如毁之！故谚曰：'问谁毁之，小人誉之。'此之谓也。"[4]"不中员呈"，就是"不中员程"。《盐

---

[1] 广州市文物考古研究院、中国社会科学院考古研究所、南越王博物院编著《南越木简》，北京：文物出版社，2022年，第78页，

[2]《汉书》，北京：中华书局，1962年，第3208页。

[3] ［汉］许慎撰，［清］段玉裁注《说文解字注》，上海：上海古籍出版社，1981年10月据经韵楼藏版影印版，第279页。

[4] 刘文典撰，冯逸、乔华点校《淮南鸿烈集解》，北京：中华书局，1989年，第538页。

铁论·水旱》载"贤良曰"，也说到"员程"："县官鼓铸铁器，大抵多为大器，务应员程，不给民用。民用钝弊，割草不痛。是以农夫作剧，得获者少，百姓苦之矣。"[1]是说简单生硬地追求"员程"之"应"，其实产品质量不能保证。

简（2）所见"中员"简文，与文献通常写作"中程"者，语义似乎是有区别的。《汉书》卷五三《景十三王传·江都易王刘非》："宫人姬八子有过者，辄令裸立击鼓，或置树上，久者三十日乃得衣；或髡钳以铅杵舂，不中程，辄掠；或纵狼令啮杀之，建观而大笑；或闭不食，令饿死。凡杀不辜三十五人。"所谓"不中程，辄掠"，颜师古注："程者，作之课也。掠，笞击也。"[2]《汉书》卷六六《陈咸传》："复为南阳太守。所居以杀伐立威，豪猾吏及大姓犯法，辄论输府，以律程作司空，为地曰木杵，舂不中程，或私解脱钳釱，衣服不如法，辄加罪笞。督作剧，不胜痛，自绞死，岁数百千人，久者虫出腐烂，家不得收。"颜师古注："作程剧苦，又被督察，笞罚既多，故不胜痛也。"[3]所谓"舂不中程"，即《淮南子》"舂""不中员呈"。以"中程""不中程"考核的劳作，称"作程"。《汉书》卷七六《尹翁归传》："使斫莝，责以员程，不得取代。不中程，辄笞督……"[4]

"中程"，指单位时间内按照完成了规定的工作量。

《史记》卷六《秦始皇本纪》记载，侯生卢生议论秦始皇："天下之事无小大皆决于上，上至以衡石量书，日夜有呈，不中呈不得休息。"裴骃《集解》："石百二十斤。"张守节《正义》："衡，秤衡也。言表笺奏请，秤取一石，日夜有程期，不满不休息。"[5]所谓"日夜有呈，不中呈不得休息"，就是"日夜有程期，不满不休息"，亦即"日夜有程，不中程不得休息"。《史记》"不中呈"，即前引《淮南子》"不中员呈"。

---

[1] 王利器校注《盐铁论校注》（定本），北京：中华书局，1992年，第429页。

[2]《汉书》，北京：中华书局，1962年，第2416页。

[3]《汉书》，北京：中华书局，1962年，第2901页。

[4]《汉书》，北京：中华书局，1962年，第3208页。

[5]《史记》，北京：中华书局，1959年，第258页。

简（2）"☑则等十二人，得鼠中员，不当笞"，可知简文反映的捕鼠、灭鼠有关"员"的制定，多数人都可以完成，定额是大致合理，即多数人可以达到的。

三、"掠"与"笞"："罪笞""笞击""笞督"

前引"不中程，辄掠"，即"笞击也"[1]，或说"辄加罪笞"，"辄笞督"，都言以"笞"为责督手段。《南越木简》简（1）（3）"当笞"及简（2）"不当笞"都指出以"笞"为惩罚未能完成"得鼠"额定指标的责任人。

简（1）"大奴虏，不得鼠，当笞五十"，简（3）"☑陵，得鼠三，当笞廿"，黄展岳先生据此分析："南越统治者对每个国人可能都规定了捕鼠数，规定的捕鼠数是五只，少捕一只应笞十。"[2]由简文"不得鼠，当笞五十"与"得鼠三，当笞廿"可以推知所规定"得鼠"的"员"即"数"即简（2）所见"得鼠中员，不当笞"的"得鼠"之"员，数也"，可能是"得鼠"五。不过，这很可能是对确定责任单位所属人员的"员""数"要求，不大可能是"南越统治者"针对"每个国人"的"捕鼠数"的"规定"。

"笞"是显示政治威权的行为。对于秦帝国实现统一，有"鞭笞天下，威振四海"之说[3]。"笞"既是法定刑罚，也是社会通行的责教形式，如《史记》卷二五《律书》说："教笞不可废于家，刑罚不可捐于国。"[4]"笞"可以致死[5]。而通常"笞"的责罚，效应主要表现于"辱"，即人格的摧伤。如陈涉暴动的发

---

[1] 《史记》卷五九《五宗世家》："吏求捕勃大急，使人致击笞掠，擅出汉所疑囚者"（第2103页），《史记》卷一二二《酷吏列传》："会狱，吏因责如章告劾，不服，以笞掠定之"（第3153页），皆"笞掠"并说。又如《史记》卷七〇《张仪列传》："共执张仪，掠笞数百"（第2279页），则言"掠笞"。"笞击"，见于《史记》卷七九《范雎蔡泽列传》："魏齐大怒，使舍人笞击睢，折胁折齿。"（第2401页）《史记》卷九六《张丞相列传》："复使人胁恐魏丞相，以夫人贼杀侍婢事而私独奏请验之，发吏卒至丞相舍，捕奴婢笞击问之，实不以兵刃杀也。"（第2687页）

[2] 黄展岳《先秦两汉考古论丛》，北京：科学出版社，2008年，第448页。

[3] 贾谊《过秦论》，《史记》卷六《秦始皇本纪》，第280页；《史记》卷四三《陈涉世家》，第1963页。《史记》卷九七《郦生陆贾列传》："汉王起巴蜀，鞭笞天下，劫略诸侯，遂诛项羽灭之。"（第2697页）

[4] 《史记》，北京：中华书局，1959年，第1241页。

[5] 《史记》卷九《吕太后本纪》言"笞杀吕媭"，北京：中华书局，1959年第410页。

143

生，就直接利用了这一公众感觉："吴广素爱人，士卒多为用者。将尉醉，广故数言欲亡，忿恚尉，令辱之，以激怒其众。尉果笞广。尉剑挺，广起，夺而杀尉。陈胜佐之，并杀两尉。"[1]《史记》卷一〇四《田叔列传》"任安笞辱北军钱官小吏"[2]，也是"笞辱"实例。类似情形又有《史记》卷一一一《卫将军骠骑列传》："青笑曰：'人奴之生，得毋笞骂即足矣，安得封侯事乎。'"[3]

四、"得鼠"文书与鼠害史的认识

云梦睡虎地和天水放马滩出土的秦简《日书》中，都有类同后来十二生肖的用以纪时和占卜的十二种动物。这十二种动物有时与十二地支对应。有学者认为或可看作后世十二生肖的雏形。两种战国秦代《日书》中的十二种动物和后来的十二生肖并不完全相同。但是都有与地支"子"相互对应的"鼠"[4]。可见，"鼠"很早已经进入社会通行的纪年方式之中。人们对"鼠"应当已经比较熟悉。

《说文·鼠部》："鼠，穴虫之总名也。象形。凡鼠之属皆从鼠。"段玉裁注："其类不同而皆谓之鼠。引申之为病也。见《释诂》。《毛诗·正月》作瘉，《雨无正》作鼠，实一字也。"关于"象形"，段玉裁解释："上象首。下象足尾。"[5]

古来"鼠"导致的社会危害，历史文献的所见记载可见称"鼠""患"[6]、"鼠灾"[7]、"鼠害"[8]、"鼠妖"[9]等。鼠害的历史迹象，表现出在社会日常

---

[1]《史记》卷四三《陈涉世家》，北京：中华书局，1959年，第1951页。

[2]《史记》，北京：中华书局，1959年，第2782页。

[3]《史记》，北京：中华书局，1959年，第2922页。

[4] 李菁叶《睡虎地秦简与放马滩秦简〈日书〉中的十二兽探析》第7辑，北京：中国社会科学出版社，1998年。

[5]［汉］许慎撰，［清］段玉裁注《说文解字注》，第478页。

[6]《后汉书》卷三三《虞延传》有"久依城社，不畏熏烧"语。李贤注："齐景公问晏子曰：'理国何患？'对曰：'患社鼠。'公曰：'何谓社鼠？'对曰：'社鼠不可熏。人君之左右，亦国之社鼠也。'"（第1152页）

[7]《晋书》卷二九《五行志下》："太康四年，会稽彭蜞及蟹皆化为鼠，甚众，复大食稻为灾。"（第889页）

[8]《晋书》卷九一《儒林传·徐邈》："托社之鼠，政之甚害。"（第2357页）《旧唐书》卷三七《五行志》："开元二年，韶州鼠害稼，千万为群。"（第1369页）

[9]《新唐书》卷三四《五行志一》："时则有服妖，时则有龟孽，时则有鸡祸，时则有下体生上之疴，时则有青眚青祥、鼠妖，惟金沴木。"（第868页）

生活的负面作用。如前引李斯言论所谓"仓中鼠"者对粮储的破坏，往往严重危及较宽广社会层面的物质生活消费。睡虎地秦简《法律答问》有发现"仓鼠穴"应如何处罚管理者的条文："仓鼠穴几可（何）而当论及谇？廷行事鼠穴三以上赀一盾，二以下谇。鼸穴三当一鼠穴。"（一五二）整理小组注释："鼸，一种小鼠。"整理小组译文："仓里有多少鼠洞就应论处及申斥？成例，有鼠洞三个以上应罚一盾，两个以下应申斥。鼸鼠洞三个算一个鼠洞。"[1]《说文·鼠部》："鼸，小鼠也。"段玉裁注："何休《公羊传注》云：'鼸鼠，鼠中之微者。'《玉篇》云：'有螫毒，食人及鸟兽皆不痛。'今之甘口鼠也。"[2]有研究者还指出，有些地区汉墓随葬仓储模型取食鼠禽鸟鸱鸮形象，也是鼠害严重的反映[3]。"仓鼠""仓中鼠"是农耕社会的生产者与管理者尤为痛恨的敌害。里耶秦简亦可见涉及"鼠"的文书，如：

鼠券束（8-1242正）

敢言司空☐（8-1242背）

☐☐禀人捕鼠☐（8-2467）[4]

又有"库门者捕鼠十☐"（9-1062），"仓厨捕鼠十婴☐"（9-1128），"仓徒养捕鼠十"（9-1134），"☐☐捕鼠十☐得☐"（9-1181），"☐少内门者捕鼠【十】"（9-1621），"令史南舍捕鼠十☐"（9-1646），"丞主舍捕鼠十就☐"（9-1962），"尉守府捕鼠十 不害☐"（9-2276），"令史中捕鼠十"（9-3302）等简文说到"捕鼠"[5]。已经有学者进行了很好的研究，并与南越木简相

---

[1] 睡虎地秦墓竹简整理小组《睡虎地秦墓竹简》释文注释，北京：文物出版社，1990年，第128—129页。

[2] ［汉］许慎撰，［清］段玉裁注《说文解字注》，第479页。

[3] 李重蓉《汉代的鸮：艺术史、信仰史和农史的考察》，《中国农史》2022年第6期。

[4] 陈伟主编《里耶秦简校释》第1卷，武汉：武汉大学出版社，2012年，第298页，第471页。

[5] 陈伟主编《里耶秦简校释》第2卷，武汉：武汉大学出版社，2018年，第248、266、267、273、337、342、400、443、568页。

关内容进行了比较[1]。所谓"鼠券",应当是以"鼠"为主题的文书集合。陈伟主编《里耶秦简校释》:"鼠券,有关'鼠'的券书"[2]。有学者以为"鼠券束""当是用来指示鼠券所用的标题简"[3]。简文"捕鼠"与南越木简所见"得鼠",有一定的关联。上古文献可见"熏鼠""毒鼠"等去除鼠害的方式[4]。"捕鼠",则应当是直接的捕杀。

前说南越木简"得鼠中员,不当笞"之"员,数",可能是"得鼠"五。如此,则简(2)(3)总计"得鼠"数应为63只。这是可以反映局部范围内鼠害严重程度的信息。

赵奢就阏与之战的比喻,"其道远险狭,譬之犹两鼠斗于穴中,将勇者胜"[5],以及李斯观察"厕中鼠""仓中鼠"言"人之贤不肖譬如鼠矣,在所自处耳"[6],都说明战国秦代人们对鼠的性情熟悉,鼠已经介入社会生活。更直接体现鼠害影响的,是张汤"劾鼠"故事:"其父为长安丞,出,汤为儿守舍。还而鼠盗肉,其父怒,笞汤。汤掘窟得盗鼠及余肉,劾鼠掠治,传爰书,讯鞫论报,并取鼠与肉,具狱磔堂下"[7]。《吕氏春秋·士容》可见"取鼠之狗"[8]。四川三台郪江汉代崖墓发现相关画像,有学者称之为"狗咬耗子"(图四)[9]。前引谢坤讨论

[1] 谢坤《里耶秦简所见"鼠券"及相关问题》,《简帛》第21辑,上海:上海古籍出版社,2020年,收入《秦简牍所见仓储制度研究》,上海:上海古籍出版社,2021年;张瑞《里耶秦简"鼠券"再研究》,《秦汉研究:秦史与秦文化研究专集》,西安:西北大学出版社,2022年。

[2] 陈伟主编《里耶秦简校释》第1卷,武汉:武汉大学出版社,2012年,第298页。

[3] 论者写道:"我们怀疑南越国出土的捕鼠记录也属于'鼠券'的范畴,并且这些记录所考核的对象主要是官府机构的劳作者。"谢坤:《里耶秦简所见"鼠券"及相关问题》。

[4] 《诗·豳风·七月》:"穹室熏鼠,塞向墐户。"[清]阮元校刻《十三经注疏》,中华书局据原世界书局缩印本1980年10月影印版,第834页。《山海经·西山经》:"皋涂之山……有白石焉,可以毒鼠。有草焉,其状如稾茇,其叶如葵而赤背,名曰无条,可以毒鼠。"周明辑撰《山海经集释》,成都:巴蜀书社,2019年,第49页。

[5] 《史记》卷八一《廉颇蔺相如列传》,中华书局,1959年,第2445页。

[6] 《史记》卷八七《李斯列传》,北京:中华书局,1959年,第2539页。

[7] 《史记》卷一二二《酷吏列传》,北京:中华书局,1959年,第3137页。

[8] 陈奇猷校释《吕氏春秋校释》,上海:学林出版社,1984年,第1689—1690页。

[9] 宋超《郪江崖墓"狗咬耗子"图像再解读》,《四川文物》2008年第6期。

"鼠券"的论文，注意到汉代画像资料中"仓鼠"的形象及与"犬"的关系："在山东长清街仓廪图画像石中，有一部分图像内容是几座封闭的粮仓，而仓顶和仓中部则有硕大的仓鼠，仓下则是向鼠狂吠的犬只"（图五）[1]。而广州汉墓出土陶灶可见与犬对视的鼠的形象（图六），与此画面颇为相似[2]。南越王墓出土器物有的也有防鼠害的设计（图七）[3]。《西京杂记》卷四"曹算穷物"条说曹元理测算困米故事涉及鼠在困中占有的空间，也有参考意义[4]。

应当说，南越木简所见"得鼠""不得鼠"简文，对于我们认识当时人与鼠的关系以及鼠害对于社会生活的影响[5]，提供了新的历史文化信息。

图四　四川三台江崖墓石刻画像（据宋超文）

[1] 谢坤《里耶秦简所见"鼠券"及相关问题》。

[2] 2003年广州市东山区执信路执信中学工地M58出土陶灶，广州市文物考古研究院藏。

[3] 南越王墓西耳室出土铜挂钩，或解释为在倒置的铃形装置中注水，可以防止蚂蚁吃下面挂钩上的食物。李林娜主编《南越藏珍》，北京：中华书局，2002年，第132页。也有同时可以防鼠的推测。

[4] 《西京杂记》卷四"曹算穷物"条："元理尝从其友人陈广汉，广汉曰：'吾有二困米，忘其石数，子为计之。'元理以食箸十余转，曰：'东困七百四十九石二升七合。'又十余转，曰：'西困六百九十七石八斗。'遂大署困门。后出米，西困六百九十七石七斗九升，中有一鼠，大堪一升；东困不差圭合。元理后岁复过广汉，广汉以米数告之，元理以手击床曰：'遂不知鼠之殊米，不如剥面皮矣！'"［晋］葛洪撰《西京杂记》，北京：中华书局，1985年，第23—24页。

[5] 参看王子今《猫的驯宠史》，《历史学家茶座》第4辑，济南：山东人民出版社，2006年；《北京大葆台汉墓出土猫骨及相关问题》，《考古》2010年第2期；《东方朔"跛猫""捕鼠"说的意义》，《南都学坛》2016年第1期；《〈史记〉中关于"鼠"的故事》，《月读》2020年第4期。

147

图五　山东长清街汉画像石仓廪图（据谢坤文）

图六　广州市东山区执信路执信中学工地M58出土东汉陶灶
（易西兵先生提供、广州市文物考古研究院供图）

图七　南越王墓出土铜挂钩

五、南越木简所见岭南与中原的文化交融

《史记》卷六《秦始皇本纪》记载："（秦始皇）三十三年，发诸逋亡人、赘婿、贾人略取陆梁地，为桂林、象郡、南海。"据司马贞《索隐》和张守节《正义》，这是一次大规模用兵"南方""岭南"，并且正式设置了地方行政管理机构的历史纪录[1]。然而据《史记》卷七三《白起王翦列传》记载："虏荆王负刍，竟平荆地为郡县。因南征百越之君。而王翦子王贲，与李信破定燕、齐地。秦始皇二十六年，尽并天下。"[2]可知秦军灭楚之后即"南征百越"，其事在"破定燕、齐地"及"秦始皇二十六年，尽并天下"之前。可见进击岭南，是秦统一战争的战略主题之一。秦统一之处，地"南至北向户"，《琅琊刻石》称"皇帝之土""南尽北户"[3]，可以作为旁证。而《史记》卷一一三《南越列传》说，北方移民"与越杂处十三岁"[4]，起初"徙民"年代绝不会晚至秦始皇三十三年（前212）[5]。秦汉王朝行政的这一方向，称作"南边"[6]。秦始皇"南海"置郡，使长期活跃于黄河长江流域的政治文化影响第一次正式跨越南岭，对珠江流域实现了行政控制，扩展了秦统一的历史作用。而汉武帝再一次平定南越，为南洋通道的正式开辟奠定了基础，更具有世界史的意义。

南越国在秦汉之际及西汉初年的存在，既体现了与中原文化的融合，又有独特的文化个性。南越遗存的考古发现，丰富了我们对相关历史文化迹象的认识。而"南越国宫署遗址"出土的"南越木简"则提供了比较集中的文字资料，有益

---

[1] 司马贞《索隐》："谓南方之人，其性陆梁，故曰陆梁。"张守节《正义》："岭南人多处山陆，其性强梁，故曰陆梁。"《史记》，第253页。

[2]《史记》，北京：中华书局，1959年，第2341页。

[3]《史记》卷六《秦始皇本纪》，北京：中华书局，1959年，第239页，第245页。

[4]《史记》，北京：中华书局，1959年，第2967页。

[5] 王子今《论秦始皇南海置郡》，《陕西师范大学学报》（哲学社会科学版）2017年第1期。

[6] 王子今《秦汉时期"中土"与"南边"的关系及南越文化的个性》，《秦汉史论丛》第7辑，北京：中国社会科学出版社，1998年；《秦汉边政的方位形势："北边""南边""西边""西北边"》，《中央民族大学学报》（哲学社会科学版）2021年第3期。

于充实和更新我们对秦汉"南边""南海"的知识。

从南越木简文书看，南越地方政权的机构设置、官职称谓、行政用语，多与中央王朝一致。如"居室"（简024）（简089）、"中官"（简073）、"泰官"（简099）、"泰子"（简017）、"公主""舍人"（简091）、"践更"（简042）等[1]，南越国的政治运行，似因循与大一统政权基本一致的轨道。而"時"（简108）字的使用[2]，似体现较多继承秦制的特点。

当然，如"永巷令"称"景巷令"（简111）[3]，则体现出南越文化的个性。还有其他中原未见官职，应是南越国独有。

除了"不当笞""当笞"简文外，南越木简还有出现"笞"的简例，如"☒其急道言情辤（辞）曰以□使笞智膪下☒"（简008）"□日□与□时□□笞之笞时"（简051）及" 今（令）礼仪笞谅（掠）问嘉以剧情"（简59-1）[4]。可知"笞之"作为刑罚方式是普遍应用的。"笞"刑，通常是记述数额的。即以《史记》为例，《史记》卷六九《苏秦列传》："主父大怒，笞之五十。"[5]《史记》卷一〇四《田叔列传》："田叔取其渠率二十人，各笞五十。"[6]《史记》卷五四《曹相国世家》："参怒，而笞窋二百。"[7]《史记》卷三七《卫康叔世家》："献公十三年，公令师曹教宫妾鼓琴，妾不善，曹笞之。妾以幸恶曹于公，公亦笞曹三百。"[8]《史记》卷九五《樊郦滕灌列传》："婴坐高祖系

[1] 广州市文物考古研究院、中国社会科学院考古研究所、南越王博物院编著《南越木简》，北京：文物出版社2022年，第77、56页，图版四二，第73页，图版九四；第67页，图版八〇；第76页，图版一〇二；第53页，图版三五；第73页，图版九六；第59页，图版五二。

[2] 广州市文物考古研究院、中国社会科学院考古研究所、南越王博物院编著《南越木简》，北京：文物出版社2022年12月，第77、78页，图版一一一。

[3] 广州市文物考古研究院、中国社会科学院考古研究所、南越王博物院编著《南越木简》，北京：文物出版社2022年12月，第77、79页，图版一一三。

[4] 广州市文物考古研究院、中国社会科学院考古研究所、南越王博物院编著《南越木简》，北京：文物出版社2022年12月，第77、50页，图版二六；第62页，图版六〇；第64页，图版六八。今按：" "膪疑为"舱"。

[5]《史记》，北京：中华书局，1959年，第2265页。

[6]《史记》，北京：中华书局，1959年，第2777页。

[7]《史记》，北京：中华书局，1959年，第2030页。

[8]《史记》，北京：中华书局，1959年，第1596页。

岁余，掠笞数百。"[1]《史记》卷八九《张耳陈余列传》"吏治榜笞数千"[2]，则是重罚的例证。南越木简"不当笞""当笞"文例，及"笞之"简（1）言"笞五十"，简（3）言"笞廿"，大概"笞五十"是确定的行刑额度，"笞廿"体现适度减刑。这一情形，与前引《苏秦列传》"笞之五十"，《田叔列传》"各笞五十"通常规格大略一致。如果简文"使谨揄居室食畜笞地五十"（简089）[3]"地"理解为人名，则也是"笞五十"之例。看来南越国推行的刑法制度，体现了中原相关法律传统的普及与推衍。

本文为2021年国家社会科学基金后期资助项目重点项目"汉代丝绸之路生态史"（21FZSA005），本文的写作，得到了西南大学历史文化学院张以静、广东革命历史博物馆易西兵的帮助，谨此致谢。

（作者单位：西北大学历史学院、"古文字与中华文明传承发展工程"协同攻关创新平台、中国人民大学国学院）

---

[1]《史记》，北京：中华书局，1959年，第2664页。
[2]《史记》，北京：中华书局，1959年，第2584页。
[3] 广州市文物考古研究院、中国社会科学院考古研究所、南越王博物院编著《南越木简》，北京：文物出版社 2022年，第77、73页，图版九四。

论东莞桑园西汉南越国木椁墓

张强禄

内容提要：

东莞桑园村20世纪90年代初因道路施工发现一座西汉前期箱式平顶木椁墓，内置独木棺式葬具。虽然随葬器物残存不多，但从墓葬规模判断为目前所见西汉南越国时期分布于番禺城最东边等级最高的墓葬。对其墓葬形制和随葬器物的再研究，对了解墓主人的下葬年代、族属及其折射出的地方历史发展进程均具有重要的意义。

一

20世纪90年代初，东莞市东城区桑园村因道路施工发现一座竖穴土坑箱式平顶木椁墓，地表已被施工破坏，南北向，墓圹长4.2、宽2.8、残深2.9米，木椁外长3.3、宽1.68、高1.5米，内高1.03米，内置独木舟式棺（图一）。随葬品残存铜鼎2件、铜勺1件，以及残漆木器数十余件，木俑手1只，陶器残片3件[1]。"独木棺是古越人流行的葬式，以此推测墓主人应是当地越人首领，曾出任地方官员，故死后墓穴采用汉式葬俗，椁内则保留独木棺。"[2]此墓棺椁和残存随葬品均在东莞市博物馆展出，也备受学界重视，在构建东莞秦汉社会发展史上占据非常重要的地位。然而对墓葬年代、墓主人族属，及其在珠江三角洲地区秦汉社会发展史上的价值和意义等，还有进一步挖掘和评估的必要，以期在博物馆展示乃至构建地方历史中发挥其更大的作用。

---

[1] 杨晓东主编《东莞市博物馆藏出土文物》，北京：文物出版社，2014年，第71—75页；谌小灵主编《东莞古代史》，广州：广东人民出版社，2016年，第58—60页。注：《东莞市博物馆藏出土文物》和《东莞古代史》对墓葬发现年代和木椁尺寸的介绍稍有出入。插图引自《东莞市博物馆藏出土文物》，第72、73页。

[2] 杨晓东主编《东莞市博物馆藏出土文物》，北京：文物出版社，2014年，第73页。

图一　东莞桑园西汉木椁墓发现现场和复原展示场景

二

桑园西汉木椁墓位于东江两条支流与寒溪河夹角南面的丘陵延及谷底的交汇处，木椁由三块均厚0.12米的底板、8块均厚0.25米的边板用榫卯方式围构而成，底板用三块厚0.12米的木板纵列平铺，底板下有两条枕木，盖板是用6块厚0.3米的枋木横列平铺。椁内西侧置独木棺，长2.42、宽0.78米，东侧为边箱，放置随葬品。边箱设有双扇门，边箱门和隔板有黑色几何形图案，图案不清晰。《东莞古代史》中介绍"桑园木椁墓的年代为南越国晚期，下限在元鼎六年（前111年）至西汉元帝（前33年）之间的西汉中期"[1]。笔者认为所定年代偏晚，其下限不会晚于象岗山南越王墓，即汉武帝元朔末至元狩初年，即公元前122年前后，具体要看随葬品的年代特征。

桑园木椁墓残存的随葬品中有2件铜鼎，方孔立耳，圜底，外撇扁柱状蹄足，盖面饰弦纹间窃曲纹，通高12.5厘米（图二，1）；还有1件素身铜勺，柄端为方形方孔，通长19厘米（图二，2）[2]。参考南越王墓后藏室铜鼎（G6）（图三，1）[3]

---

[1] 谌小灵主编《东莞古代史》，广州：广东人民出版社，2016年，第59页。

[2] 插图引自杨晓东主编《东莞市博物馆藏出土文物》，北京：文物出版社，2014年，第76—78页。

[3] 广州市文物管理委员会、中国社会科学院考古研究所、广东省博物馆《西汉南越王墓》，北京：文物出版社，1991年，图版一七八-2。

和广西贵港深钉岭西汉晚期墓M43鼎、鍪内伴出勺的情况[1]，可知桑园木椁墓铜勺和铜鼎也是配套使用的。桑园铜鼎与南越王墓铜鼎（G6）相似，只是立耳稍有不同，形态更接近于广东乐昌对面山墓葬所出的敛口钵形铜鼎（M52：1、M87：3）（图三，2、3）[2]，对面山铜鼎的形态能早到战国末至秦这个时间段[3]。对面山M148所出铜鼎（M148：1）（图三，4）[4]和广宁铜鼓岗M13出土铜鼎（M13：1）（图三，5）[5]也类似这个造型，但其三足外撇更甚，早期特征和越文化因素更为明显。从上述器物演化轨迹来看，桑园铜鼎的年代应在铜鼓岗、对面山与南越王墓之间，铜鼎的时代应稍早于南越王墓G6。桑园木椁墓所出铜勺保存完好，造型与广州市东山马棚岗西汉早期墓（《广州汉墓》编M1047）所出铜勺（M1047：13）[6]形制相同，M1047亦为竖穴土坑单室木椁墓，保存完好，随葬铜鍪、越式铜鼎（器底有烟炱痕）、山字纹铜镜、铁削，以及瓮、罐、盒、壶、鼎、釜等陶容器，不见模型明器，年代当属西汉早期前段，即西汉南越国前期，所以桑园木椁墓的年代也应在南越国前期。

1   2

图二　桑园木椁墓出土铜鼎和铜勺

[1] 广西壮族自治区文物工作队、贵港市文物管理所《广西贵港深钉岭汉墓发掘报告》，《考古学报》2006年第1期。

[2] 广东省文物考古研究所、乐昌市博物馆、韶关市博物馆《广东乐昌市对面山东周秦汉墓》，《考古》2000年第6期。插图引自广东省文物考古研究所编著《广东出土先秦青铜器》，北京：科学出版社，2020年，第23、25页。

[3] 插图引自广东省文物考古研究所编著《广东出土先秦青铜器》，第23、29页。

[4] 广东省文物考古研究所、乐昌市博物馆、韶关市博物馆《广东乐昌市对面山东周秦汉墓》，《考古》2000年第6期，第42页图一五–4、2。

[5] 广东省文物考古研究所编著《广东出土先秦青铜器》，第18页。

[6] 广州市文物管理委员会、广州市博物馆编《广州汉墓》，北京：文物出版社，1982年，第139页，图八〇–4。

图三　南越王墓、对面山、铜鼓岗出土铜鼎

1.南越王墓（G6）　2、3、4.对面山（M52∶1、M87∶3、M148∶1）　5.铜鼓岗（M13∶1）

关于桑园木椁墓墓主人的族属，学界一致认为应为越人，木椁和独木棺的组合也反映了汉越交融的丧葬礼俗。笔者也赞同墓主人当为越人，但并不赞同是当地越人首领的观点，且其墓葬形制准确地说反映了楚越文化交融而非汉越文化交融的葬俗。首先来看楚文化的因素。此墓为南北向深竖穴土坑箱式平顶木椁墓，这是岭北楚墓的常见形制；残存的随葬品中有十余件漆木器，其中还有木俑，也是楚文化贵族墓葬随葬品的典型特点。春秋战国至西汉前期百越之地高等级越人墓葬流行的是平地掩埋的土墩墓，或窄长方形浅穴底铺石床的土坑木椁墓，走向以东西向为主，随葬品中印纹陶器和原始瓷器是其一大特点，漆木器并不突出。葬于南越国都番禺城近郊的西汉前期楚式木椁墓不少，如广州市三元里马棚岗M1134（《广州汉墓》编号），亦为南北向，深土坑长方形土坑竖穴，规模要大于桑园木椁墓，重椁重棺，随葬品主要置于两重椁之间，陶器不多，有大量漆木器，其中木俑、漆扁壶、漆盒等楚文化因素明显[1]。三元里瑶台村柳园岗11号墓也是保存完好的长方形竖穴土坑木椁墓，单棺单椁，椁盖面置1镇墓木俑，棺底铺有人字纹篾席，随葬器物置于棺椁之间，以漆木器为主，其中木俑24件，余为铜器和陶器，1件陶瓿上有"臣辛"印文，推测墓主应是南越国贵族官吏[2]。即便是原

---

[1] 广州市文物管理委员会、广州市博物馆编《广州汉墓》，北京：文物出版社，1982年，第57—65页，图八〇–4。

[2] 黄淼章《广州瑶台柳园岗西汉墓群发掘记要》，广州市文物考古研究所编《广州考古五十年文选》，广州：广州出版社，2003年，第538—552页。

155

属越国故地的天目山以北、太湖以南的浙江安吉县，楚灭越后，楚文化持续东渐，高禹镇五福村发现的1号墓形制即是典型的楚制，一椁一棺，棺椁间分边箱放置器物，随葬器物也是以楚式的漆器和木俑为主[1]，墓主人的下葬年代大约在战国末期，当属东进的楚人或已被完全同化的本地越人贵族官吏。墓道口的椁面填土中发现1件木胎泥塑偶人，其寓意当与柳园岗M11墓椁盖面置1镇墓木俑相同。所以，从桑园木椁墓墓坑和木椁形制、随葬大量漆木器来看，其葬制亦以楚文化因素为主。

桑园木椁墓虽说墓坑和木椁的形制是楚制，但独木棺无疑是越制，从刊布的照片看，也是将原木剖开，中间掏空，制出棺位，再上下扣合。独木棺的葬俗在长江中下游地区流传已久，尤其是长江下游地区，良渚文化高等级贵族墓地瑶山和反山大墓木棺多为独木棺[2]，浙江海宁小兜里良渚文化中期高等级墓葬M6木棺也是独木棺，外套长方形木椁[3]。江苏兴化蒋庄遗址良渚文化墓地普遍使用葬具，可辨别的均为弧底独木棺，盖板分平板与弧形两种[4]。著名的绍兴印山越王陵大型"人"字顶木椁中室置一巨大独木棺葬具，年代推测为春秋末期，有可能是越王允常的"木客大冢"[5]。绍兴上游凤凰山战国墓葬M2为长方形竖穴土坑木椁墓，一棺一椁，椁底板上铺竹席，木棺则用整段原木剖成两半雕凿而成的独木棺，随葬器物置于棺椁之间的西南部，葬制反映的是楚越文化交融的形态，且以楚制为主[6]。

长江中游的湖北荆门沙洋县王家塝墓地发现屈家岭文化时期墓葬235座，超过

[1] 浙江省文物考古研究所、安吉县博物馆《浙江安吉五福楚墓》，《文物》2007年第7期。

[2] 张弛《大汶口与良渚大墓葬仪的比较》，中国文化遗产保护与考古学研究国际中心（ICCHA）、北京大学中国考古学研究中心编《早期文明的对话：世界主要文明起源中心的比较》，上海：上海古籍出版社，2020年，第1—28页；方向明《王陵和祭坛：瑶山遗址》，杭州：浙江大学出版社，2022年。

[3] 浙江省文物考古研究所、海宁市博物馆《小兜里》，北京：文物出版社，2015年，彩版六六、六七；赵晔《内敛与华丽：良渚陶器》，杭州：浙江大学出版社，2019年，第11页。

[4] 南京博物院《江苏兴化、东台市蒋庄遗址良渚文化遗存》，《考古》2016年第7期。

[5] 浙江省文物考古研究所、绍兴县文物保护管理局《印山越王陵》，北京：文物出版社，2002年。

[6] 绍兴县文物管理委员会《绍兴凤凰山木椁墓》，《考古》1976年第6期；陈元甫《浙江战国墓葬楚文化因素考略》，《陈元甫考古文集》，北京：文物出版社，2016年，第209页。

70%的墓葬可见葬具，葬具痕迹包括独木棺和长方形边框的板棺，这是在长江中游首次大规模发现史前独木棺[1]。洞庭湖东部地区的湖南省汨罗市黑鱼岭商代晚期墓地中几座规模较大、墓室保存稍深的墓葬发现有生土二层台和独木棺。黑鱼岭墓地发掘的25座均为狭长形窄坑墓，均大致呈南北向，随葬有几何印纹陶和原始瓷器，当属于百越文化圈中的越人墓葬[2]。从上述长江下游和中游地区自新石器时代晚期至商周时期独木棺的发现案例来看，南中国地区独木棺葬俗的缘起与长江下游和中游地区密不可分，并且随着先秦百越文化圈的逐渐形成和南扩，使用独木棺作为葬具也发展成为越文化较高等级墓葬的典型葬制之一。战国初期，楚灭越，后来的吴起相楚悼王"南平百越"（《史记·孙子吴起列传》），席卷沅湘，楚文化强势扩张，原属越地的江浙和湘南也逐渐融入楚文化当中，丧葬习俗上表现出楚越交融，且以楚制为主的面貌。湖南湘江上游地区的蓝山县五里坪发现的战国晚期至秦的竖穴深坑墓，有壁龛，随葬品陶器组合为鼎、敦、壶，具有明显的楚墓特征。但壁龛中放置米字纹陶罐，随葬品中有米字纹陶壶，又有明显越文化的特征，也是楚人南下、楚越文化交融的物证[3]。

所以桑园木椁墓中的独木棺一定是越文化的葬俗，作为最贴身的葬具，其最能反映墓主人的葬俗属性，因此对墓主人是越人的判断当是无误的。但从岭南先秦考古学文化发展的脉络来看，珠江三角洲地区一直是以百越支系中的"南越"为主，其墓葬形制均为浅竖穴土坑、坑底多铺石床，随葬品喜用几何印纹陶、原始瓷以及玉石装饰品等，青铜礼器所见不多，这与桑园木椁墓的情况还差异很大，说明墓主人很可能不是本地越人，更大的可能是秦定岭南过程中或者随后南下的楚地越族将领。

独木棺式葬具在南越国都番禺城近郊也有发现，如广州市黄花岗M2（《广州汉墓》编M1030）是一座东西向的长方形竖穴土坑底铺小石子墓，长4.2、宽1.9—2.04、深2.6米，木椁外填膏泥，内置独木棺，随葬品仅3个陶碗，为棺所压[4]。

---

[1] 彭小军《新时代百项考古新发现：湖北沙洋城河新石器时代遗址》，"文博中国"微信公众号2022年5月10日。

[2] 盛伟《汨罗市新发现一处商代晚期墓地》，"湖南考古"微信公众号2022年5月27日。

[3] 陈斌、韦星星《蓝山五里坪新发现战国晚期楚墓》，"湖南考古"微信公众号2022年11月16日。

[4] 广州市文物管理委员会、广州市博物馆编《广州汉墓》，北京：文物出版社，1982年，第34页，图一一。

此为典型的越人墓葬，等级较低，深穴、椁外填膏泥则是源自楚墓的做法。由于岭南酸性土壤的埋藏环境，木质棺椁不易保存下来，推测沿用独木棺式的葬具在秦至西汉南越国时期应有不多。番禺城东郊现农林东路的猫儿岗岗顶发现的人字顶木椁大墓，因遭严重盗扰，原木棺形制不甚明确，但据发掘简报介绍，棺板均底面平直而两侧圆弧上翘，棺底板由一整块硬木制成，正中挖有长2.26、宽0.52、深0.13米的凹槽，顶板亦由一整块硬木制成，内面正中挖有宽0.52、深0.12米的凹槽，底板和盖板两侧均有榫口[1]。此木棺形制虽不同桑园木椁墓独木棺为原木剖为两半掏挖而成，但其形状当为独木棺形，推测与黄花岗M2木棺相似，两侧边还有弧形边板榫卯连接底板和盖板，与长方形箱式平顶木棺样式有别。但与黄花岗M2不同，猫儿岗大墓墓穴是浅穴，木椁为"人"字形顶，更具江浙土墩墓的遗风，所以，即便都使用独木棺葬具，都为越人，但"自交趾至会稽七八千里，百越杂处，各有种姓"（《汉书·地理志》注引臣瓒曰），黄花岗M2、桑园木椁墓与猫儿岗木椁墓墓主人的族属，细分起来仍有不同。前者当来自湖湘地区的楚地，墓葬形制和随葬器物以楚制为主，越制为辅；后者则源于江浙越地，墓葬形制和随葬器物几乎全是与闽浙地区相同的越人风格，墓主人应属珠三角本地的南越族群[2]。

三

桑园木椁墓是目前发现的番禺城最东边规模最大、等级最高的南越国墓葬（图四），"证实了东莞在南越国国都和郡县县治中占有重要地位"[3]。距离桑园村东北方向不远处的峡口遗址[4]和柏洲边遗址[5]，即是见证东莞东城区战国晚

[1] 广州市文物考古研究所《广州市农林东路南越国"人"字顶木椁墓》，《羊城考古发现与研究》，北京：文物出版社，2005年，第35—48页。

[2] 张强禄《增城浮扶岭M511再研究》，《文博学刊》2020年第1期。

[3] 谌小灵主编《东莞古代史》，广州：广东人民出版社，2016年，第59页。

[4] 谌小灵主编《东莞古代史》，广州：广东人民出版社，2016年，第20页。

[5] 广东省文物考古研究所等《2006年度南方地区考古新发现》，《南方文物》2007年第4期。

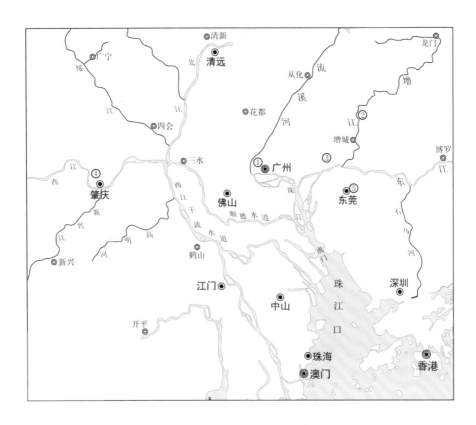

图四　珠三角秦至西汉前期高等级墓葬分布位置示意图

期至秦这一阶段社会发展的史迹。尤其是柏洲边遗址，现存面积约1.6万平方米，主体年代为战国末至西汉南越国时期，考古发掘清理出水井、灰坑、建筑基槽、柱洞等遗迹，应为当时一处比较大型的聚落遗址，桑园村出现比较高等级的南越国墓葬也不足为奇了。

如果把桑园木椁墓置于秦汉南海郡的行政版图中来审视，或可更好理解秦定岭南后"以谪徙民，与越杂处十三岁"（《史记·南越列传》）的休养生息期，和随后南越王赵佗施行的"和集百越"（《史记·南越列传》）的统治方略，及其"长治之，甚有文理，中县人以故不耗减"（《汉书·高帝纪下》）的统治成效。

秦定岭南，置桂林、南海、象等三郡，南海郡为首郡，下设番禺县，即郡治所在地，南越立国后亦建都于此，即今广州古城中心。广州以东的增城、东莞、深圳、香港等地，在秦至西汉时期都属番禺县管辖。这个区域目前发现的秦至西汉南越国时期的高等级墓葬有三座，分别是增城浮扶岭M511[1]、增城金鸡岭M1[2]和东莞桑园木椁墓。浮扶岭M511位于增江中游东岸，地处珠江三角洲平原向粤北山地的过渡地带，墓葬形制和随葬器物均属典型越制，与闽浙越文化有明显渊源关系[3]。金鸡岭M1地处增江下游，与东莞桑园村一样，属于珠江三角洲平原区。金鸡岭M1也是遭施工破坏，东西向长方形深竖穴土坑木椁墓，椁底板下和椁外填木炭和膏泥，椁外东端填土中有一方格纹硬陶瓮，棺的形制不明，劫后残余的随葬器物有30件（套），其中陶器6件，铜器残件24件，玉器和漆器各1件，铜器数量多且精美。从深穴箱式平顶木椁和随葬铜器的数量及其风格来看，葬俗以楚制为主；椁外置印纹陶瓮的做法则与蓝山五里坪楚墓壁龛中放置米字纹陶罐的习俗有雷同之处，当属楚地越人葬俗的遗风。所以，金鸡岭M1墓主人应该也同桑园木椁墓一样，是秦定岭南过程中或者随后逾岭南下的楚地越人，且是几乎完全被"楚化"的越族将领或官吏。他们与主要聚居于丘陵河谷地带的、以浮扶岭M511和黄埔陂头岭越人墓地[4]等为代表的本地南越人有所不同。

南海郡范围内秦至西汉初期还有一个非常值得关注的高等级墓葬就是发现于西江东岸的肇庆市睦岗镇北岭松山M1，为带斜坡墓道的东西向长方形深土坑竖穴木椁墓，墓口长8、宽约4.7、深6米，椁上下都撒一层碎炭，椁下有一个深26、直径38厘米的底坑，不确定是否为腰坑。出土随葬器物共139件，其中铜器达108件，陶器仅21件，金、玉、石、琉璃器等10件，还有部分漆器[5]。松山M1的年代要早于南越王墓，应在战国末到南越国早期，很大可能是秦至南越国初期[6]。从墓葬形制和随葬器物特征判断，也是比较典型的楚文化因素为主的高等级墓葬。松山M1出土的1件铜鼎盖（M1：6）[7]造型、花纹与桑园木椁墓铜鼎盖几乎完全一样，

[1] 广州市文物考古研究所《增城浮扶岭M511发掘简报》，《文物》2015年第7期。

[2] 广州市文物考古研究所、增城市博物馆《增城市金鸡岭西汉木椁墓清理简报》，《广州文博·伍》，北京：文物出版社，2012年。

[3] 张强禄《增城浮扶岭M511再研究》，《文博学刊》2020年第1期。

[4] 黄碧雄《广州黄埔陂头岭遗址发现新石器时代晚期窖穴和战国中晚期至南越国时期高等级越人墓地》，《中国文物报》2021年12月17日8版。

[5] 广东省博物馆、肇庆市文化局《广东肇庆市北岭松山古墓发掘简报》，《文物》1974年第11期。

[6] 张强禄《论西汉南越国时期的高等级墓葬》，《考古学报》2021年第4期。

[7] 广东省博物馆、肇庆市文化局《广东肇庆市北岭松山古墓发掘简报》，《文物》1974年第11期，图四。

只是前者盖纽有环而已。规模如此之大、随葬品如此丰富的墓葬，足见松山M1墓主人身份等级非同寻常，进而可以推断肇庆端州区和高要区所辖的西江两岸地带在秦至南越国早期是南海郡非常重要的一个行政区域，地处通达南海郡治和南越国都的水路要道上。汉武帝平南越后在南海郡番禺县和苍梧郡高要县设置盐官，其目的是加强盐铁官营的生产和管理，进而也是通过对资源的控制强化中央王朝对地方的统治，其管理机构所在自然也会选择盐铁资源相对丰富、人口相对密集、地理位置重要的区域中心。而诸如松山M1、金鸡岭M1和桑园木椁墓这些秦至南越国时期高等级墓葬的发现，正是其地在秦至南越国时期已各自发展成为西江流域和东江下游流域的区域中心的写照。

（作者单位：广州市文物考古研究院）

在帝王之间徘徊

——南越国帝系和王系玺印发覆

李银德

内容提要：

广州南越国赵眜墓出土较多的玺印封泥，其中赵眜棺内出土金、玉玺印9枚，表明墓主为南越国文帝（王）赵眜，发掘报告及学界已对这些玺印进行过较多的探讨。但是还应该看到，南越国先后有自立为王、受汉册封为王、自立为帝、去帝制为王又"窃如故号名"等曲折复杂的历史，反映在玺印上便有南越皇帝系和南越诸侯王系两个玺印系统。本文根据赵眜棺内出土的玺印、墓内出土的相关封泥，以及南越王宫水井出土的简文，结合史料记载，揭示南越国两个玺印系统的内涵以及赵眜随葬玺印的明器性质。

南越国是秦末汉初由中原人赵佗在岭南建立的割据政权，政治制度表现为"一源二脉"，即汉制和南越制度都源于秦，南越制度具有对秦朝制度的"因循性"和对汉朝制度的"仿效性"[1]。广州象岗南越国赵眜墓的墓葬形制与出土遗物，反映出其具有中原文化和南越地方特点的两面性。赵眜墓出土的玺印、封泥在风格上有秦式和汉式风格，在性质上又有实用印和明器印的不同，发掘报告、黄展岳、麦英豪、张荣芳、黎金、刘瑞、萧华等都对南越王的玺印做过深入的探讨。

需要注意的是，赵佗自秦破灭"自立为南越武王"，"自尉佗初王后，五世九十三岁而国亡焉"。推测赵佗称王建国于公元前204年[2]，此时汉朝新立，外有

---

[1] 广州市文物考古院、中国社会科学院考古研究所、南越王博物院《南越木简》，北京：文物出版社，2022年，第170—171页，以下引版本相同，只注出页码。

[2] 张荣芳、黄淼章《南越国史》，广东人民出版社，1995年，第74页。

北部匈奴冒顿单于"控弦之士三十余万"，对关中甚至对长安都造成极大的威胁；内有疲于平定异姓王的反叛，无暇顾及僻居岭南的南越。汉十一年（前196年）刘邦使陆贾出使南越，"立佗为南越王，与剖符通使"，"使为外臣"，赵佗"愿奉明诏，长为藩臣"[1]。吕后"别异蛮夷，隔绝器物"，"于是佗乃自尊号为南越武帝"，"乃乘黄屋左纛，称制，与中国侔"[2]。《汉书·高后纪》"五年（前183年）春，南粤王尉佗自称南武帝"[3]。文帝即位遣陆贾再度出使南越，佗遂"去帝制黄屋左纛"，"然其居国窃如故号名"。出土的"文帝行玺"反映出二世赵眜嗣位后，实际上对内仍然称帝，"胡（眜）薨，谥为文王"。三世婴齐嗣立时"藏其先帝玺"[4]，或曰"藏其先武帝、文帝玺"[5]，实质性去所僭帝号，成为外臣诸侯。直至四世王兴与太后上书"请比内诸侯"，天子许之[6]。

南越王赵佗和赵眜这种忽帝忽王、明王暗帝、外王内帝，在皇帝和诸侯王之间徘徊和切换的做法，也使南越国的玺印具有皇帝系和诸侯王系两个系统。王系玺印也有自立为南越武王和汉廷册封南越王的不同。两个玺印系统在赵眜墓出土的玺印和封泥中若隐若现，这里根据赵眜棺内出土玺印和墓内出土的相关封泥，结合史、汉书等文献资料，试作钩稽发覆。

一、赵眜棺内出土的玺印

赵眜墓共出土玺印和钤印共31枚，其中玺印23枚、封泥35枚。封泥甚多，去其重复的印文，实际只有8枚印钤印。诸玺印、封泥出土的具体位置为赵眜棺内出土

---

[1] ［汉］班固《汉书·西南夷两越朝鲜传》，北京：中华书局，1962年，第3851页。下引版本相同，只注出页码。

[2] ［汉］司马迁《史记·南越列传》，北京：中华书局，1959年，第2969页。下引版本相同，只注出页码。

[3] 《汉书·高后纪》，第99页。

[4] 《史记·南越列传》，第2967—2978页。

[5] 《汉书·西南夷两越朝鲜传》，第3854页。

[6] 《汉书·西南夷两越朝鲜传》，第3854页。

9枚，前室殉人棺中部有"景巷令印"鱼纽铜印（A42），西耳室出土绿松石（C139）、玛瑙（C97）、水晶（C260）无字覆斗纽印各1枚，东侧室出土"右夫人玺"龟纽金印（E90）、"左夫人印"鎏金龟纽铜印（E45）、"泰夫人印"鎏金龟纽铜印（E56）、"[部]夫人印"鎏金龟纽铜印（E123）、绿松石覆斗形无字印（E140-1）、覆斗形无字玉印（E140-2）、穿带玉印（E140-3）、"赵蓝"象牙印（E141）各1枚，西侧室出土无字玉印（F81）1枚、覆斗纽铜印1枚（F44）。西耳室出土"帝印""结""昧"字封泥共9枚，西侧室出土"厨丞之印""泰官"封泥共6枚，东侧室出土"衍"字封泥5枚，后藏室出土"泰官""邻乡候印""□□□印"封泥共15枚。

赵昧棺内9枚金、玉玺印（图一）出土时放置在玉衣上，于胸腹间自上而下分为三组。为了便于讨论，摘录发掘报告中的记述如下。

第一组3枚，一为玉印（D78-1），无文字，在胸上部当中处；一为龙纽"文帝行玺"金印（D79），出右侧D70铁剑茎部旁，与D78-1相距30厘米；另一玉印（D78-2）滑落到玉衣下面。

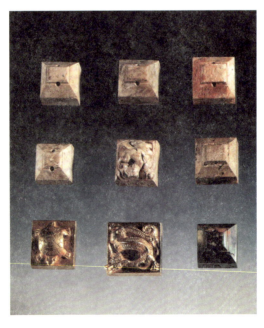

图一　赵昧棺内出土的9枚玺印
（采自《南越王玉器》，香港：两木出版社，1991年，图版61）

164

第二组3枚，上距第一组约40厘米：一为"泰子"玉印（D80）；一为"泰子"金印（D81）；一为无字玉印（D82），这3枚印玺相互距离仅1—3厘米。

第三组3枚，上距第二组约20厘米：一为"赵眜"玉印（D33）；一为"帝印"玉印（D34）；另一为绿松石印（D83），无文字[1]。

发掘报告还指出："这些印章出土时上下都有朱色漆皮和朽木灰痕，表明这些印玺原是放在漆盒中随葬的。""其中一组约当胸部位置，二组的位置在腹部，第三组的位置约当腹腿间。"[2]

二、南越国的帝系玺印

文帝遣陆贾再次出使南越后，赵佗虽"称臣，使人朝请"，但实际上"居国窃如故号名"。南越国一主赵佗、二主赵眜都僭越称帝。武帝、文帝是其自尊之号，有帝系玺印非常明确。可以初步确认为南越国僭帝的帝系玺印有"文帝行玺"金印、"帝印"和"泰子"金印；无字玉印中抑或有帝系玺印。

（一）"文帝行玺"金印

"文帝行玺"金印（D79），印面长3.1、宽3、高1.8厘米。印文有田字格，书体工整，字画深峻而刚健有力，章法谨严，刀法精湛。印纽为一蟠龙，首尾及四足分置四角，龙首微昂，作欲腾跃疾走状。整个金玺浑厚庄重（图二，1）。

"文帝"是赵眜在位时的僭号，《史记》《汉书》并无记载。其薨后被汉廷谥为"文王"，是巧合还是汉廷曲意为之？按理赵眜和赵佗一样未朝请，又自尊为"文帝"，汉廷完全可以据其行迹为谥，却心照不宣地使用赵眜自号文帝的"文"为其谥号。汉代有追尊号使用原谥的情况，如西汉哀帝追尊其父定陶共王康为"共皇"；东汉安帝追尊其父河间孝王为"孝德皇"，追尊其母左姬为"孝

---

[1] 刘瑞《文帝行玺、帝印之玺印考》，《中国文物报》2004年8月13日。

[2] 萧华《南越王墓的玺印与封泥》，吴凌云主编《考古发现的南越玺印与陶文》，澳门特别行政区民政总署文化康乐部制作，2005年，第208页。按：发掘报告称其"无边框，无中格"。细审拓本、图版，当以萧文为是。

德后"等。汉廷应该知道赵眜游走于称帝和外诸侯之间，或明或暗行"两帝并立"之实，却仍采用以自尊号为谥号的做法，实无二例。

（二）"帝印"玉印

"帝印"（D34）1枚，方形，边长2.3、高1.7厘米。螭虎纽，印文阴刻篆书、中间竖线分隔，周有边框（图二，2）。

"帝印"过去未见记载。当是帝玺的使用非常正式，并不能包括一切缄封，为简便计而有"帝印"，用于帝玺之外的场合。刘瑞根据南越王墓内"右夫人玺"龟纽金印与左夫人、泰夫人、□夫人都用鎏金龟纽铜"印"分析，"明确表明当时南越国中确实存在着'玺'高于'印'的等级差别"。即"文帝行玺"金印在等级上高于钤印'帝印'封泥的印章，两者的使用功能也不相同。与之相类，赵眜有"赵眜"玉私印（D33），也有封泥（C-262-1、2）上的单字"眜"圆形私印，分别用于私印正规封缄和简便钤封。

（三）"帝印"封泥

"帝印"封泥2枚（D80-2、C162-2）（图二，3、4）出于西耳室。有边框与界格篆文"帝印"的结体与玉印有异，印面也比玉印尺寸小，边长仅1.8厘米，表明钤印封泥的是另一枚"帝印"。

（四）"泰子"金印

"泰子"龟纽金印（D81），长2.6、宽2.5、高1.5厘米，印面中有竖界外有框（图二，5）。

（五）无字玉印

赵眜自立为文帝，薨后却用书写印文但出土时已无印文残留的4枚玉印随葬。这4枚玉印其中2枚与"文帝行玺"在第一组，D78-1印面长2.25、宽2.2、高1.8厘米；D78-2印面长2.3、宽2.3、高1.65厘米。印面尺寸较第二、第三组的2枚玉印大，因而将其视作帝系玺印是可行的（图二，6）。

汉代帝玺文献记载有一玺、二玺、三玺、六玺说。一玺即《史记》记载的"秦王子婴素车白马，系颈以组，封皇帝玺符节，降轵道旁"[1]。阿部幸信认为

---

[1]《史记·高祖本纪》，第362页。

图二　南越帝系玺印
1."文帝行玺"龙纽金印D79　2."帝印"螭虎纽玉印D34
3."帝印"封泥D80-2、C162-2拓本　4."帝印"封泥C162-2
5."泰子"龟纽金印D81　6.无字覆斗形玉印D78-1、2

汉初皇帝有二玺,即有"皇帝信玺""皇帝行玺"的状况一直持续到宣帝即位时[1]。《汉书》记昭宣之际,"(昌邑王刘贺)始至谒见,立为皇太子……受皇帝信玺、行玺大行前,就次发玺不封"。颜师古注引孟康曰:"汉初有三玺,天子之玺自佩,行玺、信玺在符节台。"黎金认为皇帝三玺说法的论据最为充分[2]。实际上,孟康此说与皇帝带绶的记载颇相矛盾。《汉官旧仪》记载皇帝六玺,分别用于不同的场合:封命诸侯用皇帝行玺,赐诸侯书信用皇帝之玺,发天下之兵用皇帝信玺;征召大臣用天子行玺,策拜外国事用天子之玺,祭祀天地鬼神用天子信玺[3]。有学者认为只有皇帝玺,天子玺只是别称而已[4]。

　　《史记》《汉书》都明确记载秦确有帝玺,并已从传世"皇帝信玺"封泥(图三,1)得到验证。因此,麦英豪先生提出:"南越是否也用三玺?依我看,南越是效仿秦始皇的一玺制的。"[5]张家山汉简《二年律令·贼律》有"伪写皇帝信玺、皇帝行玺,腰斩以徇"等内容[6],律令的年代为吕后时期,而赵佗和赵

[1]　[日]阿部幸信《皇帝六玺之成立》,《中国出土资料研究》第8号,第63—87页。
[2]　黎金《西汉南越王的"文帝行玺"与玉印》,《广州文博》1991年第3期。
[3]　[清]孙星衍等辑、周天游点校《旧官六种》,北京:中华书局,1990年第1版,2012年第3次印刷,第30—31页。
[4]　罗小华《关于西汉皇帝诸玺的一些推测》,黄德宽主编《清华简研究(第四辑)》,北京:中华书局,2021年,第266—270页。
[5]　麦英豪著、全洪主编《麦英豪文集》(下),北京:文物出版社,2019年,第369页。
[6]　张家山二四七号汉墓竹简整理小组《张家山汉墓竹简》,北京:文物出版社,2001年,第134—135页。

眜在位已至武帝时期，其帝玺推测也应有信玺和行玺，用于封命和发兵等。南越王虽然称帝，但始终未称"天子"，当然也应无"天子之玺"。总之，南越国称帝无论是从秦还是从汉，至少应有两玺。萧华指出："墓中与'文帝行玺'同一漆盒出的两枚无字的玉印，是否是'文帝之玺'和'文帝信玺'的代替品呢？"[1] 根据前引张家山二年律令，我们认为在第一组的无字玉印中，可能就有"文帝信玺"。

前引《汉官旧仪》记载有"皇帝之玺"，同时还记载"皇后玉玺，文与帝同。皇后之玺，金螭虎纽"[2]。孙慰祖已指出其有脱讹，当作玉螭虎纽[3]。咸阳出土的"皇后之玺"玉玺（图三，2），间接证明了"皇帝之玺"是客观存在的，也表明《汉官旧仪》记载无误。因此，赵眜第一组玺印中另一枚无字玉印，可能即为"文帝之玺"。

图三　秦汉帝后玺印与封泥
1."皇帝信玺"封泥　　2."皇后之玺"玉玺

[1] 萧华《南越王墓的玺印与封泥》，吴凌云主编《考古发现的南越玺印与陶文》，澳门特别行政区民政总署文化康乐部制作，2005年，第205页。

[2] 《汉官仪》，第45页。

[3] 孙慰祖《从"皇后之玺"到"天元皇太后玺"》，《上海文博论丛》2004年第4期。

三、南越国的王系玺印

南越国王系玺印并无印文明确的实物出土，然推考实应有之。高祖时陆贾出使后赵佗取消"南越武王"，接受汉廷的册封为"南越王"。汉代分封有诸如策书、符玺等，如《史记·吴王濞列传》记载，刘邦"乃立濞于沛为吴王，王三郡五十三城。已拜受印，高帝召濞相之，谓曰'若状有反相'"[1]。《史记》《汉书》虽并未记载赵佗受册封策书，但刘邦赐玺印有明确的记载。

（一）南越武王玺印

秦末"项羽、刘季、陈胜、吴广等州郡各兴军聚众，虎争天下"，赵佗"自立为南越武王"，约不晚于刘邦入关、子婴素车白马"京颈以组"的秦二世三年（前207年）。汉十一年（前196年）赵佗被刘邦册封为"南越王"，其间"南越武王"前后存在约11年。任嚣"即被佗书"，赵佗由龙川令行南海尉事，应该对秦朝和汉初行政较为了解，作为行政权力的凭证物必制作玺印，也必用玺印。

（二）南越王玺印

汉廷册封南越国实际上被分隔为不相连续的前后两个阶段。第一阶段自高祖十一年（前196年）至高后七年（前181年）"削佗前封南越王爵"[2]，共约15年。第二阶段为文帝初年至武帝元鼎六年（前111年），共约69年。两个阶段之间赵佗称帝，吕后削了南越王的爵位。赵佗虽然称帝，但应不会销毁刘邦所赐玺印，所以前后两个阶段应该都使用刘邦所赐的这套玺印。

1.南越王玺

赵佗对陆贾说"高皇帝幸赐佗玺"[3]，明确表明刘邦派陆贾出使南越时已赐赵佗"南越王玺"，这与汉赐匈奴玺相同。据《汉书·匈奴传下》记载，甘露二

[1]《史记·吴王濞列传》，第2821页。

[2]［汉］杨孚《异物志》五卷，见《南越五主传及其它七种》，广州：广东人民出版社，1982年；转引自《南越国史》，第195页。

[3]《汉书·西南夷两越朝鲜传》，第3851页。

年天子"赐（呼韩邪单于）以冠带衣裳，黄金玺盭绶"；"汉赐单于印，言'玺'不言'章'，又无'汉字'"。

2.南越王印

据《汉书》记载："高祖使贾赐佗印为南越王。""贾因说佗曰：'遣臣授君王印，剖符通使。'"[1]这并不意味着上述"印"和《史记》中的"玺"，是刘邦所赐同一印章的不同记载，而应是汉廷册封诸侯王分别有玺和印的真实反映。

3."泰子"玉印

"泰子"覆斗形纽玉印（D80），印面方2.05、高1.25厘米。印面无界无栏，"泰"字宽大，约占印面三分之二，"子"字瘦窄（图四，1）。其与"泰子"金印（D81）不仅质地、纽式不同，印面有无界栏不同，印文布局也判然有别，应与年代先后相关。论者指出："两印书体不同，殆非一人所书。"关于秦汉印的异同，沙孟海认为"凡印文四字带有田字界格及印文两字带有日字界格而篆体还不十分方整的白文印"[2]，为秦印和西汉初期印。黄展岳指出："从西汉初期开始，作为主流的是不带界格的形式，而南越自镌的官印仍以田字格为主流……但应该看到……不带界格的官印也已经出现。"[3]刘瑞"从两万枚左右的秦封泥发现看，绝大多数秦封泥都有十字界格或日字格，特别是统一后秦更趋一致；而从南越国封泥看，直到汉武帝时代南越文王墓出土的封泥依然如秦一样采用界格"[4]。由此可见，"泰子"玉印相对"泰子"金印的年代要晚，玉印为南越王系"泰子"印的可能性最大。

南越国水井（J264）出土的木简也有"泰子"的记载。简017简文为"王所财（赐）泰子今案齿十一岁高六尺一寸身口毋啃伤"[5]（图四，2）。这批共出简中有多处"廿六年"的记载，学者认为"廿六年"为南越立国纪年即公元前178年，

---

[1]《汉书·陆贾传》，第2111页。

[2] 沙孟海《"浙江都水"官印考》，《中国篆刻》2023年第1期。

[3] 黄展岳《"朱庐执刲"印和"劳邑执刲"印》，《考古》1993年第11期。

[4]《南越木简》，第172页。

[5]《南越木简》，第53页，图版三五。

简中所记载事件发生在赵佗称帝（前183年）之前，即赵佗被刘邦册封为南越王的时间内。虽然我们并不清楚南越王称帝和封王所立"泰子"之间有何不同，但是简文所记载南越王赵佗封泰子是毋庸置疑的。

4. 无字玉印

赵眜墓棺内出土4方无字玉印的类似情况，在汉代一些诸侯王墓中也同样存在。如中山王刘胜墓主室棺前案上置螭虎纽无字玉印2枚[1]，巨野红土山阳王墓出土"朱书字迹已剥落不可辨"玉印1枚[2]，徐州北洞山楚王墓[3]、卧牛山楚王后墓（M1）各出土1枚，安徽六安王墓出土1枚[4]，邗江甘泉双山东汉广陵王刘荆墓（M2）出土的虎纽玛瑙无字印1枚[5]等。诸侯王的无字玉印尺寸不一，一般都是方寸左右。也有尺寸较大者，如刘胜的玉印（1：5170）尺寸与"皇后之玺""帝印"相近，印面尺寸达2.8厘米，合汉尺一寸二分；东汉虎纽玛瑙印的面印方2.7、高3厘米，印面较"皇后之玺"略小，高度则过之。

赵眜棺内的第二组玺印中的1枚无字玉印（D82），印面方2.15、高1.65厘米；第三组玺印中的绿松石无字印（D83），印面方2.2、高1.9厘米。尺寸较第一组的2方无字玉印略小，将其视为王系玺印应无大碍（图四，3）。无字玉印覆斗形纽穿孔部位还有两种不同形制，这种细微差别其意不明。

上述西汉诸侯王出土的玉印印面已经观察不到印文，研究者多未关注其可能的印文。如过去认为"保存完整的中山王刘胜夫妇墓，经发掘未发现中山王玺和中山王后玺"[6]。其实，除巨野红土山汉墓出土玉印上朱书不可辨外，湖南长沙市下河街M6出土长沙国的墨书"御府长印"滑石印[7]，山东青岛的黄岛区土山屯

[1] 中国社会科学院考古研究所、河北省文物管理处《满城汉墓发掘报告》上册，北京：文物出版社，1980年，第140、141页。

[2] 山东省菏泽地区汉墓发掘小组《巨野红土山西汉墓》，《考古学报》1983年第4期。

[3] 徐州博物馆、南京大学历史系考古专业《徐州北洞山西汉楚王墓》，北京：文物出版社，2003年，第124页。

[4] 汪景辉、杨立新《寻找六安国王陵》，《中国文化遗产》2007年第4期。

[5] 南京博物院《江苏邗江甘泉二号汉墓》，《文物》1981年第11期。

[6] 萧亢达《关于汉代官印随葬制度的探讨》，中国秦汉史研究会编《秦汉史论丛》第七辑，北京：中国社会科学出版社，1998年，第272—283页。

[7] 周世荣《长沙出土西汉印章及其有关问题》，《考古》1978年第4期。

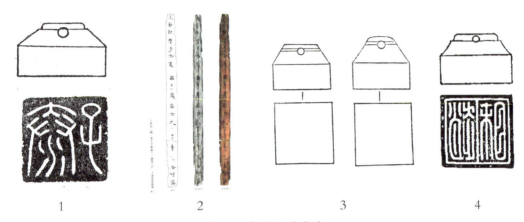

图四　南越王系玺印
1.南越王"泰子"覆斗玉印D80　2.南越国水井出土"泰子"木简简017
3.无字覆斗形玉绿松石印D82、D83　4."赵眜"覆斗形玉印

刘赐墓出土的墨书印文"萧令之印""堂邑令印"玉印等[1]，都表明包括南越王4枚玉印，在下葬时都应有朱或墨书印文，这种用朱墨书明器玉印随葬的情况也与内诸侯相同。

《汉书·百官公卿表上》记载诸侯王"金玺盭绶"。师古注引《汉旧仪》云："诸侯王黄金玺，橐驼纽，文曰玺，谓刻云某王之玺。"这些记载与发掘出土或传世的诸侯王玺印只能说部分相符。

《史记》《汉书》中无西汉诸侯王薨赐玺印的记载，见诸记载的仅有新莽时王莽的太子被贬为"统义阳王"，谋反自杀后，莽"使侍中骠骑将军同说侯林赐魂衣玺韨……谥曰缪王"[2]。但西汉诸侯王墓都有明器玺印随葬，一般使用明器金印或玉印随葬，前者如长沙望城狮子拱一号汉墓（谷山M7）"长沙王玺"龟纽金印[3]（图五，1）；后者如中国国家博物馆藏"淮阳王玺"覆斗形玉玺[4]（图

[1] 青岛市文物保护考古研究所、黄岛区博物馆《山东青岛土山屯墓群四号封土与墓葬的发掘》，《考古学报》2019年第3期。

[2] 《汉书·王莽传下》，第4165页。

[3] 长沙市文物考古研究所《长沙"12.29"古墓葬被盗案移交文物报告》，《湖南省博物馆馆刊》第六辑，长沙：岳麓书社，2009年，第329—368页；何旭红《汉代长沙国考古发现与研究》，长沙：岳麓书社，2013年，第116—119页。

[4] 国家文物局《中国文物精华大辞典·金银玉石卷》，上海辞书出版社、商务印书馆（香港），1996年，第420页。

五，2）；也有用仿制原印尺寸三分之二的金印随葬，如长沙望城桃花岭汉墓（谷山M11）的"长沙王印"龟钮（图五，3）。此外，云南晋宁石寨山6号墓也出土西南夷中的"滇王之印"[1]（图五，4）等等。这些都表明西汉诸侯王应有2枚玺和印。

南越王虽然居其国窃如故号名，但"其使天子，称王朝命如诸侯"，必用南越王玺印。汉代诸侯王使用的玺印，罗小华根据长沙王墓的金印印文对此已有讨论[2]，结合封泥中大量诸侯王玺印的印文，我们认为汉代诸侯王应该只有"某王之玺"和"某王之印"。南越国的王系玺印也应如此，推测赵眜棺内的4枚无字玉印中，第二组和第三组的2枚应为"南越王玺"和"南越王印"。

1   2   3   4

图五　诸侯王金、玉玺印

1."长沙王玺"龟钮金印　2."淮阳王玺"覆斗钮玉玺

3."长沙王印"龟钮金印　4."滇王之印"蛇钮金印

---

[1] 陈丽琼、马德娴《云南晋宁石寨山古墓群清理初记》，《文物》1957年第4期。

[2] 罗小华《关于西汉诸侯王玺印的一些推测——从长沙王玺和长沙王印说起》，《中国文字》2018年第3期，第291—295页。

四、赵眜随葬玺印的性质

赵眜棺内出土玺印的性质仍有讨论的必要。

首先，"文帝行玺"被认为是实用印性质仍有未安之处。发掘报告称："此印出土时印面沟槽内及印台的四壁都有碰撞的疤迹与划痕，显然是墓主生前的实用物。"[1]"龙纽捉手处异常光滑，显示使用过程中摸触所致，台壁和印面边缘又有碰伤痕和划痕，均可表明金印是赵眜生前的实用品。"[2]另据"藏先武帝、文帝玺"的记载，认为"这枚'文帝行玺'，很可能就是婴齐藏入墓中的"。虽然《说文》曰"葬，藏也"，但上述这种推测因墓内并无先武帝玺，表明这里的"藏"并不能解读为"葬"。换言之，婴齐藏先帝玺与赵眜墓内随葬的玺印是两回事。发掘报告也指出："埋入墓中的官印，大都用临时凿刻的仿制品，不用实用品。"[3]因此，我们审慎地分析，即使金玺是实用品，印面及沟槽内也不一定"有碰撞的疤迹与划痕"，加之我们对其制作时间、凿刻印文、转移和储存环节缺乏了解，更未对其进行微痕显微观察、比较和分析，不宜完全排除明器的性质。否则，"婴齐嗣立，即藏其先武帝、文帝玺"便无从说起。从考古发现的情况分析，目前可以初步确定以实用玺印随葬的仅有陕西阳平关汉墓出土的"朔宁王太后玺"龟纽金印[4]，并且其有特殊的历史背景。综上所述，"文帝行玺"较大可能仍是明器。

其次，"帝印"玉印和异文"帝印"封泥共存的现象，发掘报告认为墓主生前最少使用2枚"帝印"。不过，我们认为未必如此。"帝印"也应具有唯一性，赵眜生前既无必要也不应使用2枚"帝印"。仔细分析钤印封泥的"帝印"应为实用印，封泥"帝印"最大可能是由武帝赵佗制作、使用和传承，文帝赵眜嗣位后

---

[1]《西汉南越王墓》上册，第204页。

[2]《西汉南越王墓》上册，第304页。

[3]《西汉南越王墓》上册，第304页。

[4] 西南博物院《陕西阳平关修筑宝成铁路中发现的"朔宁王右后玺"金印》，《文物参考资料》1955年第3期。

继续沿用。如果我们将"帝印"玉印看作赵眜薨时制作的明器印，一切便迎刃而解。

由此又引出另一个问题，即发掘报告认为："以'帝印'缄封，说明墓中的一部分随葬品是赵眜生前亲自缄封预作死后随葬之用。这在汉朝及诸侯王国中也未见过"[1]。既然"帝印"玉印是明器，钤印封泥的"帝印"才是实用印且并未随葬。《史记·南越列传》也有"胡(眜)实病甚，太子婴齐请归"等语，即赵眜因病有预封随葬品的可能，但仍不足以认定为赵眜亲自缄封，也可能是南越国相关官吏在赵眜薨前或薨后持"帝印"所封。再从所封物品看，西耳室上层织物中出有"帝印"封泥[2]，铜伞柄箍（C126）旁有"帝印"封泥（C162-2）1枚，鎏金小铜匜（C80）内有带封泥匣的"帝印"封泥（C80-2）1枚，这些物品看不出对于赵眜有何特别重要的意义，需要"病甚"的赵眜亲自缄封。同样，西耳室有多枚钤"眜"的封泥，也不能认定就是赵眜生前亲自缄封。

最后，赵眜墓以2枚"泰子"金、玉印和1枚"赵眜"玉印（图四，4）随葬。赵眜为私印，因其薨后不再使用而入墓随葬，性质自然是实用印。

两枚"泰子"印过去认为存在两种可能。第一种意见发掘报告认为："如果太子确是赵始，这两枚'泰子'印当是赵始之遗物。"[3]第二种意见认为，周秦时期嗣位皇（王）子（即太子）早卒，嗣位皇（王）孙亦可称太子[4]。即虽然《史记》《汉书》并无记载，赵眜也可能被立为太子。黄展岳先生认为此说"显见近似"，"泰子"两印为赵眜被确立为嗣王时所拥有[5]。不过两种意见对为何拥有2枚同文"泰子"印的问题仍未解决。因此，难免有人"据此断定这2枚玺印不是一人之物，而是分属两个不同的主人"[6]。

---

[1]《西汉南越王墓》上册，第430页。

[2] 见《西汉南越王墓》上册，第72页。按此或为第3枚"帝印"封泥(图号C162、C232)，第142页具体描述称其出于 C126铜伞柄饰旁，然第74页图五0中C162位置在室内西北、C126在东南，两者相距甚远，疑混。

[3]《西汉南越王墓》上册，第40—42、161—164、199页。

[4] 刘瑞、冯雷《广州象岗南越王墓的墓主》，《考古与文物》2002年增刊"汉唐考古"。

[5] 黄展岳《南越王墓出土文字资料汇考》，黄展岳《先秦两汉考古论丛》，北京：科学出版社，2008年，第431页。

[6] 黄展岳《关于广州南越王墓的墓主问题》，黄展岳《先秦两汉考古论丛》，北京：科学出版社，2008年，第384页。

在汉代高等级墓葬中，墓主受封爵位又任职官，可以有2枚不同印文的爵、官印，如湖南长沙马王堆M2轪侯利苍以"轪侯之印""长沙丞相"两方鎏金龟纽铜印随葬[1]。生前仅受封同一爵位或仅任同一职官，一般墓内仅随葬1枚明器印章。那么即使赵眜被立为太子，为何赵眜又有两方相同"泰子"印随葬？

这种现象或可以从长沙马王堆M1、M3都出土"轪侯家丞"封泥得到启发。孙慰祖辨识出2枚"轪侯家丞"印文笔画微有差别出自两代家丞，即M1的封泥出自第一代轪侯利苍太夫人家丞；M3封泥出自第二代轪侯家丞，再参照复原出笔画残缺的私印封泥为"利豨"，最终确认M3的墓主为第二代轪侯利豨[2]。赵眜随葬其父"泰子"印于史无征，于理也不合。推测赵眜不仅可能被立为太子，还可能被分别立为南越武帝太子和南越王太子，二印当属帝"泰子"和王"泰子"的不同性质。《后汉书·舆服志下》注引"徐广曰：'太子及诸侯王金印'，龟纽，缥朱绶'"[3]；《汉官六种》也记载"皇太子黄金印，龟纽，印文曰章"。其记载与"泰子"金印近同，因此，"泰子"金印当为帝"泰子"印。

随着武帝时期军事、经济实力的上升，赵眜死后南越国已不可能再与汉朝分庭抗礼或阳奉阴违，帝"泰子"金印不可能再继续传承使用，以实用帝"泰子"印随葬即便成为可能，也仍然不排除明器性质。而南越王"泰子"印因需要传承继续使用，只能制作明器"泰子"玉印为赵眜随葬。"泰子"玉印没有田字界格，表明与"泰子"金印存在年代早晚关系，即金印具有秦或汉初风格，玉印则完全是汉印风格，从其印文粗率更可以看出其明器性质。

余 论

通过上述探讨，我们可以得出如下认识。

南越国皇帝系玺印出土的实物有"文帝行玺"龙纽金印、"帝印"螭虎纽玉

[1] 湖南省博物馆、湖南省文物考古研究所《长沙马王堆二、三号汉墓》，北京：文物出版社，2004年，第23—25页。

[2] 孙慰祖《马王堆三号墓墓主之争与利豨封泥的复原》，《上海文博论丛》第2辑，2002年。

[3] 《后汉书·舆服志下》，第3674页。

印、"泰子"龟纽金印,推测书写印文的还有"文帝信玺""文帝之玺"玉印。南越国帝系玺印系统,还包括其所封的王侯之印。如其赂遗役属的闽越、西瓯、骆越,封苍梧秦王赵光、西吁王[1]、高昌侯赵建德、潭侯[2],以及广西贵县罗泊湾汉墓[3]、广西贺县金钟汉墓(M1)[4]墓主2侯等等。南越国诸侯王系玺印出土实物仅有明器"泰子"玉印,见诸记载的有"南越王玺""南越王印",书写印文但已无遗痕的玉印应为"南越王玺""南越王印"。这种推论与赵眛棺内实际出土的9方玺印总数相符。

还必须指出,据《汉官仪》记载,"皇帝带绶,黄地六采,不佩玺"[5]。"乘与绶,黄地白羽,青绛绿,五采,西百首,长二丈三尺。"《后汉书·舆服志下》《汉旧仪》说诸侯王用赤地绶,又记载:"诸王绶,四采,绛地白羽,青黄绿。赤圭,二百六十首,长二丈一尺"。赵眛玺印的绶因质地为丝织品,发掘时已全部腐坏无存,如能残存窥其斑貌对于我们正确区分帝系和王系玺印会有极大的帮助。

南越武帝、文帝"他们的印玺并不作为传国玺"[6],《史记》《汉书》记载南越国第三世明王婴齐迫于汉廷的政治压力"藏"先帝玺,当然是指收纳、收藏,这也说明此前南越先帝玺汉廷使臣和南越人都能观睹。藏在哪里?史书并没有记载。这样的场所非必在南越王宫内,这些"服御物"应在祭祀之所,即供奉在赵佗、赵眛的园庙之内。

景帝中元二年即开始实行"诸侯王薨、列传初封及之国,大鸿胪奏谥、诔、策……王薨,谴光禄大夫吊襚祠赠,视丧事,因立嗣子"[7]。《汉官仪》记载"皇帝延诸侯王,宾王诸侯,皆属大鸿胪。故其薨,奏其迹,赐与谥及哀册诔

---

[1]《南越国史》,第118—119页。

[2]《南越木简》,简96,第75页。

[3] 广西壮族自治区博物馆《广西贵罗泊湾汉墓》,北京:文物出版社,1988年,第110页。

[4] 广西文物工作队《广西贺县金钟一号墓》,《考古》1986年第3期。

[5]《汉官六种》,第187页。

[6]《麦英豪文集》下,第369页。

[7]《汉书·景帝纪》,第145页。

文"[1]。《汉官六种》曰："诸侯王薨，天子遣使者往，使者皆素服"[2]。汉代诸侯、列侯都有祠庙，赵眜、赵婴齐都有汉廷颁赐的谥号，必然有庙，墓园名、庙名即谥号。赵佗非常重视在真定的亲冢，吕后时遥闻"尽诛佗宗族，掘烧先人冢"，成为其自立为帝的起因之一，对文帝为其"修治先人冢"，"置守邑，岁时奉祀"异常感激，作为南越国之祖的赵佗虽无谥号但也必然有庙。文帝时曾"有人盗高庙座前玉环"[3]。《东观汉记·朱祜传》记载"光武以祜为建义将军，攻朱鲔。收得所盗茂陵武帝庙衣、印、绶"[4]；《后汉书·朱祜传》则称"收得印绶九十七"。这些记载表明印绶是陵庙内供奉的重要"服御物"，南越武帝、文帝玺亦当供奉在各自的园庙内。

南越国不仅有帝、王系玺印的不同，南越国的其他玺印也具有特殊性。如明王婴齐太子赵兴嗣立，兴、太后上书"请比内诸侯"，"天子许之"[5]。"赐其丞相吕嘉银印，及内史、中尉、大傅印，余得自置。"汉初汉廷仅独为诸侯国置丞相，南越国除丞相外，还赐内史、中尉、太傅印，这种特例是以示尊宠而非抑损。再如赵眜的左、右、[部]夫人玺印，使用原楚国爵位的"劳邑执圭"蛇纽琥珀印[6]等等，都反映出南越国玺印与中原不同的特点。

南越国帝系和王系两个不同的玺印体系，与《史记》《汉书》等记载互相印证，从一个侧面体现出汉朝统一岭南的曲折历史进程。

（作者单位：徐州博物馆）

[1]《汉官六种》，第134页。

[2]《汉官六种》，第106页。

[3]《汉书·张释之传》，第2311页。

[4]［东汉］刘珍等撰，吴树平校注《东观汉记校注》(上)，北京：中华书局，2008年，第403页。

[5]《汉书·西南夷两越朝鲜传》，第3854页。

[6] 黄展岳：《"朱庐执圭"印和"劳邑执圭"印——兼论南越国白镌官印》，《考古》1993年第11期。

南汉国佛寺钟鼎款识数种考

陈鸿钧

内容提要：

　　五代十国之一的南汉国，自唐末地方藩镇割据建国，其文武制度多沿袭唐制，承袭唐代崇佛之遗风，于境域遍置寺刹，甚有影响，留存至今的若干南汉国佛寺钟款即是当时岭南佛事的见证，并且从其款识中可考证补充南汉国之史事、人物、职官、典制诸情形，为研究了解南汉国历史文化提供了一份珍贵可靠的文献资料。

　　唐末季世，藩镇坐大而自雄，作为五代十国之一的南汉国，因偏踞岭南一隅而国祚较长（917—971年），成为岭南历史上继南越国之后又一偏霸政权。盖南汉国沿袭唐朝而来（五代十国均是），其礼乐制度多袭唐制，且承唐代之遗风，崇奉佛教，佛寺庙刹，遍于境内，影响后世至为深远，也成为今人研究南汉国史乃至岭南佛教史志的重要内容之一。兹将南汉国境内佛寺所存或所闻钟鼎款识加以搜罗考稽，用补史志，复资参鉴。

苍梧县感报寺钟款

清谢启昆《广西金石略》辑载广西苍梧县感报寺钟南汉钟一口，其铭文曰：

　　维大汉乾和十六年，太岁戊午，闰六月庚辰朔，十六日己未，弟子万华宫使、桂州管内招讨使、特进、行内侍、上柱国吴怀恩铸造洪钟一口，重五百斤。置于梧州云盖山感报寺，永远供奉。上资当今皇帝龙图永固，圣寿万春。谨记。

179

并为之题跋曰：

> 右钟在苍梧县光孝寺，高三尺，口径一尺七寸。案《十国春秋》："吴怀恩，番禺人，内常侍。中宗即位，进开府仪同三司。乾和中，为西北面招讨使。"此钟所载怀恩衔，《十国春秋》皆不之及。又乾和十六年，为周世宗显德五年。考《薛史》（按：即《五代史》）及《通鉴》，是年闰七月，此云闰六月，是南汉不奉正朔之证。[1]

以此观之，钟款所载南汉国宦官吴怀恩之官衔，诚诸籍"皆不之及"，据此可补诸史。

史称吴怀恩伺楚王兄弟争持，进掠桂管，大扰其边，拔桂州后，复析兵略定宜、连、梧、严、柳、龚、象等州，"始尽得岭南地"。钟当铸于得苍梧地后。

又钟款载吴怀恩之衔"桂州管内招讨使"，桂州，今属广西境，据吴兰修《南汉地理志》：

> 桂州，五代属楚。乾和九年归南汉，领县十一：临桂、理定、灵川、阳朔、荔浦、永宁、修仁、慕化、永福、古、义宁。[2]

据所领县，州位今广西东北部，即桂江、洛清江两水之域，治所即今桂林。

招讨使，为唐时用兵权置之职，见《旧唐书》卷四十四·职官志：

> 招讨使，贞元末置。自后，随用兵权置，兵罢则停。[3]

五代有行营南面招讨使、北面招讨使，又置都招讨使等。

"特进"，汉置，唐为文散官，不理事，见元马端临《文献通考》卷六十四：

---

[1]［清］谢启昆《粤西金石略》，清嘉庆六年铜鼓亭刊本。

[2]［清］吴兰修《南汉地理志》，傅璇琮主编《五代史书汇编》（丙编），杭州：杭州出版社，2004年。

[3]［后晋］刘昫等《旧唐书》卷四十四·职官志，北京：中华书局，2000年。

特进汉制，诸侯功德优盛，朝廷所敬异者，赐位特进，位在三公之下……隋文帝为散官，不理事。炀帝即位，废特进官。唐为文散官。[1]

另又见《旧唐书》卷四十三·职官志：

正第二品　特进（文散官）。[2]

"行内侍"，唐有内侍省，置内侍四人，位为从四品上。唐制，阶高职低曰"行"，吴怀恩位"特进"，正二品，故任内侍职于前当加"行"字。

唐李林甫等撰《唐六典》卷十二：

内侍四人，从四品上……内侍之职，掌在内侍奉，出入宫掖，宣传制令。总掖庭、宫闱、奚官、内仆、内府五局之官属。[3]

掌此官者，以其出入宫禁，故以宦者（阉人）居之。梁廷枏《南汉书》列吴怀恩于宦官传。

"上柱国"，官名，战国楚有上柱国子良、柱国景翠，赵有柱国韩向，见《战国策》东周、楚二、赵四。原为卫国都之官，后为最高武官或勋官。见《旧唐书》卷四十二·职官一：

正第二品　上柱国（勋官）。[4]

按：历代官制，有职事、散、勋、爵号之别，勋官始于南北朝，有功则授官

---

[1]［元］马端临，上海师范大学古籍研究所点校《文献通考》卷六十四，北京：中华书局，2011年。

[2]《旧唐书》卷四十三·职官志，北京：中华书局，2000年。

[3]［唐］李林甫等，陈仲夫点校《唐六典》卷十二，北京：中华书局，1992年。

[4]［后晋］刘昫等《旧唐书》卷四十二·职官一，北京：中华书局，2000年。

号，无实职，原称散官，唐始析为勋官，见《唐六典》卷二：

> 吏部尚书……凡叙阶之法，有以封爵，有以亲戚，有以勋庸，（谓上柱国）……司勋郎中、员外郎掌邦国官人之勋级。凡勋有十二等：十二转为上柱国，比正二品。柱国，楚官也……隋高祖受命，又采后周之制，置上柱国为从一品，柱国为正二品……以酬勤劳。皇朝改以勋转多少为差，以酬勤秩。[1]

转，迁调官职之谓。唐以勋功而迁调者，一转为武骑尉，比从七品，至十二转方为上柱国。唐分特进为文散官，上柱国为勋官。南汉因之，是故吴怀恩有系衔此二者。

吴怀恩行迹，见宋路振《九国志》卷九·吴怀恩传：

> 怀恩，番禺人，事龚为内府局丞。性谨愿，典宿卫二十余年，未尝有小过。玢袭位，迁内常侍。玢好宴乐，东西两教坊伶官千余人，常昼夜出入禁中，怀恩屡言于玢……玢不听，果为陈道庠所弑。晟袭位，授宫闱宿卫押番。乾和六年，加开府仪同三司、西北面招讨使。与指挥使吴珣，领兵侵楚，亲冒矢石，半岁间，取得梧、桂六州之地。以功加濮阳县公。大宝中，王师取郴、连。 惧，以怀恩为桂州团练使，令治战舰。怀恩驭下方严，临事精至……鑱者多怨之。又造龙舟十，以备 亲征。舟成，怀恩以绵幂其手，遍扪钩楯，匠区彦希在侧，运斤斩之鑱首坠船中……及被害，国人忧之。[2]

以上引校诸感报寺钟款，多有未及，故钟款文可补诸载不足。

---

[1] ［唐］李林甫等，陈仲夫点校《唐六典》卷十二，北京：中华书局，1992年。

[2] ［宋］路振《九国志》卷九，傅璇琮主编《五代史书汇编》（丙编），杭州：杭州出版社，2004年。

乐昌县宝林禅院铜钟款

清吴兰修《南汉金石志》辑载广东乐昌县宝林禅院南汉钟一口（图一），其铭文曰：

> 粤维大宝二年，太岁己未七月甲辰十九日壬戌，乐昌黄莲山宝林禅院住特（按：应为"持"）长老明徽大师、赐紫沙门义初，召众缘铸造铜钟一口，重四百斤。
>
> 劝首弟子、给事郎、守内侍省内府局令、都监乐昌防遏诸都、并兼乐昌县事、赐紫金鱼袋郑敬赟，以七月二十八日设斋庆赞，永充供养。奉敕镌题黄莲山铜钟一口。

此钟款为诸种金石书籍所载，可见其为学者所重视。清翁方纲《粤东金石略》卷四·南汉大宝二年铜钟载云：

> 钟高二尺四寸，围四尺，口五尺，纽高五寸，围二尺。凡铸金之文，阳识易成，阴款难镌，三代铜器用阴款，秦汉则多用阳识，此文乃是阴款，尤为难得。[1]

清钱大昕《潜研堂金石文跋尾》云：

> 右黄莲山铜钟题字，凡四行，文云云。考《韶州府志》："乐昌县有宝林寺，宋嘉祐三年，僧圆佑建。"无所谓"宝林禅院"者；至"黄莲山"，则志乘失载，访之乐昌人，亦鲜能举其名矣。[2]

---

[1]［清］翁方纲，欧广勇、伍庆禄点校《粤东金石略》卷四，广州：广东人民出版社，2012年。

[2]［清］钱大昕《潜研堂金石文跋尾》，南京：江苏古籍出版社，1997年。

又同治《韶州府志》卷二十六·古迹略·寺观·乐昌：

> 宝林寺，在辛田都。宋嘉祐三年僧圆佑建。明成化十五年重修。宋
> 余靖《乐昌县宝林禅院记》："……越人右鬼，而刘氏尤佞于佛，故曲
> 江名山秀水、膏田沃野，率归于浮图氏。郡之属邑曰乐昌，去县郭四十
> 里，有院曰"宝林"，地灵境胜，一邑之冠……康定二年九月日记。[1]

可知宝林禅院，乃南汉时所建。据铜钟之款（图一），院当建于大宝二年七
月前。至易名为"宝林寺"，据上引《韶州府志》，则在宋嘉祐三年（1058
年）。

郑敬赟衔称"给事郎、守内侍省内府局令"，内府局，沿唐制而设，掌内府
宝货进出之数，见《新唐书》卷四十七·百官二：

> 内侍省……内府局令二人，正八品下；丞二人，正九品下。掌中藏
> 宝货给纳之数，及供灯帐、汤沐、张设。凡朝会，五品以上及有功将
> 士、蕃酋辞还，皆赐于廷。[2]

按：唐制，"给事郎"为文散阶，八品上（见同书"吏部郎中"条），内府
令为正八品下，按"《贞观令》：'以职事高者为守，职事卑者为行'"，衔前
应为"行"，今郑氏衔前加"守"者，以高宗咸亨二年所改，见《旧唐书》卷四
十二职官一："咸亨二年，始一切为'守'"。南汉官称如唐制，故一仍之。

刘氏以武职据粤，史称："岩多延中国士人，置于幕府，出为刺史。刺史无
武人"[3]。实为防武人之举措，郑敬赟以内侍之职，出监乐昌，其意殆亦如是。
此宦官出而为监政事戎事之举，实为承唐之余绪，唐玄宗时，"宦官黄衣以上三

[1] ［清］同治《韶州府志》卷二十六，中国地方志集成本，上海：上海辞书出版社影印。
[2] ［宋］欧阳修等《新唐书》卷四十七·百官二，北京：中华书局，2000年。
[3] ［宋］司马光《资治通鉴》卷二六八·后梁纪三，北京：中华书局，1956年。

千员，衣朱紫千余人……监军持权，节度返出其下"[1]。于各镇及出讨叛逆之军中，以宦者充监军，如鱼朝恩，于至德初监李光进军，后又充观军容使；仇士良，于宪宗朝，出监平庐、凤翔等军；内常侍杨玄价，于宣宗朝出监盐州军；杨复光，以"有谋略，累监诸镇军"。新、旧《唐书》多语之，可参其宦者传。故南汉宦者出任之制，实循唐规。

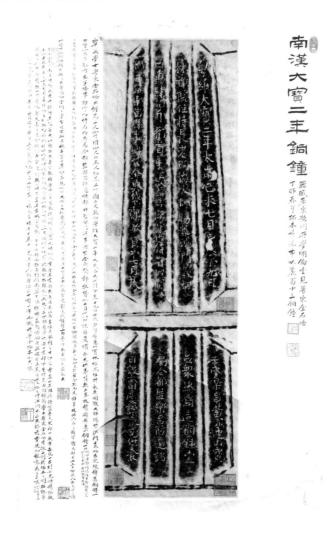

图一　南汉国乐昌县宝林禅院钟款拓本

[4]［宋］欧阳修等《新唐书》卷二百七·宦者上，北京：中华书局，2000年。

贺县乾亨寺铜钟款

清吴兰修《南汉金石志》辑载广西贺县乾亨寺南汉铜钟一口，其铭文曰：

维大汉大宝四年，岁次辛卯，九月辛酉朔二十五日乙酉，铸造铜钟一口，重一千五百斤。于乾亨寺内，永充供养。

僧正大德崇愍 都监、大德行超 监寺、大德、都维郁僧楚彤 住持从义 楚澄 萦然 戒诠 智暹 知亮 宏遇 西头供奉官、都监贺州防拓、应援等军、并监贺州事、征事郎、守内侍省内府局令、赐紫金鱼袋梁延康 管甲指挥使全友诚 刘处详 佐迁内承旨黄守镡 指挥使陈匡远 左雄勇指挥使、都监贺州应援军、银青光禄大夫、检校刑部尚书、兼御史大夫、上柱国郭达 西头高品谭文定 西上阁门使副、权录事参军梁延福 郭居弟子杨德威 廖师进 宋居训 黄进义 詹延达 邓承润 王延猷 梁承选 萧彦铠 黄仁祚 李延亮 孟汉璿 刘意琅 黄少璘 陈延福 胡延举 萧彦湘 王景起 莫少宣 陈进清 孟汉逵 孟意通 陈德用 姚宏雅 黄仁裕 虞从庆 丘邻 伦延绶 严匡演 杨灿 李常温 廖延通 李延意 莫楷 虞才训 女弟子：蒋氏六娘 黄二娘 徐四十娘 李十四娘 虞二十一娘 陈二娘 欧阳十八娘 陶五娘 李二十八娘 冯一娘 高品、银青光禄大夫、检校国子祭酒、兼侍御史、柱国莫道赟 翰林□待诏、文林郎、试大理评事王师训 众缘：应援军十将卢法住 庞保定 杨僧 罗法宁 刘光美 李善能 杨象 封弩：陈令简 邓会 陈道情 梁雪 罗贵 杨道意 杨公海 覃廷义 潘廷美 冯金 刘迢 何匡韵 庞婆儿 伍僧会 潘楚规 杨军朗 梁瑶 卢嫩 龚砚 杨知 苏蕴 黄延集 杨虔 吴采 庞奴 宁舍 梁彦通 梁幼 余恋 宁光 包邻儿 冼初 钟添 唐胜 梁云庆 尧保成 刘史 乾亨寺住持僧宏遇 善儒 志宽 善慧寺监寺、大德缘集法喜 正惠禅院监院、大德志坚 西山圣果寺监持、大德、惠长寺主契真 仁王寺监寺、大德善德 峡山寺大德从惠 审依东南道、灵化寺大德延浦

铸造匠人：梁道崇 颜位 邓珠

书人：区煜

镌字匠人：齐公延 齐公握 阮仁兴 田从训

众缘弟子：马军郭道崇 陈延嗣 何怀坚 李怀进 梁道崇 李廷真 区廖从 钱珣 唐绪 颜位 陈彦详 防拓军十将何肱 聂轲 王畋 成行柔 阮敬之 张利保 区珍 陈廷桂 李辛 宋从顺 杨廷懿 苏全志 植昌岁 陈豐 陈癸 黎小锥 陈保得 吴宁收 区昱 邓珣 杨延庆 凌孟益 罗敬文 黎匡兖 黎崇徽 陈法善 梁观音 林光嗣 禤庆众 张僧养 林让 梁匡锡 陈廷智 何佛养 陈延寿 梁保志 冯僧保 李文叨 陈潘久 苏亚 张料六 梁保绥 何廷泛 刘道诚 梁敬迁 梁度 严留 梁光嗣 吴佛保 陈公远 区延志 聂再隆 陈延嵩 卢光志 王佛寿 刘韶 向延古 陈佛看 苏保儿 蒙爱 梁延爱 梁和尚 莫宋 张佛 王老 徐嫩 植崇保 梁怀彻 卢延保 区绍 陈承邺 黄知道 王期 陈师 黎佛念 邓法护 冼光嗣 李张 卢 封善修 卢从蕴 陈思宪

女弟子：陈三娘 区四娘 宋九娘 李八娘 陈二娘 任八娘 简十娘 王一娘 刘二娘 李九娘 廖二娘 赵十六娘 徐九娘 何一娘 陈一娘

左厢都押衙、知桂岭县事欧阳敬忠 右厢都押衙梁存忠 防城都押衙黄延静 四界马步都虞侯、知冯乘县事孟汉璀 马步都虞侯莫庆 承典议郎、守连山县程崇珪 捕贼官陈子勋 虞承绕 冯令瑁 军事孔目官、知宝城场务虞延悫 鼓铸都句孔目官、知富川县梁珠 军事押衙官、句荡山县科敬杨蕴 读示孔目官钟全美 厅句孔目官陈昌 鼓铸孔目官钟庆眇 曹都钟仁 英州司孔目官虞保忠 陈承保 黄承畔 表奏孔目官费沆 虞仁赞 王廷规 虞仁祚 仓督廖仁亮 临贺县都行、耆寿虞师岳 陈子璩 欧阳续 桂岭县都行、耆寿李罕余 富川县都行、耆寿王汉膺 董仁兴 冯乘县耆寿何仁富 荡山县耆寿黎霜层 宝城场行首宝华祚

并为之题跋曰：

右钟在贺县三乘寺，高四尺五寸，口径二尺五寸，四面皆有款文，凡千馀字。其官位及僧徒称谓，亦足考一时之制。内多异姓，如冼庆

植、禤科宾之类。禤音喧，今南中尚有此姓。而洗或作冼，观是钟，知其误，自五代时已然。大宝辛未，为太祖建隆二年，考史，是年九月朔壬戌，此云辛酉，差一日也。

兰修按：右钟款，职官三十七人，耆寿九人，众缘一百七十三人，工匠八人，女子二十五人，僧二十一人。职官梁延康等，《十国春秋》无考。结衔称西头供奉官、西头高品、西上阁门使副、内承旨、御史大夫、侍御史、国子祭酒、翰林院待诏、大理评事、知县事、知场务、都监、防拓应援等军 管甲指挥使、录事参军、左厢都押衙、右厢都押衙、防城都押衙、军事押衙官、马步都虞侯、军事孔目官、都句孔目官、厅句孔目官、鼓铸孔目官、州司孔目官、表奏孔目官、读示孔目官、捕贼官、仓督，皆《十国春秋·百官表》所未载也。

钟未知今存否，所载唯见存《广西金石略》，如吴氏所指，钟款结衔，多为《十国春秋》所不载，故为南汉职官之重要史料。其职多沿南北朝、隋唐之制，故细加研读，可辨其源流孑遗。

如僧崇慜，结衔为"僧正、大德"。考僧正，始于北朝，后秦姚苌始以僧䂮为僧正，以关中佛法时盛，僧尼多而律纲松弛故。《大宋僧史略》卷中："僧正者何？正政也。自正，正人，克敷政令故也。盖以比丘无法，如马无辔勒、牛无贯绳，渐染俗风，将乖雅则，故设有德望者，以法而绳之。"南朝多袭，唐后于州郡设僧正理地方僧务。大德，梵文Bhadanta之意译，音译"婆檀陀"。佛教称大德行者，亦用指菩萨、佛陀或比丘中之长老，或亦称高僧。隋唐任大德掌管僧尼。隋初置大德六人，据《续高僧传·吉藏传》，唐武德初"置十大德，纲维法务"。

僧都维郍结衔"监寺"，为禅宗六知事之一，监督一寺者。据《释氏要览》下云："《会要》云，监者，总领之称，所以不称寺院主者，盖推尊长老。"

另款识中多人职称"住持"，如从义、楚澄、萦然、戒诠等，此为僧职，原为久住护持佛法意，禅宗大兴，用为寺院主管僧之称，见《百丈清规·住持章》："佛教入中国四百年而达摩至，又八传而至百丈，惟以道相授受，或岩居穴处，或寄律寺，未有住持之名。百丈以禅宗浸盛……非崇其位，则师法不严，始奉其师为住持，而尊之曰长老，如天竺之 称舍利须菩提"[1]。或亦有称"方丈"者。

款中梁延康，诸史籍无载，据其结衔"西头供奉官、都监贺州防拓、应援等军、并监贺州事、征事郎、守内侍省内府局令、赐紫金鱼袋"，当为宦官而出临地方，掌监地方军、政者。"西头"，以天文有宦者四星，处帝座之西，故以"西头"为宦官之代称。"供奉官"，亦称"内供奉""内供"，为大内（宫廷）道场所供奉之僧职，始于唐肃宗始德元年，时以僧元皎为内供奉。宋时设东、西头供奉官，为武职阶官，又内东、西头供奉官，为宦官阶官，均为表品级，无职掌，与南汉制异。另"都监"者，即宦官出掌监军之职，以其所监为诸军，故称"都监"，如梁氏于贺州即监"防拓、应援等军"。"征事郎"，唐文散官，为正八品下。 "守内侍省内府局令"者，宦官之职。唐制，内侍省下辖掖廷、内府等六局，见《新唐书》卷四十七·百官志二："内侍省……内府局，令二人，正八品下……掌中藏宝货给纳之数，及供灯帐、汤沐、张设"[2]，所加"守"字者，乃指品低而职高。

又如"西头高品"者，亦指宦官，"高品"，指道德高、学问好之人。品者，品第、品类也。如唐张九龄《曲江集》卷十上·张燕公书："今登丰沛泽，千载一时，而清流高品，不沾殊恩。"

钟款所称"管甲指挥使全友诚""指挥使陈匡远"之衔，为禁卫官。唐中叶后有指挥使，本方镇军校名，后梁起宣武军，乃以镇兵袭旧号，置在京马步军指挥使，后唐、周、宋沿其名，遂为禁卫之官。见《旧五代史》卷四三·唐明宗纪九："以神捷、神威、广捷已下指挥改为左右羽林军，置四十指挥，每十指挥立为一军，军置都指挥使一人。"[3]南汉当亦沿此例。

另有称"应援军十将卢法住""防拓军十将庞保定"之"十将"，当为军中

[1]［元］德辉《百丈清规》，郑州：中州古籍出版社，2011年。

[2]［宋］欧阳修等《新唐书》卷四十七·百官志二，北京：中华书局，2000年。

[3]［宋］薛居正《旧五代史》卷四三·唐明宗纪九，北京：中华书局，2000年。

军官之下者，见《册府元龟》卷六六·帝王部·发号令五："（天福）二年二月敕：……凡事制御区分，如是长行，或有违犯，即副将便可据罪处理；如是副将、十将违犯，即便勒本指挥使据罪科处；指挥使违犯，不出军时，即委都指挥使具录事由腾奏……"[1]，其阶级次第为长行、副将、十将、指挥使、都指挥使。

钟款称"封弩陈令简、邓会"之"封弩"，当是弓弩手，与下之"马军郭道崇"对应。唐有此兵种，见《全唐诗》十函一册卷二一九·杜甫·遭田夫泥饮美严中丞："回头指大男，渠是弓弩手。名在飞骑籍，长番岁时久。"仇兆鳌注引张远之曰："旧兵一万五千，分为六番，以次更代。今曰长番，长在籍，无更代也。"[2]此为唐弓弩手制，然南汉自有"神弩军"，所操之兵即为弩，并以此大败楚人，见宋路振《九国志》卷九·苏章：

> 白龙中，楚人乘舟师来伐，围封州，败我师于贺江，溺死者千人。龚乃遣章领神弩军三千人，战舰百艘援之……乃以强弩夹水射之，楚人歼焉。收战船百艘以归，遂解封州之围。[3]

另，封弩即大弩。封，大，《尔雅·释诂》："封，大也。"汉·王逸《楚辞补注》卷一·离骚："羿淫游以佚畋兮，又好射夫封狐。"[4]此钟款所列之"封弩"者，当较诸常弓弩者为上。

款中数十人所称"郭居弟子"者，当指城邑释门之徒。郭，原指外城，如《礼记·礼运》："城郭沟池以为固。"[5]《孟子·公孙丑下》："三里之城，七里之郭。"[6]

款中梁延福衔"西上合门使"，此职为合门使之尊者，西上，入门左首之

[1]［宋］王钦若《册府元龟》卷六六·帝王部，北京：中华书局，1960年。

[2]《全唐诗》十函一册卷二一九·杜甫·遭田夫泥饮美严中丞，北京：中华书局，2008年增订本。

[3]［宋］路振《九国志》卷九，傅璇琮主编《五代史书汇编》（丙编），杭州：杭州出版社，2004年。

[4]李格非主编《汉语大辞典》（简缩本），武汉：湖北辞书出版社，1996年。

[5]《礼记》，上海：上海古籍出版社，1987年。

[6]《孟子》，北京：中华书局，2005年。

位，古尊右卑左，主迎宾而先处左，示尊。《仪礼·聘礼》："介皆与，北面西上。"郑玄注："入门左之位也。"[1] "合门使"，唐末、五代有合门使，掌供奉乘舆、朝会游幸、大宴引赞、引接诸官、藩国朝见、纠弹失仪等，五代多处武官，见元马端临《文献通考·职官》。"权录事参军"之"权"，唐指代理摄守之职，见唐李翱《李文公集》卷十一·韩吏部（愈）行状："入为权知国子博士……权知三年，改真博士"[2]。其所暂领之录事参军，本晋置，本州府官非州郡职，掌总录众曹文簿，举弹劾善恶，后开府者置之，职与州主簿同，见宋郑樵《通志》卷五十六·职官六·录事参军："隋初，以录事参军为郡官……炀帝又置主簿，唐武德元年（618年）复为参军。"[3] 南汉仍置。

南汉职官之设，诸史阙表，《十国春秋》疏略，不及此钟所载，万斯同《南汉将相大臣年表》（《廿五史补编》）限于体例，不及其余，故此乾亨钟铭，当为研究南汉职官之重要材料，不可忽弃。

另，吴兰修于该钟不载尺寸，未谙广狭，可参清陆增祥《八琼室金石补正》卷八十一·乾亨寺钟款：

> 拓本四纸，高三尺四寸三分，上下二截，中空。上截长一尺八寸二分，下截长八寸三分，宽各五寸八分。字各四行，有阳文，直格。第一纸下截之右题名五行，左题名二行；第三纸下截之左题名三行。字数均不一，俱正书。在贺县。[4]

崇山县东禅院铜钟款

清金珙监修《广西通志》（雍正十一年版）卷四十五·古迹·太平府·崇善县载：

[1]《仪礼》，上海：上海古籍出版社，1987年。

[2] 吕宗力主编《中国古代官制大辞典》，北京：北京出版社，1994年。

[3]〔宋〕郑樵《通志》卷五十六·职官六，北京：中华书局，2017年。

[4]〔清〕陆增祥《八琼室金石补正》卷八十一，北京：文物出版社，1985年。

古铜钟在崇善县，上刻"大汉乾和四年辛亥铸于东禅院"。

广西崇善县，《大清一统志》卷三百六十五·太平府·古迹有载：

> 崇善故城　在今崇善县西北六十里。《土夷考》：古地名崇山，明洪武初，土官赵福贤归附，授知县，世袭。宣德元年，子暹叛，攻破左州，据村峒四十余所。帅臣顾兴祖讨诛之。八年，治改流官。嘉靖十七年，徙入附郭。古迹犹存。[1]

崇善县在南汉国之南境，为刘岩于后唐时所取，见《资治通鉴》卷二百六十八·后梁太祖乾化元年（911年）：

> （十二月癸亥）刘岩遣兵攻容州，（马）殷遣都指挥使许德勋以桂林兵救之；彦章不能守，乃迁容州士民及其府藏奔长沙，（刘）岩遂取容管及高州。[2]

又见《新五代史》卷六十五·南汉世家：

> 乾化二年……（刘）岩取容管，逐巨昭；又取邕管。[3]

按：容州，约今容县；邕州，约今南宁。均处广西南境。至乾和九年十一月（后周太祖广顺元年，951年），吴怀恩方略定宜、连、梧、岩、富、柳、龚、象等州。

上述诸州均处广西北境及东北。崇善县，处广西南境（1951年与左县合并为崇左县），处邕州西南、左江之侧，当于刘岩未立国时已为其所取。

---

[1]［清］穆彰阿等《大清一统志》，上海：上海古籍出版社，2008年。

[2]［宋］司马光《资治通鉴》卷二百六十八·后梁纪三，北京：中华书局，1956年。

[3]［宋］欧阳修等《新五代史》卷六十五·南汉世家，北京：中华书局，2000年。

上引铜钟款为"大汉乾和",即当为南汉中宗刘晟时物。刘晟于光天二年（943年）弑兄,即帝改元"应乾",翌年改"乾和"。然乾和四年干支为"丙午",九年方为"辛亥",故上引之文当为"乾和四年丙午",或"乾和九年辛亥"。

增城县长庆禅院铜钟款

清阮元《广东通志》卷十七·金石略辑载广东增城县长庆禅院南汉钟一口,其铭文曰:

> 汉乾和十五年,岁次丁巳,十一月一日癸未朔,二十日壬寅,云母山长庆禅院沙门神坦普劝众缘,铸造洪钟一口,重八百斤。上资国祚,普及四恩;下济三有,永充供养。

并为之题跋曰:

> 钟在增城万寿寺。旧《志》:"万寿寺在县南凤凰山之东。"此钟款云"云母山长庆禅院。"地志无此寺名。云母山即云母岭,在城西二十里。今钟在万寿寺,不知移自何时矣。款既书"朔",又书"一日",俗僧所为,不足论也。

广东增城万寿寺,旧志有载,见乾隆二十五年刻本《增城县志》卷十四·外志:

> 万寿寺,在邑治南凤凰山之东麓。东向,旧名法空寺,宋嘉祐间,僧圆创为祝延圣寿之所,乃改名万寿。[1]

---

[1]〔清〕乾隆《增城县志》卷十四·外志,中国地方志集成本,上海:上海辞书出版社影印。

另钟文谓："上资国祚，普及四恩；下济三有，永充供养。""四恩""三有"，皆佛家语所常有，且多连称。如《目莲救母出离地狱升天宝卷》："以此不尽功德，上报四恩，下资三有。"

四恩有二指：世人当报之恩为父母恩、众生恩、国王恩、三宝恩，语出《心地观经》；僧徒当报父母恩、师长恩、国王恩、施主恩，语出《释氏要览》。

三有，指三界之生死：一欲有，欲界之生死；二色有，色界之生死；三无色有，无色界之生死。释界以三界之生死境界当有因有果，故称"有"。如《文苑英华》卷八五八·碑·李邕·海州大云寺禅院碑：

湛四禅于中道，超三有以上征。

余　论

南汉国沿袭唐代崇佛之遗绪，兴修寺院，遍于境内，成为展示岭南佛教历史文化的重要一节。而流传于今的钟款铭文记载了当时佛教的兴盛，蕴含了丰富的历史信息，诸如钟款文中采用南汉皇帝年号纪年，不采用中原政权的纪年法，其历法自成一体；钟款所载诸多官制基本参用唐代官制体系而略有变化，更为重要的是所列诸多职官名为后世有关辑录南汉国史籍所不载者，是可补史志之阙略；钟款所载诸多僧官名及用语为了解南汉佛教提供了更详尽的资料；钟款所载人物职衔较后世史志更为详细真实。凡此种种，皆可探讨，故不避烦琐，据理考鉴，以期有裨于辨章学术云尔。

——2020年4月12日记于越王台畔

（作者单位：广州博物馆）

景德镇釉灰产地考证

熊 寰

内容提要：

　　景德镇釉灰由石灰石和草木灰原料组成，在景德镇陶瓷生产中具有重要作用，至迟在北宋应已形成独立的釉灰生产区域专门服务周边的窑业生产，地点在浮梁南部的游山。随着明清窑业生产主要集中在景德镇市区，考虑到釉灰产地与窑业分布的联动关系，推断釉灰产地至迟在明代向西整体转移至牛角岭南麓一带，并通过牛角岭山路捷径经湖田进入景德镇。牛角岭南麓一带也成为新的釉灰制作中心，生产延续至今。

　　釉灰是景德镇制釉的重要原料，对制釉有至关重要的影响，唐英在《陶冶图编次》中就专列"炼灰配釉"条阐述："一切釉水无灰不成……配以白细泥与釉灰调和成浆，稀稠相等，各按瓷之种类以成方加减。"[1]当然，如不用釉灰单用釉石[2]亦可制成，但"釉无灰则枯槁无色泽矣"[3]，可见釉灰的重要性。

　　釉灰之名始见于《陶冶图编次》："以青白石与凤尾草叠垒烧炼，用水淘细，即成釉灰。"[4]殷弘绪书信则详细记载了景德镇釉灰的配制方法："（首先）取大块生石灰，用手洒上少量水，使它溶解成粉末，然后铺上一层干燥的蕨

---

[1]［清］唐英《陶冶图编次》，载［清］乔溎修，贺熙龄纂，游际盛增补《道光浮梁县志》，道光三年刻、十二年补刻本，《中国地方志集成·江西府县志辑⑦》，南京：江苏古籍出版社，1996年，第174页。

[2]景德镇亦称釉果，其名可见《景德镇陶录》（［清］兰浦撰《景德镇陶录》，郑廷桂补辑《中国古代陶瓷文献辑录（二）》，北京：全国图书馆文献缩微复制中心，2003年，第657—658页）。名称来源尚不得知，有推测认为"果"为"裹"之简写或音义之误，意思是釉为坯胎包裹层的物料（于兆民《陶瓷原料》，《瓷器》1963年第4期）。

[3]［清］张九钺编撰，王婧点校整理《南窑笔记》，第52—53页。

[4]［清］乔溎修，贺熙龄纂，游际盛增补《道光浮梁县志》，道光三年刻、十二年补刻本，《中国地方志集成·江西府县志辑⑦》，第174页。

类植物，再在其上铺一层熟石灰。这样交替铺叠多层后，点燃蕨类植物。全部烧尽之后，把灰烬和蕨类植物交替相间地铺上几层再次进行燃烧。这一过程至少要连续重复五六次，而且重复次数可以更多，釉的质量也就更好。"[1]至乾隆时已达"炼之三昼夜"[2]。民国时也有不同的烧制法，即"用生石灰加水，和入凤尾草灰，杂置炉中烧煅后，用杵臼捣碎之，即为釉灰"[3]。以上显示釉灰制作的要点主要是将石灰石制成熟石灰与草木灰煨烧[4]，但民国也有在炉中煅烧，用杵臼捣的形式。由于草木灰需要烧炼制成，也有文献称为"炼灰"[5]。由上可见，釉灰的配制原料主要为石灰石和草木灰。

景德镇关于釉灰的最早记载来自《陶记》，前揭"攸山山槎，灰之，制釉者取之"的记载，说明景德镇宋元时的草木灰"槎叶木柿"的产地在"攸山"，据考证为游山[6]，后人均从此说。康熙《浮梁县志》载："凤游山，在县南六十里新合都，以凤来游得名。高出诸山……左枝劈为婺之大游山，右枝劈为小游山。"[7]康熙《饶州府志》载："旧名浚源，唐改今名。"[8]可见，游山从唐代始称，处于浮梁、婺源两县交界位置，亦近乐平县，是所在地区最高的山，其中小游山属浮梁县，大游山属婺源县。据笔者实地调研，至今仍是如此。那么，游山对应的具体方位和地点便是图一[9]右下角的凤游山（即大游山）与小游山

---

[1] 小林太市郎译注《陶磁见闻录》，第93—94页。

[2]《南窑笔记》（旧抄本），黄宾虹、邓实编《美术丛书》第三册，第2045页。

[3] 向焯《景德镇陶业纪事》（1920年出版），（连载）《艺林月刊》第57期（民国二十三年九月）。

[4] 之前已有学者强调了使用"煨烧"一词以准确描述制作釉灰时的燃烧状态（刘桢、许垂旭《传统釉灰的制法及其工艺原理》，《硅酸盐通报》1988年第3期）。

[5]《磁史》，《民众月刊》1936年第7期，江西陶业管理局发行，第22页。正文中引用的唐英《陶冶图编次》的"炼灰配釉"也有"炼灰"一词，但"炼"为动词，不像此处"炼灰"为名词。

[6] 白焜《宋·蒋祈〈陶记〉校注》，《景德镇陶瓷》（《陶记研究专刊》）1981年总第十期。

[7] 蒋祈《陶记》，《浮梁县志》，康熙十二年刻、康熙二十一年增修，中国科学院图书馆选编《稀见中国地方志汇刊》第二十六册，第38页。

[8][清]黄家遴、佟准年等纂修《饶州府志》卷二，康熙二十二年刊本，《中国方志丛书·华中地方·第九五九号》，台北：成文出版社有限公司，1975年，第186—187页。

[9][清]乔溎修、贺熙龄纂，游际盛增补《道光浮梁县志》卷首·绘图，浮梁县史志档案局重印，扬州：扬州广陵古籍刻印社，2007年，第2页。

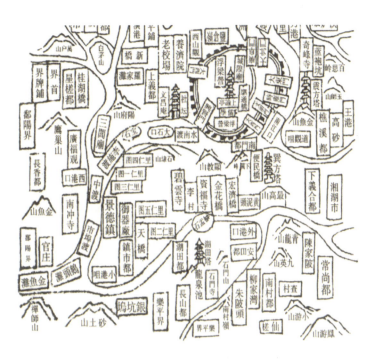

图一　浮梁县道光时的"县境之图"（部分）

处[1]，距景德镇市区近30公里。

　　宋代窑址，尤其是北宋窑址，主要集中在景德镇市南河区域（图二，蓝色框内），即浮梁县南部湘湖镇一带及寿安镇一带[2]，分别位于游山的北部与西部，从游山一带步行至前者区域路程10余公里，步行至后者区域约10公里，距离不远，较为便捷。因此，根据游山周围存在大量北宋窑址的分布情况，游山产地的使用时间不会晚于北宋。与北宋观台窑在窑址中心区域设有釉灰窑相比[4]，景德镇已在独立区域专门生产与经营釉灰，分工专业性更强，说明景德镇应该有更早的未成熟阶段，而上述周围地区亦散布着一些晚唐五代窑址，故不排除景德镇晚唐五

---

[1] 图三所示地形及相关地名与康熙版《浮梁县志》（王临元纂修，陈淯增修《浮梁县志》，康熙十二年刻、康熙二十一年增修，中国科学院图书馆选编《稀见中国地方志汇刊》第二十六册，北京：中国书店，1992年，第27页）的地图一致，但道光版图绘更清楚，故采用此图。

[2] 刘新园《景德镇瓷窑遗址的调查与中国陶瓷史上的几个相关问题》，香港大学冯平山博物馆编《景德镇出土陶瓷》，香港：香港大学冯平山博物馆，1992年，第6、7、9页。

[3] 秦大树《釉灰新证》，《考古》2001年第10期。

图二　景德镇釉灰产地与窑址分布

代时期就已使用草木灰制作釉灰了[1]。

　　清代以来，文献记载生产釉灰最常见的地点是牛角岭。如《清国窑业调查报告书》记载："釉灰属距景德镇30清里的牛角岭产的最好"[2]，《景德镇陶业纪事》亦记载："釉灰产地，以距景镇约三十里之牛角岭所出者为最良"[3]，《景德镇瓷业调查报告》载："以距镇三十里牛角岭产者为最佳"[4]，等等。对于民国时的狼萁，前揭景德镇老艺人回忆在"牛角岭南边……山上"，描述得非常具体。此外，《景德镇陶录》亦有云"灰出邑南乡"[5]《浮梁县志》记载长山都位

[1] 有学者通过南窑及兰田窑等出土标本中CaO、MgO及P_2O_5的含量，推断景德镇唐及五代已使用釉灰，并使用了镁质石灰石和钙质石灰石，五代之后则均使用出灰量更大的钙质石灰石（李其江、张茂林、熊露等《景德镇"釉灰"的发展演变研究》，《陶瓷学报》2020年第1期）。

[2] 北村弥一郎《清国窑业调查报告书》，日本东京：农商务省商工局，1908年，第30页。

[3] 向焯《景德镇陶业纪事》（1920年出版），（连载）《艺林月刊》第57期（民国二十三年九月）。

[4] 江西省政府统计处编印《景德镇瓷业调查报告》（民国三十七年五月），郑成林选编《民国时期经济调查资料汇编》第十八册，北京：国家图书馆出版社，2013年，第420页。

[5] ［清］兰浦撰，郑廷桂补辑《景德镇陶录》，《中国古代陶瓷文献辑录（二）》，第573页。

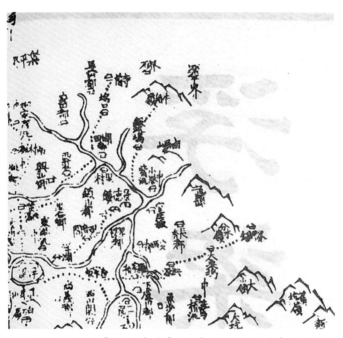

图三　同治《饶州府志》"浮梁县图"（部分）

于南乡范围内[1]，因此，《陶录》所记位置也应是牛角岭南麓一带。

　　牛角岭是浮梁县南部的一座山，其名沿称至今。牛角岭山南侧是草木灰来源地，而其南麓则是传统的釉灰产地，《民众月刊》详细记载了其地点："釉灰产于浮梁南乡之界首、邱家、枧田、丰塝、寺前、宁村、双坑等处……近日南乡之腊梨山亦有出产"[2]。所述地点"界首、邱家、枧田、寺前、宁村、双坑"均能与目前的地名对应，除双坑外，全部位于牛角岭南麓一带，沿现今的091县道依次呈线状分布，可见记载非常严谨准确，也由此可推断，丰塝应为丰旺，因为其位于寺前与枧田之间，符合分布次序，且发音接近。至于双坑，对应现今地图，恰在牛角岭东侧通往湖田的山路捷径上，与《浮梁县志》所载地图中的寺前至湖田山路一致（图三[3]）。该区域群山环绕，距离景德镇市区约15公里，是赴景德镇

[1]　［清］乔溎修，贺熙龄纂，游际盛增补《浮梁县志》卷三，道光三年刻、十二年补刻本，第26—27页。

[2]　江西陶业管理局《景德镇制瓷原料概况》，中国国家图书馆藏，1935年，第28—29页。

[3]　［清］锡德修，石景芬等纂《饶州府志》卷首，同治十一年刊本，《中国方志丛书·华中地方·第二五五号》，台北：成文出版社有限公司，1975年，第168页。

的捷径，与上述多个约"三十里"的记载相符，至今仍在按传统方法生产少量釉灰。

又，师克勤在1882年对景德镇的窑业考察中也清楚地指出："釉灰的草木灰为蕨类植物，仅产于乐平……"[1]牛角岭南麓一带，正是浮梁县与乐平县交界之处，其中如界首等地已经属于乐平县，但寺前等地仍属于景德镇，因此，所指仍是牛角岭南麓一带。

在这个产地内，狼萁是景德镇使用时间最长也是最主要的草木灰品种。除去狼萁本身对制釉效果的特性之外，也与其极为常见有关。狼萁"生强酸性土的荒坡或林缘，在森林砍伐后或放荒后的坡地上常成优势的中草群落"[2]，是景德镇最常见的植物之一，容易低成本获取。狼萁名称最早的记载来自19世纪中叶法国化学家埃贝尔曼（J.J.Ébelmen）和萨尔维塔（L.A.Salvétat）对1844年景德镇天主教神父考察资料的记录，其中提到草木灰为狼萁（lang-chy）[3]，但在景德镇它是凤尾草的俗称[4]。而凤尾草作为草木灰之名最早出现在清隆八年（1743年）的《陶冶图编次》中，因此狼萁使用的明确记载可追溯到乾隆八年。《陶冶图编次》是"由内廷交出陶冶图二十张，次第编明"所作的图说[5]，并形成《陶冶图册》。该类图册雍正时已有，有隆德大学本[6]和传世雍正朝本，可惜这两个版本都未录有乾隆八年本《陶冶图册》中"炼灰配釉"的工序。传世雍正朝本仅存的八道工序，均已包含在乾隆八年本图册之中，相互比较同样的工序描绘，可以发现高度相似，说明雍乾两朝在工艺上的传承[7]。虽然雍正本仅存工序少，但雍正官窑的制瓷工艺与乾隆早期官窑一致，而无论是殷弘绪信还是《陶冶图编次》都

[1] Georges Vogt, "Studies on Chinese Porcelain", Robert Tichane, Ching-te-chen: *Views of a Porcelain City*, p.248.

[2] 秦仁昌编《中国植物志》第二卷，第121页。

[3] J. J. Ébelmen and L. A. Salvétat, "Researches on The Composition of Chinese Porcelain", *Ching-te-chen: Views of a Porcelain City, ed.* Robert Tichane, p.453.

[4] Georges Vogt, "Studies on Chinese porcelain", Ching-te-chen: *Views of a Porcelain City, ed.* Robert Tichane, p.248.

[5] ［清］朱琰《陶说》，《中国古代陶瓷文献辑录（三）》，第1263页。

[6] 江滢河《清代广州外销画中的瓷器烧造图研究——以瑞典隆德大学图书馆收藏为例》，《故宫博物院刊》2008年第3期。

[7] 余佩瑾《〈陶冶图册〉所见乾隆皇帝的理想官窑》，《故宫学术季刊》第30卷第3期。

说明这一时期必然使用釉灰，由此可推断雍正朝已使用了凤尾草，即狼萁。然而，景德镇使用釉灰的前提是陶瓷在柴窑中烧成，如在煤窑中烧成，釉面容易产生吸烟等缺陷[1]，故中华人民共和国成立后随着改煤窑的推行，以狼萁为代表的草木灰就很少使用了。

除了狼萁外，清代文献还记载蕨为釉灰中的草木灰。《南窑笔记》载："出浮梁之长山，取山之坚石，火炼成灰，复用蕨炼之三昼夜，舂至细，以水澄之，用入釉内，以发瓷之光气。"[2]其记载的釉灰制作工序与殷弘绪的信及《陶冶图编次》的记载一致，但却是文献中仅见的蕨作为釉灰中草木灰的记载[3]。对于其产地，《南窑笔记》记载釉灰"出浮梁之长山"，长山乃长山都的简称，《浮梁县志》载长山都在南乡范围内[4]，"领图二，至县四十里"，位于浮梁县东南的寿安乡[5]。该地点即图三下方的长山都，与牛角岭南麓在同一区域，都处于寿安乡一带的村落中。又根据黑田政宪1901年的考察："景德镇使用的灰是在凤尾草灰中混入石灰石制成，不是各户制作，而是居住在村落的人们砍伐凤尾草，然后将其干燥，再把凤尾草和石灰石相互堆积叠烧"[6]，说明釉灰制作地点不在市区，而在村落中，可为印证。

经过上述梳理，可知景德镇宋元时期的釉灰产地在浮梁县南部即景德镇市区的东南部，应在游山一带。清代釉灰同样主要在浮梁县南部，《景德镇陶录》所记的釉灰"出邑南乡"[7]，即牛角岭南麓一带。根据《南窑笔记》乾隆四十二年（1777年）的成书时间，所记的长山也即牛角岭南麓一带至迟在乾隆中期就已生

---

[1] 张福康《中国古陶瓷的科学》，第41页。

[2]《南窑笔记》，旧抄本，第2045页。

[3] 还有一些文献记载了"蕨"，如"bracken"（Wiiliam Burton, Porcelain: Its Nature Art And Manufacture（London: B. T. Batsford, 1906, P88；Père d'Entrecolles, The Letters of Père d'Entrecolles, p.4），"蕨"（殷弘绪《耶稣会传教士殷弘绪神父致耶稣会中国和印度传教会巡阅使奥里神父的信》卷2，第94页）等，但前文已述均是对殷弘绪信提到"蕨类植物"的误译。

[4]［清］乔溎修，贺熙龄纂，游际盛增补《浮梁县志》卷三，道光三年刻、十二年补刻本，第26—27页。

[5]［清］乔溎修，贺熙龄纂，游际盛增补《浮梁县志》卷二，道光三年刻、十二年补刻本，第7页左。

[6] 黑田政宪《清国窑业视察复命书（续）》，《大日本窑业协会杂志》，第百十三号，1902年，第170页。

[7]［清］兰浦撰，郑廷桂补辑《景德镇陶录》，《中国古代陶瓷文献辑录（二）》，第573页。

产，延续至今。可见，景德镇釉灰产地主要在浮梁县南部，与乐平、婺源三县交界处的大区域，尤其集中在浮梁与乐平交界处的牛角岭南麓一带。

长时间选址于浮梁南部，首先，与当地石灰石分布多且质量佳有关。据民国调查："景德镇之灰厂灰窑皆在马鞍山里村一带……旺盛之年，里村、马鞍山两处共有石灰厂二三十家……销路以浮梁县境距镇甚近之农人为最多，售于农人之数约占全数十分之七，盖江西浮梁县稻田之土性宜撒石灰，每年本县农人必栽秧，后购石灰撒于田间"[1]。说明景德镇石灰使用广泛，熟悉石灰性能。但是，景德镇市区无石灰石矿，而是从石灰石矿山，"由山运石至窑，由买者自雇手推车运"[2]。而且据北村弥一郎在1908年对景德镇釉灰考察的记载："虽然其他地方也有生产，但景德镇没有生产。"[3]说明景德镇虽然会运输石灰石至市区使用，但釉灰的石灰石却并不在内。

对此，殷弘绪信曾记载"某一地方产的石灰和凤尾草比其他地方产的更为人们所爱用"[4]，说明釉灰中选用的石灰石等原料要求高。事实上，在浮梁南部不仅游山盛产石灰石[5]，而且寺前至界首村一带也遍布石灰石矿山，更重要的是，这一区域矿山的石灰石质量很高。据笔者实地调研，目前寺前至界首间有两座正在被开采的石灰石矿山，分别位于寺前和塘坞，其石灰石含钙量高且稳定，尤其是塘坞的矿，是赣东北最好的石灰石矿。此外，浮梁南部崇山峻岭，布满野生植物，狼萁尤多。也即，灰工在浮梁南部就地加工石灰石与草木灰，制成釉灰，较石灰石重量明显轻，也较未烧过的狼萁体积明显小，如此运往景德镇，相较运输上述原料，就地加工的成本大大降低。

其次，这个选址也与方便到达窑址区域有关。前述宋代窑址集中在浮梁县南部，分别位于游山的北部与西部，距离不远。明清窑业则已基本集中在景德镇市区，自"观音阁江南雄镇坊至小港嘴，前后街计十三里"，被誉为"陶阳十三

[1]《江西景德镇石灰业之调查》，《中外经济周刊》1926年第168期。

[2]《江西景德镇石灰业之调查》，《中外经济周刊》1926年第168期。

[3] 北村弥一郎《清国窑业调查报告书》，日本东京：农商务省商工局，1908年，第30页。

[4] 王景圣译《殷弘绪关于景德镇的两封信件》，《陶瓷资料》1978年第1期，第11页。

[5] 白焜《宋·蒋祈〈陶记〉校注》，《景德镇陶瓷》1981年《陶记研究专刊》。

里"[1]。前述从牛角岭南麓釉灰产地有山路通往湖田，距离景德镇市区约15公里，是赴景德镇的捷径，相对宋元时期游山产地距景德镇市区近30公里，显然更为便捷。因此，产地由游山转移至牛角岭一带，应该是跟窑业向景德镇市区集中有关。

据此论断，可以推测景德镇釉灰产地的演变。宋元时期，尤其是宋代，景德镇釉灰产地在浮梁县南部的游山一带，与景德镇宋代窑址相距较近，已成为独立的釉灰制作区域，向周边窑址供给。随着明清窑业已基本集中在景德镇市区，游山产地也向西转移约15公里，距离景德镇市区更近的牛角岭南麓一带至迟在明代成为新的釉灰制作中心，釉灰产地也相应转移至此。

至于唐英《陶冶图编次》记载，"釉灰出乐平县，在景德镇南百四十里"[2]，其产地远远超过游山或牛角岭南麓一带至景德镇市区的距离（远60里或100里以上），可能是当时唐窑所选产地有某种相对更好的原料或制作工艺，体现出官窑为了更好的釉灰质量而不计运输成本。不过，文献中仅此条记载，且缺乏实地印证，准确性待考。

综上所述，景德镇使用草木灰制釉灰很早，结合湘湖与寿安一带大量的北宋窑址遗存以及《陶记》的记载，至北宋时已形成独立的釉灰生产区域专门服务周边的窑业生产，地点在游山。随着明清窑业生产已主要集中在景德镇市区，考虑到釉灰产地与窑业分布的联动关系，推断釉灰产地在明清时向西整体转移至牛角岭南麓一带，并通过牛角岭山路捷径经湖田进入景德镇。牛角岭南麓一带也成为新的釉灰制作中心，生产延续至今。长期选址在浮梁南部区域，主要是因为附近石灰石资源优良，且运输至窑业烧成区距离不远，较为便捷。例外的是，唐窑可能在离牛角岭较远的乐平某处生产釉灰，但还需进一步考证，但即使如此，也是在浮梁南部区域的大方向。

作者单位：中山大学历史学系、中山大学历史人类学中心、中山大学博物馆 (校史馆)

---

[1]［清］兰浦撰，郑廷桂补辑《景德镇陶录》，《中国古代陶瓷文献辑录（二）》，第558页。

[2]［清］唐英《陶冶图编次》，载乔溎修，贺熙龄纂，游际盛增补《道光浮梁县志》，道光三年刻、十二年补刻本，《中国地方志集成·江西府县志辑⑦》，第174页。

大家族里的小人物

——明黔宁王沐英玄孙沐择仁墓志试析

邵 磊 傅芸

内容提要：

明代黔宁王沐英玄孙沐择仁墓志，约为20世纪90年代后期出土于南京南郊将军山南麓，该片区域应即明初钦赐黔国沐氏的具有荣誉性的家族茔域。据墓志记载，沐择仁乃是一度佩征南将军印代镇云南的都督同知沐瓒之子，而结合文献推断，沐择仁即沐瓒的季子沐谏。沐择仁虽然分属庶出旁支，但其墓志对于黔国沐氏的家族史事而言仍然颇多补益，尤其为黔国沐氏爵位的传承改易，更是提供了有用的背景材料。此外，沐择仁墓志的出土亦有助于探究明初钦赐黔国沐氏祖茔的性质，并澄清黔国沐氏家族成员归葬钦赐南京祖茔的相关问题。

明代开国功臣黔宁王沐英是与中山王徐达、开平王常遇春、岐阳王李文忠、宁河王邓愈、东瓯王汤和并称的明初"六王"之一。沐英幼失怙恃，为明太祖朱元璋抚以为子，爱如己出。及长，从太祖征伐，克忠职守，屡著功勋，封西平侯。沐英于洪武十六年（1383年）奉诏留镇云南为屏藩，并创建了与明祚相始终的黔国世家，卒赠黔宁王，谥"昭靖"，赐葬京师长泰北乡观音山之原，即今南京江宁区将军山南麓。侑享太庙，塑像祀于功臣庙[1]。

史籍关于明代沐氏家族的记载颇为详备，沐英家族墓的考古发现也往往由于出土文物的奢靡豪华而引人注目。本文所谈及的沐英四世孙沐择仁墓志，尽管只是一件征集品，但在补证校订明代黔国沐氏家族史事，乃至探究位于南京与云南昆明两地的黔国沐氏家族葬地及其被埋葬者的问题，均有重要考察价值。

---

[1] 《明史》卷一二六《沐英传》，北京：中华书局，1974年，第3756—3759页。

一、沐择仁墓志的发现与传主的确认

沐英创建的黔国世家虽与明祚相始终，但其爵位传承却几经起伏，洪武二十五年（1392年）沐英死后，长子沐春嗣西平侯爵继镇七年，因无子嗣，遂兄终弟及，改由沐英次子沐晟袭爵坐镇。沐晟继镇云南逾四十年，以战功进封黔国公，但其胤嗣亦不兴盛，至其孙沐琮虽袭爵，却因年幼而由堂兄沐璘、沐瓒兄弟（均为沐晟弟、定边伯沐昂之孙）先后佩征南将军印，代镇云南。沐琮出幼后镇守云南逾三十年，仍无子嗣，文献记载沐琮极为崇奉佛教，其建寺施奉之频繁，远远超过其他沐氏家族成员，可能与他渴求子嗣的心态不无关系[1]。不得已之下，沐琮最终选择将堂兄沐瓒的长孙沐崑过继为嗣孙，以承袭黔国公爵，这也意味着黔国沐氏的族长在由沐春传至沐晟后，复又传至沐昂一脉，而沐择仁即是沐瓒之子、以旁支入嗣的沐崑的叔父。

沐择仁墓志约为20世纪90年代后期出土于南京南郊将军山南麓，为南京江宁区博物馆征集入藏。沐择仁墓志边长64.5厘米，志盖阴刻篆书"明故沐」公子择」仁墓志」铭"3行11字，篆题四周雕饰图案化的卷云纹；志文共29行，满行30字，颇多风化漫漶，标点如下：

> 明故沐公子择仁墓志铭」赐进士及第南京翰林院侍读学士奉直大夫
> 前」经筵官同修国史金溪徐琼撰」赐进士及第通议大夫南京工部右侍郎前
> 国子祭酒陈仓刘俊书丹」骠骑将军南京左军都督府都督佥事平峪高俊篆
> 盖」成化二十年十一月十一日，沐公子择仁以疹疾殇于」□榇以奉□以重
> 哀之。卜以明年乙巳夏四月二十日祔葬应天府」江宁县长泰乡□□□。先

[1] 黔国沐氏历任族长多崇奉佛教，而以沐琮尤甚，检其荦荦大者约有三事：其一，成化十三年（1477年），沐琮于滇池西岸石嘴山建观音殿，由于"民敬畏之，遂以观音山名焉"。石嘴山观音殿至嘉靖年间历经募建增修，今故址所存之"小南海"牌坊，相传犹是明代隆庆年间的遗存。其二，成化二十一年（1485年）沐琮于昆明金马山奉敕迁建归化寺，寺原名观音寺，已废圮无存。其三，约成化十八年（1482年）至二十二年（1486年）之间，沐琮复于南都南郊祖堂山献花岩捐建"盖覆盘踞，甚得构山之宜"的花岩寺。沐琮非但奉佛建寺所费不赀，亦专注于阴阳、卜筮、星命之说，究其原委，应是一意渴求子嗣之故。

事从叔祖文理公奉致事四川省参朱惟正之状，于」予请铭。按状，公子□□□世以立家凤阳之定远。高祖英，奇才弘略，当」高皇龙飞淮甸，仗剑首□□□□乱，以定天下。将兵取云南，感德信，服远夷，俾守兹」土，薨封黔宁王，谥昭靖，授开国辅运功臣。曾祖讳昂，□王勋烈，嗣有国土，克张」前人之威德，卒封定边伯，谥武襄。祖讳僖，负巨志，有文武才。正统间，麓川夷叛，」武襄奉」命往剿，即行奋勇，往赞兵机。事闻，」朝廷特授南京锦衣卫副千户，以疾卒于军，后以子贵，赠右军都督府都督同知。」父讳瓒，袭锦衣千户，□□荣禄大夫、右军都督府都督同知，充副总兵，」敕镇守云南金齿等处，军威大振，□□□服□年，」主上无西南叛寇之忧，盖□□□□□得人也。公子生而丰姿秀朗，器宇轩豁，振振」仁厚，见者奇而爱之。年十二，荣禄卒于镇，奉枢归葬，留南京之祖宅，执丧以礼，」事嫡母贾、生母刘，孝敬兼致。处勋旧之婉，脱去奢丽之习，□礼厚币，以延师傅」讲求《经》《史》及古兵法，口诵心思，有得间形于论说，老儒宿将不能过之。座致文」武嘉宾，而日资之深。南宁伯毛公重其器，许以子妻之。识者以其仪状肖父，信」将门之有种，负此异器，使置于锦衣亲军，以养成才略，则方来勋烈未可量。奈」何释服方升于」朝，」诏命将颁，而天曷弗少延邪？殇距所生己丑七月二十六日，年仅十六。所生异常，」方长而短□，呜呼！惜哉！铭曰：」□□□□，□□而毁。吁其有赍，□。」朱大用镌」

据墓志，传主沐择仁，系云南黔国沐氏家族的创建者、黔宁王沐英的四世孙，其父为天顺至成化初年继兄长沐璘而代镇云南的都督同知沐瓒。据王傲所撰《右军都督府都督同知沐公（瓒）神道碑铭》记载，沐瓒有沐诚、沐谦、沐详、沐谏四子[1]，而南京江宁区博物馆征集的沐择仁墓志却因为志文漫漶泐损[2]，以

[1] ［明］王傲《王文肃公集》卷七《右军都督府都督同知沐公（瓒）神道碑铭》，《四库全书存目丛书》第36册，济南：齐鲁书社，1997年，第378、379页；又见王傲《思轩文集》卷十三《荣禄大夫右军都督府都督同知沐公（瓒）神道碑铭》，《续修四库全书》总第1329册，上海：上海古籍出版社，1995年，第557、558页。

[2] 在墓志志文中不书写传主名讳的例证亦时有所见，南京市博物馆考古部1990年9月发掘的明孝陵卫指挥使萧公墓志，为传主萧公之子萧昱置办，但传主萧逊的名讳却并未见诸志文。详见邵磊《〈新中国出土墓志·江苏（贰）南京〉在信息著录方面的疏误》，《碑林论丛》第23辑，西安：三秦出版社，2018年。

至传主名讳无从得见，当然也不排除志文中的传主仅以字行、实未书写名讳的可能[2]。据《正德云南志》载：沐瓒长子沐诚字择善，第三子沐详字择明，由此可见，沐择仁与此二人为伦序兄弟[1]。另据前引《沐瓒神道碑铭》传世文本，沐瓒的次子沐谦既先乃父沐瓒而卒，且与长子沐诚同为沐瓒正室夫人、前都察院右副都御史贾铨之女贾氏所出，与墓志所述沐择仁卒于成化二十年（1484年）、生前"事嫡母贾、生母刘孝敬兼致"之种种情形，皆不相合，故传主沐择仁是为沐瓒的幼子沐谏无疑。

二、沐择仁的行实及其家族史事

见诸传世文献的沐瓒诸子的行实，以长子沐诚与第三子沐详两人最为详备，而次子沐谦、季子沐谏则以早夭，故而简省之极。如沐谏其人，曩仅知为沐瓒侧室所出，晚于乃父沐瓒与嫡次兄沐谦而卒，仅此而已。今以沐谏墓志为基础，并缀辑传世史料，对其生平行实乃至黔国沐氏家族的相关史事略做考察。

据墓志记载，沐谏生于成化五年（1469年）七月二十六日，"年十二，荣禄卒于镇，奉柩归葬，留南京之祖宅，执丧以礼，事嫡母贾、生母刘，孝敬兼致"。可知沐谏在其父沐瓒病故之前，与生母刘氏一直生活在云南，直至沐瓒去世，母子二人始奉沐瓒棺柩以还南都，并居于南京祖宅。其时，有"南宁伯毛公重其器，许以子妻之"，说的是第三任南宁伯毛文曾欲以女许聘沐谏[2]。值得一提的是，毛文的祖父、第一任南宁伯毛胜亦曾长期协镇云南金齿、腾冲地方，与世镇云南的黔国沐氏家族有十分密切的关系，故而在这次未获成遂的联姻背后，也包含着各自的家族利益。

墓志记载沐谏十六岁之际便因痼疾夭亡，时为成化二十年（1484年）十一月十一日，可见沐谏之死既晚于父亲沐瓒与嫡次兄沐谦，也晚于嫡长兄锦衣卫带俸

---

[1] ［明］周季凤纂修《正德云南志》卷十九上《列传四·名宦四》，上海书店影印《天一阁藏明代方志选刊续编》本第70册，1990年，第760、762、763页。
[2] 以沐谏生卒年推算，"以子妻之"的南宁伯当为南宁伯世家的第三任族长毛文。参见《明史》卷一〇七《功臣世表三》，第3227、3228页。
[3] 沐诚卒于成化十八年（1482年）九月辛丑，详见《明宪宗实录》卷二三二，台北："中研院"史语所校印本，1962年，第3960页。

都指挥使、云南右参将沐诚[3]。志文又记沐谏卒后，有"从叔祖文理公奉致仕四川省参议朱惟正之状"，来向时为南京翰林院侍读学士的徐琼请铭墓志。据王景撰《故沐夫人方氏墓志铭》记载，定边伯沐昂共有沐僖、沐俊、沐佐、沐仲、沐佑五子[1]，然据2006年南京将军山沐昂墓出土陈敬宗撰文、郑雍言篆盖、魏骥书丹的定边伯沐昂墓志暨夫人文氏墓志[2]，可推知沐仲与沐佑皆早亡且无子嗣，这也意味着沐谏的"从叔祖文理公"，应不出沐俊、沐佐两人。至于为沐谏撰述行状的朱惟正，讳贞，江宁（南京）人，天顺元年（1457年）进士，天顺四年（1460年）擢知州[3]，成化六年（1470年）十二月擢南京刑部云南司郎中[4]，至成化十四年（1478年）十一月升四川布政司右参议[5]。可以想见，朱惟正司职南京刑部云南司郎中期间，理应与沐谏之父、云南副总兵沐瓒多有交集，这应是已然致仕退居的朱惟正犹为"留南京之祖宅"的沐谏撰述墓志行状的重要缘由。

值得一提的是，沐谏墓志还反映出黔国沐氏家族在提高子弟文化修养与军事素质上的用心与手段。以常理揣度，像黔国沐氏这样的武勋世家，其家族成员的军事素养，可能更多是以来自其家学门风的因素居多。然而据沐谏墓志记载，"留南京之祖宅"时的沐谏，犹"□礼厚币，以延师傅讲求《经》《史》及古兵法，口诵心思，有得间形于论说，老儒宿将不能过之。座致文武嘉宾，而日资之深"。可知沐氏家族对于沐谏主要借助了两方面的手段来提高其自身军事素质：其一，重金礼聘师傅讲授古兵法；其二，邀约文士、武官来家中做客，以坐而论道的方式来增进对用兵之道的理会。这些记载，不啻为探讨明代武勋世家提高子

---

[1] ［明］王景《故沐夫人方氏墓志铭》，载程敏政编《明文衡》卷八九，《景印文渊阁四库全书》第1374册，第688—689页。

[2] 南京市博物馆等《南京将军山明代沐昂夫妇合葬墓及M6发掘简报》，《东南文化》2013年第2期。

[3]《明英宗实录》卷三一三，天顺四年三月"庚寅，擢进士朱贞、杨仕倧、王显、曾文、罗训、刘隆、赵英、杨冕、唐珣、夏志明为知州，顾正、方中、韩恭为知县"。台北："中研院"史语所校印本，1962年，第6563页。

[4]《明宪宗实录》卷八六，成化六年十二月"丙午，升直隶定州知州李谔为南京刑部河南司郎中，河南邓州知州朱贞为南京刑部云南司郎中。谔、贞皆以进士除知州，颇有政绩，故擢用之"。台北："中研院"史语所校印本，1962年，第1657页。

[5]《明宪宗实录》卷一八四，成化十四年十一月"壬午，升户部郎中韩文、河间府同知赵锐、南京刑部郎中朱贞俱为布政司右参议。文、锐，陕西；贞，四川"。台北："中研院"史语所校印本，1962年，第3313页。

三、沐择仁之父沐僖——承前启后的黔国沐氏家族成员

在沐谏墓志追溯家族历史的内容中，所涉及的黔国沐氏先人依次为高祖沐英、曾祖沐昂、祖沐僖、父沐瓒，这些人在血缘上均属一脉相承，其中不仅没有提到沐氏家族的第二任族长嗣西平侯沐春，甚至连出镇云南逾四十年、卒赠忠敬王的首任黔国公沐晟，竟然也无一语提及，这与同样源出沐昂一脉的沐氏子孙如沐瓒、沐崑、沐昌祚、沐启元等人的墓志，在书法上很不一样。究其原委，恐与沐谏只不过属支庶旁系的早殇幼子有关，因而无需这类光大家声的高调宏大的叙事。

在沐谏墓志追溯的祖先里，以沐谏的祖父、南京锦衣卫副千户沐僖的相关内容尤为值得留意。史籍关于沐僖其人的记载甚是简略，但沐僖却是黔国沐氏家族历史上承前启后的关键人物之一，如曾为黔国沐氏后裔累世保存、现藏云南省博物馆的《滇南沐氏十二代画像》长卷，为有明一朝黔国沐氏十二世族长暨主要家族成员、共计二十人的肖像，而沐僖虽然既非佩征南将军印出镇云南的族长，也非镇守金齿腾冲地方的副总兵，但仍赫然在列，显而易见是由于源出定边伯沐昂一脉的血缘在起作用。

沐僖为定边伯沐昂之子，沐昂上有沐春、沐晟两位兄长，故而黔国沐氏家族的爵位传承本来与沐昂一支大抵无甚干系，但沐春"绝户"之后，凭借"兄终弟及"而贵为族长的沐晟仍胤嗣不盛，以至沐昂在沐晟身死楚雄莪崀驿之后，一度迁右府左都督，佩征南将军印、充总兵官代镇云南，直至正统十年（1445年）沐昂病故，沐晟之子沐斌始得以佩征南将军印、充总兵官镇守云南。至于沐僖的两个儿子沐璘与沐瓒也是由于沐斌嗣子沐琮年幼，故先后充总兵官代镇云南，以俟沐琮出幼。庶几可见，沐僖的生父沐昂与沐僖之子沐璘与沐瓒，均曾先后行使族长之职权，代镇云南。

沐谏墓志称业已亡故的沐僖"后以子贵，赠右军都督府都督同知"，按照沐谏墓志的叙事顺序，这"后以子贵"的"子"很容易让人认为是指沐谏的本生父

沐瓒，但其实沐僖是在沐瓒的兄长沐璘充总兵官代镇云南之际被追封为右军都督同知的，沐璘身后亦无嗣，故沐谏墓志不惜采用如此"曲笔"，可能也不无将朝廷对祖父沐僖的追封归功于本生父沐瓒的心思。

张增祺先生在整理云南呈贡王家营明代沐氏家族墓考古简报之际甚至认为：沐详的祖父沐僖其人，《明史》与《明实录》均未见载，故出土的沐详墓志所谓"祖讳僖，初官锦衣千户，赠都督同知"云云，可补史载之阙[1]。实则不然，沐僖史载虽简，但亦数见于《明英宗实录》与《明宪宗实录》，如正统八年（1443年）五月丁卯，因云南总兵官、右都督沐昂奏请，得以录其子沐僖为南京锦衣卫副千户[2]；至景泰三年（1452年）五月癸巳朔，时任总兵官代镇云南的都督（沐）璘又奏请以弟沐瓒袭其父沐僖"南京锦衣卫副千户"之故职[3]，至于《明宪宗实录》所载沐瓒史传也述及其景泰三年代父沐僖"南京锦衣卫副千户"的经历[4]。此外，由胡濙撰制的《定边伯沐公（昂）神道碑》记载沐昂有"子男四，长（沐）僖，授锦衣卫副千户，先公二年卒"[5]。王偰为沐瓒所撰《右军都督府都督同知沐公（瓒）神道碑铭》亦云："考讳僖，字可怡，初授南京锦衣（左所）副千户，后以子贵，赠都督同知，妣封太夫人徐氏。"可见，无须新出土的沐详墓志，也可以从传世文献中钩稽出沐僖历官的信息。

沐僖有妻顾氏、徐氏与孟氏。其中，顾氏系第二代镇远侯顾兴祖之女，顾氏有子、女各一，其子即沐僖长子沐璘[6]，其女笄归第四任平江伯陈锐为夫人；徐氏为沐瓒生母，卒于成化十一年（1475年）六月[7]；孟氏曾鞠育顾氏之女，亦即平江伯陈锐夫人[8]。沐璘、沐瓒兄弟相继代镇云南之前，先后皆曾荫父职南京锦衣卫副千户。

---

[1] 云南省文物工作队（张增祺执笔）《云南呈贡王家营明清墓清理简报》，《考古》1965年第4期。

[2] 《明英宗实录》卷一〇四，台北："中研院"史语所校印本，1962年，第2105页。

[3] 《明英宗实录》卷二一六，第4641页。

[4] 《明宪宗实录》卷二一四，第3279页。

[5] ［明］胡濙《定边伯沐公（昂）神道碑》，载周季凤纂修《正德云南志》卷二七《文章五》第71册，第202页。

[6] ［明］李贤《总兵官都督沐公（璘）神道碑》，载周季凤纂修《正德云南志》卷二七《文章五》第71册，第221页。

[7] 《明宪宗实录》卷一四二，第2640页。

[8] ［明］徐溥《谦斋文集》卷三《平江伯夫人沐氏墓志铭》，《景印文渊阁四库全书》集部总第1248册，台北：商务印书馆，第617、618页。

以上所述，大抵是传世史料所能提供的一份关于沐僖其人的小传，较云南呈贡王家营出土明代沐详墓志中的记载远为详备。而据沐谏墓志所云："祖讳僖，负巨志，有文武才。正统间，麓川夷叛，武襄奉命往剿，即行奋勇，往赞兵机。事闻，朝廷特授南京锦衣卫副千户。以疾卒于军，后以子贵赠右军都督府都督同知。"所述沐僖行实赡富亲切，且多可补益史载。明代永宣以后，国家承平日久，崇文抑武之风日盛，武勋世家亦重视文化教育，以提高自身的素质，而对有着崇儒向学优良家风的黔国沐氏家族而言就更是如此。这一方面的例子不胜枚举，至如沐谏的曾祖定边伯沐昂、祖父南京锦衣卫副千户沐僖、伯父都督同知沐璘等，甚至都有诗文结集行世。其中，沐僖著有《敬轩集》二卷[1]，由此可见，沐谏墓志称誉祖父沐僖"有文武才"，略无言过其实之处。

四、魂归何处——黔国沐氏家族成员的归葬

由于沐谏墓志系征集而来，出土地点不明，据志文记载的沐谏以成化二十一年（1485年）"四月二十日祔葬应天府江宁县长泰乡"云云，表明沐谏墓志也出土于南京南郊将军山明代钦赐黔国沐氏祖茔，这一点非常重要。在南京南郊将军山与云南呈贡王家营两地，均分布有明代黔国沐氏家族的茔域，而据考古发掘工作所做出的不完全统计，葬于南京将军山钦赐沐氏祖茔者包括沐英、沐晟以下历任族长，其中，嗣袭爵封的黔国沐氏族长并无一人入葬云南呈贡王家营的沐氏祖茔。因此，对于明代黔国世家的被埋葬者而言，考古工作者长期以来所秉持的约定俗成的认识，是只有袭爵的族长才能归葬南京南郊将军山钦赐祖茔，云南呈贡王家营沐氏祖茔则容纳未袭爵的家族成员。这一认识当然是片面的。

沐谏墓志所述传主"祔葬应天府江宁县长泰乡"之语，在除了起到确认沐谏墓所在方位的功用之外，结合云南呈贡王家营出土沐谏兄长沐详墓志中所谓"（沐详）子幼稚，不克扶榇归葬于江宁观音山祖茔之侧，卜宅得呈贡隆山之原"，则揭示出，有明一朝，位于南京江宁县观音山（即将军山）的钦赐黔国沐

---

[1]［明］周季凤纂修《正德云南志》卷十九上《列传四名宦四》第70册，第760页。

氏祖茔，对葬入其中的家族成员并没有针对秩级、身份上的限制，换言之，包括族长嫡脉以外的庶出子孙如沐谏之流，皆可埋骨于此。

另一方面还要看到，那些最终未能归葬南京江宁观音山祖茔的明代黔国沐氏家族成员，也并非全是泛泛之辈，这些人之所以选择安厝世镇之地云南，各自可能也都有一些特殊的原因，但其中最为重要的因素则是由于没有子嗣或子孙中缺乏成丁的壮男。据云南呈贡王家营出土的沐详墓志所载，沐详死后，由于两个儿子沐崧、沐岳都还年幼，以至"不克扶梓"归葬南都江宁县观音山祖茔，正是由于这样的原因，而不得不卜葬于云南呈贡王家营。至于沐详之子沐崧、孙沐绍勤等，亦纷纷选择安厝云南呈贡王家营，则已属祔葬其父、祖的旧茔，亦即围绕沐详墓所形成的一支新的黔国沐氏的祖茔，所以从礼制上来看，并无不妥[1]。此外，沐瓒的兄长沐璘，于景泰元年（1450年）以右军都督同知佩征南将军印，充总兵官镇守云南，前后历经八年之久，其时沐璘的家族地位直与族长无异，但沐璘死后仍未能归葬南京南郊将军山的钦赐祖茔，而是别营葬所于云南商山普吉村之原（今昆明西郊普吉），究其原委，亦是沐璘神道碑所明确道出的其后嗣缺乏男丁并且"生女二俱夭"[2]之故。

五、关于新出土的沐择仁生母刘氏墓志

2005年6月，南京市博物馆考古部在南京江宁区将军山南麓发掘了一座由横前堂与纵向的三后室构成的明代砖室墓，根据出土的三合墓志可知，此墓为沐谏的父母沐瓒夫妇合葬墓，墓主包括沐瓒与正室贾氏（沐谏嫡母）以及沐谏生母、侧室刘氏三人。其中，尹直所撰沐瓒墓志的内容，大致不出前引王傲撰《右军都督府都督同知沐公（瓒）神道碑铭》的范畴；贾氏墓志系王傲所撰，仍存录氏著《思轩文集》[3]；唯有杭淮为沐谏生母刘氏所撰的《故云南副总兵官都督同知沐

[1] 云南省文物工作队（张增祺执笔）《云南呈贡王家营明清墓清理简报》，《考古》1965年第4期。

[2] ［明］贤《古穰集》卷十一《总兵官都督沐公（璘）神道碑》，《景印文渊阁四库全书》集部总第1244册，台北：商务印书馆第598—600页。

[3] ［明］王傲《思轩文集》卷二一《都督同知沐公夫人贾氏墓志铭》，《续修四库全书》总第1329册，第643页。

公夫人刘氏墓志铭》，则提供了一些较有价值的新史料。

刘氏墓志共29行，满行31字，标点如下：

故云南副总兵官都督同知沐公夫人刘氏墓志铭」赐进士出身中宪大夫云南等处提刑按察司奉」敕提督学校副使宜兴杭淮撰」赐进士出身中宪大夫云南等处提刑按察司奉」敕提督屯种副使金陵史良佐篆」赐进士出身奉议大夫云南等处提刑按察司佥事江东周愚书」右军都督府都督佥事、充右参将镇守金、腾沐崧，于其庶祖母刘氏卒之四月，」卜日将葬，乃自为状，泣以请铭。按状：母刘姓，讳瑞，字淑仪，其先陕西凤翔人。祖」讳中，原以贩贾来云南，因占籍晋宁。父讳政，母晁氏。刘氏生年十四，」赐黔宁王四世孙、副总兵官、北京右军都督府都督同知讳瓒，娶以为庶室。先是，」瓒已娶嫡贾氏，次室陈氏，复娶刘氏者，闻其贤也。入门即善事其姑，顺适嫡长」意，庭无间言。贾氏生二子：长讳诚，次讳谦。陈氏一子，讳详。刘一子，讳谏。诚官北」京锦衣卫都指挥使，充左参将，镇守金、腾。详，锦衣卫都指挥佥事，充右参将，分」守金、腾。成化庚子，瓒卒，刘氏年三十四，偕子谏扶柩往南京，葬牛首山之先茔。」方穿圹，刘氏哭谓子曰：汝父死，吾为未亡人，能预为吾营圹汝父之侧，以待吾死，心安焉。」谏因并力营之，毕事，刘与谏即南京守墓以居。越十年，祭扫岁时惟」谨。谦、谏蚤卒不仕，贾氏、陈氏亦相继以卒。详迎刘氏还云南，刘氏遂专家政，内」庭亲戚，无分薄厚，笃以恩义。御婢使和而法，治丧葬、婚娶、生业皆有条序。务勤」约，为子孙先，衣不华靡，食无珍味。奉先祀则极专精享，会宾客亦务致丰整，母」敢慢也。正德庚辰三月五日，无疾而卒。生于正统丁卯六月十九日，享年七十」有四。诚生子一，讳昆，爵黔国公。昆子曰绍勋，将袭父爵。详生子二，长即崧，都督」佥事；次讳岳，都指挥佥事，卒，无嗣。崧子八人：曰绍勋、曰绍勤、曰绍勔、曰绍勉、曰」绍助，馀幼未名。勔为岳后。刘氏尤善教子孙，居常诫崧等曰：吾自幼归汝家，见」汝祖若父，虽贵职不骄，亲贤下士，兢兢以不能保」国庇民是惧，若等苟忘焉？岂所以尽忠」朝廷，光承世勋也哉！

刘氏即女姤，未尝学问，而乃能知忠孝大节如此！卒之岁八」月一日，发绋往南京，将启牛首山旧圹而藏焉。卜以甲申岁十二月廿四日。崧于」淮有同乡之雅，而况夫人之贤也？是皆宜铭。铭曰：」生受盛福，居维艰兮；有显今淑，顺以还兮；志石有文，安兹山兮。

据墓志可知，沐谏生母刘氏讳瑞，字淑仪，先世为陕西凤川人，生于正统十二年（1447年）六月十九日，十四岁嫁云南副总兵、都督同知沐瓒为侧室，父刘政以贩贾南来遂占籍晋宁等。值得一提的是，刘氏墓志还刻意说起沐瓒病故之际，年方三十四岁的刘瑞携子沐谏竭力为自己争取在建的沐瓒墓圹之内的一席位置的经历[1]，语多隐晦，暗示了此事得以成遂之艰辛，从中略可想见刘瑞与贾氏乃至沐瓒嫡长子沐诚母子之间的不睦，是故在沐谏夭亡之后，刘瑞即为沐瓒庶出的第三子沐详迎还云南居住，不是没有原因的。

刘瑞卒于正德十五年（1520年）三月五日，享年七十四岁，由于沐详亦已先卒，故而由沐详的嗣子沐崧一手经办了庶祖母刘瑞的丧葬事务，包括撰述刘瑞行状向杭淮请铭以及将刘瑞移枢南京并祔葬将军山南麓的沐瓒墓内。而综合各方面的情形来看，早夭的沐谏应亦瘗葬于沐瓒墓旁，且不排除是构造简单的竖穴土坑墓，彼此毗邻，与沐瓒夫妇合葬墓，分属同茔而异穴。

作为先后佩挂征南将军印代镇云南的总兵官，沐璘与沐瓒兄弟之间的秩级并无悬隔，换言之，沐瓒的身份绝不比沐璘更高，甚至沐瓒在沐琮出幼之后即已改任副总兵镇守金齿腾冲地方，不再是黔国沐氏的族长。但南京将军山沐瓒夫妇合葬墓的考古发掘，连同之前其季子沐谏墓志的发现，都越发证实洪武年间钦赐黔国沐氏的南京祖茔，对葬入其中的各房支成员并不存在严格的身份上的限制。

（作者单位：邵磊，南京市博物总馆；傅芸，南京市博物总馆）

---

[1] 据沐瓒夫妇墓出土的沐谏生母刘氏墓志所述："成化庚子，瓒卒，刘氏年三十四，偕子谏扶枢往南京，葬牛首山之先茔。方穿圹，刘氏哭谓子曰：汝父死，吾为未亡人，能预为吾营圹汝父之侧，以待吾死，心安焉。谏因并力营之，毕事，刘与谏即南京守墓以居。"

《史记·秦始皇本纪》"陆梁地"直解*

郑君雷

内容提要：

既往对《史记·秦始皇本纪》"陆梁地"的解释众说纷纭。《盐铁论·诛秦》见有实指、专指的"陆梁（地）"和泛指的"陆梁之地"，两者词义必然有所关联。根据"陆梁"的"跳跃"或"自由行走"词义，"陆梁之地"的字面本义很容易联系到动荡之地、不羁之地，再引申为化外荒远之地乃至辽阔之地。《秦始皇本纪》的"陆梁地"应该直接解释为化外荒远之地，是秦人对岭南地区带有文化价值评判意义的称谓。

《史记·秦始皇本纪》记"三十三年，发诸尝逋亡人、赘婿、贾人略取陆梁地，为桂林、象郡、南海，以适遣戍"[1]。将岭南称为"陆梁地"颇为费解，古人注疏和今人解释都不能说畅达。我认为，"陆梁地"与"陆梁之地"的词义有所关联，"陆梁地"即动荡之地、不羁之地，引申为化外之地、荒远之地，事至简明，无须曲说。

一、以关联审之

既往对"陆梁地"的解释很多[2]，或谓民性、土气强梁，或谓山岭、山梁、

---

* 国家社科基金中国历史研究院重大历史问题研究专项"秦汉统一多民族国家形成过程的考古学研究"项目资助（项目批准号：LSYZD21018）。

[1] 司马迁《史记·秦始皇本纪》，北京：中华书局，1959年，第253页。

[2] 参见辛德勇《陆梁名义新释——附说〈禹贡〉梁州与"治梁及岐"之梁》，《历史地理》第二十六辑，上海：上海人民出版社，2012年；周运中《岭南总名陆梁出自越语说新证》，《百越研究》第四辑，厦门：厦门大学出版社，2015年。

"陆上渔梁"地貌，或谓"藏珍蕴奇之所"，或认为古越语记音（山地山谷、麓坡、"多水的山谷"，或骆越、仡佬、骆马图腾等），众说纷纭，莫衷一是。

《盐铁论·诛秦》同时出现"陆梁"和"陆梁之地"——"大夫曰：'……秦既并天下，东绝沛水，并灭朝鲜，南取陆梁，北却胡狄，西略氐羌，立帝号，朝四夷。舟车所通，足迹所及，靡不毕至。非服其德，畏其威也。力多则人朝，力寡则朝于人矣。'文学曰：'禹、舜，尧之佐也，汤、文，夏、商之臣也，其所以从八极而朝海内者，非以陆梁之地，兵革之威也。秦、楚、三晋号万乘，不务积德而务相侵，构兵争强，而卒俱亡。虽以进壤广地，如食荝之充肠也，欲其安存，何可得也？'"[1]

这段话中，大夫所言"南取陆梁"显然与《史记·秦始皇本纪》"略取陆梁地"指的是同一历史事件，后面文学所言的"陆梁之地"则无论如何也不能与岭南相联系，应该是一个泛称的形容性词语。这段话同时出现了实指、专指的"陆梁（地）"和泛指的"陆梁之地"，两者词性词义不同、指代有别，但是必然有所关联，讲清楚"陆梁之地"或可以开辟解释"陆梁地"的蹊径[2]。

二、以情理度之

《盐铁论·诛秦》中大夫与文学争论的究竟是应该"以力服人"还是"以德服人"，是应该"霸天下"还是"王天下"，是"逞一时之勇"还是"建万世之基"。揣度文意，"陆梁之地"既与"兵革之威"并列，当有"陆梁之地利"这层蕴意。言及地利，大致不出"土地肥美、物产丰饶""地理位置或地形、地势优越""地域辽阔"这几层自然地理上的含义，《隆中对》所谓"益州险塞，沃野千里，天府之土"讲的就是这些意思，可能还有"民风勇武""人口稠密"这

[1] 马非百注释《盐铁论简注·诛秦第四十四》，北京：中华书局，1984年，第322、323页。

[2] 《盐铁论》通见校注、译注本大多未解释《诛秦篇》的"陆梁之地"。参见前引马非百注释《盐铁论简注》；王利器《盐铁论校注》（定本，下），北京：中华书局，1992年，第488页；白兆麟《盐铁论注译》，合肥：安徽大学出版社，2012年，第203页。

类人文地理上的引申义。试以情理推度这些义项是否与《诛秦篇》的"陆梁之地"吻合。

（一）民风勇武、人口稠密

西汉扬雄《甘泉赋》有"飞蒙茸而走陆梁"句，李善注引晋灼曰"飞者蒙茸而乱，走者陆梁而跳也，谓猛士之辈"[1]。司马贞《索隐》"谓南方之人，其性陆梁，故曰陆梁"，张守节《正义》言"岭南之人多处山陆，其性强梁，故曰陆梁"[2]，与晋灼说法略同。不过，即便"陆梁"一词确实有猛士之辈、民性强悍这类义项，但是体现这层意义的"陆梁之地"却并不适宜形容舜、禹、汤、文的发迹之地。因为秦汉时代勇武强悍的民风世俗通常冠属于边塞之地，如"上谷至辽东……而民雕捍少虑"[3]，"定襄、云中、五原……其民鄙朴，少礼文，好射猎"，"天水、陇西……及安定、北地、上郡、西河，皆迫近戎狄，修习战备，高上气力，以射猎为先……名将多出焉"[4]，又如"粤人之俗，好相攻击"[5]，"吴、粤之君皆好勇，故其民至今好用剑，轻死易发"[6]等，而文献记载"尧都平阳（山西临汾）"，"舜所都也，或为蒲坂（山西永济）"[7]，"昔三代之（君）居，皆在河洛之间"[8]，舜、禹、汤、文的发迹之地显然不能称为边塞地区。

《史记·货殖列传》记："故太公望封于营丘，地潟卤，人民寡，于是太公劝其女功，极技巧，通鱼盐，则人物归之，襁至而辐凑。故齐冠带衣履天下，海岱之闲敛袂而往朝焉。其后齐中衰，管子修之，设轻重九府，则桓公以霸，九合诸侯，一匡天下……是以齐富强至于威、宣也。"[9]在这段话中，太公经略下的齐地渐至人烟密集，成为桓公成就霸业的基础。不过"陆梁"未曾见有"人口稠

---

[1]《文选》卷七《杨子云甘泉赋》，上海：上海古籍出版社，第323页。

[2]《史记·秦始皇本纪》，第253页。

[3]《史记·货殖列传》，第3265页。

[4]［汉］班固《汉书·地理志下》，北京：中华书局，1962年，第1656、1644页。

[5]《汉书·高帝纪下》，第73页。

[6]《汉书·地理志下》，第1667页。

[7]［西晋］皇甫谧《帝王世纪》，济南：齐鲁书社，2010年，第14、20页。

[8]《史记·封禅书》，第37页。

[9]《史记·货殖列传》，第3255页。

密"的释义，《诛秦篇》的"陆梁之地"与人口稠密这类义项无涉。

（二）土地肥美、物产饶富

《史记》《汉书》两书这类记述很多。如"关中自汧、雍以东至河、华，膏壤沃野千里，自虞夏之贡以为上田"，"齐带山海，膏壤千里，宜桑麻，人民多文彩布帛鱼盐"[1]；秦地"号称陆海，为九州膏腴……沃野千里，民以富饶"，巴、蜀、广汉"土地肥美，有江水沃野，山林竹木疏食果实之饶"，"河东土地平易，有盐铁之饶"，粤地"处近海，多犀、象、毒冒、珠玑、银、铜、果、布之凑，中国往商贾者多取富焉"[2]等。

顾颉刚认为"'陆海''陆梁'二名，颇有映带之趣。梁即山，一谓陆上之海，一谓陆中之山，山、海皆藏珍蕴奇之所也"[3]，以"陆梁"义同"陆海"。不过文献中并没有以"陆梁"指代膏腴饶富之地的直接证据，所以辛德勇认为"顾氏此说存在很多不易索解的问题，还需要慎重考虑"[4]，从"土地肥美、物产饶富"的角度解释《诛秦篇》的"陆梁之地"未尽妥帖。

（三）地理位置或地形、地势优越

地理位置或地形、地势的优越性大致包括区位适宜、交通便利、地理要素完备、地势险要等方面，多表现在军事意义上。

《史记·高祖本纪》记"秦，形胜之国，带河山之险，县隔千里，持戟百万，秦得百二焉。地势便利，其以下兵于诸侯，臂犹居高屋之上建瓴水也"[5]，言其地势高亢险要，便于居高临下用兵。黄永年在致顾颉刚的信件中认为"盖南越之地，北有五岭，乃秦进军南越所必经，越人且凭此山险以抗秦，窃谓'陆梁'之名殆由五岭而来，所谓'陆梁地'即'大陆上的山岭地区'之谓"，顾颉刚称"此说甚是"[6]，余天炽认为"'陆梁地'似应直释为山陆山梁之地，即岭南之地。《汉书》作'陆量'，量，犹分限也。陆量，即南岭为南北陆地之分

---

[1]《史记·货殖列传》，第3261、3265页。

[2]《汉书·地理志下》，第1642、1645、1648、1670页。

[3] 顾颉刚《顾颉刚读书笔记》卷十六，北京：中华书局，第42页。

[4] 前引辛德勇文。

[5]《史记·高祖本纪》，第382页。

[6] 参黄永年致顾颉刚函，《顾颉刚读书笔记》卷十二，北京：中华书局，2011年，第13、14页。

限，山陆之脊梁之意"[1]。按，"陆梁"确实可能有地势高亢的义项[2]，黄永年、顾颉刚、余天炽的说法与此不悖，不过至少舜、禹、汤奠定基业的中原地区不能称为地势高亢，故此不能将《诛秦篇》的"陆梁之地"与高亢险要的地势联系在一起。

《隆中对》称"荆州北据汉、沔，利尽南海，东连吴会，西通巴、蜀，此用武之国"[3]，这类记述是讲军事上的区位优越性。"陆梁"虽然有嚣张、跋扈、猖獗、横行无阻这类义项，但是将《诛秦篇》中的"陆梁之地"联系为"用武之国"或者"四通之地"还是勉强。关中固然是"披山带河以为固，四塞之国也"[4]，但中原其实是四面受敌的险地、危地，是"四战之地"，况且文学本来就是在讲舜、禹、汤、文成就王业并非依靠军事征伐。

《商君书·徕民》记："地方百里者，山陵处什一，薮泽处什一，溪谷流水处什一，都邑蹊道处什一，恶田处什二，良田处什四。以此食作夫五万。其山陵薮泽溪谷，可以给其材；都邑蹊道，足以处其民。"[5]商鞅推崇"制土分民之律"，认为完备的地理要素组合关乎土地承载人口数量，《汉书·地理志》称"楚有江汉川泽山林之饶""吴东有海盐章山之铜，三江五湖之利，亦江东之一都会也"[6]，则是在讲多样性的地理环境能够提供丰饶物产。不过这些说辞以及区位优势所带来的经济利益，如《汉书·地理志》言上谷至辽东"北隙乌丸夫馀，东贾真番之利"[7]等，均与"陆梁"一词的通行释义无涉，难以用来解释《诛秦篇》的"陆梁之地"。

排除以上义项之后，《诛秦篇》"陆梁之地"的解释就很有可能落实在"地

---

[1] 余天炽《"陆梁"地名试释》，《华南师范大学历史系论文集》，1984年自刊本，第238页。

[2] 庄有可认为"杢梁者，垒杢至于梁，则其高可过于梁，亦不可以其撮土而轻之，此转注义也"。见庄有可《春秋小学》卷五，《续修四库全书》第144册，上海：上海古籍出版社，2002年，第110页。

[3] 《三国志·诸葛亮传》，北京：中华书局，1959年，第912页。

[4] 《史记·秦始皇本纪》，第277页。

[5] 严万里校《商君书·徕民》，《诸子集成》本，北京：中华书局，1954年，第25、26页。

[6] 《汉书·地理志下》，第1666、1668页。

[7] 《汉书·地理志下》，第1657页。

域辽阔"这层含义上[1]。地域辽阔意味着人丁众、物产丰、战略回旋空间大，也就是"广阔天地，大有作为"，似可以说通。

三、以互训验之

在"地域辽阔"这层含义上解释《诛秦篇》的"陆梁之地"，可以参考《尸子》的一段话。这段话也是在议论王霸天下的依托条件，与《盐铁论·诛秦》主旨相同。

《尸子·明堂》："古者明王之求贤也，不避远近，不论贵贱，卑爵以下贤，轻身以先士。故尧从舜于畎亩之中，北面而见之，不争礼貌。此先王之所以能正天地利万物之故也。今诸侯之君，广其土地之富，而奋其兵革之强以骄士；士亦务其德行，美其道术以轻上，此仁者之所非也"[2]。这段话中，"广其土地之富，而奋其兵革之强以骄士"大致可以与《诛秦篇》的"陆梁之地，兵革之威"互训，"陆梁之地"的解释有可能在"广其土地之富"这句话中寻索。

战国秦汉时期流行"广土众民"[3]思想，《管子·重令》即认为"地大国富，人众兵强，此霸王之本也"[4]。按，"地大国富，人众兵强"也可以与"陆梁之地，兵革之威"大致互训。"广其土地之富""地大国富"这两句话均有地域辽阔这层蕴意，寻此线索，"陆梁之地"宜理解为"广阔之地"。

《史记·货殖列传》讲："昔唐人都河东，殷人都河内，周人都河南。夫三河在天下之中，若鼎足，王者所更居也，建国各数百千岁，土地小狭，民人众，都国诸侯所聚会，故其俗纤俭习事。"[5]三河"土地小狭，民人众"，反证明

[1] 王贞珉将《诛秦篇》"陆梁之地"解释为"疆域广大"，似是为了通畅行文语义，未知所据。参见王贞珉《盐铁论译注》，长春：吉林文史出版社，1995年，第389页。

[2]［战国］尸佼《尸子》，《群书治要译注》第二十一册，北京：中国书店出版社，2012年，第156页。

[3]《孟子·尽心》："广土众民，君子欲之。"［清］阮元校刻《十三经注疏·孟子注疏》，北京：中华书局，1980年，第2766页。

[4] 黎翔凤撰，梁运华整理《管子校注》，北京：中华书局，2004年，第289页。

[5]《史记·货殖列传》，第3262、3263页。

舜、禹、汤、文成就王业依靠的是"德行"而非"土地辽阔"之地利（"非以陆梁之地"），而且符合《诛秦篇》文学"虽以进壤广地，如食荠之充肠也，欲其安存，何可得也'"的辩论逻辑，文学所言庶几可与《荀子·强国》所谓"土地之大，封内千里，人之众数以亿万，俄而天倜然举去桀纣而奔汤武"[1]相比附。

四、以词源征之

"陆梁"本义为"跳跃貌"，引申出"嚣张、跋扈、猖獗、横行无阻"这些义项；"陆梁之地"在《诛秦篇》意为"广阔之地"，与"陆梁"一词的引申义有关，彼此不能割裂。

《齐民要术·养牛马驴骡》记养马"十日一放，令其陆梁舒展，令马硬实也"[2]，石声汉注"陆梁：即'跳跃'"或"自由行走"[3]。这句话中的"陆梁舒展"显然是指马匹放养、不羁縻，对应着圈养、羁縻，那么"陆梁之地"的字面本义很容易联系到动荡之地、不羁之地，再引申为化外之地、荒远之地乃至"辽远广阔之地"，远方的含义继续弱化，就是"广阔之地、广袤之地"。以上词义引申、转借的逻辑线索可以约略示意如下：

陆梁：跳跃貌→（马匹）放养、不羁縻

陆梁之地：动荡之地→不羁之地→化外之地、荒远之地→辽远广阔之地→广阔之地

《史记·秦始皇本纪》的"陆梁地"词义果若与"陆梁之地"有关，则适宜在化外之地、荒远之地这层意义上索解，与匈奴的"瓯脱外弃地"[4]略似。将作

---

[1] 王先谦著《荀子集解》，1988年，北京：中华书局，第198页。

[2] ［北魏］贾思勰撰《齐民要术》卷六《养牛马驴骡第五十六》，北京：中华书局，1956年，第82页。

[3] ［北魏］贾思勰著，石声汉校释《齐民要术今释》（上），北京：中华书局，2009年，第515页。

[4] 《史记·匈奴列传》，第2889页。古代史家多将"瓯脱"解释为边境守卫官员的候望之室，晚近一些学者认为"瓯脱"是指边界或中间地带；近时有学者认为"瓯脱"本义是"帐幕"，与匈奴某种基层游牧建制有关，引伸为游牧场所、游牧地域这类含义。参见陈晓伟《"瓯脱"制度新探——论匈奴社会游牧组织与草原分地制》，《史学月刊》2016年第5期，第6、7页。无论"瓯脱"一词如何解释，"瓯脱外弃地"必然是匈奴尚未控制的地区。

为秦汉时代岭南地理专名的"陆梁地"理解为化外之地、荒远之地，较为文通语顺。至于泛称的"陆梁之地"与专指的"陆梁地"之间的词源关系，无外乎"陆梁"词义内涵、外延的扩大或收缩。从"陆梁"一词的本义出发，最有可能是先衍生出作为泛称的"陆梁之地"，其后"陆梁地"在特定历史语境中成为岭南地理专名，或即"陆梁之地"词义外延的收缩。

《史记索隐》"谓南方之人，其性陆梁，故曰陆梁"，引申开来就是讲岭南居民强悍不驯、不受羁縻，实即"不牧之地"上的"不羁之民"[1]。《索隐》可能是没有考虑到或者没有讲透彻"陆梁（地）"的引申义、转借义，不能说全错。陆梁亦写作陆掠[2]，陆梁侯亦记作陆量侯[3]，陆梁是连绵字殆无疑义。张守节《正义》言"岭南之人多处山陆，其性强梁，故曰陆梁"，以"陆梁"实即"陆上渔梁""陆地之梁"[4]，均是拆开"陆、梁"二字分别指实，其实不妥。

五、以时宜论之

训为"化外之地、荒远之地"的"陆梁地"之所以成为岭南地理专名，当结合历史背景和秦汉时代的文化观念来考察，不能局限在文法词例、音韵训诂层面索解。蔡平虽然囿于旧说，认为陆梁地"意思是岭南越人居住的河谷山地"，却敏锐地把握了"它既是一个地理空间指称，又是一个区域性格的隐喻"，指出

---

[1] 《盐铁论·论功》记："不牧之地，不羁之民，圣王不加兵、不事力焉，以为不足烦百姓而劳中国也。"马非百注释《盐铁论简注·论功第五十二》，北京：中华书局，1984年，第371页。

[2] ［清］沈钦韩《后汉书疏证》，上海：上海古籍出版社影印本，2006年，第100页。

[3] 《史记·高祖功臣侯者年表》："陆梁，诏以为列侯，自置吏，受令长沙王"；《汉书·高惠高后文功臣表》："陆量侯须无，诏以为列诸侯，自置吏令长，受令长沙王。"颜师古注引如淳："《秦始皇本纪》所谓'陆梁地'也"。

[4] 辛德勇认为汉代崔篆《易林》"北山有枣，使叔寿考；东岭多栗，宜行贾市；陆梁雌雄，所至利喜"这段话中"陆梁"与"北山""东岭"并列，而"陆梁雌雄，所至利喜"当本自《论语·乡党》"山梁雌雉，时哉时哉"，因此"孔子所说'山梁'应当是指山形略似鱼梁，而这正是所谓'陆梁'"。按，《论语·乡党》"山梁雌雉，时哉时哉"句前是"色斯举矣，翔而后集"，讲山鸡自由自在、翔落自如，其实就是陆梁的"跳跃貌"本义，正与崔篆《易林》称为"陆梁雌雄"相符合。参见前引辛德勇文。

"秦人存有居高临下的文化优越感，在他们看来，南方蛮夷所在的落后地区都可以称为'陆梁'之地，只不过《秦始皇本纪》中的'陆梁'地为后面的三郡所限定了，专指五岭以南的南越、瓯骆之地"[1]。

赵世瑜指出汉代"对周边地区的称呼经常不是地理的概念，而是人群的概念，或说是以人名地"[2]，人群概念的背后是文化观念，刘志伟强调"北人之观'五岭'"是"以'中国'出岭外为视角，此为理解'五岭'或'岭外'作为一种地理概念的文化意涵之关键"[3]。在桑弘羊所说"秦既并天下，东绝沛水，并灭朝鲜，南取陆梁，北却胡、狄，西略氐、羌"的四个方向中，秦人对岭南最陌生，以带有文化价值评判意义的"陆梁地"称代岭南是很自然的事情。

《汉书·严助传》记："自三代之盛，胡越不与受正朔，非强弗能服，威弗能制也，以为不居之地，不牧之民，不足以烦中国也。"[4]赵世瑜认为，《水经注》言"古人云：五岭者，天地以隔内外"[5]，说明汉代人"将其视为一道自然分界线，于是就形成了'岭南'可以成为一个单独的地理单元的前提，但所分'内外'，又不仅是自然地理单元的不同，而更有化内与化外之别"[6]。所谓"略取陆梁地"实际是将"不居之地"纳入王土，将"不牧之民"纳为臣民。在蔡平看来，"略取陆梁地"的深层内涵，"就是通过强硬的军事专制手段征服和改变岭南蛮夷的文化形式和生活方式，使之内化于秦的政治版图和文化版图"[7]。

"陆梁"作为岭南地理专名，其指代至西汉又有变化。史汉二书均记陆梁侯（陆量侯）"受令长沙王"，封地应在长沙国境内。长沙出有西汉"陆粮尉印"，李学勤、周世荣均认为"陆糧"即"陆梁"，周世荣认为陆梁县为长沙国管辖的属县，根据马王堆出土帛书《古地图》推测"陆梁应在今广东连县与广西

[1] 蔡平《从岭南三郡至南越国——秦汉之际"陆梁"说新论》，《广东海洋大学学报》2016年第2期，第52页。

[2] 赵世瑜《"岭南"的建构及其意义》，《四川大学学报》（哲学社会科学版）2016年第5期，第54页。

[3] 刘志伟《天地所以隔外内》，《南岭历史地理研究》第一辑，广州：广东人民出版社，2016年。

[4] 《汉书·严助传》，第2777页。

[5] ［北魏］郦道元著，陈桥驿校证《水经注校证·温水》，北京：中华书局，2007年，第834页。

[6] 赵世瑜《"岭南"的建构及其意义》，《四川大学学报》（哲学社会科学版）2016年第5期。

[7] 蔡平《从岭南三郡至南越国——秦汉之际"陆梁"说新论》，《广东海洋大学学报》2016年第2期。

灌阳一带，'陆粮尉印'应是陆梁县尉的官印（明器）"[1]。陆梁由秦时的泛指岭南之地到西汉专指长沙国某一地域，转而为长沙国之一县名，应该与秦汉时期对于岭南认识的变化有关。

作为岭南地理专名的"陆梁地""陆梁"仅在《史记·秦始皇本纪》《盐铁论·诛秦》中各一见，而且西汉"陆梁侯""陆梁县"的名称并不涉及文化价值评判，说明彼时对岭南"化外为内"的改造已经初成。王明珂指出，史汉"两越传"中"都没有关于越人的'奇风异俗'的描述，并且在'起源'上，都强调他们与中国的关系……由此可见，在西汉之后越人逐渐已被视为华夏的一部分"[2]，作为专名称谓的"陆梁地"就没有必要继续使用了。不过，正如刘志伟所言，"两粤既为'岭外'，被中土之人目为蛮夷化外之地，数千年来未有真正改变"[3]，这就更容易理解这一专名称谓的深层文化背景，训为"化外之地、荒远之地"的"陆梁地"即是岭南被视为"蛮夷化外之地"的最初标识。

"陆梁地"为五岭、山地等说法，需要与相似文例、词例类比。比较具有类比性的是秦始皇"乃使将军蒙恬发兵三十万人北击胡，略取河南地"[4]，又如西汉末年王莽"乃令译讽旨诸羌，使共献西海之地，初开以为郡，筑五县"[5]。"河南地""西海之地"均是依照明确的地理物象指明区域方位。"陆梁地"若是指五岭，岭南当称为"陆梁南地"，有似辽宋金元时期的"山前""山后"[6]；若是指代山区，则可以径称为"山居之地""山谷之地"等，有似将燕、齐、吴、越诸负海之国称为"水泽地"[7]。况且秦汉时代已经有岭南、五岭等地理概

[1] 参见周世荣《长沙出土西汉印章及其相关问题研究》，《考古》1978年第4期；《长沙西汉"陆暴尉印"应为"陆梁尉印"》，《考古》1979年第4期。

[2] 王明珂《华夏边缘：历史记忆与族群认同》，台北：允晨文化实业股份有限公司，2001年，第309页。按，《汉书·高帝纪下》记高祖十二年五月"诏曰：粤人之俗，好相攻击，前时秦徙中县之民南方三郡，使与百粤杂处。会天下诛秦，南海尉它居南方长治之，甚有文理，中县人以故不耗减，粤人相攻击之俗益止，俱赖其力。今立它为南粤王"（第73页），可见西汉初年越人旧俗已在发生变化。

[3] 刘志伟《天地所以隔外内》，《南岭历史地理研究》第一辑，广州：广东人民出版社，2016年。

[4] 《史记·秦始皇本纪》，第252页。

[5] 《后汉书·西羌传》，第2878页。

[6] 参见吴宏岐《金元时期所谓的"山前""山后"》，《中国历史地理论丛》1988年第2期。

[7] 《汉书·五行志下》。参见前引辛德勇文。

念[1]，再冠以"陆梁地"之称岂非叠床架屋？

秦汉时期确实有匈奴"阗敦地"和"嗕姑地"[2]、西域"乌贪訾离地"[3]这类非汉语记音的地域名称。由于汉语费解，遂出现"陆梁地"为越语记音的诸种说法，若本文认识成立，这些说法暂可不论。至于"陆梁"表示跳跃貌或本自跳踉等[4]，是否原本受到南方民族语言的影响，则可以另论。

（本文承全洪先生提出修改建议，在此表示感谢）

（作者单位：中山大学历史人类学研究中心）

---

[1]《史记·货殖列传》："领南、沙北固往往出盐"；［南宋］周去非《岭外代答》："自秦世有五岭之说，皆指山名之。考之，乃入岭之途五耳，非必山也。"

[2]《汉书·匈奴传下》，第3796页。

[3]《汉书·西域传下》，第3874页。

[4] 参见章炳麟《新方言·释言第二》，《章太炎全集》，上海：上海人民出版社，2014年，第84页。

《史记》关于陆贾使越与张骞出使西域的叙事比较

吴小强　张铭洽

内容提要：

　　著名史学家司马迁在《史记》中详细记载了陆贾使越和张骞出使西域的过程，对汉代这两起影响深远的外交活动的叙事方式则各有特点：陆贾使越的叙事集中于辩士陆贾与赵佗的对话口辩，冒险家张骞出使西域的叙述则突出其"凿空"事功。此种材料取舍与叙述特点系太史公卓越的史识和好奇的心理所决定的。

　　西汉前期和中期，发生过两起重要的对外交往事件，对后世产生了十分深远的影响，即陆贾使越和张骞出使西域，前者最终使一度独立的南越国重归中原王朝版图，后者则开创了举世闻名的丝绸之路，打开了中国认识世界的大门。司马迁在《史记》中对这两起重大的王朝外交活动均做了颇为翔实的记载，但在叙事方式上则各有侧重，显示出不同的特点，本文对此略加分析比较，以求教于方家。

一、凸显"口辩"之才的陆贾使越叙事

　　陆贾先后两次出使南越。第一次是在西汉十一年（前196年），汉高祖刘邦委派全权代表陆贾出使南越国。起因是原秦代南海郡龙川县令赵佗趁秦朝灭亡、楚汉相争之机，利用岭南远离中原的特殊地理位置，占据秦南海、桂林、象郡三郡之地，割据建国，自立为南越武王。陆贾出使南越的目的，在于说服赵佗放弃独立，重新回到中央王朝的怀抱。

关于陆贾首次出使南越，司马迁在《史记》卷97《郦生陆贾列传》中给予了生动的记载，着重记录陆贾与赵佗的和谈内容。两人的对话可以分为两个阶段，第一阶段特点是化解敌意，申明利害关系。具体如下：

> 陆生至，尉他魋结，箕倨见陆生。陆生因进说他曰："足下中国人，亲戚昆弟坟墓在真定。今足下反天性，弃冠带，欲以区区之越与天子抗衡为敌国，祸且及身矣。且夫秦失其政，诸侯豪杰并起，唯汉王先入关，据咸阳。项羽倍约，自立为西楚霸王，诸侯皆属，可谓至强。然汉王起巴蜀，鞭笞天下，劫略诸侯，遂诛项羽灭之。五年之间，海内平定，此非人力，天之所建也。天子闻君王王南越，不助天下诛暴逆，将相欲移兵而诛王，天子怜百姓新劳苦，故且休之，遣臣授君王印，剖符通使。君王宜郊迎，北面称臣，乃欲以新造未集之越，屈强于此。汉诚闻之，掘烧王先人冢，夷灭宗族，使一偏将将十万众临越，则越杀王降汉，如反覆手耳。"于是尉他乃蹶然起坐，谢陆生曰："居蛮夷中久，殊失礼义。"[1]

陆贾这段精彩告白，先以亲情拉拢，表示同为"中国人"的身份，打消了以"魋结"蛮夷自居、态度傲慢的赵佗的对立情绪；次则宣扬刘邦战胜项羽、继承秦代江山的合法性；最后则清楚地告诉对方，若继续对抗下去其下场堪忧。

和谈气氛融洽之后，陆贾与赵佗的交谈转入第二阶段，特点是建立私人友谊，达成使越目标。司马迁记述了这二人如下的对话：

> （赵佗）因问陆生曰："我孰与萧何、曹参、韩信贤？"陆生曰："王似贤。"复曰："我孰与皇帝贤？"陆生曰："皇帝起丰沛，讨暴秦，诛强楚，为天下兴利除害，继五帝三王之业，统理中国。中国之人以亿计，地方万里，居天下之膏腴，人众车舆，万物殷富，政由一家，

[1] 司马迁《史记·郦生陆贾列传》，北京：中华书局，1982年，第2697页。

自天地剖泮未始有也。今王众不过数十万，皆蛮夷，崎岖山海间，譬若汉一郡，王何乃比于汉！"尉他大笑曰："吾不起中国，故王此。使我居中国，何渠不若汉？"乃大说陆生，留与饮数月。曰："越中无足与语，至生来，令我日闻所不闻。"赐陆生橐中装直千金，他送亦千金。陆生卒拜尉他为南越王，令称臣奉汉约。归报，高祖大悦，拜贾为太中大夫。[1]

在上述谈话中，赵佗不仅消除了对陆贾来访的敌意，而且产生了好感，建立了彼此的信任和友谊。陆贾在保持汉朝尊严的同时，不失时机地给予赵佗以中肯的评价，称赞其"贤"，虽不能和高皇帝刘邦相比，却胜过萧何、曹参、韩信等汉初名臣。赵佗听后"大笑"，显然心中欢喜。在其后几个月的"留饮"交流中，陆贾与赵佗推心置腹，以诚相待，以自己的智慧、机敏和口辩之才，赢得了赵佗的信赖和喜欢，最终使赵佗心悦诚服地接受汉皇帝册封，表面上向汉室北面称臣。《汉书·高帝纪》："（十一年）五月，诏曰：'粤人之俗，好相攻击，前时秦徙中县之民南方三郡，使与百越杂处。会天下诛秦，南海尉它居南方长治之，甚有文理，中县人以故不耗减，粤人相攻击之俗益止，俱赖其力。今立它为南粤王。'使陆贾即授玺绶。它稽首称臣。"[2] 陆贾首次使越，加上往返时间，大约有5个月，不辱使命，受到汉高祖的表彰，被封为太中大夫。

汉文帝前元元年（前179年），陆贾第二次使越。背景是吕后执政后，对南越实行贸易禁运，"隔绝器物"，并派兵攻击南越国，汉越关系日趋恶化。汉文帝即位，改变了吕后对越强硬对立的政策，试图修复与南越国的关系，在丞相陈平的举荐下，派遣年事已高的陆贾第二次出使南越国，司马迁在《史记》卷113《南越列传》中详细记述了这次出访行动。

[1] 司马迁《史记·郦生陆贾列传》，北京：中华书局，1982年，第2698页。
[2] 班固《汉书·高帝纪》，北京：中华书局，1962年，第73页。

　　及孝文帝元年，初镇抚天下，使告诸侯四夷从代来即位意，喻盛德焉。乃为佗亲冢在真定，置守邑，岁时奉祀。召其从昆弟，尊官厚爵宠之。诏陈平等举可使南越者，平言好畤陆贾，先帝时习使南越。乃召贾以为太中大夫，往使。因让佗自立为帝，曾无一介之使报者。陆贾至南越，王甚恐，为书谢，称曰："蛮夷大长老夫臣佗，前日高后隔异南越，窃疑长沙王谗臣，又遥闻高后尽诛佗宗族，掘烧先人冢，以故自弃，犯长沙边境。且南方卑湿，蛮夷中间，其东闽越千人众号称王，其西瓯骆裸国亦称王。老臣妄窃帝号，聊以自娱，岂敢以闻天王哉！"乃顿首谢，愿长为藩臣，奉贡职。于是乃下令国中曰："吾闻两雄不俱立，两贤不并世。皇帝，贤天子也。自今以后，去帝制黄屋左纛（音道）。"陆贾还报，孝文帝大说。遂至孝景时，称臣，使人朝请。然南越其居国窃如故号名，其使天子，称王朝命如诸侯。[1]

　　由于陆贾早已和赵佗建立了相互信任的私人友谊，加上汉文帝以谦卑的姿态，下诏晓谕包括南越国在内的"四夷"，赵佗审时度势，便以十分积极的态度对待陆贾第二次的来访劝和，重新与汉廷和解，接受了汉文帝册封，对外以诸侯身份向汉称臣。由于《南越列传》主要叙述南越国史实，司马迁在这里介绍陆贾第二次使越，以记录赵佗的态度变化为主，而陆贾劝和的话则从略。班固在《汉书》中根据兰台档案，将汉文帝赐赵佗诏书和赵佗回复汉朝上书的主要内容，均补充进《南粤传》内，充实了《史记》对陆贾二次使越过程的记载[2]。

二、突出"凿空"事功的张骞出使西域纪事

　　西汉前中期另一项重要外交活动即张骞出使西域。与彰显辩士口才的陆贾使越叙事不同，司马迁对于自己同时代发生的张骞通西域的事件记述，则主要偏重

---

[1] 司马迁《史记·南越列传》，北京：中华书局，1982年，第2970页。

[2] 班固《汉书·西南夷两粤朝鲜传·南粤传》，北京：中华书局，1962年，第3849—3853页。

于叙说张骞远涉流沙、克服重重险阻的曲折过程，突出其"凿空"之功，重事而轻人。与陆贾两度使越一样，张骞也是两次出使西域。值得注意的是，司马迁没有为张骞立传，而是将其个人事迹融入专门叙述西域地理与民族情况的《史记·大宛列传》之中。太史公对张骞第一次出使西域的记载如下：

> 是时天子问匈奴降者，皆言匈奴破月氏王，以其头为饮器，月氏遁逃而常怨仇匈奴，无与共击之。汉方欲事灭胡，闻此言，因欲通使。道必更匈奴中，乃募能使者。骞以郎应募，使月氏，与堂邑氏胡奴甘父俱出陇西。经匈奴，匈奴得之，传诣单于。单于留之，曰："月氏在吾北，汉何以得往使？吾欲使越，汉肯听我乎？"留骞十余岁，与妻，有子，然骞持汉节不失。

> 居匈奴中，益宽，骞因与其属亡向月氏，西走数十日至大宛。大宛闻汉之饶财，欲通不得，见骞，喜，问曰："若欲何之？"骞曰："为汉使月氏，而为匈奴所闭道。今亡，唯王使人导送我。诚得至，反汉，汉之赂遗王财物不可胜言。"大宛以为然，遣骞，为发导绎，抵康居，康居传致大月氏。大月氏王已为胡所杀，立其太子为王。既臣大夏而居，地肥饶，少寇，志安乐，又自以远汉，殊无报胡之心。骞从月氏至大夏，竟不能得月氏要领。居岁余，还，并南山，欲从羌中归，复为匈奴所得。留岁余，单于死，左谷蠡王攻其太子自立，国内乱，骞与胡妻及堂邑父俱亡归汉。汉拜骞为太中大夫，堂邑父为奉使君。[1]

在司马迁的笔下，展示了张骞第一次出使茫茫西域的情景：远离中原，路途漫漫，曲折惊险，危机四伏，未来难以预测。通过司马迁的描述，可以大略知晓张骞的西域凿空之旅经历了多少磨难，尤其途中被强悍的匈奴两度俘获，被迫娶妻生子，在荒漠帐篷中留置生活十多年。客观地说，匈奴单于对待来自敌对一方的汉朝使者张骞是比较客气的，非但没有虐待，没有杀戮，相反还给张骞许配匈奴女子，厚礼善待，希望留住人才，为我所用。但是张骞不为所动，胸怀大志，

---

[1] 司马迁《史记·大宛列传》，北京：中华书局，1982年，第3157—3159页。

牢记圣上赋予的神圣使命，毅然择机出逃，摆脱匈奴束缚，终于抵达目的地大月氏。虽然未能说服大月氏共同抗击匈奴，却意外地与大宛等国建立了联系。这为汉帝国后来大举进军西域开辟了道路。

张骞首次出使西域且活着归来，在汉朝被视为奇迹，引起汉武帝极大的兴趣，张骞将所历诸国国情及所闻域外资讯"具为天子言之"，主要有大宛、乌孙、康居、大月氏、安息、条枝、大夏、身毒等国情况。还提供了一条重要信息："臣在大夏时，见邛竹杖、蜀布。"蜀地出产的竹杖、麻布系大夏国商人从身毒采购而来的，并据此推测，身毒地理位置与西南蜀郡相接近，"大夏去汉万二千里，居汉西南。今身毒国又居大夏东南数千里，有蜀物，此其去蜀不远矣"。建议"从蜀宜径"，新辟经西南通往大宛、大夏等国的国际通道。汉武帝采纳了张骞的提议，"且诚得而以义属之，则广地万里，重九译，致殊俗，威德遍于四海。天子欣然，以骞言为然，乃令骞因蜀犍为发间道，四道并出"[1]。张骞因而统领四路人马，从蜀地出发，披荆斩棘，打通了西南夷道路，"于是汉以求大夏道始通滇国"。汉武帝元朔六年（前123年）春二月和夏四月，大将军卫青先后两次率六将军及十余万骑兵出塞，打击匈奴，校尉张骞跟随卫青大军出征，因为"知水草处，军得以不乏，乃封骞为博望侯"[2]。

博望侯，是张骞一生获得的崇高荣誉。《史记索隐》引小颜云"取其能博广瞻望也"。然而好景不长，封侯第二年，张骞以卫尉身份与将军李广从右北平出击匈奴，结果运气不佳，李将军被匈奴左贤王包围，"军失亡多，而骞后期当斩，赎为庶人"。张骞丧失侯爵封号后，并未灰心丧气，而是继续向汉武帝积极建言，分析西域形势，特别介绍乌孙国国王昆莫的传奇人生："匈奴攻杀其父，而昆莫生，弃于野。鸟嗛肉蜚其上，狼往乳之。单于怪以为神，而收长之。及壮，使将兵，数有功，单于复以其父之民予昆莫，令长守于西域。"再次建议"今诚以此时而厚币赂乌孙，招以益东，居故浑邪之地，与汉结昆弟，其势宜

---

[1] 司马迁《史记·大宛列传》，北京：中华书局，1982年，第3166页。

[2] 司马迁《史记·大宛列传》，北京：中华书局，1982年，第3167页。

听，听则是断匈奴右臂也。既连乌孙，自其西大夏之属皆可招来而为外臣"[1]。

张骞勾画的西连乌孙、断匈奴右臂的蓝图再次打动了汉武帝，"天子以为然"，于是"拜骞为中郎将，将三百人，马各二匹，牛羊以万数，赍金币帛直数千巨万，多持节副使，道可使，使遗之他旁国"[2]。开启了张骞第二次出使西域之旅。张骞抵达乌孙国，未能说服国王昆莫率众东徙，与汉朝结昆弟之交，加上乌孙国内发生政治分裂，"骞不得其要领"。"因分遣副使使大宛、康居、大月氏、大夏、安息、身毒、于寘、扞罙及诸旁国，乌孙发导译送骞还，骞与乌孙遣使数十人，马数十匹报谢。因令窥汉，知其广大。骞还到，拜为大行，列于九卿。"[3]司马迁记录张骞一生事功，两次出使西域（大月氏、乌孙），两次随军出征匈奴，一次打通西南滇国，其中尤以第二次出使西域最为成功，张骞也因此而晋升九卿之列，达到人生政治地位的巅峰。

三、《史记》对陆贾使越与张骞出使西域的叙事比较

陆贾使越和张骞出使西域，是西汉前中期最重要的对外交流的事件，其档案当保存在汉朝廷档案馆中，司马迁袭父职"为太史令，细史记石室金匮之书"。清人王鸣盛认为："史体至《史记》而定，班蹑马体，则才似逊，然论古正不必尔。若以繁简定高下，此何说乎？马意主行文，不主载事，故简；班主纪事详瞻，何必以此为劣？"[4]比较司马迁对于陆贾使越和张骞出使西域的叙事特点，不妨借用王鸣盛的说法，对陆贾使越的叙述是"主行文"，对张骞出使西域的叙述则"主载事"。两者叙事的不同之处主要有以下几点。

（一）对陆贾、张骞的出身背景与个人素质的介绍侧重点不同

陆贾是以儒生和辩士的身份出现在《史记》当中。"陆贾者，楚人也。以客

[1] 司马迁《史记·大宛列传》，北京：中华书局，1982年，第3168页。

[2] 司马迁《史记·大宛列传》，北京：中华书局，1982年，第3168页。

[3] 司马迁《史记·太史公自序》，北京：中华书局，1982年，第3296页。

[4] 王鸣盛《十七史商榷·汉书一》，上海：世纪出版集团、上海书店出版社，2005年，第49页。

从高祖定天下，名为有口辩士，居左右，常使诸侯。""余读陆生《新语》书十二篇，固当世之辩士。"[1]陆贾是早期追随刘邦起事的楚国儒士，曾协助刘邦联络诸侯，战胜项羽，平定天下，他对秦政得失有深刻的认识，向刘邦提出了如何长久治理天下的严肃命题。《史记》有如下记载：

> 陆生时时前说称《诗》《书》。高帝骂之曰："乃公居马上而得之，安事《诗》《书》？"陆生曰："居马上得之，宁可以马上治之乎？且汤武逆取而以顺守之，文武并用，长久之术也。昔者吴王夫差、智伯极武而亡；秦任刑法不变，卒灭赵氏。向使秦已并天下，行仁义，法先圣，陛下安得而有之？"高帝不怿而有惭色，乃谓陆生曰："试为我著秦所以失天下，吾所以得之者何，及古成败之国。"陆生乃粗述存亡之征，凡著十二篇。每奏一篇，高帝未尝不称善，左右呼"万岁"，号其书曰"新语"。[2]

从上述记载中，不难看出，陆贾是一位富有反思和批判精神的政治理论家，敢于犯颜直谏、思维敏捷、口才犀利的辩士与谋臣。

《史记》对张骞身世则着墨甚少，对其个性与素质的介绍十分简略。"张骞，汉中人。建元中为郎。""骞以郎应募，使月氏。""骞为人强力，宽大信人，蛮夷爱之。"[3]张骞是以"郎"的身份出现的，身体强壮，对人宽大包容，讲究信用，受到域外各国民族的信任与爱戴。这为其出使遥远的西域提供了难得的身体与人格条件。

（二）叙述陆贾、张骞出使过程的艰难与复杂程度不尽不同

应当说，汉代人们若从都城长安出发，无论是南向越过长江及五岭险阻抵至岭南南越国，抑或西出玉门关，穿越人迹罕至的戈壁滩，到达西域诸国，都是极

---

[1] 司马迁《史记·郦生陆贾列传》，北京：中华书局，1982年，第2697、2705页。

[2] 司马迁《史记·郦生陆贾列传》，北京：中华书局，1982年，第2699页。

[3] 司马迁《史记·大宛列传》，北京：中华书局，1982年，第3157、3159页。

为艰辛困苦的事情。相较而言，张骞出使西域更加充满危险，更为困难。因为陆贾使越，尽管路途遥远，但其多数旅途均在汉王朝直接管辖版图之内，陆贾一行奉旨出行，沿途会得到郡国官府的帮助，比较安全方便。只有翻越南岭后，进入情况尚不确定的南越国地域，才会面临实际的风险。因此，司马迁对于陆贾如何克服困难到达南越国的旅行情况只字不提，直接写陆贾面对南越王赵佗的情景。叙述张骞出使西域则不同，司马迁有意展现张骞"凿空"的曲折艰难过程。

例如张骞首次出使，率领100多人的队伍从长安出发，出陇西，进入交战敌对国匈奴地界，历经被俘、囚禁、留置、逃脱、再被俘、再逃脱等惊险漫长的曲折过程，返回长安时仅剩下他本人及胡人助手堂邑父二人。"堂邑父故胡人，善射，穷极射禽兽给食。初，骞行时百余人，去十三岁，唯二人得还。"连胸怀大志的汉武帝也深知出使西域之不易，"天子为其绝远，非人所乐往"[1]。由此可知张骞西域之旅应更苦于陆贾使越之行。

（三）阐述陆贾、张骞出使的结果与影响各有不同

陆贾使越和张骞出使西域在历史上都产生了重要影响。陆贾两度到访南越国，与赵佗会面长谈，成功地说服后者对外"去黄屋左纛"，以诸侯身份向汉朝北面称臣。南越王赵佗对陆贾渊博的知识和雄辩的口才甚为钦佩，感叹"越中无足与语，至生来，令我日闻所不闻"。在广州中心市区南越王宫署2号宫殿遗址出土的一件陶提筒的器盖上，发现"华音宫"戳印字样，证明此处为南越王宫的华音宫。关于华音宫的名称由来，著名考古学家麦英豪先生认为应与陆贾来访有关。"赵佗身在南疆，心系北国，今次陆贾给他带来华夏之音，喜悦之情，难以言表。"麦氏推测或许这是赵佗命名"华音宫"的寓意[2]。陆贾使越是西汉初期一件大事，此消息也传到了北边的匈奴，以至于匈奴单于对张骞抱怨："吾欲使越，汉肯听我乎？"陆贾因使越有功，两次拜为太中大夫，"陆生竟以寿终"。陆贾随身带回的南越国资料，为后来汉武帝平定南越国的军事行动，提供了基本

---

[1] 司马迁《史记·大宛列传》，北京：中华书局，1982年，第3159、3171页。

[2] 麦英豪著、全洪主编《麦英豪文集》（上），北京：文物出版社，2018年，第233页。

信息条件。

张骞两次出使西域各国，让中原王朝统治集团第一次认识了长城以西的广阔区域，打开了中国与世界交流的陆地通道，同时也激发了汉帝国统治者对土地和财富的极大贪欲。晚年的汉武帝为了获得大宛国名贵的"汗血马"，不惜派遣贰师将军李广利率大军西征，损失惨重。两汉王朝对西域各国的交往，始于张骞。司马迁肯定张骞的"凿空"之功。"乌孙使既见汉人众厚富，归报其国，其国乃益重汉。其后岁余，骞所遣使通大夏之属者皆颇与其人俱来，于是西北国始通于汉矣。然张骞凿空，其后使往者皆称博望侯，以为质于外国，外国由此信之。"[1]张骞西行之壮举，鼓舞了其后众多民间有志之士，踊跃效仿。"自博望侯开外国道以尊贵，其后从吏卒皆争上书言外国奇怪利害，求使。天子为其绝远，非人所乐往，听其言，予节，募吏民毋问所从来，为具备人众遣之，以广其道。"[2]

东汉班超是深受张骞精神鼓舞而青史留名的标志性人物之一。他青年时代与母亲跟随兄长班固到洛阳生活。"家贫，常为官佣书以供养。久劳苦，尝辍业投笔叹曰：'大丈夫无它志略，犹当效傅介子、张骞立功异域，以取封侯，安能久事笔砚间乎？'左右皆笑之。超曰：'小子安知壮士志哉！'其后行诣相者，曰：'祭酒，布衣诸生耳，而当封侯万里之外。'"[3]班超任西域都护，驰骋西域31年，受封定远侯，实现了"万里封侯"的梦想。卸任之际，他以所积累的丰富经验忠告继任者任尚："必不得已，愿进愚言：塞外吏士，本非孝子顺孙，皆以罪过徙补边屯。而蛮夷怀鸟兽之心，难养易败。今君性严急，水清无大鱼，察政不得下和。宜荡佚简易，宽小过，总大纲而已。"[4]此既是班超对自己经营西域数十年的心血结晶与肺腑之言，亦应视为对其偶像张骞"宽大信人，蛮夷爱之"精神人格的深刻注解与崇高敬意。

概括而言，司马迁叙述陆贾使越之事，重视陆贾辩士之才，突出其楚人出身

---

[1] 司马迁《史记·大宛列传》，北京：中华书局，1982年，第3169页。

[2] 司马迁《史记·大宛列传》，北京：中华书局，1982年，第3171页。

[3] 范晔《后汉书·班超列传》，北京：中华书局，1965年，第1571页。

[4] 范晔《后汉书·班超列传》，北京：中华书局，1965年，第1586页。

和"客"的身份，体现了对战国以来游士传统精神的赞扬。对汉中人张骞以"郎"应募出使西域，则更为彰显其敢为天下先的进取勇气和不负君命、坚韧不拔的开拓进取信念。太史公赞曰："今自张骞使大夏之后也，穷河源，恶睹本纪所谓昆仑者乎？故言九州山川，《尚书》近之矣。至《禹本纪》《山海经》所有怪物，余不敢言之也。"[1]张骞客观上否定了河出昆仑和西王母居昆仑的传统认识，更正了时人的地理知识和世界观念，甚至连博学的司马迁也不得不感叹。

2023年3月7日初稿，2023年5月3日定稿于番禺知困斋。

（作者单位：吴小强，广州大学；张铭洽，陕西历史博物馆）

---

[1] 司马迁《史记·大宛列传》，北京：中华书局，1982年，第3179页。

历史文本、出土材料与纪念遗存
——南越国史的形成与多元阐释方式

史明立

内容提要：

南越国史的形成是一个层累的过程：历史文本、出土材料与纪念遗存从不同角度构建起内涵逐渐丰富的南越国史。这三种性质的"史料"不应被无鉴别地当作确认的历史事实。研究者对三者内容进行理解和阐释时亦应充分考虑其情境，并谨慎采纳互相印证的做法。对于南越国的理解需着重关注其作为海洋型社会在政治、经济等方面与陆地型社会的不同，从而基于海洋视角加深对南越国的理解。

1983年，广州象岗山南越王墓的发现、发掘，引发了学界对南越国史的研究热潮。张荣芳、黄淼章的《南越国史》[1]和余天炽、梁旭达的《古南越国史》[2]等成为这一时期整合文献记载与考古发现，梳理南越国史的代表之作。之后，广州南越国时期的遗迹不断被发现、发掘，尤其以1995和1997年的南越国宫署遗址、2000年的南越国木构水闸遗址为代表。研究者也回溯、认定两广地区以往的考古发现，如广东省的广州汉墓中的西汉早期墓[3]、韶关乐昌汉墓[4]等；位于广西的贵县罗泊湾汉墓[5]、平乐银山岭汉墓[6]等，将"南越国"这一概念加之其上，确立了岭南西汉早期遗存与南越国遗存的关联。

---

[1] 张荣芳、黄淼章《南越国史》，广州：广东人民出版社，2008年。

[2] 余天炽、梁旭达《古南越国史》，南宁：广西人民出版社，1988年。

[3] 中国社会科学院考古研究所、广州市文物管理委员会、广州市博物馆编《广州汉墓》，北京：文物出版社，1981年。

[4] 广东省文物考古研究所、乐昌市博物馆、韶关市博物馆《广东乐昌市对面山东周秦汉墓》，《考古》2000年第6期。

[5] 广西壮族自治区博物馆《广西贵县罗泊湾汉墓》，北京：文物出版社，1988年。

[6] 广西壮族自治区文物工作队《平乐银山岭汉墓》，《考古学报》1978年第4期。

考古发现丰富了今人对南越国的认识。然而，当前学界仍旧存在一种较为常见的现象，即将历史文本、出土材料及后世纪念遗存附着于南越国史之上，将不同时代、性质、来源的"史料"相互印证，使南越国史在愈加丰富的同时，也变得扑朔迷离。一些学者在南越国史的探究过程中，留意到历史文本、出土材料、后世遗迹对南越国阐释的不同方面，并进行了较为深入的论述，颇具代表性的是刘焱鸿对南越国历史进行的"情境再造"，其对南越历史的形成进行了清晰梳理，并对历史文本的叙事模式、考古发现中的南越社会面貌作了深入解读，认为应关注南越国的濒水性质，并将其置于中南半岛乃至整个东南亚这一共同的文化中去理解[1]。这些论述为南越国的研究开辟了新视野。

南越国史的形成是一个层累的过程。时间愈久，寓居其上的内涵愈丰厚，也愈值得剥离、分析。历史文本、出土材料、后世纪念遗存所呈现的南越国史需分别考虑，三者之间的关联须被谨慎对待。如此，才能对南越国史的形成过程有较为清晰的理解，进而从多角度认识不同"情境"之下的南越国面貌。

一、历史文本构建的南越国史

历史文本中的南越国总体上呈现出了从消极到积极，从割据政权到多元文化的面貌。由《史记》《汉书》所显示的南越国更像是一个时判时服，摇摆不定，而又最终臣服于汉中央的形象。以南宋《岭外代答》等作品则强调"归汉"，淡化"自立"[2]。明清以来，以屈大均为代表的文人捍卫汉文化权威，对赵佗的"蛮夷化"进行批评[3]。20世纪初，以黄花考古学会为代表的学人致力于追溯南越国的悠久历史，将其视为汉文化对岭南文化的影响、南渐[4]。而自南越王墓发现以来，赵佗一改过往的消极形象，成为开发岭南，促进岭南开发的积极人物。

[1] 刘焱鸿《情境再造：南越国的历史文本与物质文化释读》，南京：凤凰出版社，2016年。

[2] 刘焱鸿《情境再造：南越国的历史文本与物质文化释读》，南京：凤凰出版社，2016年，第107页。

[3] 刘焱鸿《情境再造：南越国的历史文本与物质文化释读》，南京：凤凰出版社，2016年，第107—109页。

[4] 刘焱鸿《情境再造：南越国的历史文本与物质文化释读》，南京：凤凰出版社，2016年，第8页。

以《史记》《汉书》等历史文本构建起来的南越国史，是基于汉中央王朝的。因此，其中在撰写南越国相关内容时，势必会强调自身所关注的政治、军事等内容，而弱化其他方面的表达。而且，在诸多事件上对汉王朝进行有偏向性的描写，或者为了强调帝国对边缘的影响而按照自身的理解去撰写南越国史。

同时，文献的成书背景及作者因素也不容忽视。"《史记》既是一部历史书，也具有文学的特征……《史记》的写作主要以先期资料为基础，其中包括了少量当时的传说和见闻。"[1]以此角度观察《史记》对南越国的记载，可以发现其中的模式化描写。刘焱鸿分析了鸿门宴与南越汉使者宴两个不同的历史场景在司马迁笔下的雷同性，体现了司马迁在描述两者时的"叙事礼仪化"倾向[2]。此外，司马迁在描述四夷时，采用了相似的写作模式，"与其说是历史现场的真实再现，还不如说是经过精心挑选的情境复制而进行的文本加工"[3]。具体而言，在《史记》中，南越国、西南夷的滇国、东越、朝鲜似乎走了相似的道路。于南越国而言，由祖籍河北正定的秦将赵佗而建，曾被赐印，后为汉武帝所灭，进而纳入帝国版图。于滇国来说，由楚将庄蹻入滇而建，后滇王降汉，得赐滇王之印。属东越的闽越王无诸、越王海王摇，为越王勾践的后代，因助汉攻项羽，被立为闽越王、东瓯王。闽越王郢弟馀善被封东越王，后抗汉，并刻"武帝"玺自立，为汉武帝所灭。朝鲜王卫满为燕人。其中南越王赵佗、东越王均在与汉对立的过程中，私刻"武帝"玺表明"自立"。南越王、滇王均被赐印，以示臣服。这里的赐印、私刻印玺构成了臣服与否的指示性象征。当然，这种叙事方式体现了时人对"四夷"的普遍认识以及作者本人的历史观等。因此，若不能领会作者的叙事方式，而将其视为实际发生的历史，并将其与出土材料进行互证，则失之偏颇。

---

[1]［日］藤田胜久著，曹峰、［日］广濑薰雄译《〈史记〉战国史料研究》，上海：上海古籍出版社，2008年，中文版序言第2—3页。

[2] 刘焱鸿《情境再造：南越国的历史文本与物质文化释读》，南京：凤凰出版社，2016年，第98—100页。

[3] 刘焱鸿《情境再造：南越国的历史文本与物质文化释读》，南京：凤凰出版社，2016年，第98页。

除主观因素之外，客观上，作者对地处汉帝国势力难及之地的南越国的信息匮乏，加之文化面貌的差异，也有可能做出与事实有误差的判断。比如，尽管《史记》对于南越国世系描述清晰，但南越王墓墓主人赵眜不见于记载。将考古发现的"赵眜"等同于历史文本中的"赵胡"的证据也并不直接。赵佗年逾百岁的推断，也极大地超出了常识。因此，由《史记》《汉书》中所获知的信息，并不能被当作确凿无疑的事实，而应将其视为"史料"去分析其性质、成因等，进而去理解。

二、出土材料构建的南越国史

出土材料与"文献"一样都是需要去考虑其"情境"的史料。首先，出土材料本身具有很强的选择性和局限性。比如，南越国遗迹中墓葬的比例较高，而其他类型的遗存较少，而且墓葬并非墓主人生前实际生活的反映，而是一个仪式性的"丧葬"活动留下的遗存。其次，考古遗存只是整个社会生活保存下来的极小一部分的"物质"资料，而且受到多种自然和人为因素的影响，物质遗存的完整程度大打折扣。最后，南越国相关遗迹的"重新发现"实际上始于南越王墓的发掘，并由此回溯过往的发现，重新厘定出南越国时期的遗迹。因此，在对南越国遗迹的解读过程中，也不应忽略这一因素。

南越国的存续年代约从公元前204年至公元前112年。这一时期大概相当于秦朝末年至西汉早期。一般认为其最为强盛时影响到现今的我国两广地区、云南和贵州部分地区以及越南北部地区。从目前考古发现的遗迹来看，岭南西汉早期墓葬主要发现于广东的广州、韶关乐昌和广西的贺县（今贺州市）、贵县等地。建筑遗址主要发现于广州、五华、乐昌、始兴、澄海等地，其中除广州南越王宫署遗址之外，其他多属与军事相关的遗迹，"广东乐昌和广西平乐银山岭墓地应是当时地方军事重镇的代表，其文化面貌与广州和广西的贺县呈现明显差异，其西汉早期墓基本不见鼎盒壶钫类仿铜陶礼器的成套随葬。广州400余座西汉早期墓和广西贺县等地西汉早期墓则普遍随葬仿铜陶礼器，并且器物形态与组合都呈现稳定统一的面貌"[1]。尽管一般认为这些西汉早期遗存大致对应着南越国统治时期的统治区域，但需特别指出的是，南越国的边界可能并非如现代国家般明确，而应有着相当大的灵活性。这种模糊的边界一方面与古代社会边界本身的模糊性有关，另一方面也与南越国与邻国甚至汉帝国势力的变化有关，比如《史记》在描写"四夷"时有诸多"时叛时服"的情节，说明汉王朝对这些地处帝国边缘的区域的影响会随着势力强弱而发生变化。另外，南越国与邻国的诸多战争记载也说明边界的不确定性。

作为南越国的都城和政治中心——番禺（今广州），应是王国高等级管理阶层的聚居地。从广州西汉南越王墓、南越国宫署遗址、南越国木构水闸遗址及出土文物来看，这里是整个南越国的政治中心。南越国社会最高阶层为南越王，广州象岗山西汉南越王墓即是当时位于最高阶层的南越文帝赵眜之墓。南越国宫署遗址是南越国宫城所在地。包括可辨别墓主身份的墓葬在内的高等级墓葬的墓主应是南越国在都城的高级官员或贵族。在南越国的统治中心还应存在着不同级别的管理人员，他们共同构成南越国都城的统治阶层。在统治阶层内部，尤其是南越国后期，汉越矛盾激化，这从《史记》对于以太后为代表的汉势力与以吕嘉为代表的越势力的冲突可以推断出来[2]。而在统治阶层之外，则是非统治阶层的普通民众，其中应包括诸多越人，如《汉书·地理志》：自交趾至会稽七八千里，百越杂处，各有种姓。然而从考古发现辨别"百越"十分困难。刘瑞探讨了华南秦汉越人"窄坑墓"，认为其在"西汉初期以苍梧郡为中心，西汉早期以南海郡为中心。而如将同处岭南的桂阳郡的乐昌包含在内的话，在此时期内岭南地区的分布最为密集"，在"未曾设置县治或距离县治较远的地区"发现数量较多。宽坑墓可约略视作为一种外来的墓葬形制，如是，则窄坑墓则可能更多体现的是一种原生的墓葬形制[3]。虽然无法将墓坑的宽窄直接对应至人群，但是刘瑞关于外来和原生的推断是较为谨慎的。由此更进一步，南越国统治阶层较倾向于使用宽坑墓这一外来墓葬形制，而普通民众更多使用窄坑墓这一原生墓葬形制。这并非族

[1] 朱海仁《岭南汉墓仿铜陶礼器的考察》，《华南考古》第1辑，北京：文物出版社，2004年，第113—121页。

[2] 刘焱鸿《情境再造：南越国的历史文本与物质文化释读》，南京：凤凰出版社，2016年，第96—100页。

[3] 刘瑞《华南秦汉越人"窄坑墓"》，《西部考古》第8辑，北京：科学出版社，2015年，第118—132页。

群差异所致，即宽坑墓不代表墓主是汉人，而窄坑墓也不能绝对与越人相对应，墓坑的宽、窄在很大程度上反映着墓主身份的高低，或其所掌控资源的多少，而不能代表族群。南越国上层通过采用这一在岭北颇为流行的墓葬形制，展示获取珍稀资源掌握、获取的能力，进而体现统治权力。除了宽坑墓之外，南越王赵眜所采用的棺椁葬制、玉衣等葬玉制度等也是权力的表达。

另外，南越王墓出土器物所反映的多元文化因素，如楚文化、巴蜀文化、草原文化、域外文化等[1]，可能并非中原文化、楚文化等南渐的这种被动行为的反映，而是一种主动行为，是南越国上层通过多种途径对于包含异域物品在内的珍稀宝物的收集，比如超大型铜镜、体现异域交流的银盒、体现与东南亚密切联系的铜提筒、体现与各地交流的蓝色平板玻璃牌饰等器物。由此，南越国交流的范围，不但可远至北方草原地区，而且与现在所称的东南亚、中亚甚至西亚地区有着广泛的物质文化交往，体现出南越国上层强大的对珍稀物品的控制能力。"对资源和奢侈品的控制是权力消费特殊物质的表现；早期器物在前埋藏时期就已经彰显了特权阶级对地方的控制；在器物的后埋藏时期，对政治边界的想象性控制通过多种风格的流行器物得到体现。"[2]

三、后世纪念遗存构建的南越国史

后世对南越国及赵佗、陆贾等英雄人物的纪念而形成的纪念性遗存，也是构建后南越国史的重要内容，但因诸多遗存可供参考的资料有限，难以形成清晰的脉络，但总体上这些遗存年代可能较为晚近，明清时期及近代居多。从分布地点来看，与赵佗、陆贾、任嚣等人物活动地点有关的广州、龙川等地纪念遗存较多，如位于广州的越王井、赵佗墓、任嚣墓、开越陆大夫驻节故址纪念亭及开越大夫祠[3]，位于龙川的赵佗故居遗址、越王井、南越王庙等。现以龙川越王井为

[1] 张荣芳、周永卫、吴凌云著《西汉南越王墓多元文化研究》，广州：中山大学出版社，2015年，第93—126页。

[2] 刘淼鸿《情境再造：南越国的历史文本与物质文化释读》，南京：凤凰出版社，2016年，第59页。

[3] 广州市荔湾区经济社会事业发展年鉴（2006）编纂委员会《广州市荔湾区经济社会事业发展年鉴》，广州：华南理工大学出版社，2007年，第71页。

例，对后世纪年遗迹的形成脉络进行梳理。

龙川越王井位于龙川佗城光孝寺内，一般认为是"秦县令赵佗故居的汲井"，内有井记，其上显示为循州第一进士韦昌明作，并勒之于石[1]。此井因这一井记而成为证明井为"越王井"的重要证据。但细究此井记的作者及内容，则发现有诸多可疑之处。一是"韦昌明"其人及身份不清晰。目前可见较早记载"韦昌明"的文献为万历《广东通志》卷之三十七"（唐）龙川韦昌明，长历四年，有传"，其中所载"长历四年"非唐朝年号，为误写，或为长庆四年（824年）。同书卷三十八"韦昌明，龙川人，好学，工词赋，长庆中进士及第，尝上书宰相李逢吉（758—835年），责以协恭和衷之义，及献所作鼎实赋，逢吉称之，累官校书郎转秘书清华美职，自吴郡张率（475—527年）之后，东南胄绪未有任者，昌明耽阅麟署，惯乘鹿车，竟以勤瘁卒于官"。鹿车之名流行于汉到魏晋[2]，唐代"鹿车"不再作为实用运载工具出现在文献中，而是作为一种意象，表现文人雅士清贫守节或放荡不羁的艺术形象[3]。因此，此处韦昌明"惯乘鹿车"应非实际情况的描写。

另有天一阁藏嘉靖《惠州府志》卷十三："韦思明，龙川人。举进士，历显官，名著朝野，酷好李涉诗。"此中人名作"韦思明"，而非"韦昌明"，并提及其"酷好李涉诗"，但未记载详细官职。关于"韦思明"最早的记载出自晚唐范摅撰《云溪友议》"江客仁"条，主要内容是李涉浣口遇盗，豪首知其为李涉，不掠其财，唯求其诗，李乃赠绝句一首。多年后，有番禺举子途经循州，求宿田家，一八十老翁自称"野人韦思明"，相与论诗，老翁称酷爱李涉绝句。而此应正是嘉靖《惠州府志》所称"韦思明酷好李涉诗"之来源。但是，"江客仁"主人公"韦思明"不见于《旧唐书》《新唐书》《唐诗纪事》《唐才子传》[4]，甚至有研究者指出"他自称'野人韦思明'，显然，这个名字未必是他的真名，'韦

[1] 张鉴林、魏平《岭南古城，龙川佗城》，《广东史志》1996年第3期。

[2] 李立新《鹿车考析》，《民族艺术》2010年第3期。

[3] 吴美娇《"鹿车"称名考析——从走马楼西汉简所见"井鹿车"说起》，《出土文献》2020年第3期。

[4] 曲琨《范摅〈云溪友议〉考论》，西北师范大学博士学位论文，中国古代文学专业唐宋文学方向，第42页。

思明'是谐音'为思明'"[1]，后人将此处的"韦思明"附会为"韦昌明"[2]。

至清代，方志中对于韦昌明的官职进行了细化，如乾隆《龙川县志》载："韦昌明：长庆间进士，授校书郎转秘书监丞，历官御史翰林学士，祀乡贤，潘志作思明，今改，改正详人物依据县志。"同治《广东通志》卷六六《选举表四》："长庆四年：韦昌明，循州龙川人，秘书监丞。"此外，《越井记》还收录于《全唐文》。《全唐文》由清代嘉庆年间大学士董诰等编纂而成，表明《越井记》的年代应早于嘉庆年间，但其生卒年份不详，无法说明韦昌明为唐人。

另外，从《越井记》的内容来看："南越王赵佗氏，昔令龙川时，建池于鳌湖之东⋯⋯凿井于治之东偏曰越井⋯⋯自秦距今，八百七十余年，其迹如新。稽《史记列传》，称汉既平中国，而佗能集扬越，以保南藩称职贡，则佗之绩，良足为多。又秦徙中县之民于南方三郡，使与百越杂处，而龙有中县之民四家：赵姓、韦姓、任姓、管姓。昌明祖以陕中人来此，已几三十五代矣。实与越井相终始，故记之如此。乾符五年（878年）十月之吉，邑人翰林学士韦昌明记。"其中，韦昌明回顾了自己家族的历史：秦时从"中县"迁徙至南方三郡，而龙川有中县之民四家：赵姓、韦姓、任姓、管姓。昌明祖以陕中人来此。这段记载带有明显的追溯家族历史，以使其合理化的意味。考虑到明清国家权力通过户籍登记、赋税征收等方式，使沙田开发与王朝的正统性、象征性密切联系这一背景[3]，此井记很可能是赵、韦、任、管四家族为了使自身合法地分享沙田利益而创造出来的。其中既有利用"赵姓"家族与"赵佗"的同姓关系所建构起来的关联，又有韦姓家族利用《云溪友议》中的一个无法考证的故事主人公"韦思明"，通过赋予其以具体籍贯、进士身份、官职等而丰满起来的"循州第一进士"的形象，并借其之名写出《越井记》，以增强故事的合理性以及分享沙田利益的合法性。

---

[1] 曲琨《范摅〈云溪友议〉考论》，第45页。

[2] 陶易编著《唐代进士录》，合肥：安徽大学出版社，2010年，第273页。

[3] 史明立《波罗诞"五子朝王"与"十八乡各奉六侯"——明清地方社会争夺沙田利益的结果》，《北京民俗论丛》第八辑，北京：中国社会科学出版社，2021年，第72—82页。

四、海洋型社会视角下的南越国

南越国北依五岭，南临大海，这样的地理环境特点使其具有明显的"海洋型"[1]社会特征。文献对此有不少记载，如《吕氏春秋》："适越者，坐而至，有舟也。"《盐铁论·论灾》："越人美蠃蚌而简大牢。"《后汉书·任延列传》："九真俗以射猎为业。"《陶璜列传》："合浦郡土地硗瘠，无有农田，百姓惟以采珠为业。商贾去来，以珠贸米。"

南越国作为濒海性质的社会，与陆地型社会的社会组织、经济方式有诸多不同。谢湜认为"海岛上的人天生就是商业民族，必须靠交换谋生"[2]，而且作为交通工具的船，往往并非一家一户所能制作、维护，而需要合作[3]。以此观之，南越国很可能存在不少这样的人，"商业"并非副业，而是他们生产生活必不可少的一部分。但由于目前的考古发现多为南越国时期的墓葬，它们均位于山岗之上，较易保存、发现，而市场、建筑、道路、作坊等遗存则很可能位于现今建筑之下，不易发现。至于那些来此交换的人群，可能包括山地人群甚至海洋人群，分散在统治中心之外的窄坑墓可能是山地人群的身后之所，但海洋人群的墓葬和居址就难寻踪迹了。

南越国都城番禺除了如陆地型社会都城那般承担着政治职能之外，很可能还承担着海洋型社会的经济职能。由于其地处珠江入海口，海拔较低，水路交通便捷，能够更方便地汇集资源，形成市场，较易成为附近山地、海洋人群进行交换、购买，获取生计资源的"集市""城"或"中心之地"。这种中心之地很可能并不仅仅是"政治中心"，也可能是掌握着"物质交换"或"交通命脉"的中心之地，而番禺正扮演了这一角色。因此，《史记·货殖列传》中说"番禺亦其

---

[1] 凌纯声《中国古代海洋文化与亚洲地中海》，《中国边疆民族与环太平洋文化》，（中国）台湾：联经出版事业公司，1979年，第335—344页。

[2] https://www.163.com/dy/article/HEK4IVNO0541Q6AV.html。

[3] 谢湜《山海故人：明清浙江的海疆历史与海岛社会》，北京：北京师范大学出版社，2020年，第7、8页。

一都会也，珠玑、犀、毒冒、果布之凑"。番禺作为珍奇荟萃之地，应在很大程度上与其作为海洋性社会所形成的"商业"都会性质密切相关。而且，奢侈品汇集于此在一定程度上反映出番禺作为经济中心在中国南疆以及东南亚广大区域中的重要地位。已有研究者发现，南越富足并讨论其原因：战国以后，随着岭南与岭北交流增多，关中和关东地区追逐远方异物，催生了奢侈品的发展；武帝平南越后，不征赋税；与周边的贸易等[1]。另外，南越国掌握着与周边甚至环南海地区贸易的主动权，并通过"贡纳"等方式输入岭北甚至中央王朝腹地。很可能，在南越国之前零散的民间贸易往来至此时因得到政治组织的支持而转变为更大规模的环海洋贸易。

另外，南越国在建筑、交通、经济生活、语言等方面都充分显示出海洋性特征，如几何纹陶器、海产品、舟楫等[2]。"以前认识的所谓'篦点纹''刻划纹'实际上都是用毛蛤壳划印而成，应为'贝划纹'和'贝印纹'"[3]，广州汉墓"西汉早期的Ⅱ、Ⅲ型木椁墓中，有的椁室分上下两层……棺具置上层，下层作器物室。显然，这是按照当时生人的居处并仿照干栏特点及使用方式运用于椁室的建筑布局上"[4]，是番禺干栏式建筑的间接反映[5]。

结　语

距南越王墓发现已近40年。40年来，随着研究的深入和考古材料的丰富，似乎对南越国的历史有了更多面的了解。然而，如若不厘清不同性质的史料构建起来的南越国史，即便是多元的材料，再丰富的考古发现，也无法实质性地增进今

[1] 周繁文《秦汉番禺城与"海上丝绸之路"关系考》，《芳林新叶——历史考古青年论集》第二辑，上海：上海古籍出版社，2019年，第177—222页。

[2] 曹峻《百越都城海洋性初探》，厦门大学考古学及博物馆学专业硕士学位论文，2002年。

[3] 曹峻《百越都城海洋性初探》，厦门大学考古学及博物馆学专业硕士学位论文，2002年，第24页；深圳博物馆《深圳市叠石山遗址发掘简报》，《文物》1990年第11期。

[4] 中国社会科学院考古研究所、广州市文物管理委员会、广州市博物馆编《广州汉墓》，北京：文物出版社，1981年，第479页。

[5] 曹峻《百越都城海洋性初探》，厦门大学考古学及博物馆学专业硕士学位论文，2002年，第45页。

人对南越国的认识。以物证史的时代，只是在证实已有的知识，而鲜少增加新的知识。因此对于南越国史需要条分缕析，剥离出不同史料在不同情境、不同视角下的南越国史，唯有如此，才能更加多面、清晰地认识南越国。另外，南越国代表的是不同于陆地型社会的另外一种组织形态——海洋型社会。研究者将其置于这一视角中将对以南越国为代表的百越社会有更多的认识，同时也将对以南越国为代表的早期海洋社会有更多面向的理解。

（作者单位：南越王博物院）

清末广东学政徐琪

陈泽泓

内容提要:

　　清光绪年间广东学政徐琪,是著名学者俞樾之高足,就任广东学政期间留下《授经石歌》英石佳话和药洲《魁星图》碑,是他与俞樾师生情谊之见证。徐琪对广东文化建设卓有建树,对文物胜迹捐廉修葺保护者众,著成《粤东葺胜记》,集称"三十二景",对广州药洲修葺接续不懈,留下十三处碑刻和数十种诗文,对今时之文物保护工作乃有所启示。

一

　　清代广东主管文教的官署,从提学道署、提督学院、提督学政署,到清末的提学司,出任主管官者达 129 人次(少数连任多年或两次重任)[1]。清代学政"除负责监察学校师生之学业行动外,兼管所辖地方一切有关教化文物学术之事,小事札饬州县,大事与督抚会衔办理"[2]。"广东文风甲天下,广东弊窦亦甲天下,广东学政之不易为百倍也"[3]。派来广东任学政使者的职望、官秩比一般省份为高,名声显赫者众,有状元七人、榜眼五人、探花二人,更有惠士奇、翁方纲、钱大昕、张百熙、于式枚等著名学者。他们在担任学政之后,有的回京晋升为各部尚书,或授任编纂典籍总裁、副总裁,领内阁大学士、内阁学士等衔,权位尊贵,显示了担任广东学政的名流巨子特多,堪居各省学政阵容前茅。

[1] 陈以沛《药洲学政署的始末》,载《岭南文史》,转引自陈以沛、陈鸿钧、陈宇晖编著《羊城药洲要览》,
　　 北京:中国戏剧出版社,2004年,第316页。

[2] 黄本骥《历代职官表》,上海:上海古籍出版社,2005年,第139页。

[3] 俞樾《岭南实事记序》,《岭南实事记》,光绪二十二年香海盦丛书刻本。

学政使者多有饱学之士，竭诚效命，在培育人才、倡导学术、整饬文风、振兴文教乃至维修古迹、搜罗遗书上做出贡献并载入志籍，然而，清末广东学政徐琪于振兴广东文教上贡献殊多，其生平不仅不见于志籍，也不见于《清史稿》[1]、《清史列传》[2]、《清代名人传略》[3]，甚至于收录五万多历史人物的《中国历史名人大辞典》[4]也未列入其名。究其主要原因，当因徐琪死于1918年，成为跨时代人物。其在广东学政任上的事迹，只能从其奏章、日记及诗文集中稽知其详[5]。

徐琪，字玉可、花农，号俞楼，仁和（今浙江杭州）人。生于清道光二十九年（1849年）。师从大学者俞樾及兵部尚书、书画家彭玉麟，自昔即有诗书画三绝之称。他是光绪六年（1880年）与梁鼎芬同榜进士，改庶吉士，授国子馆协修、翰林院编修兼撰文事。曾任顺天同考官、山西乡试副考官。光绪十七年（1891年）八月出任广东学政，"十九年三月蒙恩特赏花翎"[6]，光绪二十年（1894年）十二月卸任。在任三年期间，按规定两次巡历所属府及直隶州，发现有关地方文教应兴应革事宜，即督导各地学官负责执行，或会同总督，巡抚饬令各地共同办理，向朝廷奏报或饬令各地的文告不少，汇编成《广东学政徐琪奏稿》《岭南实事记》传世。其在广东行迹，除了日记之外，更将捐廉助修文物胜迹之事撰成《粤东葺胜记》，还有相当数量相关的诗、文、联，辑成《粤轺集》[7]。

---

[1] 《清史稿》，上海：上海古籍出版社，1986年。

[2] 《清史列传》，北京：中华书局，1987年。

[3] ［美］A·W·恒幕义编著《清代名人传略》，西宁：青海人民出版社，1995年。

[4] 张扬之、沈起炜、刘德重主编《中国历史名人大辞典》，上海：上海古籍出版社，1999年。

[5] 徐琪《广东学政徐琪奏稿》一卷（清光绪间石印本）、《粤学日记》四卷（国家图书馆藏稿本）、《岭南实事记》二十卷首一卷（清光绪二十一年刻香海盦丛书本）、《粤东葺胜记》八卷（清光绪二十五年刻本）、《粤轺集》四卷（清光绪二十年刻本）。均收入《广州大典》（广州：广州出版社，2017年）。

[6] ［清］无名氏《续广东学政题名碑》，今存药洲，陈以沛、陈鸿钧、陈宇晖编著《羊城药洲要览》，北京：中国戏剧出版社，2004年，第75页。

[7] 所著《粤轺集》自序落款为"光绪十二年岁次甲午十二月既望序于粤东试院之俞园"，药洲无名氏《续广东学政题名碑》记接任任琪的学政恽彦彬于光绪二十年十二月任。

徐琪在广东任满回京，历官至内阁学士署兵部右侍郎、南书房行走。光绪二十七年（1901年）十二月遭弹劾免职。1915年为袁世凯政府参政。死于1918年，终年69岁。

晚清人笔记载，时论对徐琪履职广东时所取士子多为富家年轻子弟有不满，时人或为落考者作诗诮道："花农太史眼花花，鸿案题名尽世家。但得容颜惊落雁，任教文字笑涂鸦。若非小姐求佳婿，定是夫人觅艾豭。不有宋朝潘岳貌，劝君休入学台衙。"此言未免谑而近虐。此为坊间传言，其文字出入也见有数个版本。据方志记载，徐琪在惠州西湖创设松风文社，每月于丰湖书院高才生中酌拔一二十名，为经古小课，其评定甲乙仍归丰湖山长主持，另行捐洋一千元发商生息，用作奖励之资。说明他选拔人才还是公正的。从徐琪与黄景棠的交往中可见其与粤人交往之一斑。黄景棠是广东台山人，广州"小画舫斋"斋主，2018年崇正拍卖会上拍卖了他的《倚剑楼藏札》[1]，其中收录徐琪四通信札，前三通当为徐琪履职广东学政时所写，提及他赠黄景棠"《粤轺集》一部，《岭南实事记》二函，《补莲亭记》《刘公初碑》二种，自制《集苏一百八十七笺》四匣"以及黄氏回赠和诗、徐琪夫人生日受其馈赠并具家宴招待黄氏等事，可见两人亲密程度。第四通告知黄氏如复函他在北京的地址，并提及黄景棠之子在开封应试一事，当系离职回京后所写，字里行间交情如故。黄景棠有诗集《倚剑楼诗草》传世，从信中也可见其是一位仗义疏财，诗文俱佳的年轻才俊，并非仅仅是一位富二代，由此亦可一窥徐琪取士特点。

徐琪写广东之诗不少，然《历代入粤名人诗选》[2]及各地编辑出版的历代诗选，均未收入其诗。其笔下山水诗，情景并茂。如《连州钟乳石歌》：

> 余至连州得钟乳石一方。其中草根皆如玉石，叩之冷然作声，一奇品也。为赋长歌记之。[3]

[1] 《倚剑楼往事·崇正18秋拍》，明远小筑2018年11月30日。
[2] 黄雨选注《历代入粤名人诗选》，广州：广东人民出版社，1987年。
[3] 徐琪《连州钟乳石歌》，《粤轺集》卷二，清光绪二十年刻本。

连州钟乳天下奇，阴崖千尺俱倒垂。
苔须藓发界飞瀑，如鸟浴羽氃缛襹。
星精月魄互激射，露华雨液融胎胚。
琅玕束笋箨悬处，瞿昙闭目香定时。
饥鹰渴骥不一致，蜂房燕垒相偎依。
蛟潭旧友颇识面，绉瘦亦觉殊端倪。
菖蒲紫茸缀瑶草，岁久石骨同柱支。
叩之清声夺琴筑，雁柱欲合银笙吹。
乃知珊瑚出海底，亦似荇藻纷涟漪。
年深宝气自吞吐，遂与玉色争琼瑰。
瀛台旧有木变石，褒咏曾贲天章诗。
小臣侍从托史馆，至妙每觉难管窥。
观此始信造物巧，意匠不到皆天机。
比来高谈侈格物，烹炼霜霰如饧饴。
五金八石别寒燠，黄埃青颎衡铢锱。
岂知大地不爱宝，信手结撰凭取携。
巨灵太华拟议耳，女娲戏补谁见之。
我今一拳置碧盎，十洲三岛含须弥。
放颠几欲傲海岳，秀采亦复争仇池。
殷雷前山乍振响，呼吸如有烟雾随。
夜深蜗篆竞出没，科斗如黍皆文螭。
子厚欲乞定不与，稚川相访或见贻。
莫教煮食同芝菌，雪窦中有颔下骊。
采之欲佐轩辕玑，万国土照红尘微。
心情当与成连移，水仙一曲波湿衣。

徐琪为多处胜迹撰联，也颇有文采，诸如《庾岭张文献公祠联》《韩江试院联》《廉州试院联》《琼州试院联》《清远峡山寺联》，有的成为传世佳联。下引诸联为例，见其对入粤先贤韩愈之敬仰情笃。

《阳山县昌黎钓台联》：

三度入岭南，幼过始兴，晚出蓝关，

此行当中岁之交，驱鳄文章犹在后；

数峰对江上，访贤令山，登同冠峡，

我欲起功曹而问，叉鱼诗句殆其时。[1]

《韩江试院联》：

山川秀美，似吴江道中，始知海国多奇，谁谓蛮烟兼瘴雨；

师弟渊源，有韩公学派，岂独边城出将，别饶武达佐文通。[2]

《题韩愈祠》：

频年与公有缘，宿太安驿，登阳城山，每以采风深尚友；

八代之衰顿起，听石鼓歌，诵佛骨表，更谁渡海与齐名。[3]

二

　　徐琪是俞樾高足，是"俞门八骏"之一。俞樾（1821—1907年），字荫甫，自号曲园居士，浙江德清县人，道光三十年（1850年）进士，授翰林院庶吉士，除编修，充国史馆协修，出任河南学政，被弹劾罢官，遂移居苏州，购地建宅"曲园"。后返德清，复辗转绍兴、上虞、宁波、上海等地。曾任苏州紫阳书院主讲，又讲学于上海求志书院、杭州诂经精舍等处。光绪二十九年（1903年）复任翰林院编修。其学问博大精深，海内及日本、朝鲜等国向他求学者甚众，尊之为朴学大师。他在讲学生涯中培养了大批学术人才，"两浙知名人士，承闻训迪，蔚为通才者，不可胜数"[4]。荦荦大者如章太炎、吴大澂、陆润庠、吴昌硕

[1] 徐琪《粤东葺胜记》卷七，清光绪二十五年刻本。

[2] 徐琪《粤东葺胜记》卷八，清光绪二十五年刻本。

[3] 徐琪《粤东葺胜记》卷八，清光绪二十五年刻本。

[4] 缪荃孙《清诰授奉直大夫诰封资政大夫重宴鹿鸣翰林院编修俞先生行状》，《续碑传集》卷七五，《清代碑传全集》下册，上海：上海古籍出版社，1987年，第1198页。

等。徐琪是他最亲近的弟子，两人经常诗文唱和，书画往来，存世俞樾信札中与徐琪的书信四十余封，徐琪诗集中也有一批与俞樾唱和之诗。其对恩师俞樾情感至深，从所撰挽俞樾长联跃然可见：

四十年身侍门墙，谊属师生、恩侔父子，溯饮食教诲以至家计支持，自游庠始通籍，迨抽簪悉绕慈怀念虑，最伤心前度书来，未及月余，竟以此缄绝笔，何日见公、何日报公？只萧寺清斋，尽情一哭；

五百卷手编著述，上穷经训、下采稗宫，与诗古文辞俱为后人津逮，况贤孙登高第，秉星轺足怡晚福期颐，忽蓦地立春夜半，惊看电掣，果然梦奠当楹，而今已矣、而今休矣！待儒林列传，从祀千秋。

联中道及俞樾对其不仅是学问教诲，还有经济支持，所谓"溯饮食教诲以至家计支持"。徐琪铭记师恩，牵头众弟子在杭州孤山俞樾讲学之诂经精舍内"第一楼"址上筑"秋水莼花馆"，亦称"俞楼"，供俞樾晚年闲居。

徐琪任广东学政期间，留下与俞樾相关的一段英石佳话。光绪十八年（1892年），他向寓居苏州曲园的俞樾寄赠一方英石。徐琪在所作《授经石歌》序中说明此石由来："按试韶州，过英德县，于山中得一石，状如人形，坐而观书，巾帻须眉皆备。因思往在西湖，从曲园师游，尝绘《授经图》，此石俨如风采，且与吾师所作《课孙图》墨戏亦复相似，殆羽翼经训之功，天生此以贶之者乎。因题为'授经石'，寄之吴中而作此歌。"[1] 是知此石是徐琪在英德山中所获，他由此联想到像他所绘《授经图》中的恩师形象，也像俞樾"墨戏"《课孙图》之形象。俞樾自称"余素不习画"，时年七十的他率性而作20种墨戏图，以变体夸张的字代画，有的墨戏图还用作笺纸图案。其"曲园课孙"图大致作于光绪十六年（1890年）[2]，画面像一老者对着一位童子言者谆谆，老者为"曲园"两字，童子为"孙"字。徐琪寄给俞樾的授经石，即形似画面人物。

---

[1] 徐琪《授经石歌》，《粤轺集》卷二，清光绪二十年刻本。
[2] 俞樾《曲园墨戏》，清光绪二十五年刻本。

徐琪《授经石歌》：

（序略）

米老昔官涪涵尉，于此乃得英石峰，皱瘦透漏四美具，谓有云气生溟蒙。

明珠万斛不可易，至今谈者神为雄，千年碧山久无语，薜荔绕壁蛟螭封。

曲园先生人中龙，著书万卷今儒宗，上谓天谈下民语，平议杂纂皆栋充。

奇编石室手亲绘（孤山有书藏），灵气海国祥先钟，樵苏日至目无见，
山僧遍访攀犹空。

我来振衣一长啸，磊落忽吐青芙蓉，浮岚点衣雨花湿，山鸟合乐云韶工。

似有群真捧而献，不烦巧匠磨且砻，须眉巾帻人妙肖，书卷襟带相从容。

何年太华巨掌擘，否则南极星精融，我得斯宝起再拜，不敢自秘珍房栊。

因思追陪讬函丈，窃闻绪论偕冠童，众经自此得羽翼，瑰宝殆欲酬勋庸。

宣尼删订责黄玉，后先符揆将毋同，先生临池有墨戏。顾盼自得随飞鸿。

试以烟峦证图画，矍铄亦复如是翁，请缩蚪蝌镂丹篆，胜铭彝鼎磨青铜。

当年右台仙馆中，福寿双璧出寺墉，合之此石适鼎足，三瑞伯仲侔金琮。

天保诗篇写黄发，传拓丹墨分淡浓（吾师写"如南山之寿"五字，"寿星"
余刻之都下），巉然见此寿者相，坐看碧眼成方瞳。

茶香学派争从风，韩苏而外应推公，峡山藤杖珊瑚红，何当来此支吟筇。

仙掌米刻寻前踪，笑出袖里夸南宫，百丈宝气喷如虹，何止身障狂澜东。[1]

这方"授经石"尺寸不详，当为案几供石。俞樾说该石"其左一翁危坐，其右又似有人跽而受者。笑曰：此吾《曲园墨戏》中所谓'曲园课孙'者也，盖仿佛形似，各以意视之"。他对此方英石很是欣赏，也作有《授经石歌》：

使者行部偶见之，欢喜绝倒相奉持。

云是曲园授经像，神工镂刻非人为。

远自天南寄吴土，顿使米颠首为俯。

授经愧无经可授，课孙又惭孙也鲁。

---

[1] 徐琪《粤轺集》卷二，清光绪二十年刻本。

惟念英石世所珍，况此石为我写真。

置之案头窃自笑，我本山中一石人。[1]

俞樾对赏石玩好之事颇为留意，恰如诗中自诩"我本山中一石人"。"英石世所珍"是他对英石的极高评价。

广州药洲今存一方《魁星图》碑刻，上部题俞樾《魁星生日》诗。下部为徐琪题款，说明此碑来历及立于药洲缘由，是他们师生情谊的见证物。徐宝谦与徐琪是浙江同乡，同为光绪六年（1880年）进士，其官至刑部郎中，工诗词，善书画。他年纪大徐琪32岁，故徐琪称他为家伯。光绪十一年（1885年）七月七日为魁星生日，俞樾撰五言诗一首寄赠徐琪，徐宝谦因此摹画《魁星图》相赠。光绪十八年（1892年），徐琪因其广东学政署东南有高阁上奉魁星，特从海路采运来太湖石以刻，嵌于喻园园壁左面，表明"非独朝夕瞻仰，且欲为斗南人物振起文光也"[2]。俞樾对徐琪这位高足提携亦多，他为徐琪在广东学政任内的奏疏文告集《岭南实事记》作序，盛赞"广东文风甲天下"[3]。

三

徐琪对广东胜迹文物的搜求、修葺、考证极为用心，其对学署东邻的药洲遗迹（在今广州市越秀区教育路）的保护可为典型。徐琪对药洲的文化建树，不亚翁方纲，只是鲜为人所提及。《羊城药洲要览》"石刻篇"辑有徐琪署名石刻十三处（其中有记六篇）；"诗文篇"辑徐琪撰诗七首及告示一[4]。药洲遗址原为南汉离宫，宋代周敦颐任广南东路转运判官、提点刑狱时，曾寓居于此。明嘉靖元年（1522年）改为提学署，清初迁出，康熙二十二年（1683年）复还旧地。此址遗留珍贵石刻甚多。徐琪未至粤时读翁方纲《粤东金石略》，对此处所存的宋元

[1] 俞樾《授经石歌》，《春在堂诗编》，清光绪二十五刻本。

[2] 高旭红、陈鸿钧著《广府金石录》，广州：广东人民出版社，2021年，第1153页。

[3] 俞樾《岭南实事记序》，光绪二十二年，《岭南实事记》香海盦丛书刻本。

[4] 陈以沛、陈鸿钧、陈宇晖编著《羊城药洲要览》，北京：中国戏剧出版社，2004年，第223页。

诸石刻"艳之"。到任十天，入居药洲旧址，即迫不及待地"亟访所谓'药洲'者"，然而举目破败苍凉，"池水淤垫，气不可向迩。甚至败甓敝屦，无一不没其中。至欲求古刻，惟许觉之一石尚在池旁。拜石虽遥遥望见，而泥浊环积，舟无可通，涉亦没踝"[1]。徐琪即着手整饬园池，先用一月时间，"去垢秽至数千斛"，直到清泉涌出，下见沙痕，才培以新土，植莲其中。徐琪在池上筑补莲亭。从明成化年间到乾隆翁方纲，到徐琪，历次学政补莲都在辛卯年，药洲五次疏浚也均在辛卯年，如此巧合，令徐琪兴致勃发，由此开始修葺喻园之一系列举措。他从《何梦瑶诗注》中发现康熙学政惠士奇建有"水石清华舫"，于是就其址筑成舫斋，仍题"水石清华舫"。是夏池中莲花开并蒂，徐琪视为瑞征，撰《并蒂莲记》并刻诸拜石上。又书撰《重浚药洲筑补莲亭记》，记载历年整治药洲经过。九曜石题刻，至道光年间阮元修《广东通志》下注未见者已甚多，徐琪搜寻之后发现这些碑刻一一俱在，有的经发掘重新出现。道光学政翁心存发现在九曜石仙掌石上的米芾诗刻而立碑，后又被污泥淹没。经徐琪清洗池石，知原刻犹存，时距翁心存立记已63年。他发现此石为大榕树所踞，有裂纹及倾侧，恐怕动起来有损；又怕日后有不知情者于其上筑廊榭有损于石。为此在石上方建"寻仙访岳亭"小亭以覆盖，亭底虚空架木，开启片木即可俯拓米诗。并以巨石横置其下，题上"米海岳诗刻，陈九仙题名"字样以提醒见者，又撰《寻仙访岳亭记》立碑。此后，构筑或整饬粉饰光霁堂、鸾藻轩、读书台、种花泉、瑞芝簃、校经庐、国香三瑞斋、迎辉室、环碧亭等，还做了一些考古之事。园中白莲池上原建有神祠，据他所考是祀五仙之神的奉真观旧址，因题"奉真遗迹"立石纪念，朔望致礼。

光绪十八年（1892年）九月，正是考生集中应试之时，徐琪下达《九曜石保护示》，说明此地为粤中名胜，特加修葺，要求新旧诸生重视保护前朝遗物，特命其前往登眺，借此表彰名迹，振兴人文。还提到年老诸生艰于步履者各听其便，老生、幼童，特许带侍从一个，其余家人不得擅入，以昭肃静[2]。郑重其

---

[1] 徐琪《喻园记》，《粤东葺胜记》卷五，光绪二十五年刻本。

[2] 徐琪《九曜石保护示》，《羊城药洲要览》，北京：中国戏剧出版社，2004年，第149页。

事，又考虑得十分周到。

光绪十九年（1893年），徐琪从康熙督学张明先《考古记》中知宋代药洲池中有文士泛舟之举，特在药洲池西筑步级并置"访仙艇""贯斗槎"两小舟以供观仙掌石之用，并在水边刻石为纪。又取姚文僖"方者辟之，塞者疏之，斯二者皆可以喻学"之言，将光霁堂西室题曰"喻学斋"。园名原为"环碧"，徐琪认为此名"但言园中竹木之美，于学问之道无涉"，因此，将"环碧"移称于亭而重为园称名"喻园"。光绪二十年（1894年），撰书《喻园记》立石，为园中文字最长的石刻之一，历述修治此处遗址所为。同年，重修文昌阁，奉祀魁星、文昌帝君和周敦颐，文明阁竣工，亲率省中名次列前诸生隆重举行祭礼，撰《重修试院文明阁记》碑详述其事。

乾隆时已有"药洲八景"，徐琪重新规划成"光绪药洲八景"：校径晴日、芝移垂钓、鸾藻联吟、补莲消夏、环碧新月、仙掌寻诗、书台平眺、光霁延辉。修浚药洲之后，他让贡生肖寿仁绘制《药洲学署八景图》，每图刻一石；亲撰八景诗，每诗刻一石；加上首序与全图各一石，共十八石。现仅存图碑三石、小序及诗四石。徐琪在药洲先后刻立碑石十三处，他以药洲为题所撰诗、文、题名碑、题额、示有二十一处（首），其中撰记6篇，是今人所辑药洲诗文中数量最多者。

四

清代学政，其职责除校阅、考试、督学之外，尤人伦风化所系，彰扬忠孝节义，崇祀先圣先贤，访求山林隐逸，搜罗名迹藏书等，对地方上文物胜迹的保护更在责内。徐琪任广东学政期间的岁科两试，按试全省各地，深入荒僻州县，甚至深山、海岛，每到一处，必访求当地先贤祠墓，名人胜迹。

修葺名胜所需资费，大都是徐琪个人捐出养廉银。清朝对官吏除发常俸外，按职务等级每年另给银钱，称为养廉银。官吏常将养廉银用于捐赠，后来的个人捐款又被称为捐廉。徐琪在奏疏中说："臣受恩深重，三年所领九成养廉数已愈万，且每岁又有奏定津贴银两。臣署中支用无多，此项津贴本属有余，然若轻议裁汰，恐日后或有不敷转致另费筹划，惟臣受之不安，是以遇有名胜之地，即酌量工程大小捐给兴修。"[1]他将本该属他随意使用的每月三百多元津贴全部用于捐赠文物修葺。如捐廉一百元修葺罗定包公祠，捐廉五十元修葺罗定文塔，钱数不多，对财力不足的贫困地方却能解燃眉之急，真正起到捐助作用。嘉道以后，敛财成官员正道，徐琪所为实属难得。徐琪在广东任上先后上了五道奏疏，对捐廉银的使用及修葺名胜详情一一申明，光绪帝对他的奏疏均作朱批肯定。徐琪对捐廉修葺项目跟踪督促实施，对高州、化州、南雄州、连州、阳江厅、龙川县、增城县、大埔县、归善县等处有关呈文做了详尽批示，指示实施办法，督促尽快兴工、尽快查明基址上报，对碑刻的收集，甚至匾额、对联都逐一交办妥当，成效显著者给予奖励。龙川县蓝关韩昌黎祠修葺竣工后，徐琪批示"该校官及增生邓作楫办事认真，深堪嘉勉，兹特发出书籍碑帖二分与该教官及邓作楫收存，以示奖励"[2]。连州刘瞻祠墓修竣，他亲率大小官员及诸生前往祭祀，参加者近万人，影响甚大。

徐琪通过文物古迹的修葺，对文献记载、地方口碑，据实地现状求证补遗。乾隆时翁方纲《粤东金石略》所载碑刻多达562种，还有数种未有记载，有数种虽有记载但地点有错误。他为翁方纲《粤东金石略》所缺漏26处碑刻进行补正，尤以惠州西湖石刻订正最多。对韩愈南贬雪拥蓝关的蓝关在何处，张世杰墓在阳江还是在香山等引证文献互证。对修葺名胜涉及的历史人物，如孟尝、王思、赵谦、江起龙、包尔庚、陈文龙、陈瓒父子、范祖禹、刘瞻、刘师勇等也一一考证。他奏报维修的名胜古迹就有韩愈、张九龄、刘瞻、苏东坡、邱浚等人的祠宇和遗址多处；还在博罗、增城、罗浮山和南雄大庾岭等地种梅造景，增美名胜；又发布搜罗地方遗书遗文及保护参观九曜石告示。他指示各地若有碑志亦均拓出，一经发现，各地应拓片五份，需建碑亭保护的亦详细声明，可获得酌量捐廉。初时，他通过儒学访求民间未刻书稿，或向其后人借来抄录，另予纸笔资

---

[1] 徐琪《续葺各处名胜折》，《岭南实事记》卷二，光绪二十二年香海盦丛书刻本。

[2] 徐琪《粤东葺胜记》卷三，光绪二十五年刻本。

费，但各地回复不多。通过修葺名胜，他再度明示，各地士子若有家藏名贤剩稿或知悉有何人著述，后人又无力付梓刊刻的，均可随时呈送披阅之后，酌量协助刊刻；若秘不示人也各听其便，不必过分强求，以免扰累；如仅有孤本，原书呈后必定发还以保存；若要借抄，所需笔墨纸工费用都捐廉发给。曲江访得张九龄后裔藏有张九龄遗集尚未付梓，他捐廉助刻。

徐琪将修葺广东各地胜迹相关奏疏、牌示、批示、碑记、文章、楹联辑成《粤东葺胜记》，书首为萧寿仁图绘《葺胜三十二景》，一景一图一题，后接诗文，录广东地方文人题咏。这些景观分布在各地，按今行政地域分述如下。

在今广州市域五处。其中"喻园疏辟""药洲补莲""文明日盛""长寿留舟"四处原皆在药洲，上文已述，其中"长寿留舟"是在他将任满时，应长寿寺长老所请将药洲的两小舟改名"太乙莲""合璧舫"，归留长寿寺。番禺陈姓先祖晋辅国将军陈元德手植水松一株，应其后人之请，徐琪捐廉助其复建"拜松亭"，改称"景节亭"，是为"陈松景节"。

在今肇庆市域二处，为"端江义学""宋溪社学"。两处学舍皆在西江羚羊峡岸边，徐琪捐廉银补资教育。

在今清远市域六处。其中五处与纪念韩愈相关。韩愈曾撰《燕喜亭记》，原亭已久不存。徐琪捐廉千元复建燕喜亭，兴建燕喜书院，此为"燕喜弦歌"。唐相刘瞻祠墓在连州巾锋山，徐琪捐廉修葺，亲撰神道碑，请俞樾作记，此为"刘相祠阡"。清远峡山寺，又名飞来寺，山峡多古迹胜景，徐琪在半山筑交影亭以歇憩，亭名取东坡"水平山交影"句，此为"峡山交影"。阳山有温泉临江，浴者裸身不蔽，徐琪建亭遮蔽浴者身影，此为"温泉蔽浴"。阳山贤令山旧有昌黎读书台，亦称读书岩，被水冲塌，徐琪捐廉修葺，此为"昌黎书台"。韩愈于阳山作有《宿龙宫滩》诗，徐琪过龙湫滩，考龙宫滩俗称龙须滩，士人或书"龙湫"，捐廉命人建祠奉祀韩愈兼祀龙神，此为"龙湫飞瀑"。

在今河源市域一处。龙川县蓝关旧有昌黎祠，韩愈贬潮途中作示侄孙湘诗有"雪拥蓝关马不前"句，一说蓝关在此。徐琪谒祠时密云布雨，出祠雨过天晴。祠修葺落成，再往谒祠，入祠便下雨，出祠又晴，故称"蓝关神雨"。

在今韶关市域三处，皆在大庾岭。大庾岭由唐张九龄（因系曲江人得称张曲

259

江）开通，徐琪赴任过岭，见张九龄祠旁厢阁已破烂，捐廉修葺，此称"曲江风度"。明成化年间，张九龄开凿大庾岭路碑已不存，南雄兵备袁德徵重刻碑记，礼部尚书、文渊阁大学士邱浚补书序铭刻于碑阴。徐琪见该碑被砌入居民厨中，捐廉起出，重立于南雄州城东门外并建碑亭，称"文庄遗墨"。大庾岭北广植梅树，而岭南只见松而少梅，徐琪捐廉补植梅树六百株，此称"庾岭补梅"。

在今惠州市域五处。其中于惠州西湖三处。苏轼曾赋诗嘉祐寺中松风亭，后亭不存，徐琪于东坡祠东侧补建亭，捐廉创立松风文社，此称"松风逸响"。苏轼妾朝云葬于西湖栖禅寺旁，道光时修葺，墓前建六如亭，却荒芜无树。徐琪与朝云同乡，为其修墓建碑亭，四周种植梅、黄槐、桃树、柳树数十株，此称"朝云香冢"。惠州西湖又称丰湖，湖中苏堤较杭州西湖苏堤盘曲，徐琪见其缺少垂柳，捐廉补种，此称"丰湖补柳"。此外，修葺惠州归善县学宫（在今惠州市桥东区）崇圣祠，称"宫墙敬仰"。罗浮山半在增城，半在博罗，徐琪捐廉交博罗五大道观，增城酥醪下院及分水坳入山胜地和鹤岭湛甘泉读书处、凤凰山崔清献公故居附近，分别植梅树三百株，此称"罗浮补梅"。

在今茂名市域一处。宋范祖禹曾从司马光编修《资治通鉴》，贬昭州（今广西壮族自治区平乐县）别驾而卒，其祠墓俱在化州，墓前有玉光亭，存明代题碣，徐琪予以修葺，此称"玉光星采"。

在今阳江市域一处。南宋张世杰护送帝昺至厓山，封越国公，遇风死难于海。《大清一统志》云诸将其骨葬于阳江县南赤坎村，《广舆记》云其墓在香山县，阳江为疑冢。徐琪实地考察，考证张墓在阳江海陵岛平章山（今阳江市江城区海陵镇力岸村仍存张世杰墓），捐廉二百元修葺，此称"太傅孤忠"。

在今佛山市域一处。南宋和洲（今安徽和县含山）防御使刘师勇，曾随张世杰军至海上，死难于赤溪铜鼓山（今属佛山市南海区）。当地人称其庙为刘太保庙，徐琪访得祠墓俱存，乃重修葺，此称"和州遗烈"。

在今梅州市域一处。明直臣王思，号改斋，谪为大埔县三河驿丞，设坛讲学，置学田为书院经费。邑人建祠奉祀，岁久祠荒，地租多被侵蚀，徐琪重葺新祠，将地租返还书院，此称"改斋讲学"。

在今湛江市域二处。苏轼贬儋州途中往会贬居雷州的苏辙，兄弟寓处称"苏公楼"，南宋主政雷州的陈大震将楼迁建于西湖西与寇准祠相对。徐琪见寇准祠尚在而苏公楼无存，遂重建楼，称为"二苏酬唱"。南明旧将江起龙从清军定闽粤，累升为都督佥事，巡海时覆舟殉难，雷琼海口皆有祠祀。雷州之祠乾隆年间移建南关码头，翁方纲作记。徐琪见祠像剥落，栋宇不蔽风雨，捐廉重修，此称"江祠靖海"。

在今云浮市域二处。均在罗定。罗定包公祠奉祀明罗定知州华亭（今上海）人包尔庚，他单骑前往瑶寨宣谕平乱，擢为兵科给事中，其生祠后增祀陈璘。徐琪见其祠庙荒废又与市场相混，祭品曝晒于庭，与腥秽相混，捐廉修葺整肃，此称"包祠循吏"。罗定花塔为文塔，徐琪捐廉五十元修塔，此称"花塔文风"。

在时属广东所辖的海南一处。明琼山教谕余姚人赵谦，人称考古先生、海南夫子，当地人在其墓对面筑考古台，海瑞曾修葺，徐琪再修葺，此称"考古崇台"。

在时属广东所辖广西合浦一处。东汉合浦太守孟尝革除前弊，重振养珠业，后人建祠奉祀。徐琪按试廉州时，目睹祠滨海而无堤防，雨水涌入，捐廉修葺，此称"孟守遗祠"。

徐琪捐廉重建与保护的祠、楼、亭、台，墓、碑属文物范畴，补植梅、柳、莲则为人文景观提升，且考虑长远，在大庾岭补梅奏章中写道："梅堪结实，将来村民以为世守，固可补芋栗之余，而日后分根压种，辗转蕃生，则岁月递增，芬菲有象。"丰湖补柳，不仅利游湖避暑，且"可培固堤根，山水涨时，并无冲决之事"[1]。徐琪在广东到访胜迹，并不限于《粤东葺胜记》所载及三十二景，如在潮州留下《题韩试院联》《题韩愈祠联》，对西湖山二十六处唐宋摩崖石刻示牌保护。

徐琪注意发挥地方积极性及发动地方人士参与修葺文物胜迹，将捐廉银的使用及胜迹修葺事项大都委托当地儒学教官或生员负责，请他们撰写赞述和书写示牌，知名者如番禺周起凤、陈延年、陈桂杰、陈庆祐、许炳照、许炳榛、梁庆镠，南海黄侨生、谭祖任，顺德梁世纶、卢宝彝、东莞容作恭、新会朱崇礼，高

---

[1] 徐琪《岭南实事记》卷二，光绪二十二年香海盦丛书刻本。

要马呈图，连州刘裔元、连山彭翮庚、阳山黄颖士、连平颜重光、平远姚宗舜、韶州林耀东、仁化刘树杰、东安梁树勋、博罗谢楷、惠来詹大烈、嘉应黄逢龙、钟用和、长乐吉逢孙、兴宁饶衍芬、丰顺丁培珊、大埔陈倬云、邓锡恩、归善祝治祥、陈廷泰、德庆梁廷庚、高明杨建中、信宜林溥、始兴官政仪、吴川彭杰墀、海康陈钟章、阳江林保莹、姚学修、阳春梁占鹏、新宁黄景棠、开平张达琼、儋州吴应星、文昌陈业骏、合浦陈浚业等。这些士人后来多参与地方志编纂，对地方名胜，人文景观修葺、保护与宣传作出贡献。

徐琪《粤东葺胜记》一书由两广总督李瀚章撰序。对三十二景分别将名胜缘由、修葺过程、表彰内容，以及地方上该如何护理等写清楚，均由徐琪亲自审定，请名人撰写示牌，有的刻勒碑记。徐琪撰写的不少碑、联仍留存各地。其所葺修的文物胜迹有的保存至今，更重要的是他在保护文物胜迹过程中的一些做法，对现今文物保护工作仍有所启示。

（作者单位：广州市人民政府文史研究馆、广州市地方志研究馆）

《粤东葺胜记》"文明日盛""端江义学"图

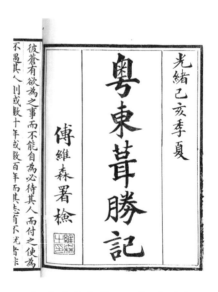

徐琪《粤东葺胜记》清刻本

徐琪题《喻园》石额

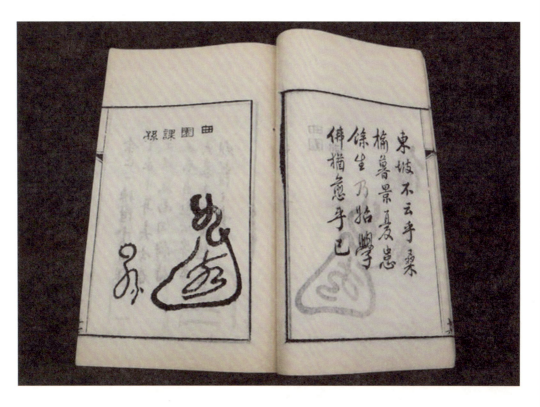

俞樾《曲园课孙》图

粮船湾与十八乡天后
——香港非物质文化遗产清单中两项盛大的妈祖信俗

邹兴华

内容提要：

联合国教科文组织于2003年通过的《保护非物质文化遗产公约》，把非物质文化遗产分为五大类，其中第三类的社会实践、仪式、节庆活动，与传统的民间宗教信仰关系密切，由此而产生各类神诞庙会和仪式，沟通了神圣世界与现实生活世界，属于精神层面的文化遗产，是非物质文化遗产保护的核心。经历了150多年英国殖民统治的香港，仍一直传承着很多中国固有的文化和传统，包括各类传统节庆、神诞、庙会和仪式。在香港特区政府在2014年公布的首份香港非物质文化遗产清单中，记载了25项由地方社区组织举办的天后诞庙会活动，其中以元朗十八乡天后诞和西贡粮船湾天后诞最具规模，内容包括神功戏，舞龙、狮、麒麟贺诞，花炮巡游，建醮祭祀等，与社区的关系非常密切，是凝聚社区、建立身份认同、维系社区秩序的重要力量。

一、妈祖信仰：从地方神祇到世界级非物质文化遗产

联合国教育、科学及文化组织（教科文组织）于2003年10月通过的《保护非物质文化遗产公约》，把非物质文化遗产分为五大类，包括（1）口头传统和表现形式，包括作为非物质文化遗产媒介的语言；（2）表演艺术；（3）社会实践、仪式、节庆活动；（4）有关自然界和宇宙的知识和实践；（5）传统手工艺[1]。其中第三类的社会实践、仪式、节庆活动，往往与传统的民间宗教信仰关系密切，由

---

[1] 联合国教育、科学及文化组织《保护非物质文化遗产公约》，2003年10月17日。http://unesdoc.unesco.org/images//0013/001325/132540c.pdf

此而产生各类神诞庙会和仪式，沟通了神圣世界与现实生活世界，属于精神层面的文化遗产。在地方庙会传统形成和发展过程中，往往包含地方上不同民系、宗族、村落之间的势力争夺与妥协，逐渐形成地方社会的结构和秩序。因此，参加庙会仪式的地方社会民众，体验着神界的秩序，更重要的是体验人界的秩序，透过周期性的庙会和仪式，社会秩序得以不断重整和延续，神诞庙会为地方民众提供一个操演记忆、实践和表达的框架和场域，也是地方民众的重要文化身份象征[1]。正因为神诞庙会和仪式与地方社会关系非常紧密，不少学者认为应是非物质文化遗产保护的核心。

中国传统民间奉祀各式各样的神祇，东南沿海水陆居民，以妈祖（香港地区则称天后）信仰最盛行。妈祖信仰始于北宋初年，相传福建莆田湄洲岛上有一位叫林默（960—987年)的巫女，由于生前济世行善，死后不久，湄洲岛上便开始有民众建祠祭祀，尊为妈祖。随着宋代南海贸易迅速发展，林默这位地方神祇，逐渐被靠海为生的族群所接受，在沿海地区日渐普及，更开始引起朝廷关注，终于在北宋宣和五年（1123年），朝廷赐"顺济"庙额予莆田林默神女祠庙。这是妈祖受到朝廷封赐之始，妈祖正式被纳入古代国家宗教祭祀体系。在其后的800年间，妈祖不断受到宋、元、明、清四代的朝廷褒封，共达36次之多；妈祖的封号，由宋代的"夫人""妃"，到元代的"天妃"，至清康熙二十三年（1684年）被封为"天后"。至嘉庆二十二年（1817年），妈祖更位列朝廷祀典小祀，在北京城建有庙宇，由朝廷祀官定期祭祀，行三跪九叩礼[2]。至此，妈祖历代累积的封号已长达64字，被奉为"护国庇民、妙灵昭应、弘仁普济、福佑群生、诚感咸孚、显神赞顺、垂慈笃佑、安澜利运、泽覃海宇、恬波宣惠、导流衍庆、靖洋锡祉、恩周德溥、卫漕保泰、振武绥疆、天后之神"。由于朝廷对妈祖的宠隆，清代的妈祖已上升为全民之神，在民间的地位十分稳固，沿海省份建有大小妈祖或天后庙数千

---

[1] 刘秀峰《传说、庙会与民俗社会的构造——浙江缙云张山寨"七七"庙会研究》，《文化遗产》2013年第2期，第121—127页。

[2] 郑丽航《宋至清代国家祭祀体系中的妈祖考述》，载宁波市文物保护管理所编《海峡两岸妈祖文化学术研讨会论文集》，北京：中国文史出版社，2010年，第72—102页。

座以作奉祀，妈祖成为安定和凝聚地方社会的重要力量。更随着海外贸易的蓬勃发展，商旅的流布，移居海外的华侨不断增加，妈祖信仰也不断向海外扩散，朝鲜、日本、琉球以至南洋诸国，修建了不少庙宇供奉妈祖，妈祖信仰成为维系侨居海外华人的重要纽带。

　　妈祖信仰在近代中国历史中曾经历巨大的起伏跌宕。1911年孙中山先生领导革命，推翻清王朝，建立国民政府以后，虽然曾大力推动移风易俗，并于1928年推出《神祠存废标准》，但仍有按清朝惯例举行妈祖的官方祭典，民间仍然盛行妈祖信俗。1949以后，民间的神诞庙会和祭祀活动被禁绝，妈祖信仰活动搁置。1979以后，奉祀妈祖的活动在民间逐渐活跃。但原来承担地方祭祀的社会组织，如值理会和花炮会，以及协助祭祀、能沟通神界和人界的仪式专家，如喃呒道士等，早已星散，他们传承的地方信俗仪式也濒于消亡。虽然如此，在官方的积极主导和推动下，位于福建湄洲的妈祖祖庙，在20世纪80年代初开展了浩大的重建工程，目的是透过湄洲祖庙，推动两岸的"祖庙认同"和文化交流，因此，妈祖被学术界添加"海峡和平女海神"之封号[1]。莆田市政府于1987年的天后诞，在祖庙举行了盛大的"妈祖千年祭"活动。接着，市政府更邀请历史和民俗学者共同研究，重新恢复《湄洲祖庙祭典仪注》和《祭典仪程明细表》等，使祖庙祭典的程序和内容基本定型，并每年依例举行春秋二祭，以吸引各地的游客[2]。2004年中国加入《保护非物质文化遗产公约》之后，不少传统民间宗教信仰和仪式，被列为非物质文化遗产化，重新获得了合法的地位，而由福建省政府申报的"妈祖信俗"，更于2009年被教科文组织列入"人类非物质文化遗产代表作名录"，成为首项获得世界级非遗地位的中国传统民间信俗，也成为中国全球化下文化表征的重要组成[3]。

---

[1] 王霄冰、林海聪《妈祖：从民间信仰到非物质文化遗产》，《文化遗产》2013年第6期，第35—43页。

[2] 《湄洲妈祖祖庙祭典》，载湄洲妈祖祖庙网。http://www.mz-mazu.org.cn/show-18-318-1.html

[3] 纪俊臣《妈祖信俗与世界文化遗产》，宁波市文物保护管理所编《海峡两岸妈祖文化学术研讨会论文集》，北京：中国文史出版社，2010年，第2—8页。

二、天后崇拜在香港

与内地的情况不同，妈祖信仰在香港民间一直稳定发展，从未受到干预。在香港境内奉祀妈祖为主神的庙宇，皆称"天后庙"，盖因绝大部分的本地庙宇，都在清康熙二十三年朝廷撤销禁海令以后，逐渐为复界的本地族人所修建或重建，其时妈祖已被朝廷赐封为"天后"，因此奉祀妈祖的庙宇都称为天后庙。19世纪中叶两次鸦片战争之后，香港岛和九龙半岛相继沦为英国的殖民地，1898年中英签署《展拓香港界址专条》后，新界和离岛地区也成为英国人管治的租借地。虽然成为英国的殖民地，但香港的民间传统宗教信仰，依旧自由发展。因为英国人一直以灵活和务实的手法管治香港，着重建立道德权威和文化软实力，即不推行"同化"政策，反而以"本土优先"为主导方针，大力推动与当地华人合作，在香港保留中国的旧文化[1]。于是，经历了150多年英国殖民统治的香港，吊诡地一直传承着很多中国固有的文化和传统，包括各类传统节庆、神诞、庙会和仪式，其中不少在内地早已失传了。

香港现存的中式庙宇之中，以天后庙为最多，约有100间[2]，显示天后仍是民间最受欢迎的一位神祇。每年农历三月二十三日天后诞，不少善信都会到附近的天后庙参拜和上香。一些历史较悠久、规模较大的天后庙，更有地方群体组织神诞值理会和花炮会等，年度举办盛大的迎神赛会。在香港特区政府2014年公布的首份香港非物质文化遗产清单中，记载了25项由地方社区组织举办的天后诞庙会活动（见附表）；2017年，政府把这些天后崇祀活动，以"香港天后诞"之名，列入首份香港非物质文化遗产代表作名录；2021年，"香港天后诞"被列入第五批国家级非遗代表性项目名录。香港天后诞庙会活动内容包括神功戏，舞龙、狮、麒麟贺诞，花炮巡游，建醮祭祀等，各适其适，天后崇拜与社区的关系非常密切，是凝

---

[1] 邝健铭《港英时代：英国殖民管治术》，中国香港：天窗出版社，2015年，第58页。

[2] 维基百科《香港天后庙列表》。https://zh.wikipedia.org/wiki/%E9%A6%99%E6%B8%AF%E5%A4%A9%E5%90%8E%E5%BB%9F%E5%88%97%E8%A1%A8

聚社区、建立身份认同、维系社区秩序的重要力量。

三、元朗十八乡天后诞

在香港众多的天后庙之中，与地方历史和社群关系最密切、最能发挥延续社区秩序功能的，要数元朗十八乡天后庙。十八乡天后庙位于新界西部的元朗平原，是香港地区罕有的肥沃耕地，早于宋代已有邓氏族人在这里建村立业，其后族人不断生息繁衍，至明代中晚期，已形成锦田、屏山、厦村三支邓氏大宗族，他们几乎控制了元朗平原上所有的耕地，以至一些较晚时期迁入元朗平原定居的族群，多变成邓氏宗族的佃户。清初康熙元年至八年（1662—1669年）朝廷下迁海令，逼令东南省份沿海所有居民必须向内陆迁移最少50里，邓氏族人因而流离失所，造成极大的创伤。朝廷允许复界之后，只有少部分邓氏族人能回到香港地区，以恢复旧居。由于人口稀疏，沿海经济发展缓慢，于是，朝廷招引居于广东、福建、江西三省交界山区的客籍人士到沿海地区承垦荒田，以促进沿海的经济发展。来到元朗平原的客家人，发现平原上的耕地都属邓族所有，他们只能在平原周边的坡地，与邓族的佃户杂居，为谋生计，他们或披荆斩棘，开垦山地为梯田；或向强大的宗族承租田地耕作，成为邓族的佃农。在元朗平原南面大旗岭一带定居下来的"围头"和"客家"佃农，到清朝中叶逐渐发展成18个杂姓村落，称为十八乡，乡民更成立联乡组织，称为"十八乡公益社"，以大树下天后庙为活动中心，以团结乡谊。每年由公益社各村轮任值理，主理天后庙的祭祀活动[1]。

随着十八乡地区逐渐开垦，丁口日众，乡民与邓氏宗族的摩擦也日益增多。至清乾隆年间，身为邓族佃户的十八乡乡民，经常因田租问题与邓族发生争执，甚至演变成械斗。在其中一次纠纷中，因一名十八乡乡民被杀而惊动了官府，经广东巡抚审理后，最终判杀人凶手以绞刑，并下令邓族不得再以大斗加收田租。为昭告双方村民，新安县令于乾隆五十一年（1786年）勒石为记，把案件经过和

---

[1] 蔡创业《发刊辞》，《元朗十八乡庆祝天后宝诞会景巡游特刊》1965年。

裁决刻于两块石碑上，并把石碑分别置于由邓族控制的元朗旧墟大王庙，以及十八乡控制的大树下天后庙内[1]。由于在诉讼中胜诉，乡民认为是天后娘娘庇佑，为答谢恩，"乡人初次开演梨园贺诞，嗣后三年一届，依例演戏"[2]。可以推断，十八乡天后诞的大型庙会，实始于乾隆五十一年，当时还延聘戏班演出神功戏，以娱神娱人，可能由于经费问题，只能3年筹办一次大型庙会。

已有200多年历史的十八乡天后诞庙会，一直由十八乡公益社主理，从非物质文化遗产保护的角度来说，公益社便是天后诞庙会的主要传承团体，对维护、传承和弘扬这项香港的重要非物质文化遗产，起着核心作用。公益社各村除轮值主理每年的天后祭祀活动外，还负责天后庙的修葺和扩建，据庙内民国二十七年（1938年）《重修天后古庙碑记》所载，乾隆年间的天后庙只面宽三间，至道光时期扩展至五开间，左为英勇祠，祭祀因保卫乡土而身故的乡民，右为花厅。及至光绪甲申年（1884年），进一步扩建庙宇至七开间而成为今天的格局，并把右面的花厅改为永安社，内祀文武二帝，为十八乡子弟的学塾[3]。这座历史悠久的庙宇，已被古物咨询委员会评为二级历史建筑物，是香港重要的物质文化遗产，也是举行天后诞庙会、祭祀、仪式等非物质文化传统的重要文化空间，廖迪生指出，其运作形式，有联系十八乡内各村的实际社会和政治功能，属于"联乡庙宇"类型的天后庙[4]。

历年由公益社主理的十八乡天后贺诞活动，主要内容包括抢花炮、会景巡游、神功戏。按香港的地方社会传统，每逢神诞之期，善信都喜欢组织花炮会，到神庙贺诞。花炮会的组成，可以是同乡、同村、同街坊或同行业，各适其适。花炮其实是一座以纸和竹篾扎成、极其辉煌的大型花神座，高3至6米不等，中间有代表神祇的小神像或画像，称为"炮胆"，炮身则满挂各式吉祥物作装饰。每年

[1] 科大卫、陆鸿基、吴伦霓霞《香港碑铭汇编》第一册，中国香港：香港市政局，1986年，第47—48页。

[2] 陈秀《十八乡天后庙历史文献》，《元朗十八乡庆祝天后宝诞会景巡游特刊》1965年。

[3] 陈秀《十八乡天后庙历史文献》，《元朗十八乡庆祝天后宝诞会景巡游特刊》1965年。

[4] 廖生《由"联乡庙宇"到地方文化象征：香港新界天后诞的地方政治意义》，林容、张瑄、蔡相辉《妈祖信仰的发展与变迁：妈祖信仰与现代社会国际研讨会论文集》，台北：中国台湾宗教学会、中国台湾北港朝天宫出版，2003年，第79—94页。

神诞前夕或当天早上，花炮会都会送还一座新的花炮到神庙，进行还神仪式。正诞当天中午会举行抢花炮活动，按抢得的号码把花炮重新分配给各花炮会。廖迪生指出，每一个花炮其实代表神祇的副身，年度的抢花炮活动，其实把神祇的灵气和力量重新分配给各花炮会会员[1]。十八乡公益社辖下各村都组织花炮会贺诞，起初只有17个花炮会，自二次大战之后，由于不少新移民来到十八乡定居，乡内村落数目增加，至1953年，贺诞的花炮会已增至21个；1963年，增至26个；1975年，增至29个[2]；至今，十八乡共有30条村[3]，也共有30个花炮会参加花炮分配活动。

按照俗例，十八乡各花炮会于农历三月二十二日傍晚进行还神，至晚上11时（即三月二十三日子时）由各花炮会代表向天后上头炷香，并行"喊礼""读祝文"等仪式。二十三日正诞当天早上有会景巡游，各花炮会组成庞大的进香队伍，在幡旗、锣鼓、龙、狮、麒麟队伍引领之下，抬着新的花炮，浩浩荡荡从各村向大树下天后庙进发。据1959年《华侨日报》报道，当年天后诞的会景巡游队伍，以合和街坊花炮会的阵容最为雄伟，行列顺次为头牌、七彩龙凤旗、横包山一抬、飘色五抬为"福禄双星""白鹤童子""童子拜观音""柴米夫妻""百事可乐"，均为佛山艺术精华，又有挑担花篮地色和纸色"八仙闹东海"一大座、木偶七彩"手托戏"一座、参神金猪数十只、随队坊众四百余人[4]，阵容盛大。

自二次大战以来，参加十八乡天后贺诞的人数逐年上升，花炮会的阵容愈见鼎盛，由于会景巡游队伍没有固定的出发时间和路线，以至每年天后诞期，元朗市区和十八乡区内的交通混乱不堪。花炮会队伍从四方八面向大树下天后庙进发，经常在狭窄的村路上相遇，因各不相让而容易发生摩擦和打斗。为免不愉快

[1] 廖生《香港天后崇拜》，中国香港：三联书店，2000年，第89页。

[2] 《十八乡大树下天后庙抢炮沿革史略》，《元朗十八乡庆祝天后宝诞会景巡游特刊》1978年。

[3] 十八乡的30条村是大棠村、山贝村、大围村、下攸田、上攸田、大桥村、木桥头村、水蕉老围村、水蕉新村、瓦窑头、白沙村、田寮村、西边围、东头村、南边围、南坑村、英龙围、红枣田村、马田村、深涌村、黄屋村、黄泥墩村、港头村、塘头埔、杨屋村、蔡屋村、大旗岭、山贝涌口、崇正新村、龙田村。

[4] 《会景巡行：新界居民祝天后诞》，《华侨日报》1959年5月1日。

的事情发生，终于在元朗理民府锺逸杰的倡议、十八乡乡事委员会的协调下，从1963年起，所有参加会景巡游的花炮会队伍，都先会在元朗市区东面集合，然后顺序出发，从东向西巡经元朗市的主要街道后，才向南经大棠路而至大树下天后庙[1]。经此演变以后，会景巡游秩序井然，每年都吸引不少市民汇集元朗市街道两旁，欣赏各巡游队伍的精彩表演。1965年第3届巡游大会，更首次邀得港督戴麟趾伉俪出席，为十八乡天后诞会添上光彩；2015年的会景巡游，便有33个花炮会和组织参加，除舞狮和麒麟外，还有15条大龙，热闹非凡[2]。由于会景巡游极富娱乐性，近年便吸引了不少海外游客观赏，成为香港年度的旅游盛事。

当各花炮会队伍完成会景巡游，齐集于大树下天后庙前空地，便会于中午进行重新分配花炮的活动。二次大战前的传统，是以"抢花炮"形式来分配，公益社值理，会把写上花炮号码的竹枝，用火药炮弹到半空，各花炮会成员便去抢夺天空掉下来的竹枝，夺得竹枝的花炮会，随即领取花炮，到天后庙内上香烧衣谢恩后，便可带同新花炮返回各自的花炮会址，当天晚上举行盛宴庆祝天后的庇佑。由于抢花炮的过程容易引起争执和打斗，为免伤和气，十八乡各村于早1949年便召开大会，决定以登记抽签的形式取代抢炮的习俗，并请理民官主持抽签仪式，从此，这项把天后的灵气和力量重新分配的习俗，演化为官民交流的仪式。

至于十八乡天后诞会的神功戏，不是每年都举行，这可能与十八乡的经济实力有关，因需要邀聘戏班和搭建戏棚，上演神功戏花费颇巨，从清乾隆晚期开始，才三年一届举行神功戏。二次大战后，也不时有神功戏演出，据1955年的《华侨日报》报道，当年天后诞，元朗墟内连晚演潮州戏[3]，显示二战后有不少潮籍人士移入十八乡定居，近年潮籍人士的英歌队，也参加天后诞的会景巡游。至1965年，由于港督戴麟趾主持会景巡游典礼，值理会加演粤剧"锦棠红大剧团"4日5夜酬谢神恩[4]。可是，近年已很少有神功戏演出，据十八乡一位四十多岁的村民所言，他的记忆中十八乡天后诞没有演神功戏的传统。

---

[1] 蔡创业《发刊辞》，《元朗十八乡庆祝天后宝诞会景巡游特刊》1965年。

[2] 《元朗天后宝诞会景巡游2015》。http://www.yl.hk/tinhau/index.htm

[3] 《新界又是一番景象》，《华侨日报》1955年4月16日。

[4] 《发刊辞》，《元朗十八乡庆祝天后宝诞会景巡游特刊》1965年。

四、粮船湾天后诞

新界东面西贡区的粮船湾内，也有一座历史悠久的天后庙，每两年一届举办建醮和贺诞庙会，是香港一项富有地方特色的非物质文化遗产。粮船湾本是西贡东面一个海岛，北有官门水道，是进出西贡海域的门户，由于修建万宜水库的关系，现在可经陆路到达粮船湾。岛上有4条村庄，包括北丫、东丫、沙桥头和白腊村，村民多为客家人，世代以务农和打渔为生；水上人则主要在沙桥头聚居，并在湾内养鱼为业。高峰时期，岛上人口约有4000，但自20世纪70年代起，很多村民都移居西贡市区，不少更移居英国或其他欧洲国家。粮船湾天后宫坐落于东丫村西面，主殿坐东朝西，面宽三间，深二进，庙内古钟一口，在清乾隆六年（1741年）重铸，说明古庙最少已有270多年历史。庙内有清光绪十二年（1886年）的重修碑，碑序记载当年重修天后庙的费用，主要由新安县正堂和大鹏协官兵所捐献[1]，显示天后宫所在的粮船湾有重要的战略地位，巡逻珠江口以东一带洋面的大鹏协水师，也经常到粮船湾天后宫祭祀。粮船湾天后宫两年一届的建醮和贺诞活动究竟始于何时，现在难以稽考，但从清光绪年间官兵对此庙宇的重视看来，这里举办的建醮和贺诞活动，起码可追溯至清代晚期，已有百多年历史了。

粮船湾天后宫祝贺神诞活动的最大特色，就是每逢偶数年，在神诞祭祀的"祈福"活动之前，先举行含有"禳灾"性质的太平清醮。但这种建醮和神诞祭祀同期举行的安排，却非粮船湾天后宫所独有，西贡佛堂门天后庙每年的贺诞活动前，也会举行4日3夜的太平清醮活动[2]；西贡滘西洲洪圣庙，每年农历二月十三日的洪圣贺诞活动前，也会于二月十二日举行一天的建醮活动，可见，醮、诞合一的祭祀传统，主要流行于香港新界东部西贡地区。日本学者田仲一成，曾于1980年考察和详细记录粮船湾天后宫的建醮和神诞活动[3]，他指出当年的祭祀活

[1] 科大卫、陆鸿基、吴伦霓霞《香港碑铭汇编》第一册，中国香港：香港市政局，1986年，第213—214页。

[2] 马健行《转变中的洁净社区仪式：佛堂门天后诞太平清醮个案研究》，蔡志祥、韦锦新编《延续与变革：香港社区建醮传统的民族志》，中国香港：香港中文大学出版社，2014年，第413—437页。

[3] ［日］田仲一成著，布和译《中国祭祀戏剧研究》，北京：北京大学出版社，2008年，第102—119页。

动，由粮船湾天后庙值理会主理，并经杯卜选出10名缘首，负责具体祭祀工作。属于凶礼的建醮活动，从农历三月十九日开始，至二十二日晚上结束，前后共4天，紧接着是属于吉礼的贺诞活动，共两天。建醮的醮棚设在天后庙的北侧空地，由谢全记道院的道士团从十九日下午2时开坛，接着3天，道士每天下午3时起，每隔两小时对着醮坛祈祷和诵经，下午5至6时，则到码头边，诵经超度水幽。二十日早上是神銮出游，值理会从天后庙请出天后的行身放在神銮上，然后登上停在粮船湾内的一艘大船，在海上巡游，之后神銮一直留在船上，直至二十二日下午3时，神銮离船回庙为止。二十日晚上8时开始上演神功戏，剧目为六国大封相和金凤银龟贺新岁，神功戏连续上演4天5夜共9本戏，深夜还演天光戏，至整个贺诞祭祀活动结束。二十二日21时，开始建醮最后的"放焰口"祭大幽活动，道士诵经至半夜12时，值理会才把大士王像抬到海边烧掉，表示醮场内的亡魂已得到丰衣饱食，并由大士王引导返回冥界，全境恢复洁净和平安，至此，建醮结束，神诞正式开始，值理会人员马上燃放爆竹和舞狮以示庆祝，而建醮时一直斋戒的村民，也可享受一顿鱼肉之宴了。二十三日天后诞早上，各贺诞的花炮会由龙狮队伍带领下，把新做的花炮从进香的船上移至天后庙前集中，至中午值理会举行花炮抽签仪式，在神明的见证下，把花炮重新分配给各花炮会，代表花炮会重新得到神明的恩宠。下午2时开始，戏棚上演"加官"和"贺寿大送子"例戏，是贺诞活动的高潮。

近年，粮船湾天后宫的建醮活动，已出现了娱乐性增加的变化。笔者曾于2008年和2010年考察粮船湾天后宫的太平清醮，发现建醮的科仪，仍由谢全记道院承办，太平清醮也从三月十九日开始，二十二日深夜结束，每天的科仪，大致上与田仲一成于1980年所看到的相似，但二十二日黄昏，却增加了"过关"仪式，道士在醮棚前挂起虎头形象的布帐，象征关口，善信由道士引领过关时，在一问一答当中，为村民带来欢乐气氛，过关之后，另一位道士会给善信送上一道经过开光的护身符，使善信及其亲属得到祝福，过关仪式实为属于凶礼性质的太平清醮营造娱乐和轻松的祭祀环境。另一项重大的转变，是把原来在二十日举行的天后海上巡游，改在二十二日早上举行，同时令活动更富娱乐性。二十二日早上10时许，值理会人员和10名缘首，在龙、狮、麒麟等引领下齐集于天后庙，把代表天后行身的小神像从庙内请出，并放在神銮上，然后鸣锣开道，缘首合力把神銮抬上停在码头的一艘大型游艇内，这艘称为天后"坐架"的游艇，前半部用红色帆布包围，使神銮不会外露，船头布置一座高约2米的纸扎大士王像，道士则在船上进行科仪和诵经。约11时半开始海工巡游，由天后"坐架"领头，后面跟随着的是几十艘花炮会和进香的船队，一路上或舞动狮子和麒麟，或载歌载舞，洋溢欢乐气氛。巡游队伍浩浩荡荡朝东面水域进发，直至三洲门一带水域才停下和用膳。约下午2时，经杯卜征得天后的同意之后，巡游队伍才告启航回程。由于天后出巡充满海上嘉年华的气氛，近年便吸引了不少慕名而来的市民参加。

五、神诞传统：变与不变

作为活态的文化遗产，粮船湾与十八乡天后信俗的特质，是在传承的历史过程中不断产生变化，与社区环境和秩序互相协调适应。2003年《保护非物质文化遗产公约》的定义指出："非物质文化遗产世代相传，在各社区和群体适应周围环境以及与自然和历史的互动中，被不断地再创造，为这些社区和群体提供认同感和持续感。"[1]当中的"被不断地再创造"是非物质文化遗产"变"的一面；而"为这些社区和群体提供认同感和持续感"，却是"不变"的另一面，两者构成了非物质文化遗产的主要特质。从"变"的一面看，过去200多年的历史中，十八乡天后庙贺诞祭祀活动形式曾不断演变，从当初只有17个参加贺诞的花炮会，发展到今天超过30个花炮会；从一直举行的抢花炮习俗，至1949年起改为登记抽签的形式分配花炮；从毫无组织、花炮会各自为政的会景巡游活动，至1963年起由官民协作，变为有组织、有制度的会景巡游大会，都显示举办祭祀庙会的社区群体，会因社区环境的变化而改动贺诞活动的形式。同样，粮船湾天后庙贺诞祭祀活动形式也在不断变化，其中太平清醮的活动，近年在建醮最后一天的黄昏，增加"过关"仪式，为村内的妇女和孩子等善信，带来欢乐和祝福。而天后海上巡游活动，1980年时，是在三月二十日举行，之后天后的行身一直留在船上，直

---

[1] 联合国教育、科学及文化组织《保护非物质文化遗产公约》第二条：定义，2003年10月17日。
　　http://unesdoc.unesco.org/images//0013/001325/132540c.pdf

至二十二日下午才回銮；近年，海上巡游已改在二十二日上午举行，道士在船上进行法事后，下午便把天后神銮送回庙内。对参加贺诞的花炮会成员来说，海上巡游最富娱乐性，是建醮活动的高潮，紧接建醮便是二十三日的贺诞祭祀活动，花炮会成员只需停留在湾内两天，便可参与建醮及神诞祭祀，这很可能是改动海上巡游时间的主要原因，这也是社区群体与环境互动而产生的变化。

从"不变"的一面看，十八乡与粮船湾天后信俗，在过去200年间，一直"为这些社区和群体提供认同感和持续感"，这是非物质文化遗产保护最核心的部分。自清中叶以来，大树下天后庙一直是十八乡的信仰与活动中心，而十八乡公益社，一直透过天后庙的祭祀活动，发挥团结乡民的作用。乡民自发组织花炮会，年复一年参加神诞祭祀仪式，并通过抢或抽签花炮、会景巡游等活动，操演成员对地方风俗的记忆，既体验神界的秩序，更重要的是延续人界的社会秩序，培养乡民认识地方历史，从而使乡民对十八乡产生认同感和持续感。粮船湾天后庙每两年一届的太平清醮和神诞祭祀，也同样发挥着凝聚粮船湾村民、维系社区秩序的重要作用。平日散居香港市区以及海外的粮船湾村民，也组织花炮会祭祀粮船湾天后，他们筹集庞大经费，隔年举办一次盛大的太平清醮和庙会，既酬谢天后神恩，也超度死去的亡魂，更重要的是延续成员对粮船湾历史和风俗的记忆，使他们对粮船湾产生认同感和持续感。粮船湾与十八乡天后信仰这些核心价值，过去200多年一直为当地社区团体所传承，保持不变；这两项天后信俗现已纳入香港非物质文化遗产清单，如何使信俗继续传承和发展，同时使其核心价值保持不变，是所有非物质文化遗产保护的持份者需要思考的课题。关于保护民间信俗类非物质文化遗产的实践，国内所走过的道路和经验，值得我们参考和深思。

自改革开放以来，内地民间对妈祖的崇祀，在保护文化遗产的名义下渐次恢复。自20世纪80年代以来，全国各地具备文物价值的妈祖庙，在官方认可之下，以复修文物保护单位的名义重建和扩建，其中湄洲祖庙，由于得到台湾香客大量的捐献，殿阁重建，焕然一新。据调查，湄洲岛上已逐渐出现了十多个小妈祖庙恢复有祭祀联盟，定期前往祖庙进香，民间传统庙宇的联村祭祀组织与联村祭祀仪式似有恢复之势[1]。在成功申报妈祖信俗成为"人类非物质文化遗产代表作名

[1] 张珣《中国大陆民间信仰的变迁与转型：以妈祖信仰为例》，《人文与社会科学简讯》2014年3月15卷2期。

录"后，湄洲祖庙稳稳地成为世界妈祖信仰的中心。由于《保护非物质文化遗产公约》的出现，国内的妈祖信仰经历了一个"非物质文化遗产化"的过程，才重新确立合法的地位。但是很多地方上的妈祖信俗存在观光化、节庆化、文化资本化，以及传统祭祀组织和祭祀仪式的文化持有者和传承人被边缘化的现象。因此，越来越多学者主张："唤醒文化持有者的文化自觉，由他们自己来选择和确认文化的本真性与保护传承方式，才是非遗保护的合理途径"[1]。相较之下，香港地区的传统民间信仰如天后崇拜仍在民间传承和发展，作为文化传承主体的祭祀组织，如值理会及祭祀仪式专家，如喃呒道士，并无缺位的情况，前述粮船湾与十八乡两个天后神诞庙会的个案显示，天后崇拜与地方社区和团体关系依然密切，仍然发挥凝聚地方社会的功能。

（作者单位：香港非物质文化遗产办事处、香港历史博物馆）

附表：

天后诞 香港非物质文化遗产清单

序号	名称	诞期	主会	内容
1	长洲西湾	农历三月十五至二十日	长洲西湾妈胜堂值理会	粤剧神功戏，亦有花炮会贺诞活动
2	西贡粮船湾	农历三月十九至二十三日	西贡粮船湾天后宫值理会	粤剧神功戏，并有上表、开坛、行朝、行大朝、上榜、海上巡游和祭幽等仪式活动
3	西贡佛堂门	农历三月十九至二十三日	西贡佛堂门太平清醮值理会	举办太平清醮庆祝天后诞，有请神、开坛、礼忏、供灵、开榜、散花、水幽、过关、走敕书、祭幽和送神等仪式活动。正诞当日有贺诞活动

---

[1] 宋俊华《中国非物质文化遗产保护发展报告（2014）》，北京：社会科学文献出版社，2014年，第44页。

继上表

序号	名称	诞期	主会	内容
4	茶果岭	农历三月二十至二十四日	观塘茶果岭乡民联谊会	粤剧神功戏,有请神、贺诞、送神和投福物等仪式活动
5	荃湾	农历三月二十至二十四日	荃湾乡事委员会	粤剧神功戏,亦有贺诞活动
6	马湾	农历三月二十至二十五日	马湾乡事委员会	粤剧神功戏,有请神、贺诞及送神等仪式活动
7	打鼓岭坪源	农历三月二十二日	北区打鼓岭坪源演戏值理会	歌星演唱及表演粤剧折子戏,并有值理会成员拜神、贺诞和抽花炮等仪式活动
8	蒲台岛	农历三月二十二日	南区蒲台之友	在蒲台岛海湾举办龙舟竞渡的邀请赛,以庆祝天后寿辰
9	蒲台岛	农历三月二十三日	南区蒲台岛值理会	粤剧神功戏,亦有花炮会贺诞活动
10	大埔旧墟	农历三月二十二及二十三日	大埔旧墟天后宫社区活动管理委员会、大埔联益乡公所	巡游和乡公所村民拜神等仪式活动
11	十八乡	农历三月二十三日	元朗十八乡乡事委员会	花炮会贺诞和巡游等仪式活动
12	屯门后角	农历三月二十三日	屯门区恭祝天后宝诞委员会	有花炮会贺诞活动
13	屏山	农历三月二十三日	屏山乡乡事委员会	有花炮会贺诞、抽炮及拜神仪式
14	香港仔	农历三月二十三日	香港仔水陆居民联合社	有贺诞和巡游等仪式活动
15	厦村	农历三月二十三日	元朗厦村乡	有花炮会贺诞活动
16	青衣	农历四月初一至初六日	葵青区青衣天后宫管理委员	剧神功戏,有请神、贺诞和送神等仪式活动
17	屯门三洲妈	农历四月初八至十四日	屯门三洲妈天后庙管理委员会	粤剧神功戏,有请神、游神、贺诞、送神等仪式活动
18	南丫岛索罟湾	农历四月十八日	南丫南庆祝天后宝诞演戏筹办委员会	有花炮会贺诞活动

续表

序号	名称	诞期	主会	内容
19	鲤鱼门	农历四月二十二至二十六日	观塘鲤鱼门街坊值理会	粤剧神功戏，并有请神、典礼、巡游和送神等仪式活动
20	西贡	农历四月选定五天	西贡街坊值理会	演粤剧神功戏，有花炮会贺诞活动
21	坑口	农历四月，选定五天举办天后诞	将军澳坑口天后宫值理会	粤剧神功戏，有请神、典礼和送神等仪式活动
22	汾流	农历四月二十一至二十四日	大屿山汾流演戏值理会	粤剧神功戏，有请神、抽花炮和投圣品等仪式活动
23	南丫岛鹿洲	农历五月初一日	南丫岛鹿洲天后诞筹办委员会	有请神和贺诞等仪式活动，亦在鹿洲海湾举办龙舟竞渡的邀请赛，以庆祝天后寿辰
24	坪洲	农历五月下旬	坪洲街坊及社团	戏班上演五夜四日的神功戏
25	屯门沙洲	农历六月初六至初九日	屯门沙洲天后宫管理委员会	在屯门三圣邨举行庆祝，有请神、贺诞和送神等仪式活动
26	石澳、大浪湾、鹤咀	农历十月初四至初九日	南区石澳居民会	粤剧神功戏，并有接神、烧娘娘衣及送神等仪式

2018年元朗十八乡天后诞，
元朗潮侨英歌队参加会景巡游

2018年花炮会舞动金龙到
十八乡天后庙贺诞

2018年花炮会舞动醒狮
麒麟到十八乡天后庙贺诞

2018年花炮会到十八乡天后庙还炮

2012年粮船湾天后诞前夕举行太平清醮
缘首请出天后行身进行海上巡游

2012年粮船湾天后出巡

2012年粮船湾天后诞粤剧神功戏戏棚

2012年粮船湾天后诞粤剧神功戏

陈万里"九访龙泉"研究

李珊珊

内容提要：

　　陈万里的陶瓷考古以龙泉访古为肇始，龙泉窑考古学新阶段由此开始。通过梳理路线及窑址，明确陈万里的龙泉访古之行为"九访龙泉，八上大窑"。期间陈万里开创了将文献资料与田野调查资料结合的古陶瓷研究方法，就龙泉窑研究中的早期龙泉青瓷、龙泉窑与哥窑、官窑关系、龙泉青瓷与仿龙泉青瓷等重要问题率先提出重要见解，反映陈万里对龙泉窑研究认识的发展与早期龙泉窑研究成果。

　　20世纪20年代，陈万里走向田野，率先对龙泉窑进行实地调查，就龙泉窑研究率先提出见解，可以说龙泉窑研究乃至陶瓷考古的新篇章从陈万里的龙泉访古开始。从他所写的数次龙泉青瓷调查文章及日记中，其走访龙泉的窑址点仍然可知，其调查线路有迹可循。本文将爬梳文献，着眼陈万里在龙泉调查的窑址及相关地点，综合分析每次龙泉访古陈万里的关注点与研究成果，明确龙泉访古的性质及意义。

一、第一次龙泉访古之行

　　时任浙江省民政厅第五科科长的陈万里[1]，借视察卫生事务到大窑、八都去，开启了第一次龙泉青瓷的实地调查，时间应不晚于1928年5月31日至6月16日，历时17天。此行旨在考察丽水、龙泉、庆元三县境内宋代以及后来仿宋的古窑

---

[1] 浙江省民政厅编《本厅厅务概况》，《浙江民政年刊》，杭州：浙江印刷公司，1929年，第20页。

址，主要为龙泉大窑、庆元竹口、八都胡边月、丽水宝定四处古窑基。期间对龙泉瓷业工厂及土窑情况也作了详细记录。现以日记中实际调查的窑址与瓷器相关场所为主，按参观调查顺序串联，第一次龙泉访古路线（图一）如下。

西街通和公司——浙江省立改良瓷业传习工厂——庆元竹口窑——大窑学校后窑——查田——野窑王恒丰——八都胡边（月）窑——黄森发、黄德记、吴林记、郑德记——丽水宝定窑[1]

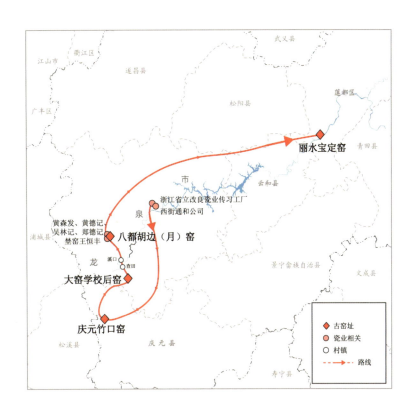

图一　陈万里第一次龙泉访古路线示意图

---

[1] 陈万里《龙泉访古记》，《瓷器与浙江》，上海：中华书局，1946年，第62—73页；陈万里《龙泉青瓷之初步调查》，《瓷器与浙江》，上海：中华书局，1946年，第47—52页。本节未标注的材料均出自这两篇文章，以下章节情况相同。

龙泉访古前，陈万里已通过文献记载初步了解龙泉窑，判断章生一主烧的窑口等同于文献所述哥窑，章生二主烧的窑口等同于弟窑。首次走访大窑后，提出哥窑弟窑都在大窑，但不能准确指出窑址所在。

陈万里对龙泉窑的调查首站到西街通和公司，看龙泉瓷业工厂出品，旋即前往参观浙江省立改良瓷业传习工厂；1934年11月陈万里二次前往，访谈调查中可见瓷业工厂已经停办[1]。至1938年第三次考察，已经改做改良造纸工厂[2]。从记录可见民国时期官办龙泉瓷业生产的片鳞半爪。

除此之外，陈万里参观了数量不少的土窑并主要记录八都垄窑王恒丰及黄森发、黄德记、吴林记、郑德记四窑，明确提及土窑规模、工人数量及计酬形式、供奉习俗等，期间主要关注瓷泥来源与仿古青瓷，反映了民国时期龙泉瓷业生产中家庭式制瓷作坊的基本模式。

陈万里的第一次龙泉访古，涉猎面广却不深，从他对大窑等窑址的判断可以看出其思考仍以文献记载为中心，旨在证经补史。陈万里就之后的龙泉青瓷考察提出详细计划，包括时间分配、人员安排、差旅经费等，充分反映他有意深入研究龙泉窑及龙泉青瓷[3]。

二、第二次龙泉访古之行

陈万里的第二次龙泉访古之行是6年后，自1934年10月30日至11月10日，共计12天。主要考察龙泉县内窑址，包括大窑、新亭、金村、岱根、坳头、大磨、石玄湖、幕窑、前赖，以及丽水县内的瓷窑、庆元的竹口窑与枫堂窑。同时继续关注蜜蜂岭、金村、孙坑及半边月的土窑，龙泉瓷业工厂运转情况等。

---

[1] 陈万里《瓷器与浙江》，上海：中华书局，1946年，第89页。

[2] 陈万里《瓷器与浙江》，上海：中华书局，1946年，第93页。

[3] 陈万里《调查龙泉青瓷大概报告及此后采集计划》，《浙江民政月刊》1928年第11期。同年发表《调查龙泉青瓷报告》，对比前者，内容有所删减，陈万里《调查龙泉青瓷报告》，《国立第一中山大学语言历史学研究所周刊》1928年第48期。

图二　陈万里第二次龙泉访古路线示意图

第二次龙泉访古路线（图二）：

丽水瓷窑——前赖窑——蜜蜂岭——石玄湖窑——青坑——隆丰——岱根窑——坳头窑——大窑学校后窑——新亭窑——金村土窑、古窑——庆元竹口窑——庆元枫堂窑——孙坑、半边月土窑——溪口大麻窑——龙泉瓷业工厂——梧桐口幕窑——过道涌往丽水[1]

第二次考察修正两点认识：一是顾仕成窑址所在，二是丽水处州窑址所在。

第一次龙泉访古之行，陈万里认为"（庆元）竹口的窑就是顾仕成的窑"[2]，

[1] 陈万里《瓷器与浙江》，上海：中华书局，1946年，第52—56、73—91页。

[2] 陈万里《瓷器与浙江》，上海：中华书局，1946年，第72页。

判断仅依《龙泉县志》，实地调查中未有证据。第二次龙泉访古之行，获知竹口镇并无顾姓人家，且从大窑搜集到较多"顾氏"字款碎片，陈万里认为"顾氏"字款器物就是顾仕成所烧，并推断顾仕成窑在大窑，烧造年代为正统年间[1]。"顾氏"字款可能为顾仕成主持的窑场印文，从目前窑址调查情况看，"顾氏"印文碗目前见于大窑，包括大坪岗窑址、乌窑岗窑址、龙角垮窑址，与吞底核心区、枫洞岩窑址[2]。则顾仕成窑应在大窑区域，陈万里的二次推论基本正确。后补充："此种碎片见于竹口及大窑两处，而以大窑为多。"[3]竹口是否有"顾氏"字款仍有待考古调查。

陈万里于第一、二次龙泉访古分别对丽水地区的宝定窑与瓷窑窑址进行调查，并将其与明代处州窑问题联系起来。丽水保定窑，第一次实地调查前陈万里已判定为明代窑基，认为是"宋、明"时期的粗窑[4]。瓷窑窑址，第二次龙泉访古时陈万里认为瓷窑出品较保定窑更佳，判断年代为明，但又保有余地，判断瓷窑窑址是龙泉窑移于处州府窑址[5]。20世纪50年代末调查发现，陈万里所述瓷窑（今吕步坑窑址）烧造年代上限到六朝晚期，下限到唐[6]。2020年对保定村区域窑址的调查判断保定窑自南宋延烧到明代，属龙泉窑的一种地方类型[7]。今考古调查情况与陈万里的判断有所出入，可见彼时陈万里对窑址的认识尚浅，有以偏概全之弊。

除逐步修正看法，陈万里第二次龙泉访古最大贡献在提出"早期龙泉青器"概念，首先提出早于哥窑和弟窑产品的设想。判断豫章乡人送来的墓葬小盘为"龙泉章窑青器所本"，正式提出关于早期龙泉青器的推测，"由塔瓶而五管，由五管而龙虎"，从器型演变溯源早期龙泉青瓷的面貌，可视为陶瓷考古类型学

[1] 陈万里《第二次调查龙泉青瓷所得之观感》，《瓷器与浙江》，上海：中华书局，1946年，第53页。

[2] 杨冠富主编《河滨遗范》，杭州：浙江古籍出版社，2011年，第152—182页。

[3] 陈万里《中国青瓷史略》，《陈万里陶瓷考古文集》，紫禁城出版社、两木出版社，1990年，第99页。

[4] 陈万里《龙泉青瓷之初步调查》，《瓷器与浙江》，上海：中华书局，1946年，第50页。

[5] 陈万里《瓷器与浙江》，上海：中华书局，1946年，第54页。

[6] 浙江省文物管理委员会《丽水青瓷调查发掘记》，《浙江省文物考古研究所学刊》（第七辑），杭州：杭州出版社，2005年，第509—512页。

[7] 复旦大学文物与博物馆学系等编著《丽水保定窑址》，北京：文物出版社，2021年。

的雏形。关于早期龙泉器，陈万里认为时间是在龙泉章窑之前，器物制作和釉色等方面是朝着章氏兄弟出品方向发展，早期龙泉器渊源于越器，可作为龙泉窑代越窑而起的见证[1]。

　　第二次龙泉访古之行极大加深了陈万里对龙泉窑研究的志趣，此次调查亲历的古窑址为历次最多，收获的瓷片标本丰富多样，所见包括"隐纹鱼子之物件"等。上述修正窑址判断及早期龙泉青瓷观点的提出，反映了陈万里的认识不再囿于文献，而是渐趋深入，倚重实地调查发现问题。

三、第三次龙泉访古之行

　　陈万里第三次调查时间为1938年9月23日至9月24日，历时2天，时间最短。主要考察龙泉西乡八都与北乡古代窑基，包括道泰窑、道泰东窑、蛤湖窑、大棋窑、丁村窑五处。除古代窑址，陈万里还对上垟、木岱等新建土窑做参观记录。

图三　陈万里第三次龙泉访古路线示意图

---

[1] 陈万里《瓷器与浙江》，上海：中华书局，1946年，第55页。

第三次龙泉访古路线（图三）：

八都土窑——厚朴地（胡边月）窑——木岱"云翠来"土窑——上洋徐永
昌窑、溪口杨鼎利、大滩仿古小窑——旧龙泉瓷业工厂——道泰镇窑——
道泰东窑——蛤湖窑——前赖窑——大棋窑——丁村窑[1]

此行陈万里参观土窑，补充前两次对土窑的认识。调查中可以窥见八都、木
岱的土窑分布情况[2]。第二次龙泉访古发现蛤湖、前赖两处，第三次龙泉访古考
察了道泰窑、道泰东窑、蛤湖窑、大棋窑、丁村窑，第八次龙泉访古发现杨梅岭
窑。上述窑址，加上已知但未考察的"白雁、安仁、安福、绿绕、大安垟、因溪
垟、官田、俞溪、大浪坑"等，陈万里将其纳入龙泉北乡范围[3]。判断都属于明
代，各窑时间相距不远，风格大同小异，制作较粗[4]。

第三次龙泉访古之行，陈万里纠正第一次对八都厚朴地（胡边月）窑址年代
判断上的错误，重要的是龙泉北乡古代窑址的调查发现。其对窑址的描述及判断
有助于了解如今被淹的龙泉东区窑址群[5]，归纳了龙泉北乡明代瓷器制作的共同
特征，第一次确切指出龙泉画像碗的产地是龙泉道太地区。

四、第四次龙泉访古之行

陈万里第四次调查时间为1939年1月17日至1月23日，历时7天。因庆元之行，
顺势对龙泉南乡古代窑址进行考察，包括对溪口大麻窑的第二次考察，对大窑的
第三次考察。

---

[1] 陈万里《瓷器与浙江》，上海：中华书局，1946年，第57、91—96页。

[2] 陈万里《瓷器与浙江》，上海：中华书局，1946年，第92—93页。

[3] 陈万里《中国青瓷史略》，《陈万里陶瓷考古文集》，第97页。

[4] 陈万里《瓷器与浙江》，上海：中华书局，1946年，第57页。

[5] 浙江省文物考古研究所编《龙泉东区窑址发掘报告》，北京：文物出版社，2005年。

[6] 陈万里《瓷器与浙江》，上海：中华书局，1946年，第56—59、96—98页。

图四　陈万里第四次龙泉访古路线示意图

第四次龙泉访古路线（图四）：

溪口大麻窑——大窑南部——大窑北部坳底窑——庆元新窑[6]

大麻窑，距离龙泉县六十里，在溪口之西、查田镇北十里，前往八都路途中，在《第二次调查龙泉青瓷所得之观感》中称作"大磨窑"，两者实为一处。大麻窑为陈万里彼时最为关注的窑址，评价甚高，认为大麻几乎能与大窑品质媲美，制作精良，与弟窑属于同时代出品[1]。

此次是陈万里最后一次对庆元窑址的实地调查。《龙泉县志》"青瓷窑"条记载："瓷窑昔属剑川，自析乡立庆元县，窑地遂属庆元，去龙邑几二百里。"[2]陈万里对此提出异议，认为只有竹口顾仕成的窑属庆元，其他仍属龙泉[3]。判断

[1] 陈万里《龙泉西南北三乡之古代窑基》，《瓷器与浙江》，上海：中华书局，1946年，第58页。

[2] 同治二年《龙泉县志》第3卷，"赋役志·物产"，第18页。

[3] 陈万里《瓷器与浙江》，上海：中华书局，1946年，第72页。

贴合窑址，陈万里清楚地认识庆元窑属于龙泉窑系统，庆元如竹口窑等因其历史和发展又区别于龙泉窑。

第一次与第二次调查竹口与枫堂窑，第四次调查旨在考察庆元新窑。陈万里根据器物判断窑口皆为粗窑，年代在元明时期。他曾两次到访庆元竹口，重点关注竹口后窑许家，提出"后窑"的"后"是相对于大窑的宋代窑址而言，为明代窑址，与龙泉地区窑场是不同系统[1]。从《许氏宗谱》中可知竹口白泥山下本有窑场，许家窑在其后，故"后窑"之"后"应是相对于竹口当地原有窑址而言，非陈万里判断的相对于龙泉大窑时间而言[2]。

陈万里考察新窑之后，融会贯通，首先指出庆元窑址的发展与水系分布息息相关。据水路推断，庆元地区窑口主要市场为闽北地区，以竹口枫堂为主，竹口窑时间最早，枫堂窑与竹口窑相近，出品必经松溪，故松溪附近的新窑以地理的便利乘势而起，成为庆元地区龙泉生产的辅助地。新窑之"新"，陈万里推断是相较于竹口后窑而言[3]。

至第四次龙泉访古之行，陈万里的田野调查已明显形成窑址调查、搜集标本、走访交谈等系列方法，判断窑址时以标本实物为重，类比窑址并提出地区窑场的发展。尽管认识出现偏差，但陈万里洞隐烛微，认识到溪口大麻窑、大窑、竹口窑的重要性，使上述窑址更早地为人所重视。

五、第五次龙泉访古之行

陈万里第五次调查时间为1939年5月12日至5月13日，历时2天。第五次调查主要考察龙泉大窑坳底窑与高漈头窑。

---

[1] 陈万里《瓷器与浙江》，上海：中华书局，1946年，第85页。

[2] 刘净贤《从方志、宗谱管窥明晚期至清早期龙泉窑》，《华夏考古》2018年第5期。后窑许家窑址烧造时间为元代中晚期到清代早期。参见王建保《龙泉窑黄坛、竹口（许家窑）遗址考察纪略》，中国古陶瓷学会编《龙泉瓷器研究》，北京：故宫出版社，2013年，第217—231页。

[3] 陈万里《龙泉西南北三乡之古代窑基》，《瓷器与浙江》，上海：中华书局，1946年，第59页。

图五　陈万里第五次龙泉访古路线示意图

第五次龙泉访古路线（图五）：

大窑坳底窑——大窑叶家——高漈头窑[1]

同年1月已前往大窑，再作大窑行，足见大窑对龙泉青瓷研究的重要性。此次调查直奔坳底窑，原因是叶家提供消息坳底田间深处发现黑胎骨碎片，故陈万里此次龙泉访古之行目的在黑胎青瓷。

陈万里最早详细描述出土龙泉黑胎青瓷："（龙泉大窑黑胎骨壶盖）釉色茶青褐色，有细纹片，可是光彩很夺目，制作极细节精致，胎骨细薄而黑，与乌龟山官窑无异"；对黑胎青瓷胎釉的描述成为经典："碎片胎骨亦呈黑色，与两面未曾显出之白色釉相夹，宛然一片夹酿豆沙的饼干。"[2]

---

[1] 陈万里《瓷器与浙江》，上海：中华书局，1946年，第59—61、98—101页。
[2] 陈万里《瓷器与浙江》，上海：中华书局，1946年，第99页。

哥窑问题自第一次龙泉访古始便困扰着陈万里，直至在龙泉窑发现黑胎青瓷，方见曙光。陈万里提出紫口铁足的黑胎青瓷可能为哥窑产物，率先将黑胎青瓷与哥窑联系起来，提出黑胎青瓷发现地可能是哥窑所在地。"龙泉哥窑"一词，可以说是陈万里开创的，指的是龙泉大窑、溪口等地出土的黑胎青瓷。这为研究哥窑问题开辟了新途径。20世纪50年代，龙泉窑的考古调查与发掘工作正式开始，结果进一步佐证黑胎青瓷是哥窑的产品，正如陈万里判断将哥窑指向龙泉窑，在很长一段时间成为哥窑研究的主流学术观点[1]。

再论龙泉窑与官窑关系问题，陈万里首先指出龙泉黑胎青瓷与南宋官窑存在密切联系，至1956年讨论南宋官窑时补充："龙泉有仿黑土的制作，证以龙泉大窑及墩头均有黑胎，而一切制作与官窑相类的，这就此种仿官的作品，也就是所谓伪官窑的作品"[2]。明确提出龙泉黑胎青瓷仿官的说法。"黑胎青瓷是龙泉仿官或龙泉官窑"的观点出现，古陶瓷研究掀起研究龙泉窑与官方关系的热潮[3]。

六、第六次龙泉访古之行

陈万里第六次调查时间为1939年6月28日至7月4日，历时7天。窑址实地调查实际只有6月28日一天，没能实现计划中的坳底窑调查，仅考察了高漈头东窑。

第六次龙泉访古路线（图六）：

高漈头东窑——大窑叶家——查田——龙泉——炉田[4]

---

[1] 至20世纪80年代，大部分学者认可龙泉黑胎青瓷是哥窑的产品。参考朱伯谦《浙江省龙泉青瓷窑址调查发掘的主要收获》，《文物》1963年第1期；周仁、张福康、郑永圃《龙泉历代青瓷烧制工艺的科学总结》，《考古学报》1973年第1期；等。

[2] 陈万里《中国青瓷史略》，《陈万里陶瓷考古文集》，北京：紫禁城出版社，1997年，第144页。

[3] 20世纪80年代始，以冯先铭、朱伯谦、任世龙为首的一批学者普遍认可"龙泉仿官或龙泉官窑"的观点。参见中国硅酸盐学会主编《中国陶瓷史》，北京：文物出版社，1982年，第288页；任世龙《龙泉青瓷的类型与分器》，《中国考古学会第三次年会论文集》，北京：文物出版社，1984年；朱伯谦《龙泉青瓷简史》，《龙泉青瓷研究》，北京：文物出版社，1989年，第19—23页。

[4] 陈万里《瓷器与浙江》，上海：中华书局，1946年，第61—62、101—106页。

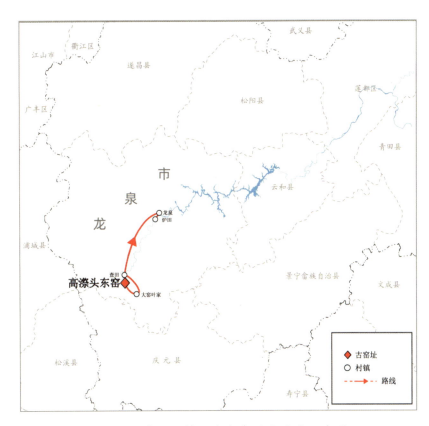

图六 陈万里第六次龙泉访古路线示意图

高漈头东窑与第五次调查的高漈头窑距离相近，窑址多见双鱼洗瓷片，发现使陈万里修正了第四次调查认为双鱼洗唯一产地在坳底窑的看法。因瓷片精良，陈万里认为高漈头窑与大窑坳底相伯仲，是同一时代产物[1]。此行见到的器物众多，其中引起注意的是藏家物件中的月白釉菊花洗与月白釉花觚，胎白釉润，底足规整，"有龙泉制作本色"，陈万里认为是"仿官仿汝之作品"[2]。

第六次龙泉访古之行因暴雨难行，窑址调查艰难，之后出游仅见龙泉金沙寺一处，调查重点便落在走访藏家上，但上述可见陈万里在认识上仍作修正，并提出新见解。

---

[1] 陈万里《龙泉大窑之新发现》，《瓷器与浙江》，上海：中华书局，1946年，第61页。

[2] 陈万里《一年半中三次龙泉之行》，《瓷器与浙江》，上海：中华书局，1946年，第62页。

七、第七次龙泉访古之行

陈万里第七次调查时间为1940年1月13日至1月16日，历时4天。主要考察的是溪口墩头窑。

第七次龙泉访古路线（图七）：

龙泉——溪口墩头窑——庙前窑——查田——大窑叶家——龙泉[1]

图七 陈万里第七次龙泉访古路线示意图

---

[1] 陈万里《瓷器与浙江》，上海：中华书局，1946年，第61—62、106—111页。

此次陈万里最大的收获当属认识墩头窑，拓宽了龙泉黑胎青瓷的发现。陈万里对墩头窑评价极高，认为它出品胜于坳底窑，是溪口一带烧瓷最出色的窑口，出产器物更与乌龟山官窑相近，式样上沿袭两宋官窑风格，多仿铜器。这一发现刷新了陈万里对哥窑所在地的判断，丰富了黑胎青瓷烧造地的认识。

随着2010年起以龙泉黑胎青瓷研究为核心的考古发掘工作进行，发现黑胎青瓷的窑址近30处，几乎覆盖整个龙泉地区[1]。黑胎青瓷在龙泉地区的时空发展变得有迹可循，刷新了停滞已久的认识。就目前龙泉窑黑胎青瓷的发现看来，胎釉特征复杂，胎骨厚薄不一，釉色深浅不一，开片大小不一。但它们的基本特征都是黑胎、紫口铁足、有开片，且开片状似冰裂纹，即文献记载的"白色断纹"，与陈万里总结的哥窑器特征一致，与文献记载的哥窑特征相吻合。龙泉黑胎青瓷为文献记载的哥窑产物，这一说法得到学界多数人认可[2]。可以说陈万里是这一观点的立论者，功不可没。

八、第八次龙泉访古之行

陈万里第八次调查时间为1940年7月27日至8月3日，共8天。接下来的这两次调查是对前面窑址考察的补充。因上一次调查所得的瓷印，此番旨在考察金绳寺，途中所见的杨梅岭窑等属意外收获。

第八次龙泉访古线路（图八）：

杨梅岭窑——龙泉——溪口——查田——金绳寺——坳头窑——大窑叶家——查田

---

[1] 郑建明《浙江龙泉黑胎青瓷调查与发掘》，国家文物局编《2013中国重要考古发现》，北京：文物出版社，2014年，上海：中华书局，1946年，第134—137页。

[2] 参见沈岳明《龙泉黑胎青瓷的考古发现与认识》，《哥瓷雅集：故宫博物院珍藏及出土哥窑瓷器荟萃》，北京：故宫出版社，2017年，第348—357页；郑建明《21世纪以来龙泉窑考古新进展》，《文物天地》2018年第10期；段鸿莺等《浙江龙泉黑胎青瓷的原料及工艺研究》，《博物院》2019年第4期。

图八　陈万里第八次龙泉访古路线示意图

上一次访大窑叶家，陈万里得未施釉的瓷质长方印，考察金绳寺，证实有宋朝光禄大夫姚舜明塑像，并根据周佩兰提供的《金绳寺记前序》考证，推断印章烧造于光宗绍熙五年（1194年）[1]。自墩头窑发现后，陈万里关注的器物多为墩头窑出品，器型包括炉、杯、壶、瓶等。

九、第九次龙泉访古之行

陈万里第九次调查时间为1941年9月17日至9月22日，共6天。

第九次龙泉访古线路（图九）：

龙泉——溪口——查田——大窑坳底窑——大窑叶家

---

[1] 陈万里《一个瓷印的考证》，《陈万里陶瓷考古文集》，北京：紫禁城出版社，1997年，第20页。

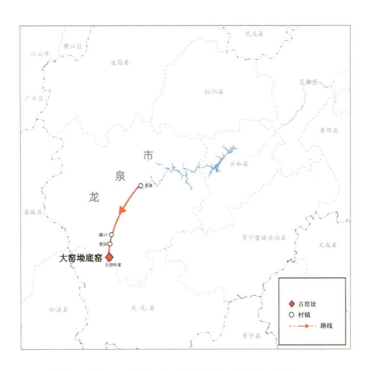

图九　陈万里第九次龙泉访古路线示意图

　　此行实际考察时间不长，多是趁公事处理完毕后到朋友家小聚，最后一个实地考察的窑址仍选在龙泉大窑，具体在大窑坳底发现黑胎碎片的地方。

　　陈万里停留在大窑片区（包括高漈头、垟岙头村）窑址的时间最长，走访包括大窑学校后及南部窑址、坳底窑、坳头窑、新亭、高漈头、石玄湖，窑址实地调查计6次，加上到大窑叶家等访问交流，共有8次。其中大窑学校后及南部窑址走访3次，通过模背有"永乐三年吴一植记"的飞马过海印模，与其他同时同地搜集的印纹标本如"石林""日高""剑川""清""叶""禄""积"等，确认龙泉大窑南部窑基为明代烧造场所。对大窑北部坳底窑的考察计两次，出品以双鱼洗及凸起牡丹花纹残片、葱管炉鼓钉炉残器等为多，陈万里判断坳底窑为大窑当时最优美的烧瓷场所。坳底稍北的坳头窑考察计两次，出品则是以盘与炉的大件碎片为多[1]。总结中，陈万里将所见大窑、岱根、坳底、坳头、新亭、金村、高

---

[1] 陈万里《龙泉西南北三乡之古代窑基》，《瓷器与浙江》，上海：中华书局，1946年，第58页。

溪头窑、大麻（大磨）、墩头窑、庙前窑、湖窑址纳入龙泉南乡范围，为龙泉青瓷烧造的集中地，故而陈万里才有频繁的龙泉大窑之行。

<h1 style="text-align:center">结 论</h1>

对于陈万里在龙泉窑的田野调查，学界长期采用"八去龙泉，七访绍兴"的说法，将陈万里访龙泉的经历归为八次[1]。部分学者指出陈万里赴龙泉调查为九次，但未对此做具体分析[2]。经梳理，明确可见陈万里的龙泉访古之行自1928年至1941年共计九次，同时期前往大窑共计八次，故确为"九访龙泉，八上大窑"。

上文线路明确陈万里"九访龙泉"的田野调查自1928年始，九访龙泉，八下大窑，遍及龙泉县城、庆元县城、丽水县城，走访调查古窑址数量不少于25个。陈万里根据亲历的丽水、龙泉、庆元三地古代窑基，绘制了龙泉古代窑址分布略图（图十）[3]，并给出龙泉窑分布特点：以龙泉南乡大窑为中心，溪口窑与大窑发展时间相近窑场沿龙泉大溪扩展，向东发展到龙泉东乡地区，远至丽水地区，向南影响到庆元地区[4]。

---

[1] "八访龙泉"说法，源于罗常培1944年写道："他曾到过八次龙泉，七次绍兴"。后1996年李辉炳提及"他为考察浙江龙泉青瓷，自1928年夏曾八去龙泉，七访绍兴"。（见罗常培《〈瓷器与浙江〉序》，陈万里《瓷器与浙江》，第1页；李辉炳《〈陈万里陶瓷考古文集〉前言》，陈万里《陈万里陶瓷考古文集》，北京：紫禁城出版社，1997年，第1页。）

[2] "九访龙泉"说法，最早见于叶放《陈万里与我祖父的友情》，《紫禁城》2009年第12期；郑建华《新中国龙泉窑的考古发现与研究》，《南方文物》2021年第2期；裴晓翔、徐华烽、吴明俊《民国时期陈万里的浙江窑址调查活动研究》，故宫博物院等编《天下龙泉：龙泉青瓷与全球化国际学术研讨会论文集》，北京：文物出版社，2021年，第368—376页；谢西营：《陈万里先生与早期龙泉窑调查——以〈龙泉访古记〉为中心》，南京大学文化与自然遗产研究所等《古陶瓷学论丛》第一辑，南京：江苏人民出版社，第183—188页。

[3] 改自陈万里实地调查所得龙泉古代窑址分布略图，增加陈万里对窑址的年代判断。参见陈万里《中国青瓷史略》，《陈万里陶瓷考古文集》，第95—96页。

[4] 陈万里《瓷器与浙江》，上海：中华书局，1946年，第53页。

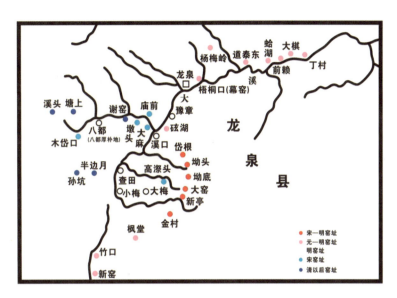

图十　龙泉古代窑址分布略图

　　龙泉窑窑场众多，生产地域辽阔，不同烧造地域不同时期的窑业技术与制品类型等存在差异，可分为不同区域性窑业遗存[1]。陈万里更早地提出相似说法："所谓龙泉窑三个字原非如此一个简单的名称。龙泉窑中，有若干不同地区的窑口，也就有若干不同的出品。"[2]将龙泉南乡、庆元、丽水的龙泉窑作区分并归属三种系统。

　　对影响龙泉窑生产及分布的原因，陈万里也提出一些看法。他认为陶土原料对窑址的发展起决定性作用，龙泉大窑之所以能成为当时龙泉瓷业制造中心，根本原因在于大窑及其附近陶土丰富且土细质白。再者是地理位置与交通运输对窑场分布、窑业发展起主要作用。大窑生产的器物全赖担夫挑运，到秦溪则用竹筏通过溪流运输出去，随着龙泉器声名鹊起，为竞争市场获取利益，沿途尤其是主要的大溪流域纷纷设窑仿造大窑器物[3]。龙泉北乡竞相烧造，丽水窑的崛起是与北乡争夺市场[4]。

[1] 参见任世龙、汤苏婴《龙泉窑遗存的地域类型》，《中国古代名窑：龙泉窑》，南昌：江西美术出版社，2016年。

[2] 陈万里《故宫一部分古瓷鉴定之商榷》，《瓷器与浙江》，上海：中华书局，1946年，第36页。

[3] 陈万里《瓷器与浙江》，上海：中华书局，1946年，第54页。

[4] 陈万里《瓷器与浙江》，上海：中华书局，1946年，第59页。

论及九访龙泉契机，陈万里阐明调查是因"视察旧处属各县地方政务南行"[1]。同样描述可见于手稿《从政生涯》册[2]。

结合时代背景及其身份志趣，可知陈万里九访龙泉的初衷及实质。20世纪20—30年代，浙江地区交通运输业与城市建设迅速发展，促使旅游业迈向近代化，催化文人游记作者身份的流行[3]。陈万里任职北大国学研究院与厦门大学国学研究院期间，旅行山西大同、甘肃敦煌、福建泉州等地，调研云冈石窟[4]、敦煌石碑壁画[5]、泉州古迹[6]等行程打下了他对文物考古的兴趣基础，培养了田野调查的基本素质。作为中国摄影艺术的拓荒者，陈万里将摄影艺术创作与田野考古调查结合，对陶瓷器的关注最早可见于1927年为德化香炉、观音像拍摄照片[7]。1928年第一次访龙泉后，陈万里先后发表浙东风景、人文、古迹（包括龙泉窑）等摄影照片[8]，与此同时发表《浙东游记》等游记性质文章。更重要的是，陈万里"顾出土器物虽丰富，国人茫然视之，竟不以为宝也。因此发愤，愿以视察余暇，从事勘查，勘查之后，试记大概，以唤起国人之注意"[9]。

综上所述，可知陈万里访龙泉初衷，一为公务，二为游赏龙泉等浙东地区，三为研究龙泉窑与龙泉青瓷之趣味，唤起国人对龙泉考古的注意。上述十余年频繁的龙泉窑田野调查与研究，有力佐证陈万里九访龙泉的实质是对龙泉窑及龙泉青瓷的研究志趣，其研究目的并不在证经补史，而在考古事业，"预备贡献给当代学者为整个青瓷发展史的参考"，帮助得出"有系统的结论"[10]。

---

[1] 陈万里《瓷器与浙江》，上海：中华书局，1946年，第48页。

[2] 陈万里《从政生涯》（手稿），龙泉青瓷博物馆藏，第17页。

[3] 贾鸿雁《中国游记文献研究》，南京：东南大学出版社，2005年，第95页。

[4]《研究所国学门通告：陈万里先生此次旅行大同》，《北京大学日刊》1924年10月23日第1版。

[5] 陈万里《西行日记：北京大学研究所国学门实地调查报告》，朴社，1926年。

[6] 陈万里《闽南游记》，上海：开明书店，1930年。

[7] 陈万里《古磁珍品：德化磁杏炉底》，《良友》1927年第21期；《建瓷观音像》，《良友》1927年第19期。

[8] 陈万里《浙东游记插画之四—七》，《图画时报》1928年第494期；《浙东游记插画之八》，《图画时报》1928年第499期。

[9] 陈万里《瓷器与浙江》，第48页。

[10] 陈万里《〈青瓷之调查及研究〉第一集引言》，《瓷器与浙江》，上海：中华书局，1946年，第2页。

综合分析陈万里的研究成果，可以看出起决定性作用的方法是他贯彻文献资料与田野调查资料相结合，尤其注重窑址田野调查与实物资料。尽管陈万里早期对于窑址的调查屡次通过单一窑场对整个窑口下定论，造成年代判断等认识的偏差。但随着田野调查次数增加，他一次次修正之前的看法，说明陈万里对龙泉窑的研究具有极强的探索性。

毫无疑问，对龙泉窑的研究是陈万里陶瓷考古中浓墨重彩的一笔，1928—1941年 "九访龙泉" 实地考察则可视作刚健有力的起笔。陈万里最早对重要的龙泉古窑址做出判断，并就龙泉窑研究提出了科学有依据的见解，大部分认识正确且有效指明后来龙泉窑考古调查方向。更重要的是，以 "九访龙泉" 这一里程碑式事件为肇始，陈万里摆脱以往倚重文献陈陈相因的传统，作为陶瓷考古的先行者持续探索行之有效的研究方法，开创了以窑址调查和标本研究为主的古陶瓷研究方法，开启了中国陶瓷考古新阶段。

（作者单位：中山大学历史学系）

教育和研究为陈列展览赋能

李秋晨

内容提要：

博物馆作为社会教育机构和公共文化服务机构，在启迪民智、传播知识、美育教育、思想教育、科学研究、文化交流等多方面无可替代的社会文化价值。2024年2月16日，国际博物馆协会（ICOM）发布了2024年国际博物馆日主题："博物馆致力于教育和研究（Museums for Education and Research）"，主旨鲜明地强调未来博物馆的工作重心和方向。教育和研究不仅是博物馆在公众服务和知识传播方面的重要职责和使命，更是博物馆在实践和学术两个层面的重要抓手。本文尝试联系博物馆工作实践探讨通过教育和研究为陈列展览赋能，实现博物馆高质量发展。

2022年《广州市博物馆事业"十四五"发展规划和2035年远景目标》中指出，广州作为国家重要中心城市和粤港澳大湾区核心城市，"十四五"期间将以新发展理念引领高质量发展，建设岭南文化中心和对外文化交流门户，打造社会主义文化强国的城市范例。博物馆在启迪民智、传播知识、美育教育、思想教育、科学研究、文化交流等多方面具有无可替代的社会文化价值[1]。博物馆通过陈列展览这一"博物馆与公众进行交流的最常用的手段"[2]，将博物馆内部职能（研究）向外部职能（教育）拓展，并最终实现其经营目标和文化使命。教育和研究不仅是博物馆在公众服务和知识传播方面的重要职责和使命，更是博物馆在实践和学术两个层面的重要抓手。

---

[1] 参见广州市文化广电旅游局印发《广州市博物馆事业"十四五"发展规划和2035年远景目标》。

[2] 安来顺《博物馆与公众：21世纪博物馆的核心问题之一》，《中国博物馆》1997年。

一、博物馆发展动态

我国的博物馆事业在党和政府的高度重视下蓬勃发展。截至2022年末，广东全省博物馆达377家，比上年增加10家。全省国家一、二、三级博物馆82家，数量保持在全国第二位。博物馆基本陈列1095个，比上年增加87个。2022年全省博物馆全年接待观众3416.18万人次[1]。"十三五"以来，我国平均每两天新增一家博物馆，达到每25万人拥有一座博物馆。我国类型丰富、主体多元、梯队多层的现代博物馆体系基本形成[2]。博物馆事业飞速发展的过程几个重要的动态值得关注，这也是未来博物馆发展的重要导向。

（一）助力城市发展

历史文化是城市的灵魂。一座城市的历史文化遗存是城市内涵和特色的重要标志。博物馆致力于保护、传承人类文明和城市的历史文化记忆，是城市历史文化的重要载体和独特的文化符号。博物馆作为兼具文化和旅游特质的文化产业，致力于通过自身建设助力城市发展，通过提供个性化的公共服务，凝聚城市精神，彰显城市特色，提升城市质感，拉动城市经济，打造文旅融合的新时代。魏峻、钱滢樱在《基于文献计量学的中国博物馆展览研究（1977—2022）》一文中[3]，以一年为时间切片单位，利用Citespace软件对研究主题与成果发表时间进行耦合分析，形成突现词图谱和研究主题的时间线图谱，"文旅整合"是强度最高的三个突现词之一，强度为2.55，起止时间为2020—2022年，强度最高的突现词为"陈列展览"（强度3.22，起止时间2018—2020年）。

2015年中央城市工作会议明确将"文化"作为我国城市发展的动力之一。2021年5月中共中央宣传部、国家发展和改革委员会、教育部、科技部、民政部、

---

[1] 广东省文化和旅游厅《广东省2022年度博物馆事业发展报告》。

[2] 广东省博物馆协会编著《博物馆工作指南》，广西：广西师范大学出版社，2023年，第19页。

[3] 魏峻、钱滢樱《基于文献计量学的中国博物馆展览研究（1977—2022）》，《中国博物馆》2023年第4期，第30—32页。

财政部、人力资源和社会保障部、文化和旅游部、国家文物局联合印发了《关于推进博物馆改革发展的指导意见》，明确提出将博物馆事业融入国家经济社会发展大局，探索在文化资源丰厚地区建设"博物馆之城""博物馆小镇"等集群聚落。具有深厚文化底蕴、高度集聚的文化资源、良好博物馆发展体系基础的包括北京、西安、南京、广州、成都等十余个城市纷纷宣布打造"博物馆之城"。2023年11月24日，在广州举办的首届中国博物馆学大会开幕式上，粤港澳大湾区博物馆联盟正式宣告成立，首批成员单位包括广东、香港、澳门三地的24家博物馆。这是博物馆之城以城际联盟的聚集形态展现给公众。作为中国最具活力和创新力的城市聚落，粤港澳大湾区城市之间有着相近的历史文化血脉，又因地缘和人缘等因素有着差异化和特异性的发展，博物馆与城市、城市与城市之间双向联动、多向引流，进一步盘活资源、提升文化竞争力，更突显了在博物馆发展规划上的前瞻性。2023年3月31日，南越王博物院举办了"倾城之恋——广东省国家历史文化名城文物展"，通过展示来自广东省8个国家级历史文化名城（广州、潮州、肇庆、佛山、梅州、雷州、中山、惠州）的文物，全方位、多角度展示极具地方特色的广东省城市文化旅游资源，以文物带动非遗、景点、城市等的宣传互动，使历史文化在现代城市发展创新中熠熠生辉，彰显名城当代风采。

（二）公共服务属性增强

2022年国际博物馆协会在博物馆的最新定义[1]中进一步强调博物馆以可及性和包容性为导向的公众服务性。现代博物馆自诞生之日起即以公共性为显著标志。博物馆真正的价值不在于馆藏文物的多寡，而在于利用馆藏来展示、传播，以史鉴今，启迪民智，搭建历史与公众之间的桥梁，实现公众教育的目的。与此同时，由于2022年最新版定义中增加的关于社区参与的表达，博物馆与公众及社区将搭建新型博物馆教育体系。

---

[1] 2022年国际博物馆协会对博物馆的最新定义：博物馆是为社会服务的非营利性常设机构，它研究、收藏、保护、阐释和展示物质与非物质遗产。向公众开放，具有可及性和包容性，博物馆促进多样性和可持续。博物馆以符合道德且专业的方式进行运营和交流，并在社区的参与下，为教育、欣赏、深思和知识共享提供多种体验。

"凡是关注博物馆的人都是博物馆的公众，或者说所谓的博物馆公众，就是关注博物馆人的集合体"[1]。博物馆具有的客观性、广泛性、可变性和多样性四个特点，从客观上决定了博物馆工作思路的转型：从内向性的以藏品征集为中心到科研、展示、教育等多方面的以人为中心。被赋予新定义的博物馆都在积极探索契合自身发展路径的方案。中共一大纪念馆的王锦旋在《博物馆公共文化服务发展之路》[2]一文中把公共服务大致分为三类：一、博物馆的公共文化设施，观众可能涉及的建筑空间，如游客中心、展陈空间、社教空间、休闲空间、文创商店等；二、博物馆公共文化产品，亦即公众获取博物馆信息的载体，如宣传导览手册、融媒体产品、文创IP产品等，除了物象化的产品外，还应有社交平台的各类宣传信息；三、需要公众参与的博物馆公共文化活动，如教育导赏、社教活动、讲座沙龙等。可能由于博物馆类型的差别具体细分会存在馆际差异，但总体来说公共服务内容包含于上述三种类别中。

（三）考古热

2020年9月28日，习近平总书记在主持十九届中央政治局第二十三次集体学习时强调，要高度重视考古工作，努力建设中国特色、中国风格、中国气派的考古学，更好认识源远流长、博大精深的中华文明，为弘扬中华优秀传统文化、增强文化自信提供坚强支撑。2020年底网易新闻盘点的年度文博行业十大"关键词"中"考古热"位列第二，公众、媒体等对考古的关注度持续在高位。早在20世纪80年代，考古学家苏秉琦先生就明确宣布，"在国际范围的考古学研究中，一个具有自己特色的中国学派，开始出现了"。在党的二十大报告提出并深入阐述中国式现代化理论体系后，中国考古学愈发注重在推进中国式现代化发展中不断强调和展现其主体地位，运用党的创新理论不断完善和发展学术体系、学科体系和话语体系日益成为中国考古学的目标。

现代博物馆离不开科学的考古发现与研究成果的支撑。考古学为博物馆提供了将地下发现与历史文献记录或者非物质文化遗产相互关联的鲜活案例，使公众

---

[1] 史吉祥、郭富纯《博物馆公众——一个饶有趣味和意义的研究领域》，《中国博物馆》2004年第2期，第30页。

[2] 王锦旋《博物馆公共文化服务发展之路》，《文化产业》2024年2月。

得以由物及人、借古观今。考古成果的公众表达进一步刺激了相关专题博物馆发展。据不完全统计，我国已建成并开放7家以"考古"冠名的博物馆——北京中国考古博物馆、邺城考古博物馆、磁县北朝考古博物馆、山西考古博物馆、洛阳考古博物馆、陕西考古博物馆、湖北考古博物馆，还有建设中的苏州考古博物馆和山东考古博物馆。实际上还存在虽不以"考古"冠名但实则为考古类的专题博物馆。广州市文物考古研究院于2019年5月加挂海上丝绸之路（广州）文化遗产保护管理研究中心和南汉二陵博物馆牌子，该博物馆是依托五代十国之南汉国烈宗刘隐的德陵和高祖刘岩的康陵建设的遗址类专题博物馆，单位职责包括了南汉二陵博物馆展览及公众考古活动的策划、组织及宣传教育工作和文物考古成果宣传、交流活动等，可谓华南地区第一座考古类博物馆。通过考古发现揭示的中华文明起源和发展的历史脉络，是目前博物馆历史类陈列展览的展示重心。近年来各大博物馆积极尝试以考古发掘成果为主题的陈列展览策划。2021年是中国现代考古学诞生100周年，10月18日，由国家文物局指导、中国考古学会和中国文物报社于联合主办的"百年百大考古发现"隆重发布，广东广州南越国宫署遗址及南越王墓入选。以上述两处遗址为依托的南越王博物院（西汉南越国史研究中心）开启了"百年百大考古发现系列展"，先后举办了"盘龙城——长江流域的青铜文明""千乘中山——古中山国精品文物展"。

二、以教育和研究为抓手赋能博物馆高质量发展

陈列展览、宣传教育和理论研究始终是博物馆建设与发展中备受关注的命题。1949年新中国成立之初，文物主管机关在全国博物馆范围内开展了以苏联模式为范本的大规模博物馆理论和专业知识的学习运动，博物馆内部推行陈列、保管、群工的"三部制"业务模式。1956年5月文化部召开了"全国博物馆工作会议"，会议第一次明确规定了博物馆的社会地位和作用，提出了博物馆的基本性质是"科学研究机关""文化教育机关""物质文化和精神文化遗存以及自然标本的收藏所"，博物馆的基本任务是"为科学研究服务，为广大人民群众服

务"。1961年11月文化部文化学院编订《博物馆工作概论》，将博物馆定义为"文物和标本的主要收藏机构，宣传教育机构和科学研究机构，是我国社会主义科学文化事业的重要组成部分"。这一代表官方意见的定义赋予博物馆收藏、宣传教育和科学研究等机构属性。2022年8月第26届国际博物馆协会（ICOM）特别大会修订了博物馆的定义，在多个方面对其进行扩展和深化，不仅突出博物馆的开放性和包容性，还赋予博物馆促进多样性和可持续性的重要使命，反映出博物馆在当代社会中扮演的多元化角色，不仅是文化遗产的守护者，更是推动文化创新和社会进步的重要力量，为博物馆的高质量发展提供了重要的指导方向。

在2019年新修订的《博物馆定级评估办法》和对应的《博物馆定级评估标准》中，博物馆运行评估满分1000分，"陈列展览与社会服务"这一部分总计500分（国家一级博物馆这一大项的总分不可低于400分），其中"公众服务"占175分，"展示和教育"占250分；"学术研究与科技"在"藏品管理和科学研究"这一部分，占150分。教育围绕着"物"（藏品、展览、博物馆等）和"人"（公众、观众、博物馆从业人员）的对话和交流展开，研究围绕着"物"展开，目的是更好地保护、展示和传承其蕴含的历史、文化、艺术、科学等价值[1]。夯实研究，拓展教育，丰富陈列展览的历史文化内涵和外延，实现展览的无边界，"让收藏在博物馆的文物活起来"，从而全面推动博物馆事业高质量发展。

（一）教育是陈列展览的二次创造

如果说陈列展览是博物馆基于文物和历史的文化创意，那么教育则是以陈列展览为基础的二次创作。博物馆的教育有狭义和广义之分。狭义的博物馆教育是指在博物馆内实施的一般教育项目，广义的博物馆教育则认为由博物馆产生的、具有教育意义和功能的一切事物皆可视作博物馆教育[2]。无论狭义还是广义，教育的目的主要是激励公众探究陈列展览的相关知识，换句话说，就是以陈列展览为原点引申的围绕展览但又不限于展览内容的启发性活动。

---

[1] 陆建松《博物馆展览策划：理念与实务》，上海：复旦大学出版社，2016年，第4—5页。

[2] 广东省博物馆协会编著《博物馆工作指南》，广西：广西师范大学出版社，2023年，第379页。

向公众传递历史文化知识和审美体验

通过一系列公共服务为公众提供更加便捷的参观体验

细分服务对象，对教育活动进行切片，

通过如社交媒体、网站等各种渠道进行宣传推广

1.差异化教育手段实现可及性

陈列展览是博物馆最核心的公共服务产品。博物馆教育以展览内涵的阐释和传播为首要任务。在新博物馆学冲击下传统的博物馆价值取向由物到人的"公众转向"，曾被公众视为"阳春白雪"的博物馆，在新的时代背景下以"发展中国特色的以人为本的博物馆"为主旨，俯下身段更多地思考如何满足人民群众日益增长的美好生活需求，并为此提供解决方案——通过差异化教育服务提升包容性，实现可及性。

语音导览

微信公众号内输入数字编号，获取遗址和文物的语音介绍。

AR+文博

通过Optical see-through显示方案，通过透明显示器奖虚拟信息（文物说明、图像、视频、3D模型等）送入人眼。应用场景包括文物深度讲解、影音导览乃至文物修复动画体验等。

虚拟展示

- 云展览（线上展览），以互联网信息技术为依托，利用网络对展览进行再现。以图片技术、VR还原技术及3D建模技术等实现在多个平台投放。
- 遗址的数字化展示：运用虚拟现实体验、多媒体集成、人机交互等数字技术，在有效保护遗址的前提下，传达遗址的价值内内涵，实现观赏性与知识性有机统一。

展览诠释

专职讲解员

以陈列展览大纲为蓝本，针对展览内容主旨、历史背景、结构框架、重点文物等系统介绍。

专愿讲解员

博物馆提供讲解词，进进岗前专业培训后考核上岗。

专家阐释

在特定时间推出的，相关研究领域的专家对展览、展览相关历史背景、脉络的深度解读。呈现方式有专题讲座、展览导赏、专题访谈。

2.细分教育版块，多元化社教

"博物馆是通过为观众自我学习提供服务而实现教育目的的。"[1]博物馆教育是在帮助观众"学"，通过教与学实现双向交流、相互推动。博物馆立足本馆，结合自身的优势和特色，通过细分教育板块，策划并定期举办各种面向公众的多元化社教活动，旨在辅助观众参观，加深他们对博物馆主题、馆藏文物和陈列展览的理解，为公众提供独特的学习和娱乐体验。

不同区域、层级、属性、类型的博物馆，锚定未来发展定位，制定了不同的教育推广方案。南越王博物院秉持着"面向不同年龄、不同层次人群的全民教育"的理念，结合本院考古遗址类博物馆的特质，结合"南越文化""海丝文化""广州城建发展"等主题特色，打造极具特色的多元教育品牌。第六届（2020—2021年度）广东博物馆开放服务最佳做法推介中，南越王博物院获最佳教育推广。

教育品牌	面向群体	项目类型	内容与主旨
南越工坊	低龄儿童、青少年、成人、特殊群体	线下活动和线上直播	会员制管理，以手工活动的形式，开展以南越国历史文化知识为主要背景的公益性项目
探越学堂	小学、中学、大学	馆校合作	以《探越笔记》《乐游南越国》历史读本为基础，围绕着南越国宫署遗址、南越文王墓出土文物，以文本学习和互动体验相结合的方式传播中华优秀传统文化
大遗址·小学堂	6—12岁青少年	研学活动	以南越国宫署遗址为依托，推广和普及考古（尤其科技考古）、文物保护等相关学科知识的考古类教育活动
无边限博物馆	社区、学校、商场、图书馆、科技馆等	"1+1+N"展区模式	以"咫尺为邻"为计划，拓展博物馆边限，加强博物馆与社会各界的联系，使展览进入公众生活空间
南博之夏	青少年	暑期系列活动总称	以多样化的主题，吸引青少年近距离感知博物馆文化，提供多元的历史研学实践体验

---

[1] 苏东海《〈博物馆群众教育工作〉序言》，北京：文物出版社，1993年。

3. 研究型博物馆建设

推动研究型博物馆建设是中央九部委在《关于推进博物馆改革发展的指导意见》中明确指出的博物馆今后一个时期内的发展方向。加强对藏品当代价值、世界意义的挖掘阐发，打通新发现、新研究和陈列展览传播利用的通道，促进研究成果及时转化为展览和教育资源，将研究与展览和教育深度勾连。

博物馆建设是涉及多门学科的综合性系统工程，各门学科之间相互渗透、相互包含又相互提供支撑。我国博物馆文物合理利用不足、文物不能"活起来"，究其原因是研究、展示、教育的自身发展基础相对薄弱，研究、展示与教育的结合度也不够充分[1]。研究型博物馆建设既需要解决研究、展示、教育等核心业务板块的发展问题，又要建立各板块之间相互贯通的联动体系。

4. 强化学术研究的成果转化

博物馆以教育为导向、以展示为目的强化对馆藏文物的历史内涵和文化价值的挖掘与研究。考古发现和研究为展示和构建中华文明历史变迁和发展脉络提供重要依据。实现考古成果的公众表达是新时代对博物馆陈列展览的新要求。

由考古研究机构主导的考古博物馆作为一种新的博物馆类型正在兴起。以陕西考古博物馆为例，它是由陕西省考古研究院主导建设，收藏了历年从陕西各地考古发掘出土的20余万件文物标本，旨在向观众展示考古学知识、文物保护知识及文物考古成就，这种基于考古学的展示与表达是考古（或考古类）博物馆与其他类型博物馆显著的区别，是构建区域文明发展脉络的重要组成部分和新兴力量。博物馆以考古发现和研究成果为支撑，争相举办考古专题展览，推动研究成果向展览和教育的转化。2021年8月10日，中国国家博物馆与广州市文化广电旅游局等合作举办的"海宇攸同——广州秦汉考古成果展"亮相国家博物馆，通过以南越文王墓、南越国宫署遗址为代表的广州地区秦汉考古遗址出土的珍贵文物，全面展示广州历年来重要考古成果，揭示秦汉时期岭南地区家国一体的政治文化格局，为公众了解区域文明发展历程打开了一扇门。

---

[1] 陆建松《加强"四位一体"的博物馆传播利用体系建设》，《东南文化》2022年第3期。

5. 推动展教一体化研究

博物馆教育既是博物馆工作的出发点，亦是归宿。既关系到公众文化权益的实现，也是博物馆影响力的重要内容。讲好文物的故事，讲述中华文明悠久灿烂的历史，通过博物馆的两个文化创意产品来实现。首先是具有创造性劳动的原创展览，实现"研究—展览"的转化，以学术研究为基础、以展览大纲为内在逻辑线索展示文物，将展览内容以"文本+图像"形式通过展板在展厅内呈现，力求透物见人见事见精神；其次是具有教育意义的社会服务项目，实现"展览—教育"的转化，举办创造性和趣味性的拓展教育活动将展览的内涵和外延向公众传播，实现文物与公众之间的双向交流与互动。从本质上来说，展览也是博物馆教育活动的一种形式。博物馆教育通过以实物组成的陈列展览及其他辅助形式对公众进行的直观教育，以创新的手段推动展教一体化。

三、结 语

博物馆通过研究探寻民族文化的绵绵根脉，通过展示演绎漫长历史的沧桑巨变，通过教育实现中华文明的时代传承。博物馆以研究和教育作为抓手为陈列展览注入新的能量，通过提高文物研究阐释和展示传播水平，让文物真正活起来，成为加强社会主义精神文明建设的深厚滋养，成为扩大中华文化国际影响力的重要名片。

（作者单位：南越王博物院）

关于非精品考古文物展的具体策划和体会

陈　馨

内容提要：

展示是博物馆的核心业务能力的具体体现。十年前，正值广州开展考古工作六十周年、南越王墓发掘三十周年之际，2013年12月5日时广州市考古研究所与西汉南越王博物馆共同精心推出了"广州考古六十年"展。策划人将这次非精品考古文物展览介绍给大家，并分享关于策展过程中的一些具体想法和体会，以此致敬广州考古七十周年。

西汉南越王博物馆是一座市级博物馆，是广州市对外宣传的一大窗口，除了承担本地校区的历史教育外，也是外地游客经常造访的一处重要博物馆。而在硬件方面，除了展示南越王墓出土文物的主体楼外，紧邻马路上的综合楼拥有一个展示馆藏枕的固定陈列和三个供临展使用的分隔展厅。

展示是博物馆的核心业务能力的具体体现。每一个临时展览的积淀，都是博物馆发展的台阶，引领博物馆不断提高、向前发展。具体展览的回顾也是不断积累经验的必要过程。十年前正值广州开展考古工作六十年周年、南越王墓发掘三十周年之际，2013年12月5日时广州市考古研究所与西汉南越王博物馆共同精心推出了"广州考古六十年"展。笔者作为这次展览的策划人不揣浅陋，把这次展览介绍给大家，并与大家分享一下关于这次展览筹备过程中的一些想法和体会，抛砖引玉，也以此致敬广州考古七十周年。

这次展览的意向在双方上层已经酝酿良久，而至8月28日方确定实施，展览筹备和设计的时间仅有3个月。而展览第一步，是确定可展文物内容。这次展览时机不巧，广州市考古研究所的文物处于四处分散的阶段，如广东省博物馆举办的"岭南印记——粤港澳文物大展"、首都博物馆举办的"从南越王赵佗到孙中山大总统——广州文物瑰宝展"，由于历史原因，考古所发掘的文物有相当一部分精品在广州博物馆、南越王宫、番禺博物馆等作为常设展品陈列。随着广州市城市建设的不断展开，六十年来对广州市的考古发掘工作应接不暇，发掘出的文物数量绝对不可小觑，但精品文物的缺乏成为本次展览的一个缺憾。而另一方面没有精品也有好处，正如宋向光老师提出"'炫宝'将特定物件与其'历史—文化'语境隔离开，淡化物件的历史、科学、艺术价值，突出其自身的特点，并将这些特点推向极致"[1]，没有了"宝"，让人们更容易注意到文物背后的价值以及与其相关的背景知识。不管怎样，这就要求展览本身挑选文物组合以及展览本身质量与形式的提升，还要有更多新颖实在的内容给予观众作为补偿。

广州考古一甲子，成果斐然，抢救和保护了大量考古遗存——发掘古遗址近10万平方米，古墓葬超过5000座，出土文物数十万件（套）。但对于广大群众来说，不仅考古学本身仍隐藏在神秘的面纱之后，广州的考古工作和广州人之间还有着相当大的距离。这种现状，自然与考古学知识的普及不够有关。反过来文物考古工作中遇到的很多问题，也是与大众对文物考古工作缺乏必要的认识与理解密不可分。作为一名考古专业毕业的展览策展人员，对于这次考古展的期冀和目标也会来得更明确也更恳切。近年来兴起的大众考古学正是呼吁考古走出象牙塔，要让更多大众了解、参与其中是必然的一个趋势。而一般的考古展，大部分是摆文物，且文物大都是粘接复原的，既不好看也引起不了观众的兴趣。不可否认精美的文物更能引起大众的观赏兴致，而因为展览又往往较少注重与观众之间的交流与互动，缺乏让大众来理解所展示内容的引导，就更不容易让观众能真正看得进去。另一方面，虽然社会上越来越多的有关部门或公司把考古成果以通俗的动漫或其他新的技术方式展现给大众，而有时又与专业距离太远，经常会出现专业知识上的硬伤，传达了错误信息。这两者均不可取。展览策划人想的不应仅是"我"想传达给观众什么信息，而是观众想知道些什么，"我"怎么能在他们想知道的范围之上，让他们更容易理解、获得更多？

---

[1] 宋向光《博物馆不是"炫宝台"》，《中国文物报》2014年1月8日8版。

展览意图和目的决定了展览的方向，在种种考虑之下，确定了这次展览的目的有三：1.拉近考古这门专业技术很强的学问与人们之间的距离；2.介绍广州60年来重大考古发现、考古成就，让人们尤其是本地人发现我们的过去，认识生养我们这片土地的历史和文化，拉近广州考古与广州人的距离；3.展览不能从物到物，要以物见人，从物中看到先民的生活、生产。希望把展览做得让民众看得懂，觉得有意思，这样才能体现考古所工作对广州人是有意义的，也只有这样，考古人付出的心血汗水才能被认可，未来的考古工作只有得到大众的理解和支持才能发挥更大的作用。怎么能让大众看得懂、有兴趣去看，除了要把难懂枯燥的考古学术语翻译成一般大众化的语言，还要以大众喜闻乐见的形式来体现，让大家都可以从中享受到考古的乐趣。

由于当年西汉南越王博物馆的临时陈列展厅在空间上基本上被分隔成三个独立单元，在展品内容可能的条件下，三个部分的组成方式已经成为我馆展陈的一个固有形式。

在和考古所相关负责同志多次沟通后，确定了展览文物与展览的大体内容和框架。第一单元是先秦考古内容，第二单元是秦以后的墓葬考古，第三单元是城市考古的内容。对于三部分的部首名称，根据不同主题有不同方案，最开始想到第一个方案：1.先秦印迹。由于先秦遗物的限制，想全面表现当时人的衣食住行有些牵强，但是如果通过具体器物的演变来反映先人的生产、生活的变化应该是可行的；2.如生之堂。主题是通过墓葬考古看生人生活。题目一开始可能让大家产生疑问，让大家产生了解的欲望，什么是如生？看过说明和展示后对古人"事死如事生"的丧葬观念就有更深刻的认识，也通过随葬品了解不同时期生人衣食住行各方面的变化；3.如是我城。其侧重点是表现这是我们的城市，强调我们是这座城市的主人公，文物保护从我开始的理念。这个方案因过于文学化，内容需要有踏实的研究而被严谨的考古所否定。第二个方案：1.先秦寻踪；2.古墓探幽；3.羊城追忆。这个方案因太普通被否。各方权衡下，还是选择尊重考古所的意见，按照考古陈列的定式（按考古发掘单位）展陈，定名如下：1.追寻先秦时期的人类足迹；2.发现王陵和臣民墓葬；3.探索广州古城的发展轨迹。这一名称和之前就被定下的展览标题"广州考古六十年"的朴素风格一脉相承。

由此可知，展览虽然是展览策划人主要负责的，但也受着各方各面的约束和限制，这不只包含展厅和展示物品的硬件条件，也包括馆长、合作方等等的意见，很多时候并非可以完全按照自身意愿实现，但如何综合这些因素，在妥协的同时又可以最大限度达到自己的目的，这是我们策展人需要结合实际下苦功的地方。

在进入正式展陈之前，为了让观众对广州考古六十年有个总体印象，除了在序言厅背景做文章，在其对面墙面前言之后也利用了一大片空间放了时间轴，由2013年一直倒退到1953年，用文字大小表现考古所60年分阶段的重大成果（图一）。

图一　序言厅现场

这次展览的柜外墙面就变成了体现策展人意图的最佳场地（图二），成为和柜内并行的第二条展线，对柜内内容起到补充与深化的作用。

图二　第一单元部分场景

313

单元的内容定下来了，但是同样的文物可以有不同的组合方式，怎样才能在尊重合作方意见的前提条件下，给观众留下深刻印象，让他们对每一个单元的内容有充分的认识，是每个策展人员都必须考虑的问题。最后围绕展览各部分主题，选定各时期文物335件。

因为基本上除第三单元以外都是以一个展柜一个遗址的形式进行展示的，柜内墙板说明和往常不同，是一个文字板块加数个图片板块以碎片样式的板块拼接而成，分别介绍了该遗址或墓葬的整体情况与典型器物，第一单元强调遗址的地形地貌、发掘现场，第二单元强调每个时期的墓葬形制的不同与随葬品种类、数量的变化。在提到相关特有考古名词或想引发观众思考时，在下方用小一号的字体做出小知识、小提示，考古知识与具体遗址情况相结合，免去突兀之感，亦容易被接受和理解。未能展出的精品文物也注意在展板上体现并标明其意义。

第一单元以典型遗址的方式进行展示，以从早到晚、离市中心由远及近的顺序。先秦部分是此次展览的重点之一，因为广州一直以来都被认为是文化的沙漠，自1983年南越王墓的发掘轰动全国，才使人们开始了解岭南文化，然而岭南文化并不是由南越国才开始，在南越国之前这片土地上文化已经有它独立的发展，而这一点一直没有受到人们关注。广州考古60年发现和研究的成果表明，至少在四五千年以前，广州地区已有人类在此生产、生活。诚然，与中原繁荣的面貌相比，显得发展阶段较为落后，但是它也从未停止过它前进的步伐，体现出它独有的一面。

在观看广州先秦出土文物之前，希望在观众的脑海里有一个全国早期文明的大的概念，所以在开篇借用了严文明先生多重花瓣的概念，用地图标出了全国各地早期文明的大概位置，并用引线引出各文明代表器物，其中特别标出了岭南地区文明，并标示出广东石峡遗址与南越王墓的位置，而文物的样子则留待观众亲自看完展览在自己心中找出，看完这一单元自会发现其与其他地区的差异。在图下撰写了如下文字："著名考古学家苏秉琦先生说：'岭南有自己的夏商周'，因其存在明显的滞后性，不能与中原文明相对应，但毋庸置疑珠江流域也是中华文明的发祥地之一。究其主要原因可能是其本身优越的生态环境，造就了其富足的采集、狩猎、渔猎族群，延缓了其农业经济发生和发展进程。"虽可能不全面，但也给出了一个可以让观众理解的合理解释。之后用一张大的广东空白地图，仅在广州所在位置标出广州，对广州的地理气候环境进行了描述，进一步阐释了前段文字。其次在具体的广州地图上标出了先秦时期主要遗址分布图，16个遗址点，即使观众不仔细看，这样的一个数字也能让人感觉广州的先秦遗迹的数量和分量。

柜内空间有限，太多的文字也会降低观众对文物本身的关注。但是一个个遗址单位的这种形式，对于一般观众而言，只是单体的存在，尤其是广州先秦时期发掘的遗址都有出土基本相似的东西，如石锛、纺轮、箭镞、支座、各种陶器等等，这些物品是什么？在那一时期又是如何使用的？和当时的生产生活有什么关系？这些才是观众最感兴趣的。于是就在展柜的对面墙壁上介绍了典型先秦时期器物的一些特点、共性，尽量减少枯燥的器物描述，着重介绍了它们的制作、使用和这些东西与人们生产生活上的关系，并用图片的形式直观体现出器物的制作与使用，例如石锛是采集伐木农业的重要工具，而网坠和箭镞说明当时以打捞与狩猎为主的生产形态，陶器从手捏、泥条盘筑到轮制，再到在陶器上装饰各种纹样都说明了社会生产力的发展，等等（图三）。

图三　第一单元部分场景

315

在观看了数个遗址的介绍、发掘现场照片和文物之后，观众可能对考古学有了一点模糊的概念，对考古是如何进行发掘的产生了一点兴趣，所以在第一单元的最后一部分，我们做了一个相对独立的空间，介绍考古进行时使用的工具、考古学是什么，突出普及性、趣味性，展柜里的各种考古工具不仅是按调查、发掘、清理、记录、绘图等类别分别展示，还特别制作了较其他文物说明牌大些的说明牌并配上使用时的照片，直观示意工具的使用方法（图四）。想以通俗易懂的语言，生动活泼的展示形式来解读考古学。

图四　考古进行时展柜

另外在这一区域特意做了两个模型作为辅助展品，营造气氛，帮助观众理解考古这门专业技术很强的学问是研究什么的，又是怎样进行研究的。其一是用透明塑胶做了一个垃圾桶，放入了一些诸如报纸、破碎的瓷瓶、盘等"垃圾"，并提示："假设一百年后的人们发现我们今天广州一户人家某天的家庭垃圾桶，你觉得他们会作何观感？"然后在垃圾桶四周布置了数本与垃圾桶中的每件"垃圾"有关的小书，从垃圾的物品形象→复原物品形象→提取里面的信息→了解生活的习惯和状态，目的是想生动表明考古一定程度上是一门研究垃圾的科学（除墓葬与窖藏等外），而考古学家像侦探一样，在残存的垃圾中寻找蛛丝马迹，推测古代人类的生产生活、丧葬习俗等等，把它们拼合起来。考古并不只是发掘，更重要的在于重建过去的历史样貌和文化过程，而这些复原和重建工作必须借助于理论的阐释。因此，在这些小书里还介绍了很多考古学相关的理论与专业术语，如把垃圾桶里所有有时间标志的器物集合起来，告诉大家这些就相当于考古里的"纪年器"，而这里最晚的时间，就是垃圾形成时期的上限，等（图五）。

图五　垃圾考古学互动区域

其二是在"地层学原理—文化层的形成过程示意图"的后面，设置了地层墙模型。本来是想以不同材质、色调做出比较大型的地层墙，里面夹杂各时期典型器物，可以让观众不仅可以眼观颜色的不同，也可以用手去触摸、感知，直接可以辨识每个地层之间的松软致密、纯净程度等的差异，通过每层所含文物的差别，了解时代的变迁，有地层学的朦胧概念。然而由于资金与技术的局限，只能用塑料泡沫抹上不同颜色的乳胶模拟做了个地层箱，在各层相应嵌入不同时期的陶瓷碎片（图六）。这片区域是观众停留时间最长的区域，大家可以一页一页翻阅垃圾桶旁的小书，也可以近距离观察地层墙里每层的区别。在这个单元还有视频播放区，播放有关广州考古的媒体现场报道。

317

图六　地层学展示区域

　　第二单元的单元名称——发现王陵和臣民墓葬（图七），表现了秦统一岭南后，岭南尤其是其中心地广州地带受中原汉文化的影响，丧葬习俗发生了翻天覆地的变化。"事死如事生"的生死观在对墓葬的选址、墓室的结构布局和墓内随葬品中都有鲜明体现，而且随着时代的发展，丧葬习俗也发生改变，这在每个展柜的背景图板上都尽可能有所展现。因为只有南汉二陵一个展柜属于王陵内容，其他均属臣民墓葬，所以在单元说明之后即对臣民墓葬进行了说明。而在南汉二陵展柜右侧空间对广州发现王陵情况作了介绍。南汉二陵受到严重盗扰，否则会发现更多更好的文物。借此过渡，在展柜左侧的墙壁上以图表的形式，表示出盗

图七　第二单元入口

图八　第三单元入口

墓与考古的区别，以一个墓葬考古的实例，告诉大家考古发掘不仅能发现很多遗物，并保留遗物之间的位置关系等重要信息，对墓葬发掘的过程本身也像是对古代墓葬填埋时录像的一种倒带工作。

　　第三单元通过考古发掘介绍广州城的城市考古的成果与收获（图八），目的让人们了解这座城市的过去，让广州人理解城是我们的根，了解过去展望未来，呼吁大家一起来保护我们共同的财富。在单元说明之后，增添了四个板块：其一，表现了从番禺到广州的城市沿革；其二，展示历代广州地区人口发展表；其三，表现了广州城市最早名字"番禺"在各种器物上出现的频率在全国均属罕见的事实；其四，展示了1967年到2003年间广州市建筑用地规模增长情况的发展变化，范围越来越广、开发速度越来越快，引发大家的思考，我们是否应该停下来想想，如何为未来而保存过去？

　　展览是以城市标志城墙开始、然后是陆路交通、水路交通、建筑、生活遗物、窑址、货币、码头遗址，最后是体现广州这座城市沿海便利的独特地理位置所带来的港口贸易的繁盛。在其间也告诉大家为什么考古出土的很多东西都是残碎的，很多都是经过石膏修补的，也体现了考古修复人员的辛苦劳作。

　　广州考古六十年，自然少不了要对考古工作进行回顾，所以在一个相对独立的空间又展示了考古所60年来出版的各种书籍，还有图片展区域。1.广州重大考古发现与原址保护后场景，让人们看到了考古发现带给人们生活的变化，很多发掘点经过原址保护对外开放成为大家可以参观旅游的景点；2.工地花絮，让人们看到除了严谨的工作之外考古学家们在现场的智慧、情趣与关怀；3.现场文保；4.公众互动；5.媒体通报；6.专家指导；7.领导关怀；8.学术研讨。这八部分内容，不能说全面但是从不同角度展示考古所六十年的重大工作与其意义。原本还想宣传一下新技术与新理论在广州考古上的应用与以麦英豪先生为中心，老、中、青三代考古人，但由于对方要求低调而不做涉及。

本次展览在形式设计上也是颇费心思，序言厅的设计效果是中心一块有立体感的从地而出的带有"广州"地形的图块，其下插了多把铁锄、铁锹，在与大地的裂隙之间，可见有陶罐等遗物残留，这是特意请来广州美术学院专业老师画出立体效果，观众可围绕四周手持各种工具，象征众力和合一起发掘广州这片土地、发现广州的文化。在广州地图上本次展览的标题"广州考古六十年"是著名考古学家麦英豪先生的手迹，广州考古的六十年可以说是与麦英豪先生休戚相关的，虽然麦先生已年过八旬，但一直时刻关注广州考古与博物馆事业的发展，并经常给予建设性建议与指导，请麦先生题写标题也是对他一生工作的最崇高敬意。背后是五张大图版，是广州最具代表性的遗址图片，给人以直观冲击力。第二单元入口以魏晋时墓砖纹样为主营造墓葬的神秘气息，两侧做出形似壁龛点灯的效果又不觉阴森，尽头引用了南越王墓带有铺首墓门的照片，意为引导观众叩响这一神秘的领域。第三单元入口做成城门的样式，而且在每块砖上都做了文章，可惜效果和工作投入相比不甚理想。每个柜外成组的说明都并非统一大小，而是做出由大到小的区域，象征时间的延伸感，也衬托了内容的递进关系。无论柜内还是柜外，所有展板内部都没有采用普通方正的形状，而是以分组斜角拼合而成规整的外轮廓，以显示考古碎片式的发现帮助人们拼合成一幅相对完整图景的概念。在每个展厅的色调上也有构想：第一单元绿色代表田野工作；第二单元黄色代表入土为安的墓葬；第三单元蓝色代表蓝天下的城池。这些颜色搭配识别度很高，再加上高质量的考古现场图片使得背板有很强的分量感，给观众留下深刻印象。

展览是一个细致的活儿，如果一些方面没有考虑周全，最后效果就会出现这样或那样的问题，这些问题根据展馆条件和内容的需要各不相同，但有时是可以

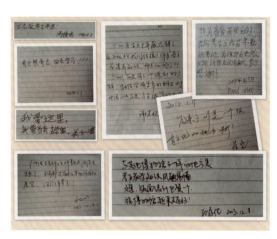

图九　观众留言

找到一定的借鉴，如这次展览中制作的地层模型，没有考虑到打光角度和其立体突出的特点，其下喷绘在墙面上的说明文字就处在一片阴影之中，不是认真的观众很难注意。具有现代感的色泽给观众耳目一新的感觉，而同时也有欠缺，尤其是第一单元绿色出来的颜色效果色泽过于艳丽，有时会夺去观众对文字介绍的注意力，柜内背板上的文字字体大所受影响不大，但是文字小而内容多的柜外部分，如广州考古六十年发掘内容回顾部分，则影响明显，可以在这种时候考虑用浅一些的柔和同类色调做底色，这样既可以保持整体统一，又不影响观感，还增加了层次，当然这些要和实际内容相搭配。这次展览的一个遗憾是本应在儿童活动区展示的类型学知识和互动内容没有呈现在大家面前。

每个展览都有一些遗憾，在不断的总结中积累经验。展出期间，热心的观众留下了很多对这次展览的感受（图九），在一定程度上我们的目标都有所达成，这些都是对我们工作的肯定也是鞭策我们向前发展的动力。我们也深知尚有很多欠缺，如虽然注意了文物说明词应更注意功能和使用的说明，但挂一漏万，有很多没有完善，在展线上应有更好的引导，应更注意儿童互动区域的实际操作性以及微信等方面的宣传推广等等，还有因为条件所限，无法回应很多外国朋友提出用英文翻译的希望，这一切都是我们需要努力完善的方向。

（作者单位：广州市文物考古研究院）

321

不忘来时路　未来殊可期

——关于广州考古六十年暨南越王墓保护三十周年专家座谈会的回忆

黄明乐

内容提要：

　　为了纪念广州考古六十年、南越王墓发现三十年，广州市文物考古研究所联合西汉南越王博物馆、南越王宫博物馆举办系列庆祝活动。一直以来关心、支持广州考古事业的数位老先生汇聚广州，参与南越王墓发掘的成员们纷纷云集羊城。十年弹指一挥间，转眼又到广州考古七十年暨南越王墓发掘四十年的时间节点。此时去重温十年前先生们留下的珍贵片言只语，感受广州考古的光荣与梦想。

　　2013年12月5日，在西汉南越王博物馆举办"广州考古六十年"专题展览暨林业强教授藏书捐赠仪式，并召开"广州考古六十年暨南越王墓保护三十年专家座谈会"；12月6—7日，专家学者们先后到佛山三水大旗头村、番禺沙湾古镇等广东近代村落考察、采风；12月10日，在南越王宫博物馆举办"南越国史学术研讨会"。笔者在这些活动的多个场合，有幸得以遥瞻先生们的风采。特别是在现场聆听了"广州考古六十年暨南越王墓保护三十年专家座谈会"诸位先生的发言，心情久久不能平静，深受教益和启迪（图一）。

　　座谈会举办地点是广州江湾大酒店，时间是12月5日下午2点半，与会者有国家文物局原顾问谢辰生，国家文物局原副局长、考古专家组组长黄景略，故宫博物院原院长、中国考古学会原理事长张忠培，著名陶瓷专家、故宫博物院研究员耿宝昌，南越王墓发掘队副队长、中国社会科学院考古研究所研究员黄展岳，南越王墓发掘队队长麦英豪及夫人黎金，南越王墓发掘队副队长、广东省博物馆原副馆长杨式挺，广西壮族自治区博物馆原馆长蒋廷瑜，中山大学原副校长张荣芳，香港中文大学文物馆原馆长林业强，参与南越王墓发掘的李季、杜玉生、白荣金、韩悦、黄淼章、陈伟汉、莫鹏，深圳博物馆研究馆员李龙章，广州市文物考古研究所首任所长萧亢达，中国社会科学院考古研究所副研究员刘瑞，西汉南越王博物馆原馆长李林娜，西汉南越王博物馆馆长吴凌云、书记黄洪流以及南越王宫博物馆馆长全洪。座谈会由张忠培主持。

第一个发言者为谢辰生先生（图二）。先生作为一辈子阻止文物湮灭的文物老兵，三言不离本行。他在发言中首先表扬广州："我认为在全国城市当中，广州的文物保护工作是做得比较好的。"紧接着，他举了国内文物保护失当的例子，并且做出呼吁："我希望这次会谈，一方面是回顾过去，另外想借这个机会，以本次会议的名义，以大家的名义，发起倡议，即在城镇化过程中怎样加强文物保护。我们现在面临的形势是很严峻的，在全国城镇化过程中，如果不重视文物保护，文物将面临一场浩劫。"

黄展岳先生（图三）第二位发言。他重点回忆南越王墓的发掘过程，并反思道："前后共发掘了40天，现在想起来，还是太赶了点，应该给两个月的时间。"全程参与南越王墓发掘报告编写和出版的他又表示："南越王墓的鉴定报告是所有发掘报告中最多的一本，共18篇。鉴定者是没有经费的，研究成果拿回来发表以后，我们给予稿费，鉴定者不能私自发表。"按照文物出版社的出版制度，文稿送达后，社里要请人审核。"我们就跟文物出版社社长说，由我们做主，错误自己负责。很快发掘报告印出来了……它的出版速度是很快的，仅次于马王堆汉墓。但马王堆汉墓发掘报告比较简单，当时的要求是先印出来，再慢慢研究。"最后，黄先生感慨地说："正如刚才谢老讲的，在城市考古方面，广州在全国树立了榜样，很了不起的。全国任何一座城市放在这里，在面对那么复杂的情况，能够顶住，能够说服领导，获得他们的支持，这太不容易了。如果能把广州的这些好经验介绍给兄弟省市，那真是功莫大焉。"

黄景略先生（图四）的发言主要是总结广州考古历程中的各种亮点，并提出期待。他说："广州考古工作是比较有序的，一直走在前沿，起步比较早。广州是全国较早建立田野考古工作队的地方，整个华南地区中最早看到的考古材料就

323

是广州的（笔者按：指《广州市郊发现许多古墓》，《文物参考资料》1953年第8期），广州出专刊也是比较早的，中国古代海上丝绸之路的发祥地还是在两广地区，福建泉州、浙江宁波、江苏扬州是比较后期的。1983年南越王墓的发现是一个大突破，一个大飞跃。将来我相信广州在建设中会发现更多东西，首先广州这座城市一直延续下来，它一直是华南的中心，从南越王在这里立足以后没有变过，在南越王宫署内发现有五代、宋代等时期的遗迹。在广州城外，我估计在一些丘陵地区，还会有很多遗迹，甚至有青铜时代的遗迹，所以广州的考古任务还是很重的。再加60年可能还挖不完。广州市考古所人数不多，跟其他几座城市比起来，算是人数少的。目前全国在推行城镇化，相信将来在农村地区还有很多考古发现，单靠三十余人的队伍是力量比较薄弱的，要增加一些编制。"

第四位发言者为杨式挺先生（图五）。他说："能够有幸参加南越王墓的发掘，我感到很兴奋。我是作为省博物馆的代表，从发掘到整理报告，一直都参加。在南越王墓发掘二十周年的时候，我写了篇文章《略说南越王墓是岭南考古名副其实的重大发现》。我本人在广东参加考古四五十年，全国评十大考古发现，广东都占有多处，包括石峡、横岭山等，说明广东、广州文物考古发现在全国是有一定地位的。"

亲历广州考古六十年的麦英豪先生（图六）接着发言。他说："汇报三个问题，第一，广州历史文化名城目前的保护情况。我们有幸生活在广州、工作在广州，广州历届市委、市政府领导对广州历史文化名城、重点文物保护单位的保护是相当重视的。林树森市长任上保护了广州几个重要遗址。陈建华从宣传部部长到当市长，都是非常重视文化、博物馆、文物保护的，《广州考古六十年》这本书由他来作序，在他担任宣传部部长的时候，在全市发起广州地区第四次文物普查，出版14卷文物普查汇编，包括第一次到第四次文物普查的成果，再加上全国'三普'的三卷汇编，共17本。广州名城保护的情况怎么样呢？在国家级、省级、市级和区级文物保护单位之外，广州市规划局公布第一批500个历史建筑，还有一批历史风貌建筑。目前市政府出台了《历史建筑和历史风貌区保护办法》，凡是属于上面这些建筑的，如果要修缮，政府有补贴。我总觉得，城市要发展，经济要建设，人口越来越多，不拆不改是绝对不可能的，关键是做到在保护的基础上来发展。第二,广州考古六十年。我和黎金1953年1月在西村挖第一座墓,到今年刚好六十年,这六十年的历程,上午我说了,说来话长。概括为八个字:抓大放小,着重宣传。我们要主动联系传媒,而不是躲它、避它,冶秋同志教导我们:向群众宣传很重要,向领导宣传更重要,因为他们是决策者。广州考古六十年,有什么感受呢?首先,感谢祖先,留下那么多的遗产在广州,从公元前214年到今天。其次,感谢历届省市领导的大力支持和各位同事的通力合作。麦英豪只是其中的一员,起了一些组织的作用就是了。最后,也不能说我一点用都没有,我做事比较认真,不做则已,一做就认认真真地做,做完做好为止。如果各级文物保护单位、历史建筑、历史风貌建筑一批批地公布,在群众和传媒的监督下,诸位是可以放心的。那么我说说怎么抓大放小,广州重要遗址只重点保护了四个。两次世界文化遗产的申报都以宫署为中心,它是具有世界意义的,还有很多历史之谜。第三,南越王墓。省政府打算盖五栋宿舍大楼,当北面第一栋挖地基到90厘米的时候,露出墓顶大石板。我们去北京汇报,老谢跟我说,你不用着急,不用发愁,将来墓主人会告诉你他是第几代南越王的。沈竹同志说,不亚于马王堆的发现。夏鼐先生说,要调考古所最好的人、最好的设备到广州,不要把它当成是别人的事,要当成自己的事。我们很感谢他,这是考古所首次跨过五岭参加发掘,对于广州城市考古的面貌带来了很大的推动。我向大家汇报一下,主要是为了加大宣传,每一届领导来都要跟领导说清楚,这些东西是广州很骄傲的历史名片。"

耿宝昌先生(图七)接着发言。他说:"我对于香港杨永德伉俪捐赠二百多件瓷枕和林业强先生捐赠一万多册图书,表示衷心的感谢,因为他们的义举为文物研究起到了良好的推动作用。南越王墓以从未被盗扰的形式发掘出来实属难得,墓室里出土的玉器、铜器等都是绝品。而南越王博物馆从建馆到扩建,可见民间人士对文物保护的重视,也可以看出国家对这方面的重视。"发言最后,他认为文物考古工作者有必要也有义务提出更好的办法,来应对当前房地产开发对文物遗址的破坏以及古玩市场的种种问题。

第七位发言者为张荣芳先生(图八)。他说:"广州考古六十年、南越王墓保护三十年留给后人巨大的精神和物质遗产。省市领导、国家文物局领导有功劳，麦老也有功劳，还有与在座的几位老先生关系密切。没有你们几位，恐怕也没有广州考古六十年以及南越王墓三十年。据我所知，所有的论证大概就是你们几位先生参与的，还有徐苹芳、傅熹年等，都是赫赫功臣。考古六十年留给后人的财富。第一，物质上的财富，包括六十年的考古发掘报告以及刚才麦老提到的秦汉四大考古发现。倘若没有广州汉墓上下册、南越王宫署等发掘报告，研究广州历史的学者几乎无法顺利开展工作，更无法勾画出广州的历史，因为文献记载太少。六十年来的遗址遗物是将来我们研究广州甚至是广东历史的宝贵财富。第二，还留给我们创业、淡泊名利、奉献等精神财富。广州考古六十年，以麦老为代表的广东广州考古人留下来的精神财富。我们今天有南越王博物馆、宫署遗址从无到有、到入选世界文化遗产预备名单，都是一种创业的精神。所以我认为六十年值得纪念的话，那就是留给我们物质的发掘报告等，还有创业等精神，这种精神是值得我们子子孙孙继承的。"

杜玉生先生、萧亢达先生、黄淼章先生、蒋廷瑜先生、刘瑞先生先后做了精彩的发言。

杜玉生先生（图九）说："广州的考古同行们有着严谨的学风和作风。三十年前的南越王墓发掘，大家工作非常认真负责，晚上继续研究，并布置第二天的工作，工作做得很细，这是很好的作风。正如社科院考古所，以夏所长为代表的专家气质和工作作风，影响了考古所几代人。"

萧亢达先生（图十）在发言中分析了广州文物保护做得较好的原因，并对广州文物工作提出展望和希望。他说："一、广州市的文物保护做得很不错是因为以下原因，首先是国家文物局、省市各级领导和市文化局对文物保护的大力支持；其次是广州广播传媒发达，市民比较了解和关心文物保护工作；最后是，广州市文物保护之所以如此出色，麦老和陈玉环副局长起到了很关键的作用。二、对广州文物工作的展望和希望。虽然广州市的文物保护在全国走在前面，但研究还需要加强。以湖南马王堆和南越王墓比较，从研究方面来看，南越王墓的研究需要再加强。保护是基础，只有保护好，才能提供研究；研究比较深入，保护就会比较全面，二者是相辅相成的。另外，考古要及时提供发掘报告以供研究，这方面也要加强。"

326

黄淼章先生（图十一）主要分享了他夜探南越王墓的经历。最后他说："我有个期待。象岗山能不能显山透绿，象岗山在明朝的时候是我们的羊城八景之一，希望能够把山体部分恢复，把宿舍拆除，让这里真正成为岭南文化之光，博物馆更加吸引游客，成为羊城文化的名片。目前这里还比较专业，停车条件不佳，环境还有待改善。"

接下来的发言者为蒋廷瑜先生（图十二）。他说："《广州汉墓》为广西汉墓的分期提供样本，《西汉南越王墓》发掘报告我们也常读，这些发掘报告是我们广西学习的榜样。另外配合基建的文物保护也是我们学习的榜样，尤其是麦英豪先生他对文物的执着，不避艰难，这种精神我们耳闻目睹，经常激励我们。这次座谈会，让我们有机会见到老一辈师长，也让我们了解南越王墓发掘的艰辛过程，很受鼓舞，值得我们学习。"

刘瑞先生（图十三）在发言中说："我是第二次参加南越王墓发掘周年纪念会，觉得这是个非常好的传统，通过这种形式，我们听了各位老先生、各位前辈的回忆以及总结成功的经验，对我们年轻一辈的考古工作者来说无疑是很好的榜样。就刚才黄展岳先生提到的墓葬发掘完之后要及时整理报告，还有张荣芳先生也提到这是一批非常重要的遗产，对于历史研究的推进是很重要的，我有些感想。做秦汉史研究的都知道，在20世纪80年代南越王墓发掘之前，南越国史研究的学者中大多是广西的学者，但是自南越王墓发掘之后、张先生的《南越国史》出版以后，南越国史研究的主要力量就回到了'首都'，回到了广州，以后都没动过，可以看出前期的考古资料整理和大量考古资料的发表是推动学术研究前进的工具，也是我们下一步工作要做好和坚持的。刚才黄景略先生提到广州田野考古工作起步早，我看了一下西安文管会的档案，1951年的5月7日，中央发文要求各地成立文管会，而西北地区是8月份才下的文，西安是12月27日发文要求讨论成立文管会，昨天看书上说广州的文管会是12月27日成立的，所以整个工作来讲广州还是比较早的。座谈会一开始谢辰生先生做了一个呼吁，1951年苏秉琦先生在调查之后，在《科学通报》的结语里有一段话很切乎我们今天的实际，文章说：'我们知道，在全国范围内的建设工程现在还不过是刚刚开始，以我们耳闻目睹的一个小小角落而论，一个现代新都市的建设计划差不多就要把周秦汉唐的历代名都的

327

墟址都要牵涉在内，而面对这样壮阔的全国规模的伟大的建设场面，我们每个人都只能感到兴奋，问题是如何来迎接这个新的局面，并如何使我们的工作和这实际情况密切互相地结合起来，才能使我们伟大的民族文化遗产不至于在无意中被毁灭，关于此问题，现在已经是应该被提出来加以考虑和解决的时候了。'"

吴凌云先生、全洪先生、李林娜女士也先后做表态发言。

吴凌云先生（图十四）说："南越王墓从三十年前的发掘走到今天，成为国家百家一级博物馆之一，两次进入世界文化遗产预备名单，作为新的一任博物馆馆长，本人有这样的责任和义务，在各位专家学者的帮助下，加大博物馆的宣传、研究、教育、文物征集，争取把西汉南越王博物馆建成世界一流的博物馆！"

全洪先生（图十五）在发言中说："南越王墓发掘我没有参加，很荣幸从1985年起跟着几位老先生，尤其是麦先生参加南越王墓报告的整理，从中学到很多。我这两年主要是做博物馆建设的工程项目，希望能尽快地完成，南越王宫博物馆可以全面开放，南越国宫署发现至今快20年了，目前最大的问题是遗址保护，遗址展示区有5000多平方米，各种文物的监测、保护都要依靠社会上的科研机构、高等院校的支持，希望各位老师、专家继续支持我们广州的文物保护事业。"

李林娜女士（图十六）最后一个发言，她说："我也说两点，一个是刚才谢先生的倡议，南越王墓、南越王宫这样的大遗址在广州这样的大城市是很典型的。南越王墓的完整性和真实性是非常难得的。这一点是靠我们在座专家学者立下的汗马功劳，这个倡议非常好。我们这些守墓人跟着麦先生一步一步地走到今天。另外一个是，刚才黄淼章先生提到的南越王墓未来的发展要显山透绿，去年8月市政府的常务会议上决定南越国史研究中心建成后，就是整治工程。现在南越国史研究中心工程已经在做概算审核，马上就要招标了。恢复历史风貌、完善博物馆功能、改善博物馆环境，为申报世界文化遗产做准备，这些都已经在市政府的常务会议上定过了。"

主持人张忠培先生（图十七）做总结性发言。他说："广州在全国文物考古工作中是一面旗帜，为什么说是一面旗帜呢？主要是两个方面，就地下遗址而言，一是抓好了考古工作。二是抓好了文物保护。六十年经历了三代人，做到今天我认为很有成绩，但是我们的工作不能只是停止在回忆过去，我们今后需要做更多的努力。任何一部历史都由一些重要的节点一条线地连接起来的。广州历史是由几个重要的节点组成，而这几个重要的节点基本都找到了，现在已经连接起来，但是工作并不能停止，还有需要进一步研究的地方。比如说中国的历史，在我看来秦汉是一个大的阶段，秦汉以前我们可以说全国的历史是多元一体的或者有些人说的在西周以前是多元一体，秦汉以后变成一统多元，即在全国统一政权之下的文化多元，一直到今天都是这样。我觉得广州的历史，秦始皇在这里的建置开了头，汉武帝把岭南统一，秦汉之时我们岭南由多元一体变为多元一统。我们能不能从这一视角来进一步研究好历史？在前面有哪几个节点，在后面还有哪几个节点，我觉得秦汉这一段是关键的节点，其中南越国历史在这一节点中非常重要，这一点的研究要加强。第二呢，我觉得南越属于百越的一部分，但是百越问题太复杂。从占地面积来看，包括福建、广东、广西、湖南、江西很大的一片，这部分我们基本上不清不白，我们知道闽越、瓯越、南越等，如何把百越研究清楚，如何研究好南越，南越在整个百越地区中的位置，它在中国形成多元一统中的作用和位置，我觉得这个还需要努力。这些方面我们还要进一步加强，但是在加强研究时我们始终要贯彻文物保护，如果我们搞考古工作的人不做好文物保护工作，就是罪人。因此我们对于已经发掘的东西要写好报告，发表好资料，发表报告以后要深入研究。我们广州市如何在百越研究中起一个牵头作用，把视野拓宽一点。我前面谈到南越国在整个岭南地区的地位，是从纵方面来看的。从横方面来说，那就是要看百越。实际上中国考古学会在浙江那次会上就谈到这个问题，我希望通过那次会议能引起对吴越和百越的研究，百越的研究从20世纪30年代就开始呼吁，到现在我看进展不大，资料积累不少，我希望广州的同仁在研究好南越的基础上，如何在百越的研究方面起到发言权的作用。现在，广州市已经取得了考古工作由点到线的发言权，又取得了文物保护的发言权。希望广州文物保护和考古更上一层楼，继续向前走。我觉得这次座谈会，一方面肯定了以往的成绩，确定了广州市的地位，探讨了广州能有今天的原因。另一方面，不要停止在过去，也展望了将来，希望今后的六十年、三十年再把考古学、文物保护向前推进一步。"

在三个小时的座谈时间里，与会专家对南越王墓的发掘进行了回顾，对广州的田野考古和文物保护工作取得的成绩、经验和做法给予充分肯定。与此同时，专家们也对近期发生的一系列考古遗存和文物建筑遭受破坏事件表示了担忧，并就在新型城镇化建设过程中如何做好田野考古和文物保护工作进行了探讨。最后，专家们经过认真讨论，联名签署了《关于在新型城镇化建设过程中加强文物保护工作的倡议书》，希望政府、文物考古机构、新闻媒体和社会公众共同努力，做好文物保护工作，为新型城镇化建设提供正能量。

（作者单位：南越王博物院）

图一 座谈会现场

图二 谢辰生先生

图三 黄展岳先生

图四 黄景略先生

图五 杨式挺先生

图六　麦英豪先生

图七　耿宝昌先生

图八　张荣芳先生

图九　杜玉生先生

图十　萧亢达先生

图十一　黄淼章先生

图十二　蒋廷瑜先生

图十三　刘瑞先生

图十四　吴凌云先生

图十五　全洪先生

图十六　李林娜女士

图十七　张忠培先生